The Analysis of Model Mining Cases

矿业典型案例评析

冯军义　申升◎主编

主　　编：冯军义　申　升
副 主 编：张文宇　梁建峰　胡宏伟　冯胜强

编委会成员：冯军义　申　升　谭二捞　张文宇
梁建峰　胡宏伟　冯胜强

法律出版社 LAW PRESS·CHINA

前言

随着矿业经济和经济全球化的发展，矿产能源越来越成为国家实现战略目标的关键因素。矿产资源的开发与利用情况，不仅关系到一个企业的成败，而且会影响国家的综合国力。在矿产资源投资开发实践中，纠纷的发生不可避免，处理是经常可遇到的。对于矿产资源投资开发纠纷问题的处理能力，很大程度上反映了矿业投资者的专业知识、法律知识的综合运用能力，因此对处理争议和纠纷能力的培养，是矿业专业人才培养的关键所在。

本书按照矿产资源开发的理论体系，分别从矿产资源勘查、矿产资源开采、矿业权流转、矿业购销、矿业侵权、矿业行政及其他6个方面精选了40个已经过法院判决处理的实例，进行深入地介绍和剖析。每一案例由【案情介绍】、【法院审判】和【律师评析】三部分组成。本书的编写特点为：(1)案例典型。本书所选案例既考虑了内容的全面性，也考虑其在实践中的典型性。通过这些案例，能更多地了解矿业法规在实践中的作用、地位，了解矿业法规与矿业开发实践的紧密关系，提供了在矿业实践中运用法规制度解决纠纷的思路。(2)体例合理。本书不仅提供了一些典型案例的分析，而且提供了与案例分析、解决方法紧密的相关法规制度等内容，使理论知识和和实践中所要解决的现实问题融为一体。(3)信息丰富。本书在案例分析中较为详细地分析了典型案例的类型特点，对解决该同类案件具有较强的实用性。

由于现实生活中的每一个案件都不尽相同，且就不同的角度而言具有不同的典型性，因此，本书所选取的案例只能是在笔者看来在矿业实务和司法实践中更具代表性的案件，均为有据可查的真实案例。为了方便适用，对本书案例所涉及当事人及有关裁决机关的名称，大部分作出了技术处理。希望本书的出版，能够对广大司法实务人员和律师办理矿业案件，对广大矿业投资开发者通过案例学习、理解法律起到应有的指导、借鉴和参考作用。

本书可供各层法律专业学员参考使用，也可供矿产资源法教学人员和从事矿业司法实务的工作人员参考。本书在编撰的过程中，参阅了大量的相关著作和文献资料，对于这些文献的作者、编者，在此表示衷心的感谢！

当然，由于研究资料和能力所限，不足乃至错误之处在所难免，敬请批评指正！

编　者

目　录

一、矿产资源勘查类 ……………………………………………………（1）
（一）合作探矿纠纷……………………………………………………（1）
1. 是合作探矿，还是非法变相转让探矿权？
——甲公司与乙公司自然资源使用权纠纷上诉案……………（1）
2. 政府暂停审批探矿权变更，合作探矿协议如何处理？
——甲实业公司与乙矿业公司、丙经贸公司、刘某等合同纠纷上诉案……………………………………………………（10）
（二）委托探矿纠纷……………………………………………………（19）
3. 委托勘探合同签订后能否擅自解除？
——某矿业公司与某地质矿产勘查院地质勘探合同纠纷上诉案……………………………………………………（19）
（三）勘查施工纠纷……………………………………………………（28）
4. 不具备建设施工资质签订的《勘查施工合同》的效力如何？
——某钾盐公司与某研究所建设工程勘查合同纠纷上诉案 ………（28）
5. 委托勘查工程量约定不明，能否追究违约责任？
——甲矿业公司与乙矿山技术公司地质勘查施工纠纷上诉案……………………………………………………（37）
（四）地质资料侵权纠纷……………………………………………（45）
6. 未经权利人同意使用他人地质资料应当承担什么责任？
——地质勘查中心某队与某县政府等地质勘探资料成果侵权纠纷上诉案……………………………………………（45）

二、矿产资源开采类 ……………………………………………………（51）
（一）开采权属纠纷……………………………………………………（51）
7. 河道采砂是否受《矿产资源法》的调整？

——甲工贸公司与乙实业公司河道采砂纠纷上诉案 ……………… (51)
(二)越界开采纠纷 …………………………………………………… (57)
8. 越界开采如何承担侵权赔偿责任?
——甲煤矿与乙煤业公司财产损害赔偿纠纷上诉案 ……………… (57)
(三)合作开采纠纷 …………………………………………………… (65)
9. 未经备案的合作开采合同的效力如何?
——某矿业公司与凌某合伙协议纠纷案 …………………………… (65)
(四)开采承包纠纷 …………………………………………………… (71)
10. 如何确定合法的开采承包?
——某矿产品公司与黄某萤矿开采承包合同纠纷再审上诉案
…………………………………………………………………… (71)
11. 承包合同约定的采矿量超过采矿许可证核定标准时如何处理?
——龙某与某矿业公司、麻某企业承包合同纠纷上诉案 ………… (79)
12. 村委会是否有权处分辖区内矿产资源?
——某公司与某村委矿山开采承包纠纷再审案 …………………… (88)
(五)开采施工纠纷 …………………………………………………… (92)
13. 开采施工合同解除条件尚未成就能否擅自解除合同?
——甲机械公司与乙能源公司土石方剥离工程合同纠纷上诉案 ………………………………………………………………… (92)

三、矿业权流转类 …………………………………………………… (105)
(一)采矿权出让纠纷 ………………………………………………… (105)
14. 矿产出让资源量与实际开采储量悬殊巨大是否应当承担违约责任?
——某建材公司与某县政府、某县国土资源局和第三人某地质队采矿权出让纠纷上诉案 ……………………………………… (105)
15. 履行采矿权出让合同过程中情势发生变更时如何处理?
——某实业公司与某县政府、某湖采砂管理办公室采矿权出让纠纷上诉案 ……………………………………………………… (119)
(二)探矿权转让纠纷 ………………………………………………… (130)
16. 因未办理延续或保留而导致探矿权转让无法过户时如何处理?
——甲工贸公司与乙科技公司探矿权转让纠纷上诉案 ………… (130)

17. 本案探矿权转让合同签订是否存在乘人之危的事实?
——某铜矿公司与某矿业公司探矿权转让合同纠纷上诉案 ………(138)
18. 转让人应当如何履行探矿权转让的报批义务?
——温某因与某集团公司探矿权转让合同纠纷再审案 …………(145)
19. 法院是否有权直接判决变更探矿权主体?
——甲矿业公司与乙矿业公司其他合同纠纷上诉案 ……………(156)
(三)采矿权转让纠纷 ……………………………………………………(162)
20.《物权法》能否作为判定采矿权转让合同生效的依据?
——仝某诉李某采矿权转让纠纷案 …………………………………(162)
21. 未经矿产部门批准的采矿权转让合同的效力如何?
——甲矿业公司与乙开发公司矿权转让纠纷上诉案 ……………(167)
22. 法院是否有权审查采矿权转让的条件和受让主体的资格?
——甲石英制品公司与陈某一、陈某二采矿权转让纠纷上诉案
……………………………………………………………………(178)
(四)矿业权租赁纠纷 ……………………………………………………(184)
23. 如何判定采矿权租赁合同的效力?
——甲锰业公司与邓某、乙锰业公司采矿权租赁纠纷上诉案 ……………………………………………………………………(184)
24. 未经批准的采矿权租赁合同能否解除?
——颜某与某矿业公司企业租赁经营纠纷案 ……………………(193)

四、矿业购销类 ……………………………………………………………(199)
(一)非煤矿产品购销纠纷 ………………………………………………(199)
25. 本案是买卖合同,还是承揽合同?
——甲矿业公司与乙发展公司矿石购销合同纠纷上诉案 ………(199)
(二)煤炭购销纠纷 ………………………………………………………(207)
26. 煤炭购销价格约定不明时如何处理?
——甲工贸公司与乙煤矿、肖某煤炭买卖纠纷案 …………………(207)
(三)煤炭运输纠纷 ………………………………………………………(213)
27. 承运人能否依据收货人的提货介绍信履行交付义务?
——甲经贸公司与A铁路分局、B铁路分局煤炭货物运输合同纠纷案 ……………………………………………………………(213)

五、矿业侵权类 …………………………………………………………………… (220)
(一)财产侵权纠纷 ………………………………………………………………… (220)
28. 符合安全规定的爆破开采造成他人财产损害是否需要承担赔偿责任?
——杨某等214户村民及某镇政府等22个单位等与某矿业公司及第三人某市政府损害赔偿纠纷上诉案 ………………… (220)
(二)人身侵权纠纷 ………………………………………………………………… (231)
29. 未在危险部位设置安全警示标志致人损害是否需要承担赔偿责任?
——某矿业公司与刘某、罗某人身损害赔偿纠纷上诉案 ………… (231)
(三)环境损害赔偿纠纷 …………………………………………………………… (235)
30. 勘探石油污染环境造成他人损害如何予以赔偿?
——冯某与某勘探大队四〇一井队、某勘探大队、某地质勘察分公司、某地质勘察公司、某石油公司分公司、某石油公司等环境污染损害赔偿再审案 ………………………………… (235)

六、矿业行政及其他类 ……………………………………………………………… (253)
(一)探矿权转让审批纠纷 ………………………………………………………… (253)
31. 探矿权转让及变更登记案件是否属于行政复议前置案件?
——王某不服某省国土资源厅地矿行政许可案 ……………………… (253)
(二)不服限期停止采矿处罚 ……………………………………………………… (263)
32. 乡政府是否有权作出限期停止采矿通知?
——李某等不服某乡政府限期停止采矿处罚上诉案 ……………… (263)
(三)不履行采矿权延续职责 ……………………………………………………… (269)
33. 法院是否有权责令国土资源部门限期审查采矿许可证延续登记?
——某公司不服某县国土资源局不履行法定职责上诉案 ………… (269)
(四)不予延续采矿许可证纠纷 …………………………………………………… (279)
34. 行政诉讼超过起诉期限人民法院是否应予受理?
——张某不服某市矿产资源管理办公室颁发采矿许可证于他人并请求赔偿和要求履行法定职责上诉案 ……………………… (279)

(五)越界开采处罚 ………………………………………………………… (288)
35. 本案如何认定越界开采的处罚依据?
——甲煤矿不服某市规划和国土资源局矿产行政处罚决定案 ………………………………………………………… (288)
(六)无证采矿处罚 ………………………………………………………… (295)
36. 行政委托应当以谁的名义作出处罚?
——某煤矿不服某市矿产资源管理委员会行政处罚及侵权赔偿案 ………………………………………………………… (295)
(七)非法转让采矿权处罚 ………………………………………………… (301)
37. 采矿权非法受让人是否有权起诉吊销矿权的行政行为?
——陈某不服某省国土资源厅吊销采矿许可证行政处罚纠纷案 ………………………………………………………… (301)
(八)矿产资源补偿费征收处罚 ………………………………………… (307)
38. 如何界定矿产资源补偿费的缴费主体和征收对象?
——某矿务局不服某矿产资源管理局矿产资源补偿费征收行政处罚上诉案 …………………………………………… (307)
(九)未提交年度报告处罚 ……………………………………………… (317)
39. 未提交年度报告是否必然受到吊销采矿许可证的处罚?
——罗某不服某县国土资源局吊销采矿许可证行政处罚案 ……… (317)
(十)不服法院罚款决定 ………………………………………………… (322)
40. 法院是否有权要求国土资源部门协助将采矿权直接变更给他人?
——某省国土资源厅不服某市人民法院罚款决定复议案 ……… (322)

一、矿产资源勘查类

(一)合作探矿纠纷

1. 是合作探矿,还是非法变相转让探矿权?

——甲公司与乙公司自然资源使用权纠纷上诉案[①]

【案情介绍】

上诉人(原审被告):乙公司。

被上诉人(原审原告):甲公司。

甲公司于2005年4月12日由某省国土资源厅颁发《矿产资源勘查许可证》,取得对某铅锌矿4.68平方公里的探矿权。2005年7月18日乙公司和甲公司签订《合作探矿协议》,双方约定:乙公司自愿出资与甲公司合作,进行探矿活动,探矿期间所需一切费用由乙公司出资承担;为补偿甲公司前期对矿区的投入,乙公司同意支付15万元给甲公司作为补偿;乙公司在支付定金的同时,甲公司应提供探矿权人营业执照复印件、法定代表人身份证复印件、法人授权签订合同的授权委托书原件及勘查许可证原件等材料给乙公司;在乙公司投入资金与甲公司合作期间,探矿权的使用以乙公司为主,甲公司配合乙公司聘用人员在4.68平方公里范围内任意地实施探矿工作;在合作期内,探矿权属于双方共有,合作期间每年勘查许可证的年检、换证等手续费用由甲公司负责办理并承担;合作结束后,探矿权归甲公司所有;双方还对于其他权利义务进行了约定。合同签订后,甲公司按约交付了探矿权人营业执照复印件、法定代表人身份证复印件、法人授权签订合同的授权委托书原件及矿产资源勘查许可证原件等材料给乙公司,乙公司依约支付了甲公司15万元补

---

① 昆明市大友酒店有限公司与安宁市辰阳经贸有限公司自然资源使用权纠纷上诉案(昆明市中级人民法院(2007)昆民三终字第872号,2008年1月15日)。

偿费。后乙公司在某县注册登记成立了某探选厂，具体实施探矿工作。后，双方在履行中发生纠纷。甲公司向法院起诉，要求确认双方签订的合作探矿协议无效及返还其矿产资源勘查许可证原件。

2005 年 12 月 20 日某县国土资源局到某铅锌矿现场核实，发现某探选厂（为个人独资企业，法人代表为杨某）在该矿山进行无证采矿，进行查处。发现某探选厂根本没有探查资质，甲公司竟与其签订了合作探矿协议，还让他支付了 15 万元作为补偿，属于变相转让探矿权。2005 年 12 月 30 日，某县国土资源局关于对某县违法探矿权进行处理的请示中认为，该局于 2005 年 11 月 10 日至 12 月 20 日对辖区内的探矿权进行全面年检、清查，清查中发现某铅锌矿普查存在严重的违法行为，该项目自 2003 年取得探矿权后未按照《矿产资源勘查区块登记管理办法》第 17 条的规定进行勘查投入，也未按照第 18 条的规定进行施工。2006 年 2 月 5 日，某县人民政府关于依法处理违法探矿行为的批复，同意责令某铅锌矿停止违法采矿行为并处以罚款，向省国土资源厅申请依法吊销该宗探矿权的勘查许可证。

2006 年 4 月 17 日，某县人民政府关于同意三宗矿业权参加年检的批复认为，鉴于某铅锌矿的矿业权人能够充分认识错误，积极实施相应的整改，同意不再申请吊销该铅锌矿的矿业权，给予参加年检。2006 年 4 月 18 日，某县国土资源局关于对违法探矿权行为处理给予撤除的请示指出：鉴于某铅锌矿的探矿权人已认识到错误，做了相应的整改，并写出了书面申请，经研究决定，同意对其违法行为处理给予撤除。

【法院审判】

一审法院认为：《矿产资源法》第 3 条第 4 款规定："从事矿产资源勘查和开采的，必须符合规定的资质条件。"第 6 条第 1 款第 1 项规定："除按下列规定可以转让外，探矿权、采矿权不得转让：（一）探矿权人有权在划定的勘查作业区内进行规定的勘查作业，有权优先取得勘查作业区内矿产资源的采矿权。探矿权人在完成规定的最低勘查投入后，经依法批准，可以将探矿权转让他人。"第 3 款规定："禁止将探矿权、采矿权倒卖牟利。"《矿业权出让转让管理暂行规定》第 3 条第 2 款规定："依法取得矿业权的自然人、法人或其他经济组织称为矿业权人。"第 6 条第 1 款规定："矿业权人可以依照本办法的规定采取出售、作价出资、合作勘查或开采、上市等方式依法转让矿业权。"第 2 款规定："转让双方应按规定到原登记发证机关办理矿业权变更登记手续。"第 36 条第 1 款规定："矿业权转让是指矿业权人将矿业权转移的行为，包括出售、作价出资、合作、重组改制等。"第 37 条规定："各种形式的矿业权转让,转让双方必须向登记管理机关提出申请,经审查批准后办理变更登记手续。”第42条规定:“合作勘查或合作开采经营是指矿业权人引进他人资金、技术、管理等,通过签订合作合同约定权利义务,共同勘查、开采矿产资源的行为。”第46条规定:“矿业权转让的当事人须依法签订矿业权转让合同。依转让方式的不同,转让合同可以是出售转让合同,合资转让合同或合作转让合同。转让申请被批准之日起,转让合同生效。”《云南省探矿权采矿权管理办法》(2006年7月2日,云南省人民政府,云政发〔2006〕102号)第4条第2款规定:“探矿权、采矿权的转让应当符合法定的转让条件,并报经省级以上国土资源行政主管部门批准。”第5条第2款规定:“禁止非法出租、买卖或者以其他形式非法转让探矿权、采矿权。”《云南省矿业权交易管理暂行办法》(2006年7月2日,云南省人民政府,云政发〔2006〕102号)第10条规定:“矿业权人转让矿业权的,应当符合法律、法规规定的条件,并经省级以上国土资源行政主管部门批准。”《云南省国土资源厅关于切实做好探矿权清理工作的通知》(2006年6月7日,云国土资〔2006〕44号)中关于违法转让探矿权规定:“凡探矿权人私下协议,未报经勘查登记管理机关批准并办理变更登记的属于违法转让探矿权,违法转让的探矿权一律无效、不受法律保护,一经查实,由县级国土资源主管部门没收违法所得,对受让方按无证勘查处理,对违法转让的探矿权依法予以吊销。”综上,本案中,原、被告双方于2005年7月18日签订的《合作探矿协议》是名为合作探矿,实为转让探矿权。双方所签订的协议虽系双方在自愿的基础上签订的,是双方的真实意思表示,但双方的民事法律行为违反了法律、行政法规的强制性规定,双方签订协议后,未按法律、行政法规的规定报经勘查登记管理机关批准后办理变更登记手续,且转让行为亦未经国土资源行政主管部门批准。根据《合同法》第44条第2款规定:“法律、行政法规规定应当办理批准、登记等手续生效的,依照其规定。”为此,原、被告双方所签订的《合作探矿协议》应属无效协议。致使协议无效,原、被告双方均有一定的过错。故对原告要求确认双方签订的协议无效的诉讼请求,一审法院予以支持。《合同法》第58条规定:“合同无效或者被撤销后,因该合同取得的财产,应当予以返还。”为此,原告应将收取被告的补偿款150,000.00元人民币返还给被告,被告应将《矿产资源勘查许可证》(原件)返还给原告。对原告提出的因《矿产资源勘查许可证》由被告收执,其无法年检、换证的主张,因其未能举证证实到年检、换证时其向被告提出收回许可证或被告拒绝退回许可证进行年检、换证的证据,根据《最高人民法院关于民事诉讼证据的若干规定》(以下简称《证据规定》)第76条规定:“当事人对自己的主张,只有本人陈述而不能提出其他相关证据的,其主张不予支持。但对方当事人认可的除外。”且被告对原告的主张又不予认可，故对原告的主张，法院不予支持。对被告提出的由于原告没有到探矿管理部门办理变更登记手续，经双方努力，双方的《合作探矿协议》已转为合法的主张，因其未能举证予以证实双方的转让行为经有关矿产管理部门批准为合法的证据，根据《证据规定》第2条规定："当事人对自己提出的诉讼请求所依据的事实或者反驳对方诉讼请求所依据的事实有责任提供证据加以证明。没有证据或者证据不足以证明当事人的事实主张的，由负有举证责任的当事人承担不利后果。"第5条第1款规定："在合同纠纷案件中，主张合同关系成立并生效的一方当事人对合同订立和生效的事实承担举证责任。"及第76条的规定，故对被告的主张，一审法院不予采纳和支持。对被告提出其前期为探矿投入250万余元资金，从而形成实际损失，因被告没有证据证实其确实投入250万余元的证据，且被告在本案中未提起反诉，加之被告在答辩状中已表明待其对矿山投入及现有矿山的价值进行评估后，其也将对原告提起诉讼，故对被告提出的主张，一审法院在本案中不作处理，被告可另行起诉解决。另对原、被告双方的其他诉请和主张，因无事实依据，一审法院不予支持和采纳。据此，一审法院根据《矿产资源法》第3条第4款、6条第1款第1项、3款和《合同法》第7条、44条第2款、52条第5项、56条第1款、58条第1款及有关法律、行政法规等规定，遂判决：(1)原告甲公司与被告乙公司于2005年7月18日签订的《合作探矿协议》无效；(2)原告甲公司应于本判决生效之日起10日内返还被告乙公司150,000.00元人民币；(3)被告乙公司应于本判决生效之日起10日内返还原告甲公司《矿产资源勘查许可证》(原件证号为：5300××××30589)。

宣判后，上诉人乙公司不服一审判决，提起上诉称：(1)原审判决认定事实不清，误将上诉人与被上诉人之间已经生效的合作探矿行为认定为无效。在事件发生后，双方积极整改并到主管部门处备案，主管部门已经撤销了行政处罚。双方合同应为有效。(2)一审判决适用法律错误，按照规定因双方签订的是合作探矿协议，并未约定开办新的企业，故合同经向主管部门备案就是生效的。且一审适用部门规章和地方性法规来评价合同是否有效是不正确的。故，请求二审法院：撤销原判，驳回被上诉人的诉讼请求。

被上诉人甲公司答辩称：一审判决正确，请求驳回上诉，维持原判。

二审中，上诉人乙公司提交某县国土资源局2007年8月10日情况说明一份，内容为："2005年12月，我局在对辖区内的探矿权进行全面年检、清查时，由于事先不知道甲公司与乙公司系合作关系，因此认为甲公司非法变相转让探矿权，某探选厂无证采矿，责令其停止采矿并处罚款。后经查实，双方属于合作关系，并签订协议约定了双方的权利、义务以及利润分配等，故我局原作出的某国土资发〔2005〕175

号文无充分事实依据。同时,双方已积极整改并向我局报告备案。”

被上诉人甲公司质证认为:对真实性不予确认。内容与以前的证据相矛盾。

二审诉讼中,被上诉人甲公司提交了某县国土资源局2007年6月4日责令停止矿产资源违法行为通知书一份。内容为某县国土资源局经过某省国土资源厅审查,该宗探矿权涉嫌非法转让,国土资源厅责成该局查处,请甲公司于2007年6月15日前到该局进行处理。

上诉人乙公司质证认为:该证据为传真件,对真实性不予确认。

针对双方对某县国土资源局两份文件的真实性问题,二审法院发函某县国土资源局,该局于2007年11月30日回函法院,确认上述两份文件均为该局所出,是真实的,并确认在该局对矿山检查时发现问题,根据省国土资源厅安排,责成该局对该问题进行处理,于是某县国土资源局于2007年6月4日发出责令停止矿产资源违法行为通知书,经该局调查处理后于2007年8月10日出具了情况说明。

上诉人乙公司质证认为:对真实性无异议。

被上诉人甲公司质证认为:对真实性无异议。但认为通知书是经省国土资源厅审查的,县国土资源局无权否定省国土资源厅的审查。本案的探矿权是非法转让。

二审法院认为:双方对回函真实性均无异议,依法对其真实性予以确认。同时根据该回函,二审法院对某县国土资源局2007年6月4日责令停止矿产资源违法行为通知书及某县国土资源局2007年8月10日情况说明两份函件的真实性予以确认。

二审经审理查明:某县国土资源局2007年8月10日以情况说明确认县国土资源局原作出的某国土资发〔2005〕175号文无充分事实依据。同时,双方已积极整改并向县国土资源局报告备案。二审经审理查明的其余案件事实与一审查明的事实一致。

本案争议的焦点为:如何正确处理双方之间的合同。

二审法院认为:《合同法》第8条第1款规定:“依法成立的合同,对当事人具有约束力。当事人应当按照约定履行自己的义务,不得擅自变更或解除合同。”《矿产资源法》第6条规定:“除按下列规定可以转让外,探矿权、采矿权不得转让:(一)探矿权人有权在划定的勘查作业区内进行规定的勘查作业,有权优先取得勘查作业区内矿产资源的采矿权。探矿权人在完成规定的最低勘查投入后,经依法批准,可以将探矿权转让他人。(二)已取得采矿权的矿山企业,因企业合并、分立,与他人合资、合作经营,或者因企业资产出售以及有其他变更企业资产产权的情形而需要变更采矿权主体的,经依法批准可以将采矿权转让他人采矿。前款规定的具体办法和实施步骤由国务院规定。禁止将探矿权、采矿权倒卖牟利。"《民事诉讼法》第64条第1款规定:"当事人对自己提出的主张,有责任提供证据。"《最高人民法院关于民事诉讼证据的若干规定》第2条规定:"当事人对自己提出的诉讼请求所依据的事实或者反驳对方诉讼请求所依据的事实有责任提供证据加以证明。没有证据或者证据不足以证明当事人的事实主张的,由负有举证责任的当事人承担不利后果。"本案中,甲公司一审起诉要求确认双方于2005年7月18日签订的合作探矿协议无效及返还其矿产资源勘查许可证原件的诉讼主张提出的依据是政府相关部门认定双方是非法转让探矿权,对该诉讼主张甲公司一审中提交的证据是县国土资源局调查报告、向上级机关的请示等内部文件,而针对案件当事人发生法律效力的主要依据是其二审中所提交的县国土资源局2007年6月4日责令停止矿产资源违法行为通知书,该通知书中所确认的是"该宗探矿权涉嫌非法转让,责成某县国土资源局调查处理。"而县国土资源局在2007年8月10日出具的情况说明陈述:"2005年12月,我局在对辖区内的探矿权进行全面年检、清查时,由于事先不知道甲公司与乙公司系合作关系,因此认为甲公司非法变相转让探矿权,某探选厂无证采矿,责令其停止采矿并处罚款。后经查实,双方属于合作关系,并签订协议约定了双方的权利、义务以及利润分配等,故我局原作出的某国土资发〔2005〕175号文无充分事实依据。同时,双方已积极整改并向我局报告备案。"结合以上证据法院认为不能仅依据县国土资源局2007年6月4日责令停止矿产资源违法行为通知书就确认双方协议为非法转让探矿权,同时在双方依据县国土资源局要求进行整改及向该局报告备案期间,在并无其他证据证明双方间为非法转让探矿权的情况下,法院认为甲公司要求确认双方于2005年7月18日签订的合作探矿协议无效及返还其矿产资源勘查许可证原件的一审诉讼请求依法不能得到支持,一审对此认定不当,法院依法予以纠正。据此,依照《合同法》第8条,《民事诉讼法》第64条、153条第1款第2项及第107条第1款之规定,判决如下:

(1)撤销某区人民法院(2007)某法民初字第868号民事判决;

(2)驳回被上诉人甲公司的诉讼请求。

【律师评析】

本案主要涉及不设立法人的合作勘查与非法变相转让探矿权的界定问题。

一、合法的合作勘查受法律保护

国土资源部《矿业权出让转让管理暂行规定》第42条将合作勘查定义为:"合

作勘查或合作开采经营是指矿业权人引进他人资金、技术、管理等，通过签订合作合同约定权利义务，共同勘查、开采矿产资源的行为。”第 6 条第 1 款规定：“矿业权人可以依照本规定，采取出售、作价出资、合作勘查或开采、上市等方式依法转让矿业权。”第 36 条第 1 款规定：“矿业权转让是指矿业权人将矿业权转移的行为，包括出售、作价出资、合作、重组改制等。”根据法律规定，矿业权合作分为法人型合作和非法人型合作。对于法人型合作，合作双方需要办理矿业权转让审批和将矿业权变更登记至合作法人名下的手续；而对于非法人型合作，仅规定合作双方在签订合作或合资合同后，应当将相应的合同向登记管理机关备案。《矿业权出让转让管理暂行规定》第 44 条第 2 款规定：“不设立合作、合资法人勘查或开采矿产资源的，在签订合作或合资合同后，应当将相应的合同向登记管理机关备案。”但备案仅是为了利于矿政管理，并不是合作勘查合同生效的必备要件。可见，合作勘查属于合法行为，应当受到法律的保护。

与人民法院或仲裁委员会通常认定的以合作为名、实质转让矿业权不同，合作勘探或采矿的显著特征主要表现在以下几方面：(1)合作期间，矿业权的主体不发生转移，仍然是原权利人，否则即转化为违法、无效情形；合作各方能自行约定的内容仅仅是资金投入、利润分配、勘采管理等自治内容，而在“生产安全管理与投入、矿山地质环境与生态保护、矿业权的实体享有与处置”等方面则是受公法的强制规范。(2)合作协议通常约定了优先权利，包括原矿业权权利人转让时的优先受让权和合作方与原权利人共同申请采矿权(勘探合作时)或合作方与原权利人优先共同组建合资、合作企业时的权利(采矿合作时)。这些投资实践都遵循着矿业权的取得必须依法经国土部门审批的原则。(3)合作协议签订后须履行程序义务，向矿业权审批登记部门办理备案登记。[①] 因此，合作勘查与非法转让探矿权存在本质区别。

二、非法变相转让探矿权属于违法行为

所谓违法转让探矿权，就是违反探矿权转让的情形和条件，没有履行矿产主管部门的审批程序所进行的探矿权转让。《矿业权出让转让管理暂行规定》第 3 条第 1 款规定：“探矿权、采矿权为财产权，统称为矿业权，适用不动产法律法规的调整原

---

① 袁华江：《由“非法转让”到“合作探矿”的转变》，载中国矿业网：http://app.chinamining.com.cn/newspaper/E_Mining_News_2010/2010－05－24/1274668110d40938.html，最后访问日期：2011 年 9 月 6 日。

则。”第3款规定：“矿业权人依法对其矿业权享有占有、使用、收益和处分权。”矿业权和矿产资源国家所有权一样具有收益性、财产性的特点。探矿权转让是探矿权人在完成规定的最低勘查投入之后，经依法批准，可以将探矿权转让给其他享有探矿资质的法人、自然人和其他组织的行为。国家对于矿产资源所有权的权益，是将所有权转化为探矿权和采矿权以后，通过向探矿权人和采矿权人征收矿业权价款和矿产资源补偿费来实现的。探矿权和采矿权的财产权益，是通过探矿权人和采矿权人从勘查、开采矿产资源的收益中实现的。探矿权、采矿权作为一种财产，凝聚了大量的投入，包括物化劳动和活劳动的成果。探矿权转让属于探矿权变更的形式，即探矿权主体的变更。探矿权的流转意味着在国家矿产管理部门监督之下将探矿权有偿转让。

为了防止探矿权人倒卖探矿权牟利，我国《矿产资源法》和《探矿权采矿权转让管理办法》均规定，探矿权转让应当具备下列具体条件：(1)时间条件：自颁发勘查许可证之日起满2年，或者在勘查作业区内发现可供进一步勘查或者开采的矿产资源。2009年12月31日《国土资源部关于进一步规范探矿权管理有关问题的通知》(国土资发〔2009〕200号)对探矿权转让补充规定：“以申请在先、招标、拍卖、挂牌方式取得的探矿权，探矿权人申请探矿权转让的，应持有探矿权满2年，或持有探矿权满1年且提交经评审备案的普查以上工作程度的地质报告，或经原登记管理机关组织审查并证实在勘查作业区内新发现可供进一步勘查或开采的矿产资源；以协议方式取得探矿权的，5年内不得转让。特殊情况确需转让的，按协议出让审批程序另行报批。”(2)投入条件：完成规定的最低勘查投入(主要指勘查资金的投入)。(3)权属条件：探矿权权属无争议。(4)缴费条件：按照国家有关规定已经缴纳探矿权使用费、探矿权价款。(5)受让人条件：探矿权转让的受让人应当符合《矿产资源勘查区块登记管理办法》所规定的有关探矿权申请人的条件。(6)其他条件：国土资源行政主管部门规定的其他条件。转让探矿权必须同时具备上述六个方面的条件，缺一不可。探矿权转让审批管理机关对缺少上述六个条件中任何一个条件的转让探矿权申请都不得审批。

探矿权转让是要式法律行为，转让探矿权必须经过依法批准。转让方和受让方应当向转让审批管理机关提出申请，经审查合格后办理探矿权变更登记，转让探矿权。任何违反上述探矿权转让法定情形和法定条件的探矿权转让均属于违法转让，应当受到法律的制裁。从规范探矿权转让的这些规定可以看出，国家对于矿业权流转采取限制的原则、有条件转让的原则、批准制的原则。不允许“空白探矿权”流转，即有偿取得探矿权后，没有完成最低勘查投入的探矿权不得转让，这一规定与法律关于土地使用权流转的规定是一样的。

三、确认合同无效必须遵循严格的审查标准

根据我国《合同法》的规定，人民法院只能依据全国人大及其常委会制定的法律和国务院制定的行政法规认定合同无效，而不能直接援引地方性法规和行政规章作为判断合同无效的依据。《最高人民法院关于适用〈中华人民共和国合同法〉若干问题的解释（二）》（2009 年 4 月 24 日，法释〔2009〕5 号）（以下简称《合同法解释二》）第 14 条规定，合同法第 52 条第 5 项规定的“强制性规定”是指效力性强制性规定。在当前的矿产资源法律体系中，作为国土资源部颁布的行政规章：《矿业权出让转让管理暂行规定》第 44 条仅是要求，不设立合作、合资法人勘查或开采矿产资源的，在签订合作或合资合同后，应当将相应的合同向登记管理机关备案，而未规定备案作为合作或合资合同的生效条件，备案不是合同本身必须履行的内容，而是合同之外的当事人应当履行的行政法规要求的程序义务。合作勘查合同的备案表现了国家相关机关对于公民或法人的民事法律行为的监督或管理，主要目的是“知晓”在当事人之间已经发生了这一民事法律行为，保证合作他方勘查出资的权益，利于矿政管理。因此，“向登记管理机关备案”只是对合作形式的管理性规定，并非效力性强制规定。

《合同法解释二》第 8 条规定：“依照法律、行政法规的规定经批准或者登记才能生效的合同成立后，有义务办理申请批准或者申请登记等手续的一方当事人未按照法律规定或者合同约定办理申请批准或者未申请登记的，属于合同法第四十二条第（三）项规定的‘其他违背诚实信用原则的行为’，人民法院可以根据案件的具体情况和相对人的请求，判决相对人自己办理有关手续；对方当事人对由此产生的费用和给相对人造成的实际损失，应当承担损害赔偿责任。”可以看出：即便是法律、行政法规规定经批准或者登记才能生效的合同，若当事人未办理批准或登记手续，亦不像此前的司法实践那样被认定为无效，而是赋予合同另一方当事人可自行主动去办理登记或审批，以防止和打击具有刻意破坏合同履行的一方当事人故意阻止合同生效。这些规定彰显了我国司法的进步，对于矿业投资领域而言，《合同法解释二》无疑更具有积极的意义。在该司法解释出台以前，我国实践中大量的合同因未办理有关法律、行政法规规定的登记而被认定无效；自该解释出台后，在“法律、行政法规规定合同应当办理登记手续，但未规定登记后才生效的”情况下，合同效力得到了法律保护。法律鼓励当事人积极重视法规规定的行政程序义务的履行，予以补救引导。纵观我国当前的《矿产资源法》及其配套行政法规、部门规章，

不设立企业法人的勘探或开采合作，在协议签署后须履行备案登记程序，属于矿业权权属不发生转移情况下的特殊登记制度。在我国的矿产资源投资事务中，涉及大量的公法审批或登记程序，这是其他经济领域不具有的特点。无论是英美法系还是大陆法系，法律在演进中都逐步形成了“鼓励交易是合同法的重要指导”的认识，从而谨慎地认定合同效力，司法机关审理合同纠纷案件不应产生阻碍合法交易的后果。

四、关于本案的处理问题

本案中，甲公司与乙公司的合作协议中明确约定探矿权归甲公司享有，双方通过资金投入进行合作，甲公司享有收益的同时仍然负责矿业权的年检、合作管理、协助探矿事务，双方履行中唯一的法律瑕疵是未履行备案登记手续。根据矿产资源法的相关规定，合作勘查合同的备案仅是行政管理的需要，未经备案并不影响合同的效力。况且，二审中，县国土资源局的《情况说明》说明了甲公司和乙公司已经补充履行了备案手续。[①] 结合本案合作协议约定探矿权权属不变、甲公司参与协助探矿和实际履行中并未发生一方不参与管理、一方独享利润的特定情况来讲，合作双方显然属于非法人型的合作勘查，而非变相转让探矿权。

2. 政府暂停审批探矿权变更，合作探矿协议如何处理？

——甲实业公司与乙矿业公司、丙经贸公司、刘某等合同纠纷上诉案[②]

【案情介绍】

上诉人（原审原告）：甲实业公司。

被上诉人（原审被告）：乙矿业公司。

被上诉人（原审被告）：丙经贸公司。

被上诉人（原审被告）：刘某。

---

① 目前我国法律对于《矿业权出让转让管理暂行规定》第44条第2款“不设立合作、合资法人勘查或开采矿产资源的，在签订合作或合资合同后，应当将相应的合同向登记管理机关备案”中的“向登记管理机关备案”没有明确向哪一级登记管理机关备案的规定，但就该条款的法律精神以及《矿产资源开采登记管理办法》第29条关于“中外合作开采矿产资源的……在签订合同后，向原发证机关备案”的规定来讲，笔者认为，应当是向勘查许可证颁发机关备案，而非向勘查区块所在地的国土资源部门备案。

② 成都金川兴实业有限公司与富源县方舟瑞安矿业有限公司等合同纠纷上诉案（云南省高级人民法院(2008)云高民二终字第76号，2008年6月2日）。

2005年11月16日，乙矿业公司和丙经贸公司分别出具授权委托书及承诺保证书，特别授权委托刘某代表该两公司与甲实业公司签订与某县宣瑞煤矿、某县方瑞煤矿及某县界桥煤矿勘查、开采有关的合同、协议、文件、补充协议等法律文书，办理相关手续及收取甲实业公司的投资款项等。2005年12月23日，甲实业公司（甲方）与刘某（乙方）签订《补偿协议》，约定，在双方签订《投资合作协议》的基础上，就乙方前期投入，由甲方补偿乙方160万元人民币；若双方《投资合作协议》未履行，合作未成功，在双方协商解除上述协议10日内，由乙方退还甲方已支付的补偿费，逾期承担日5‰的违约金。

2005年12月24日，甲实业公司（甲方）与刘某（乙方）签订《投资合作协议》，约定：双方共同勘查、开采某县宣瑞煤矿、某县方瑞煤矿及某县界桥煤矿三个煤矿；双方通过成立新公司作为合作方式，由甲方负责三个煤矿勘查及开采所需的一切费用，乙方以前述三个煤矿的探矿权作为出资；甲方占新公司勘查、开采股份的75%的股权，乙方占新公司勘查、开采股份的25%的股权；乙方保证在符合办理采矿证的条件下，将三个煤矿的采矿权办理到新公司的名下。该协议签订次日，甲实业公司即通过银行支付到刘某账户100万元。

2005年12月27日，乙矿业公司作为探矿权人取得了某县方瑞煤矿的矿产资源勘查许可证。之后，甲实业公司在未通知对方的情况下，单方中止了上述协议的履行。2007年10月10日，甲实业公司向人民法院起诉，请求判令解除双方签订的《投资合作协议》和《补偿协议》，并要求判令乙矿业公司、丙经贸公司和刘某返还已支付的100万元款项。

另，合作煤矿所在的省人民政府发布规定，自2005年9月29日起，除国家和省批准的重点项目、中型以上项目外，暂停审批探矿权变更。

【法院审判】

一审法院认为：甲实业公司提出《投资合作协议》是名为合作，实为转让，违反国家行政法规，应属无效的主张，明显与该协议的内容不符，不予采信。乙矿业公司、丙经贸公司将依法取得的探矿权作价出资，与他人依法进行投资合作的协议并不违反国家法律、行政法规的强制性规定。甲实业公司自愿签订协议并部分履行约定义务后，在未通知对方当事人或与之协商的情况下，单方中止协议的履行，致使协议目的不能达到，其提出解除《投资合作协议》和《补偿协议》，要求对方返还已支付的100万元款项的诉讼请求无事实和法律依据，不予支持。据此，一审法院依照《合同法》第8条的规定，判决驳回甲实业公司的诉讼请求。案件受理费13,800

元,由甲实业公司负担。

一审判决宣判后,甲实业公司不服,提起上诉,请求撤销原判,改判解除双方签订的《投资合作协议》和《补偿协议》,判令乙矿业公司、丙经贸公司、刘某返还甲实业公司已支付的100万元补偿款。其主要上诉理由是:(1)双方合作方式是设立新公司进行勘查、开采煤矿,乙矿业公司和丙经贸公司是以探矿权作为出资,探矿权必须转移到新公司名下,但我国现行法律规定煤矿探矿权是不能转让的,双方协议内容违反国家法律规定,属无效合同;(2)国家现在停止审批探矿权转让,双方协议从签订时就没有履行的基础和条件,双方不可能按协议约定方式设立新公司,双方合同目的不能实现,对方已收取的补偿款应退还甲实业公司。

被上诉人乙矿业公司、丙经贸公司、刘某答辩称:(1)解除合同的前提是合同有效,甲实业公司既要求认定合同无效,又要求解除合同,其上诉理由自相矛盾;(2)《投资合作协议》及《补偿协议》是双方真实意思表示,双方之间是合作投资关系,并非探矿权转让关系,法律并未禁止探矿权投资入股设立新公司,且只要符合相关法律规定探矿权是可以转让的,因此本案协议应认定为合法有效;(3)合同无法履行是由于对方在合作过程中擅自撤走人员造成的,其行为给我方造成了巨大经济损失,甲实业公司无权要求返还已支付的100万元投资款。请求驳回上诉,维持原判。

二审庭审中,各方当事人对一审判决认定的本案《投资合作协议》和《补偿协议》签订过程及内容没有异议,同时各方对甲实业公司于《投资合作协议》签订次日支付了100万元款项到刘某的银行账户上的事实均表示认可。

本案当事人二审争议的焦点问题为:双方当事人签订的《投资合作协议》和《补偿协议》是否应解除?乙矿业公司、丙经贸公司、刘某是否应返还甲实业公司100万元款项的问题。

二审法院认为:本案双方当事人自愿协商签订的《投资合作协议》和《补偿协议》应认定为是一个整体,《投资合作协议》对双方投资合作方式进行了约定;《补偿协议》是对乙方前期投入如何补偿及合作不成功时如何处理所作的约定。双方合作方式是一方以三个煤矿的探矿权作为出资,另一方以资金出资,共同设立新公司对三个煤矿进行勘查、开采,乙矿业公司和丙经贸公司是以探矿权投资入股,并非探矿权转让,我国探矿权实行有偿取得制度,并未禁止探矿权投资入股,因此,原审判决对甲实业公司所提出的协议无效的主张不予采纳是正确的。根据双方协议,乙方以三个煤矿的探矿权作为出资,作为新设公司的出资就必须将三个煤矿的探矿权转移到新公司名下,即需要变更探矿权主体,依照我国现行法律规定探矿权主体变更必须经矿管部门批准,才能变更。云南省人民政府云政发〔2005〕147号文件规定，自2005年9月29日起，除国家和省批准的重点项目、中型以上项目外，暂停审批探矿权变更。本案双方当事人协议约定的新公司并未设立，探矿权也不可能变更到新公司名下，双方合同目的不可能实现，双方合作没有成功。导致新公司未能设立、双方合作没有成功的原因在于双方在签订协议前对有关法律、法规、政策了解不够，盲目签订协议，对此双方均有责任。《补偿协议》是双方当事人为设立新公司事先签订的协议，该协议是建立在双方合作设立新公司意向的基础上签订的补偿性质的约定，应认定为合法有效。该协议第3条约定"若双方《投资合作协议》未履行，合作未成功，在双方协商解除上述协议10日内，乙方退还甲方已支付的补偿费，逾期承担日5‰的违约金。"该条款是双方约定的协议解除条件和对合作不成功时如何处理所作的约定。在双方合作未成功的情形下，本案双方所签协议已符合双方约定的解除条件，应予解除。甲实业公司于《投资合作协议》签订次日支付到刘某的银行账户上的100万元款项是根据《补偿协议》的约定所支付的款项，款项性质应认定为补偿款，根据《补偿协议》约定，乙矿业公司、丙经贸公司、刘某应返还甲实业公司已经支付的补偿款100万元。原审判决认定事实清楚，但适用法律不当，导致实体处理错误，应予纠正。依照《民事诉讼法》第153条第1款第2项、《合同法》第93条第2款的规定，判决如下：

1. 撤销某市中级人民法院（2007）某中民初字第148号民事判决；

2. 解除甲实业公司与刘某2005年12月23日签订的《补偿协议》、2005年12月24日签订的《投资合作协议》；

3. 由乙矿业公司、丙经贸公司、刘某于本判决生效后10日内返还甲实业公司已支付的补偿款人民币100万元。

【律师评析】

本案主要涉及探矿权能否作价出资和政府暂停审批探矿权变更对于探矿权出资合作协议的影响问题。

一、关于探矿权出资合作的问题

合作经营分为设立和不设立合作法人勘查开采矿产资源两种形式。法人型合作属于"作价出资"的方式。矿业权作价出资是指矿业权人依法将矿业权作价后，作为资本投入企业，并按照出资数额行使相应权利，履行相应义务的行为。设立新合作法人的，已取得探矿权的矿山企业应当将其探矿权计价作为合作条件，变更探矿权主体，转移给新设立的合作法人企业，并按照《矿业权出让转让管理暂行规定》

第44条第1款的规定申请办理矿业权转让审批和变更登记手续。这些法定程序履行完成后,探矿权人就不再是原矿山企业,而是新设立的合作法人企业了,并由新设法人企业承担探矿权人的所有法定义务。《探矿权采矿权转让管理办法》第3条规定:"除按照下列规定可以转让外,探矿权、采矿权不得转让:(一)探矿权人有权在划定的勘查作业区内进行规定的勘查作业,有权优先取得勘查作业区内矿产资源的采矿权。探矿权人在完成规定的最低勘查投入后,经依法批准,可以将探矿权转让他人。……"《矿业权出让转让管理暂行规定》第6条规定:"矿业权人可以依照本规定,采取出售、作价出资、合作勘查或开采、上市等方式依法转让矿业权,……"第41条规定:"矿业权作价出资是指矿业权人依法将矿业权作价后,作为资本投入企业,并按出资数额行使相应权利,履行相应义务的行为。"以上是我国矿产资源法关于探矿权作价出资的相关规定。

矿业权作价出资符合我国《公司法》的有关规定。首先,现行《公司法》的有限责任的实质是股东以出资额为限对公司债务承担责任。为了平衡股东和债权人之间的权益,《公司法》在确立了股东有限责任的同时也确立了股东出资遵循法定规则的原则。江平教授曾言:"现代企业的信用,除日常交易之信用外,端赖于资本的信用,而不能是其他的信用……现代公司是资本企业,资本企业的资本信用体现在两个方面,一个是实有资本的信用,另一个是注册资本的信用。"①此番话的深意在于点出了公司信用由注册资本信用向实有资本也就是资产信用的转变。这种转变的直接结果便是导致了股东出资标的物的扩大,因为出资不再仅限于资本,而是资产。其次,探矿权符合《公司法》的出资范围之列。2005年修订的《公司法》第27条第1款规定:"股东可以用货币出资,也可以用实物、知识产权、土地使用权等可以用货币估价并可以依法转让的非货币财产作价出资;但是,法律、行政法规规定不得作为出资的财产除外。"《公司法》虽然没有列明矿业物权是否能够用于向公司投资并作为注册资本的构成要素,但从上述出资角度来看,矿业权符合"可以用货币估价可以依法转让的"条件,也即可作为非货币资产作价出资。② 探矿权符合"可以用货币估价并可以依法转让的非货币财产作价出资",属于《公司法》的出资范围之列。最后,实践中大量存在以矿业权作价出资的实例,已经被众多的投资者和相关政府部门所接受。目前,在诸多的地方性立法中,早已对矿业权能否作为出资标的的

① 江平:《现代企业的核心是资本企业》,载《中国法学》1997年第6期;《公司法与商事企业的改革与完善》,载《中国律师》1999年第5期。

② 李晓峰:《中国矿业法律制度与操作实务》,法律出版社2007年版,第24页。

物的问题作出了比法律法规更为具体和超前的规定，在河南省、广东省、云南省、陕西省、福建省等的“矿产资源管理条例”中都出现了“作价出资”的字眼，以此来规范矿业权作为出资的行为。承认矿业权可以作价出资的合法性，是完善我国矿业权流转制度的重要内容，对于有效利用矿业权融资，具有矿业权其他流转方式不可比拟的优越性。

通过上述分析，可以确认矿业权作价出资的合法性，但需要注意的是，矿业权作价出资属于矿业权转让的情形，必须首先符合矿业权转让的条件。也就是说，只有在具备矿业权转让条件下的矿业权作价出资才具有合法性。比如，以在勘查空白区刚取得、还未进行任何勘探投入的探矿权作价出资，因不满足于探矿权转让的实质条件，就是不行的。

二、《投资合作协议》和《补偿协议》的效力应当分别认定

（一）《投资合作协议》因政府暂停审批探矿权变更而未生效

我国《合同法》第44条规定：“依法成立的合同，自成立时生效。法律、行政法规规定应当办理批准、登记等手续生效的，依照其规定”。国务院《探矿权采矿权转让管理办法》第10条规定：“批准转让的，转让合同自批准之日起生效。”国土资源部《矿业权出让转让管理暂行规定》第46条规定：“矿业权转让的当事人须依法签订矿业权转让合同。依转让方式的不同，转让合同可以是出售转让合同、合资转让合同或合作转让合同。转让申请被批准之日起，转让合同生效。”《最高人民法院关于适用〈中华人民共和国合同法〉若干问题的解释（一）》第9条第1款规定：“依照合同法第四十四条第二款的规定，法律、行政法规规定合同应当办理批准手续，或者办理批准、登记等手续才生效，在一审法庭辩论终结前当事人仍未办理批准手续的，或者仍未办理批准、登记等手续的，人民法院应当认定该合同未生效；法律、行政法规规定合同应当办理登记手续，但未规定登记后生效的，当事人未办理登记手续不影响合同的效力，合同标的物所有权及其他物权不能转移。”依据上述规定，矿业权转让合同自转让申请被审批管理机关批准之日起生效，具有法律效力，对转让人和受让人具有约束力。矿业权转让合同在矿业权转让申请未被审批管理机关批准之前，属于未生效合同状态，由于合同未生效而对转让人和受让人双方不具有实质上的约束力。本案当事人所签订的《投资合作协议》属于探矿权作价出资的法人型合作方式，需要变更探矿权主体，必须经过矿业权转让审批管理机关批准，合同才能生效。但由于云南省人民政府（云政发〔2005〕147号）文件规定，自2005年9月29日起，除国家和省批准的重点项目、中型以上项目外，暂停审批探

矿权变更,故本案当事人所签订的《投资合作协议》因无法获得政府的批准而成为未生效合同。

(二)《补偿协议》无赖于政府审批,自成立时生效

对于上述《投资合作协议》,由于为了实现国家对于矿产资源开发秩序的管制利益,故矿产资源法规定该类合同必须经过审批才能生效。而本案中当事人所签订的《补偿协议》与探矿权转让审查的内容无直接的关系,因此,当事双方《补偿协议》所约定的内容无需审批管理机关的批准当然生效。也即本案双方所签订的《补偿协议》因无赖于政府的审批,故自成立时生效,双方应当按照协议的约定享有权利并履行相应义务。即使在同一份合同中,我国《民法通则》第60条规定:"民事行为部分无效,不影响其他部分的效力的,其他部分仍然有效。"《合同法》第56条规定:"无效的合同或者被撤销的合同自始没有法律约束力,合同部分无效,不影响其他部分效力的,其他部分仍然有效。"《合同法》第57条规定:"合同无效、被撤销或者终止的,不影响合同中独立存在的有关解决争议方面的条款的效力。"

在司法实践中,合同无效部分被确认无效后,有效部分继续有效的前提是有效部分能够独立存在,其与无效部分并无牵连关系,如果确认合同部分无效将影响有效部分的效力时,合同仍应当全部无效。如合同签订中,当事人可以约定一方向对方给付定金作为债权的担保,根据《担保法》第91条规定:"定金的数额由当事人约定,但不得超过主合同标的额的百分之二十"。在买卖合同中,双方当事人约定定金担保条款时,若约定定金的比例超过合同总标的额的20%时,则超过部分无效,而并非是定金条款全部无效。对此,《最高人民法院关于适用〈中华人民共和国担保法〉若干问题的解释》第121条规定:"当事人约定的定金数额超过主合同标的额百分之二十的,超过的部分,人民法院不予支持。"如果转让双方在转让合同中既约定了矿业权的转让,也约定了其他权利的转让,则应分别认定相关条款的效力,而不能一概以矿业权转让未经审批而否认整个合同的效力。一般认为,合同明确约定为矿业权转让,应当按照有关矿业权转让的法律、法规处理。合同明确约定有矿业权转让内容的,对该部分的处理应按照有关矿业权转让的法律、法规进行。在一审法庭辩论终结前当事人仍未办理转让审批手续的,应当认定矿业权转让合同未生效。但如果部分无效的条款与其他条款具有不可分性,或者当事人约定某合同条款为合同成立生效的必要条款,那么该合同的部分无效就会导致整个合同的无效,而不能确认该部分无效时,另一部分合同内容又保持其效力。如果合同的目的本身是违法的,或者根据诚实信用和公平原则,剩余部分的合同内容独立有效

对当事人而言造成了“合同目的落空”或者显失公平的,合同也应全部确认无效。①

本案《补偿协议》是双方当事人为设立新公司事先签订的协议,是建立在双方合作设立新公司意向基础上签订的补偿性质的约定,与《投资合作协议》之间不存在密切关系,具有相对独立性,自成立时生效。其中的补偿费条款,是双方约定的协议解除条件和对合作不成功时如何处理所作的约定,在双方合作未成功的情形下,双方应当按照约定履行相应的义务。

三、《投资合作协议》未生效的法律后果

未生效合同是一种中间效力类型的合同,不可能一直处于这种状态。其可能因批准而完全生效,也可能一直得不到批准,确定地不发生效力。合同不生效与无效均意味着合同没有发生当事人预期有效的法律效果,就此而言,《合同法》有关合同无效后果的规定也适用于矿业权转让合同不生效的情形。具体来说:第一,关于给付返还问题。“合同无效或者被撤销后,因该合同取得的财产,应当予以返还;不能返还或者没有必要返还的,应当折价补偿。”在矿业权转让合同的情况下,如果矿业权转让人已经受领了转让款项的,则应当根据不当得利规则返还受让人该笔款项。第二,关于损害赔偿责任。合同无效或者被撤销后,有过错的一方应当赔偿对方因此所受到的损失,双方都有过错的,应当各自承担相应的责任。该责任在性质上属于缔约过失责任,故只能由过错方承担。因此,当受让人向转让人请求赔偿时,应当以转让人有过错为必要。具体来说,应当区分如下几种情形:一是因受让人未履行协助义务导致合同不能获得审批的,此时转让人不仅不承担责任,还可以在一定条件下追究受让人的违约责任。当然,在实践中,此种情形较为少见。二是因转让人的原因导致合同未能获得批准的,此时,转让人应当为其过错行为向受让人承担缔约过失责任。三是双方均无过错的,此时,相互间不发生任何责任问题,只能根据风险分担原则,各自承担相应的风险。四是各自都有一定责任的,此时应各自承担相应的责任,并且有债权抵销规则的适用。

规范与矿业权转让合同具有同质性的外商投资企业股权转让合同的《最高人民法院关于审理外商投资企业纠纷案件若干问题的规定(一)》具有相类似的规定。该规定第7条规定:“转让方、外商投资企业或者受让方根据本规定第六条第一款

---

① 中国土地矿产法律事务中心、国土资源部土地争议调处事务中心编著:《土地矿产典型案例评析与法律实务操作指南》,中国法制出版社2012年版,第102页。

的规定就外商投资企业股权转让合同报批，未获外商投资企业审批机关批准，受让方另行起诉，请求转让方返还其已支付的转让款的，人民法院应予支持。受让方请求转让方赔偿因此造成的损失的，人民法院应根据转让方是否存在过错以及过错大小认定其是否承担赔偿责任及具体赔偿数额。"该司法解释规定的是转让方、外商投资企业或者受让人根据法院判决向审批机关履行报批手续但未获批准时，受让人享有的请求返还转让款以及赔偿损失的权利。根据相关法律规定，外商投资企业股权转让合同必须经过审批机关批准。如果当事人申请审批，审批机关未予批准，那么股权转让合同不生效力。合同不生效力后，双方当事人均有权要求返还财产、赔偿损失。本案《投资合作协议》是以探矿权作价出资，需要变更探矿权主体，必须经矿产管理部门批准，协议才能生效。但由于双方在签订协议前对有关法律、法规、政策了解不够，不清楚"暂停审批探矿权变更"的规定，盲目签订协议，导致新公司未能设立、双方合作没有成功，对此双方均有责任。但双方签订有《补偿协议》，按照该《补偿协议》的约定予以处理即可。

四、关于本案的处理问题

本案中，双方当事人签订了《投资合作协议》和《补偿协议》。《投资合作协议》是以探矿权作为出资，需要变更探矿权主体，必须经过相关矿产管理部门的批准，协议才能生效。但由于合作矿山所在省政府规定暂停审批探矿权变更，故《投资合作协议》未生效，双方当事人协议约定的新公司并未设立，探矿权也不可能变更到新公司的名下，双方合同目的不可能实现，双方合作没有成功。但当事双方在签订《投资合作协议》之前所签订的《补偿协议》是双方为设立新公司事先签订的协议，是建立在双方合作设立新公司意向基础上签订的具有补偿性质的约定，《补偿协议》所约定的内容具有相对的独立性，无须审批管理机关的批准，自成立时生效。因此，本案双方按照该《补偿协议》的约定予以处理即可。

（二）委托探矿纠纷

3. 委托勘探合同签订后能否擅自解除?

——某矿业公司与某地质矿产勘查院地质勘探合同纠纷上诉案[①]

【案情介绍】

上诉人（原审被告）：某矿业开发公司（以下简称某公司）。

被上诉人（原审原告）：某地质矿产勘查院（以下简称某勘查院）。

2005年5月12日，某公司为勘查内蒙古某钒钛磁铁矿的地质情况，向某勘查院发出地质勘查委托书一份。委托书的任务包括矿区地质圈的修测、槽探、井探、钻探等山地工程的布置、地质勘查设计书的编写、野外施工以及各种样品的采集测试、地质编录资料综合整理、勘查报告编写与提交等全过程。

2005年6月1日，某勘查院（乙方）与某公司（甲方）签订了一份《内蒙古某钒钛磁铁矿地质勘探工作合同》（以下简称《勘探合同》）。合同双方约定了工作范围、地质勘探的技术和规范标准、各方的权利义务、费用支付、违约责任承担以及纠纷解决等，并对不可抗力、生效变更及项目报价等作了约定。合同签订后，某公司于2005年6月9日预付136,303元工程款，某勘查院于18日进点施工。在委托书和合同约定的项目设计书未通过审核批复的情况下，经监理同意开工。双方在履行合同过程中发生争议，2005年9月20日某公司和工程监理撤离施工现场，并通知某勘查院终止合同。后，某勘查院多次与某公司进行协商未果引发纠纷。某勘查院向人民法院起诉，要求某公司支付剩余勘查费用365,083.66元。

另，2005年12月15日工程监理给某公司出具监理工作总结，认定了截至双方终止合同，该项工程进度完成的实物工作量情况。监理工作总结认为：合同的终止不影响双方权利和义务的执行，建议双方确定已完工程量，达到双方都能接受的解决方案。

【法院审判】

一审法院审理认为：2005年5月12日，某公司向某勘查院发出地质勘查工作

---

① 青海森源矿业有限公司与甘肃省地质矿产勘查开发局第四地质矿产勘查院地质勘探合同纠纷上诉案（甘肃省高级人民法院（2009）甘民二终字第052号，2009年6月19日）。

委托书，某勘查院接受委托，双方于2005年6月1日签订《勘探合同》，此合同系双方当事人真实意思表示，内容不违反国家法律禁止性规定，为合法有效的合同。合同签订后，在项目设计书未经审核批复的情况下，经某公司同意，某勘查院进行施工。在施工期间，某勘查院与某公司及监理方发生矛盾，在合同未约定解除条件且双方未履行完毕的情况下，某公司单方终止合同，损害了某勘查院的合法权益，某公司应承担给付某勘查院勘查费的责任。应以某公司提供的监理工作总结所认定的工作量和合同附件中约定的计算单价计算后（501,386.66元）减去某公司已预付的工程款（136,303元）给付勘查费用。依据《合同法》第107条、109条之规定，判决：（1）某公司给付某勘查院勘查费365,083.66元。（2）驳回某勘查院的其他诉讼请求。如果未按本判决指定的期间履行给付金钱义务，应当依照《民事诉讼法》第229条之规定，加倍支付迟延履行期间的债务利息。案件受理费10,113元、其他诉讼费8091元，由某勘查院承担5179元，某公司承担13,025元。

某公司不服一审法院上述判决，提起上诉称：第一，原审判决认定事实不清。某勘查院履行合同不符合约定，已构成严重违约，但一审法院未予认定；对某勘查院已完成的工作量及支付勘探费的依据不足。第二，原审判决证据不足。某勘查院请求支付工程款的证据，均未向监理提交报验并经确认，不能作为结算依据；某勘查院一审补充提交的证据未经质证，不能作为定案依据；《监理工作报告》不能作为监理认定工作量和支付工程款的依据。请求撤销原审判决，确认合同解除的效力，并对一审判决进行改判，驳回某勘查院的诉讼请求。

某勘查院答辩称：第一，本案中存在严重违约的是某公司，其在一审时并未反诉要求认定某勘查院违约，且对此已另案起诉。第二，原审法院判决依据充分，不存在证据不足的情况。（1）某勘查院补充提交的证据未超过举证期限，且某公司当庭也已发表质证意见；（2）补充证据与其他证据相互佐证已充分证实某勘查院的实际工作量，可以作为付款依据；（3）《监理工作总结》中对工程量的确认与某勘查院主张的工程量基本一致，能够充分说明本案的工作量。综上，请二审法院驳回某公司的上诉请求，维持原判。

二审法院对原审法院查明的事实予以确认。

另查明：《勘探合同》中约定由青海省某工程监理有限公司对本地质勘查项目进行监理，但某公司未与青海省某工程监理有限公司就此签订委托监理合同。2005年6月27日，某公司与某建设监理有限公司签订委托监理合同，约定委托该监理公司对本案所涉地质勘探项目进行监理，工作时间为2005年6月30日至10月31日。二审中，某公司申请某建设监理有限公司工作人员、《监理工作总结》制作人刘某作为证人出庭。刘某陈述,《监理工作总结》中所记载工程量是根据某勘查院在施工过程中提交的2005年7月和8月工作报表形成的,未经三方验收,某勘查院当庭未提出异议。法院对证人陈述的该项事实予以确认。

还查明:某公司以本案争议的地质勘探合同及双方于2005年8月15日签订的水文、环境勘探合同中某勘查院违约为由,起诉至某市中级人民法院,要求某勘查院返还预付款并承担损失。该案现中止审理。

二审法院认为,本案争议的焦点:一是某勘查院请求支付工程款的依据是否符合合同约定。二是某公司解除合同的行为是否有效。三是某公司是否存在违约情形。

1. 关于某勘查院请求支付工程款的依据是否符合合同约定的问题。按照《勘探合同》约定,某勘查院应在勘探施工正式开始后,"以书面形式及时向监理人申报各工序进度、工作量和质量报验表,及时进行单项工程验收",并"以野外核实的实际工作量为准"结算工程费。虽然某勘查院实施了勘查项目,但并未按约定申请验收,致使其实际工程进度、施工质量和工期控制无法得到监理和某公司监管,对最终工作量不能确定负有一定的责任。某勘查院对此认为是由于某公司和监理提前撤离施工现场,使报验无法继续进行,自己不存在过错。经查,至合同终止前,在长达两个多月的勘探过程中,某勘查院对所完成工程和取得采样大部分未按合同要求向监理申请报验,即便部分报验也因项目负责人不在现场或不具备验收条件无法完成最终验收,致使单项工程野外资料无一通过验收。这种后果与某公司及监理提前撤离无必然联系,具体工程量不能确定的责任应由某勘查院承担。一审法院根据单方出具的已完成工作量计算工程款的做法,不能全面反映《勘探合同》的实质和本案合同履行过程,计算无相应依据,应不予认可。

2. 关于某公司解除合同的行为是否有效的问题。在双方就解除合同的条件未作约定的情况下,判断某公司是否享有合同解除权的依据是《合同法》第94条第4项,即该合同目的是否能实现,也就是某勘查院是否构成根本违约。某公司上诉主张,某勘查院在野外工作时间仅剩12天的情况下工程进度完成不及总量的50%,不可能如期履行完毕合同义务,合同目的不能如期实现,必然构成根本违约。法院认为,《勘探合同》约定的工作并非只有"野外"一项,大量的采样分析、资料整理、编制报告等工作须待野外工作完成后方可进行。按照未经批复的勘探设计(第二稿)记载,提交最终工作成果的时间为2005年11月30日,某公司组织的专家评审对此未提出异议,即认可合同目的的实现时间为2005年11月30日。现某公司仅以野外工作期间延误为由判断合同履行必将延期没有相关依据。且某公司一方面不认可《监理工作总结》中关于某勘查院的实际工作量，一方面在勘探项目大部分未量化、工程量未验收的情况下确定工程进度完成不及50%，其判断没有相关依据。故某公司该条诉讼理由不能成立。某公司提出，某勘查院缺乏编制项目设计和工程设计的能力，不能提交合格的项目设计书和施工计划，致使工程始终处于无序进行状态，不能按质量要求完成合同义务，属严重违约的理由。经查，按照合同约定，应由某勘查院提交项目设计书并由某公司负责组织审阅和报批。由于某勘查院提交的设计书未经审核批复，但经某公司同意后，某勘查院进行了施工，故对"边设计边施工"的情况双方是明知且认可的。从2005年9月17日监理向某勘查院出具的备忘录反映，某勘查院的确没有按约提交施工进度计划，但从同日监理向某公司出具的备忘录反映，某公司也未能如期提交勘探工程总体设计。因此，在此问题上双方均存在过错，片面追求一方的责任有失公正。某公司认为，某勘查院开工时间为2005年6月30日，晚于施工计划，致使项目工期相应延长，属于某勘查院违约。根据工作规程，应由监理签发开工令后某勘查院方可进行勘探作业，本案中，某公司所签委托监理合同签订日期为2005年6月27日，而该合同约定的监理工作时间是从2005年6月30日起。换言之，在此之前，某勘查院无法取得开工许可，也无法开展作业，故对开工迟延某勘查院不存在违约过错。某公司主张某勘查院不具备勘探设计能力、勘探设备老化、技术手段陈旧、施工组织无序、现场管理混乱、工程质量不符合约定等违约情形，因无客观证据相佐证，法院不予采信。综上所述，某公司单方解除合同的行为不符合法律规定，法院不予确认。

3. 关于某公司是否存在违约情形的问题。按合同约定，在某勘查院进点作业后，应由某公司支付工程总费用的20%，但直至双方终止合同，该笔费用也未支付。对此某公司主张支付该工程款须由对方提出支付申请，经监理批准后方可支付，而某勘查院未提出申请，故不应支付。根据《勘探合同》第8条第2项，这20%的费用属于"施工准备费"，并约定在某勘查院进点后支付。根据《勘探合同》第8条第3项"乙方按合同要求完成野外地质合同工作量的60%时，经监理工程师和甲方认可，甲方向乙方支付项目剩余费用的50%"的约定，并未确定支付前述20%的费用时必须经上述程序。且2005年6月18日某勘查院派员进点时，某公司尚未确定监理，"监理批准"的条件不具备。因此某公司的该项主张无相关依据，不应支持，某公司应对延迟支付工程款承担相应责任。

二审法院认为：本案所涉《勘探合同》系某公司与某勘查院真实意思表示，内容不违反法律、行政法规的禁止性规定，为有效合同。合同签订后，双方应本着诚实信用、等价有偿等原则积极履行各自的合同义务。然而在本案中，由于双方均未能严格执行合同条款,当合同履行进程与预期结果发生差距时,各自只片面强调对方的违约事实,且不能以协作互谅的态度妥善化解矛盾。2005 年 9 月 18 日,双方发生冲突后,某公司将工作人员及监理撤离施工现场,并单方决定解除合同,最终导致纠纷产生。在本案中双方对合同未能履行完毕导致的纠纷均有过错:某公司未按约如期支付工程款,并且在合同未约定和法律未规定的情况下单方终止合同,显属违约,应对纠纷产生负主要责任;某勘查院未按照合同约定及时对已完成的工作申请验收,却以未经报验的工作量要求某公司支付工程款,故其请求不符合合同约定,法院不予支持。因本案所涉《勘探合同》已超过履行期限,无继续履行的可能和必要,某勘查院完成的工程量也无法由双方协商确认,但考虑到某公司未按期支付工程费用的事实和某勘查院在野外实际的工作,根据公平原则,应由某公司向某勘查院支付一定费用作为补偿后,终止双方权利义务关系。某公司应按合同总费用的 30% 支付勘查费用,扣除已支付部分,还应支付 272,606 元。一审判决在叙述双方起诉、答辩理由时,引用某公司 2007 年 2 月 8 日的《答辩状》内容,显属错误,应予更正。一审法院认定部分事实不清,证据不足,应予改判。上诉人的上述理由部分成立,法院予以支持。依据《民事诉讼法》第 153 条第 1 款第 3 项的规定,判决如下:

(1)撤销某市中级人民法院(2008)某民二初字第 15 号民事判决;

(2)某公司于本判决生效后 10 日内向某勘查院支付勘查费用 272,606 元。

【律师评析】

本案主要涉及委托勘探合同的解除及合同解除后的处理问题。

一、合同解除的概念

合同的解除,是指在合同有效成立后,当解除的条件具备时,因当事人一方或双方的意思表示,使基于合同发生的民事权利义务关系归于消灭的法律行为。合同解除制度的重要目的就是为保障民事权利义务实现的措施。一般而言,合同生效后,当事人一方不得擅自解除合同,但在履行过程中,有时会产生某些特定情况,从而使债权人订立合同的目的不能达到,这样合同的存在对债权人来说已不具有实质意义,因此应允许债权人宣告解除合同,从而使其能够从已被严重违反的合同中解脱出来,及时消除或减少因对方违约所造成的损失。

合同解除具有以下法律特征:(1)合同解除以有效成立的合同为前提。如果合同应当被宣告无效或者被撤销,则不发生合同的解除。(2)合同解除必须具备一定的条件。合同一经有效成立,就具有法律效力,当事人必须严格遵守,适当履行,不得擅自变更或解除。只是在主客观情况发生变化使合同履行成为不必要或不可能的情况下,合同继续存在已失去积极意义,才允许解除合同。(3)合同的解除必须有解除行为。但适用情势变更原则的解除则由人民法院根据具体情况而裁决的,不需要解除行为。(4)合同解除的效力是使合同关系自始消灭或向将来消灭。至于解除将使合同关系自始消灭还是向将来消灭,涉及合同解除与终止的问题。①(5)合同的解除可以成为违约补救的方式。《合同法》第97条的规定②可见,合同的解除与违约责任是密切联系在一起的。在许多情况下,合同的解除乃是法律允许非违约方可以寻求的一种有效补救方式,此种方式常常与损害赔偿、实际履行方式相对应。

二、合同解除的分类

合同解除制度有不同的分类,从合同解除事由源于法定还是约定的角度,可以将合同解除分为法定解除与约定解除两种,其中约定解除又包括约定解除权与合意解除。约定解除权指的是双方在合同中事先约定,在一定的解除事由成就时,由一方通过行使解除权而解除合同。合意解除又称协议解除,指的是双方通过协商解除合同。法定解除指的是在法定的事由出现时,一方因行使解除权而使合同归于消灭。《合同法》第94条规定:"当事人有下列情形之一的可以解除合同:(一)因不可抗力致使不能实现合同目的;(二)在履行期限届满之前,当事人一方明确表示或者以自己的行为表明不履行主要义务;(三)当事人一方迟延履行主要债务,经催告后在合理期限内仍未履行的;(四)当事人一方迟延履行债务或者有其他违约行为致使不能实现合同目的;(五)法律规定的其他情形。"合同法定解除根本上是非违约方的一种救济措施,是法律赋予非违约方在对方违约的情况下保护自身利益的手段。在前述三种合同解除制度中,法定解除与约定解除权均系通过行使解除权而解除合同,无需另一方的同意,从而有别于协议解除;后者则需要双方达成一个解除原合同的合意,从而使原合同归于消灭。

---

① 笔者认为,合同解除与终止的效力问题应当尊重当事人的意思表示。在当事人有约定的情况下,只要这种约定没有损害国家利益和社会公共利益,应当尊重当事人的这种约定;当事人若没有特别约定,那么合同解除的效力应当依据《合同法》第97条的规定具体确定。

② 我国《合同法》第97条规定:"合同解除后,尚未履行的,终止履行;已经履行的,根据履行情况和合同性质,当事人可以要求恢复原状、采取其他补救措施,并有权要求赔偿损失。"

三、合同法定解除的事由

法定解除条件是指法律明确规定的解除合同的条件。我国《合同法》第 94 条规定:“有下列情形之一的,当事人可以解除合同:(一)因不可抗力致使不能实现合同目的;(二)在履行期限届满之前,当事人一方明确表示或者以自己的行为表明不履行主要债务;(三)当事人一方迟延履行主要债务,经催告后在合理期限内仍未履行;(四)当事人一方迟延履行债务或者有其他违约行为致使不能实现合同目的;(五)法律规定的其他情形。”

在我国,不可抗力是导致合同解除的法定解除事由。根据法律规定,不可抗力是指不能预见、不能避免并不能克服的客观情况。当合同履行中出现不可抗力并妨碍合同的正常履行时,当事人主观上并没有过错,既没有不想履行合同的心态,也没有想给对方造成损失的心态,而是实际上不能履行或不能完全履行合同。我国《合同法》规定,在不可抗力致使合同目的不能实现的情况下,双方当事人均可以请求解除合同。根据《合同法》第 117 条的规定,因不可抗力不能履行合同的,根据不可抗力的影响,部分或者全部免除责任,但法律另有规定的除外。当事人迟延履行后发生不可抗力的,不能免除责任。需要注意的是,在我国《合同法》上,因不可抗力导致的合同解除,既是合同解除的法定事由,也是免除或减轻违约责任的重要事由,同时它也与风险负担相联系,故应综合考察不可抗力的法律效果。

除不可抗力外,因根本违约导致的合同目的落空也是导致合同解除的重要法定解除事由。因为合同解除从根本上否定了合同的效力,因此各国对于合同解除都规定了非常严格的条件,即原则上只有在根本违约或重大违约的情况下,非违约方始得请求解除合同。我国《合同法》采用了根本违约的概念,违约行为只有达到根本违约的程度时,非违约方才能请求解除合同。判断某一行为是否构成根本违约,主要看其造成的后果是否严重到使“合同目的不能实现”的程度,但在考察违约后果的过程中,也要结合合同条款的性质,如在迟延履行场合,就要考察履行期限对于当事人的利益是否具有特别重要的意义。在实际判断中不能将违约后果与合同条款本身割裂开来。至于违约方是否具有过错,原则上在所不问,因为我国合同法原则上实行的是无过错责任而非过错责任,债务人有无过错一般来说不影响违约责任的构成与承担。就具体的违约形态而言,在预期违约、拒绝履行场合,可以认为直接构成根本违约,非违约方可以径行解除合同。在迟延履行场合,一般来说,履行期限对于当事人的利益来说并不具有特别的重要性,故迟延履行并不当然构成根本违约,因此,只有在经催告后债务人在合理期限内仍未履行的,才可以认为构成根本违约，非违约方才能解除合同；但是，在例外情况下，根据合同的性质和当事人的意思表示，履行期限在合同的内容上具有特别重要的意义时，债务人迟延履行本身就意味着其已构成根本违约，其可以径行解除合同。就不完全履行的违约情形而言，同样也只有在构成根本违约时才使得请求解除合同。

值得注意的是情势变更规则。在《合同法》制定过程中，学界大多认为应规定情势变更规则，但考虑到情势变更在操作上可能存在的随意性，以及与契约必守原则在一定程度上的矛盾性，《合同法》最终并未规定该制度。随着国际金融危机的到来，出于司法能动主义的考虑，《合同法司法解释（二）》明确规定了情势变更制度。该司法解释第26条规定："合同成立以后客观情况发生了当事人在订立合同时无法预见的、非不可抗力造成的不属于商业风险的重大变化，继续履行合同对于一方当事人明显不公平或者不能实现合同目的，当事人请求人民法院变更或者解除合同的，人民法院应当根据公平原则，并结合案件的实际情况确定是否变更或者解除。"因此，在法定解除事由中，还包括情势变更这种情形。当然，在具体适用过程中，应当严格把握，不能滥用，尤其是不能把正常的商业风险作为情势变更的情形。

四、合同法定解除的效力

合同解除具有使合同关系消灭的效力，我国《合同法》认为解除是导致合同终止的原因之一。《合同法》第97条规定："合同解除后，尚未履行的，终止履行；已经履行的，根据履行情况和合同性质，当事人可以要求恢复原状、采取其他补救措施，并有权要求赔偿损失。"该条规定确立了合同解除的两方面效力：一是对将来发生效力，即终止履行；二是合同解除可以产生溯及力。也就是说，判断某一合同解除是否具有溯及力，应当根据合同的履行情况与合同性质来考察。一般情况下，对于继续性合同，合同解除实则为合同终止，解除行为仅具有向后无效的效力，并不具有溯及力，故此前的履行应属有效，不必实行恢复原状原则；而于非继续性合同而言，解除具有溯及力，根据恢复原状原则，双方应返还已受领的对方财产。当然，从私法自治原则出发，合同的履行情况和合同性质不应视为是合同解除有无溯及力的决定性因素，对于合同解除的效力问题，应更多地尊重当事人的意思表示和契约自由。

就合同解除与违约责任的关系而言，从违约方责任的角度来看，合同解除并非责任形式，故我国《合同法》没有将合同解除规定在"违约责任"中。但从对受害人救济的角度来看，合同解除与违约责任都是重要的合同救济方式，且合同解除往往是与根本违约连在一起的。因此,有必要讨论合同解除是否可与其他违约责任形式尤其是损害赔偿责任并存的问题。合同解除后能否请求损害赔偿,各国立法规定不一。《民法通则》第115条规定,合同解除不影响当事人要求赔偿损失的权利。《合同法》第97条也有相同的规定。可见,我国法律承认合同解除与损害赔偿可以并存。根据公平原则,在因不可抗力而导致合同目的不能实现时,当事人均可以请求解除合同,但因为不可抗力可以免除当事人的责任,此时只存在风险负担而不存在责任承担问题,当事人均不负损害赔偿责任。但是在某些例外情况下,合同解除仍可与损害赔偿并存:一是"发生不可抗力后,遇不可抗力一方未及时通知对方,造成对方损失扩大或虽遇不可抗力,但应采取补救措施以避免、减少损失却没有采取措施以致对方损失扩大,以及遇不可抗力后合同仍能履行而不履行的,应就扩大的损失承担赔偿责任。"二是当事人迟延履行后发生不可抗力并给对方造成损失的,违约方在合同解除后应负违约损害赔偿责任。我国《合同法》第117条规定,当事人迟延履行后发生不可抗力的,不能免除责任。

在当事人一方严重违约的情形下,法律赋予非违约方单方解除合同的权利。非违约方对自己已履行的部分,在要求对方恢复原状、采取其他补救措施后,仍有权要求对方赔偿违约造成的损失。《民法通则》第115条规定:"合同的变更或者解除,不影响当事人要求赔偿损失的权利。"《合同法》第97条规定:"合同解除后,尚未履行的,终止履行;已经履行的,根据履行情况和合同性质,当事人可以要求恢复原状、采取其他补救措施,并有权要求赔偿损失。"至于合同解除时,赔偿损失的性质是违约损害赔偿责任还是缔约过失责任中的损害赔偿责任,存在不同观点。但应当认为的是,在合同因根本违约而解除的情况下,尽管合同已经被解除了,但违约方仍然是为其违约行为而承担责任,故其性质仍然属于违约责任,不能认为合同解除之后违约方承担的就是缔约过失责任。

五、关于本案的处理问题

本案中,在《勘探合同》未约定解除条件的情况下,某公司单方面解除合同的行为并不符合合同法定解除的条件,损害了合同相对方某勘查院的合法权益。但由于《勘探合同》已无继续履行的可能和必要,因此,对于双方之间的《勘探合同》应当予以解除。某公司未按照约定如期支付工程款项,并且在合同未约定和法律未规定的情况下单方面终止合同,显属违约,应当对纠纷的产生负主要责任。某勘查院未按照合同的约定及时对已完成的勘探工作申请验收,却以未经报验的工作量要求某公司支付工程款项。当事双方对于合同未能履行完毕导致的纠纷均有过错，虽然某勘查院已经完成的工程量无法由双方协商确认，但考虑到某勘查院在野外实际的工作情况，应当在考虑双方过错责任的基础上，由某公司向某勘查院酌情支付一定的费用作为补偿。

（三）勘查施工纠纷

4. 不具备建设施工资质签订的《勘查施工合同》的效力如何？

——某钾盐公司与某研究所建设工程勘查合同纠纷上诉案①

【案情介绍】

上诉人（原审原告、反诉被告）：某钾盐公司。

被上诉人（原审被告、反诉原告）：某研究所。

2007 年 3 月 26 日某钾盐公司与某研究所签订《某钾盐矿详勘前期钻探项目合同》。双方约定了合同的任务与目的、工作量、施工方法、经费预算以及其他权利和义务。合同签订后，某研究所立即实施钻探工程，由于在施工中个别孔位取芯率未达到合同要求的 75%，双方遂于 2007 年 4 月 30 日形成《某研究所承担的有关某钾盐公司钾盐勘查工作若干问题变更备忘录》：约定对已完成的部分钻孔的矿层取芯率未达到合同要求的，由于工期紧，某钾盐公司提出某研究所不再进行返工补孔或补矿层岩芯，某研究所抓紧时间完成后续钻孔施工，对于矿层取芯率没有达到合同要求的钻孔施工费用，矿芯采取率每降低 1%，按该钻探施工费的 1.33% 进行核减。同时，双方协商终止了某钾盐公司钾盐勘查项目中样品测试的分析工作。

另，双方签订合同的履行期限是 2007 年 3 月至 6 月。合同对钻孔数量没有约定，钻探费用应按实际钻孔数量而定。2007 年 8 月 30 日某钾盐公司书面发函通知某研究所，因该单位在合同履行中无法完成相关合同义务，致使其合同目的无法实现，限接到通知起 5 日后解除合同。2007 年 9 月 17 日某研究所复函认为其已按合同及备忘录约定履行完钻探工程的合同义务，第二项合同义务样品化学测试分析和第三项地形、地质草测合同义务因未提供相关设计报告，不具备履行条件，且第二项合同义务样品化学测试分析在双方备忘录中已经终止。

---

① 青海嘉西钾盐有限公司与中国科学院青海盐湖研究所建设工程勘察合同纠纷上诉案（青海省高级人民法院（2008）青民一终字第 34 号，2009 年 4 月 8 日）。

截至2007年6月5日，某研究所共计完成了11个孔位钻探工程，双方在岩芯交接清单和详勘钻探项目终孔情况报告单上签字确认，某研究所将以上工程全部移交某钾盐公司。按照合同及备忘录约定计算，11个孔位工程价款合计3,278,290元，某公司先后支付给某研究所钻探工程款项2,814,958元，尚欠463,332元钻探工程款未予支付。

某钾盐公司于2007年9月10日向某市中级人民法院提起诉讼，请求判令：(1)解除双方签订的钻探项目合同；(2)某研究所退还某公司预付的工程款2,814,958元。某市中级人民法院受理后，某研究所提起反诉，请求判令：某钾盐公司支付剩余工程款464,132元。

【法院审判】

根据双方当事人的诉辩主张和质证意见，一审法院对本案争议的焦点问题逐一分析认定如下：

1. 关于钻探项目合同是否解除问题。

一审法院认为，对于某钾盐公司解除合同通知书及某研究所关于解除合同通知书的复函，双方均不持异议。按照双方合同约定，合同履行期限为2007年3月至6月，在合同中对需完成钻孔数量双方并未约定，至某钾盐公司提起诉讼时，双方签订合同的履行期间已届满。对双方履行期已届满且实际已不履行的合同，法院再无重新解除的必要，对某钾盐公司请求法院解除合同的诉求不予支持。

2. 关于某钾盐公司主张某研究所应退还其预付的工程款2,814,958元的问题。

一审法院认为，某钾盐公司以某研究所施工的钻探工程质量不合格为由，要求该所退还其预付的工程款2,814,958元。关于本案钻探工程应执行什么质量标准的问题，依照双方签订合同时的约定：钻探工程：预先设计孔深300米，按照固体可溶盐类矿床勘探规范执行。但在合同履行中某钾盐公司未提供此规范，现该公司在庭审提交了《岩心钻探规程》和《盐湖和盐类矿产地质勘查规范》标准，认为对某研究所施工的工程应按以上标准进行验收，但双方在合同中约定的并不是此项标准。在双方对合同钻探工程质量执行的标准并不明确的情形下，依照《合同法》第61条规定：合同生效后，当事人就质量、价款或者报酬等内容没有约定或者约定不明确的，可以协议补充，不能达成补充协议的，按照合同有关条款或者交易习惯确定。在双方签订合同时，J6#、J7#孔已经终孔，按照J6#、J7#孔双方签字确认的岩芯交接清单及详勘钻探项目终孔情况报告：J6#孔深341.11米，J7#孔深310.94米，按双方认可的每米1000元价款计算，J6#、J7#孔钻探费用计算为652,050元，与合同约定某钾盐公司应支付 J6#、J7#孔的工程款 65.21 万元一致。故 J6#、J7#孔双方的实际履行合同的交易习惯标准：预计孔深 300 米，钻探取芯率在含矿层达到 75%，终孔时并提交岩芯编录资料、岩芯柱状图及整理好的岩芯样品，某钾盐公司应按实际进尺数每米 1000 元计算。后双方在《某研究所承担的有关某钾盐公司钾盐勘查工作若干问题变更备忘录》中对矿层取芯率没有达到合同要求 75% 的，钻孔施工费用矿芯采取率每降低 1%，钻探施工费的 1.33% 进行核减的工程质量履行标准计算。故某钾盐公司以某研究所施工钻探工程应符合有关规定，施工钻探工程质量不合格，某研究所应当退还其已预付的工程款 2,814,958 元的诉讼请求，不能支持。

3. 关于某研究所反诉某钾盐公司应支付其剩余工程款 464,132 元的问题。

一审法院认为，某研究所钻探 J6#至 J16#11 个孔位质量合格，根据合同及《某研究所承担的有关某钾盐公司钾盐勘查工作若干问题变更备忘录》计算，钻探工程费总计 3,278,290 元，某钾盐公司支付 2,814,958 元，尚欠 463,332 元未付。

一审法院认为，双方签订的合同合法有效，应受法律保护。按合同约定工程内容有三项，即(1)钻探工程；(2)样品化学测试分析；(3)地形地质草测。在合同履行中，经过双方协商终止了样品化学测试分析项目，地形地质草测没有实际履行。合同双方实际只履行了钻探工程部分。因合同中对某研究所需完成的钻探工程的数量没有约定，该合同在某钾盐公司起诉时合同约定的履行期限已届满，且双方实际已不履行，故某钾盐公司请求法院判决解除合同的诉求，因无必要而不予支持。某研究所按合同要求给某钾盐公司完成了 J6#至 J16#共 11 个孔位钻探工程，应按合同及《某研究所承担的有关某钾盐开发公司钾盐勘查工作若干问题变更备忘录》约定的条款结算，11 个孔位工程费用总计 3,278,290 元，扣除某钾盐公司已支付 2,814,958元，还应给付工程款 463,332 元。某钾盐公司以某研究所施工的钻探工程不符合质量要求，致使合同目的无法实现，某研究所应当退还已预付的工程款 2,814,958元的诉讼请求，不能成立，应予驳回。某研究所请求支付剩余钻探工程款 464,132 元中合理部分 463,332 元，应予支持。依照《民事诉讼法》第 120 条第 1 款、128 条、107 条，《合同法》第 60 条第 1 款、61 条、109 条之规定，判决如下：(1)驳回原告(反诉被告)某钾盐公司的诉讼请求；(2)原告(反诉被告)某钾盐公司于本判决生效后 15 日内给付被告(反诉原告)某研究所剩余钻探工程款 463,332 元。案件受理费 30,920 元、反诉费 8262 元，均由原告(反诉被告)某钾盐公司负担。

一审判决后，某钾盐公司不服，提起上诉称：一审判决认定事实错误，适用法律不当。某研究所未履行合同义务实际违约，造成承揽工程质量不合格，致使某钾盐公司合同目的无法实现。请求依法撤销一审判决,改判支持上诉人的诉讼请求,驳回被上诉人的反诉请求。

某研究所书面答辩称:在合同履行中,某研究所按合同约定履行了义务,某钾盐公司并未对工程质量提出异议。某钾盐公司在该所完成了全部钻探工程并已支付大部分工程款后,提出工程质量不合格并解除合同,是没有任何依据的。故某钾盐公司提出钻探工程质量不合格的理由不能成立,其应当支付剩余工程款项。一审判决认定事实清楚,适用法律正确,某钾盐公司的上诉理由不能成立,请求依法驳回上诉,维持原判。

二审查明的事实与一审查明的事实相同。

根据双方当事人诉辩意见,本案的争议焦点是:某研究所应否退还某钾盐公司钻探工程价款2,814,958元,某钾盐公司应否支付某研究所钻探工程剩余工程价款463,332元。

某钾盐公司认为,由于某研究所未按合同约定及国家规范,进行简易水文地质观测、孔深误差的测量与校正等工作,同时存在岩矿心采取率未达到约定的75%等问题,致使该公司无法计算可采储量,无法实现合同目的,某研究所应当退还某钾盐公司已付工程价款2,814,958元。为此,提交了以下证据:(1)2007年3月26日双方签订的钾盐矿详勘前期钻探项目合同,证明合同约定了工程的履行标准与履行方式等内容。(2)《岩心钻探规程》和《盐湖和盐类矿产地质勘查规范》,证明合同概括约定的固体可溶盐类矿床勘察规范实际上就是指这两个规范,且某研究所未依照以上规范进行施工,致使其合同目的无法实现。(3)付款清单及进账单,证明其已付工程款2,814,958元的事实。(4)岩芯交接清单8份、终孔情况报告3份,证明某研究所施工的工程质量不合格,岩矿心采取率未达到合同约定的要求。

某研究所质证认为,对上述证据的真实性没有异议,但对其证明方向不认可。合同并未约定按照《岩心钻探规程》和《盐湖和盐类矿产地质勘查规范》及规范中的项目进行施工。同时,合同约定的固体可溶盐类矿床勘察规范并不存在。在施工中,因某钾盐公司并未提交详勘设计,故某研究所是严格按照合同约定施工的,工程质量符合合同的约定,某研究所不应退还工程款2,814,958元。为证明其主张,提供了以下反驳证据:(1)2007年3月26日(详勘)前期钻探项目合同,证明合同明确了某研究所已提交部分钻孔的岩心编录资料等合同义务,某公司应支付钻探费用。(2)2007年4月30日双方签订的变更备忘录,证明双方协商达成就部分矿心采取率未达合同要求的钻孔不再返工补孔,仅对施工费用进行相应核减的约定。(3)终孔报告9份,证明工程已验收交付并移交岩心编录资料等事实。(4)岩心交接清单 11 份，证明某研究所按合同约定移交了岩心，除 J6#、J11#外其他钻孔的矿心采取率均符合合同要求。(5)某研究所与云南甲公司签订的钾石盐勘探合同，证明如果按照国家规范进行施工，某钾盐公司应当支付相应的费用。

二审中，某钾盐公司向法院提出申请，要求对工程质量及矿心采取率等问题进行鉴定和技术咨询。法院于 2008 年 11 月 27 日委托省法院司法技术室进行技术咨询和司法鉴定。2009 年 3 月 5 日，省法院司法技术室和某省财政投资评审中心分别出具了(2008)某法司辅字第 140 号组织专家技术咨询意见书及(2009)某财投审字第 023 号评审报告。

某钾盐公司认为，技术咨询意见书中对岩心采取率的表述模糊，岩心采取率虽然不是工程质量的重要指标，但仍是指标之一。对评审报告的结论没有异议。

某研究所认为，技术咨询意见书中表述的某研究所应当向建设方告知详勘设计和单孔设计书重要性的结论有异议，认为告知行为既不是义务也不是责任。同时，对矿心采取率的第二种计算方法予以认可。评审报告中没有考虑涉外增加的费用，对价款的分解计算没有异议。

二审法院认为，双方当事人之间签订的是建设工程勘察合同，应当适用建筑法等相关法律法规。根据《合同法》第 52 条第 5 项、《最高人民法院关于审理建设工程施工合同纠纷案件适用法律问题的解释》第 1 条第 1 项的规定，承包人未取得建筑施工企业资质的应当认定合同无效。某研究所未取得建筑施工企业资质从事建筑活动的行为，违反法律、行政法规的强制性规定，双方签订的建设工程勘查合同无效。由于双方对质量要求和履行方式等内容约定不明确，也无明确的交易习惯可遵循，依照《合同法》第 62 条的规定，应当按照行业标准和有利于实现合同目的的方式履行。依《盐湖和盐类矿产地质勘查规范》和《岩心钻探规程》的规定，某研究所的施工范围为岩矿心采取率与岩矿心整理、钻孔弯曲度与测量间距、简易水文地质观测、孔深误差的测量与校正、原始报表的填写、钻孔的封闭与检验等内容，某研究所只完成了部分施工内容。因双方签订的合同无效，且某研究所只完成了以上部分施工内容，故某研究所的工程价款应仅计取直接费用。依据某省财政投资评审中心出具的(2009)某财投审字第 023 号评审报告，本案钻探工程的直接费用为 2,573,400 元，该费用应由某钾盐公司给付某研究所。根据本案实际情况，对双方的违法所得不再予以收缴。

综上，二审法院认为，双方当事人签订的建设工程勘察合同因违反法律的强制性规定无效，且某研究所未全面履行合同义务，某研究所关于某钾盐公司支付钻探工程剩余工程价款 463,332 元的主张不能成立，不予支持。某钾盐公司关于某研究所退还已付钻探工程价款的请求，法院亦不予支持。一审判决适用法律错误。依照《民事诉讼法》第153条第1款第2项，《合同法》第52条第5项、62条，《最高人民法院关于审理建设工程施工合同纠纷案件适用法律问题的解释》第1条第1项之规定，判决如下：

（1）维持某市中级人民法院（2008）某民三初字第01号民事判决第1项；

（2）撤销某市中级人民法院（2008）某民三初字第01号民事判决第2项；

（3）驳回某研究所的诉讼请求。

【律师评析】

本案主要涉及未取得建设施工资质[①]所签订建设工程勘查施工合同的效力认定问题。

一、从事地质钻探工程应当具备相应的资质

所谓建设工程，是指为人类生活、生产提供物质技术基础的各类建筑物和工程设施的统称。建设工程是人类有组织、有目的、大规模的经济活动，是固定资产再生产过程中形成综合生产能力或发挥工程效益的工程项目。建设工程是建造新的或改造原有的固定资产。按照自然属性为标准可将建设工程分为建筑工程、土木工程和机电工程三类。涵盖房屋建筑工程、铁路工程、公路工程、水利工程、市政工程、煤炭矿山工程、水运工程、海洋工程、民航工程、商业与物质工程、农业工程、林业工程、粮食工程、石油天然气工程、海洋石油工程、火电工程、水电工程、核工业工程、建材工程、冶金工程、有色金属工程、石化工程、化工工程、医药工程、机械工程、航天与航空工程、兵器与船舶工程、轻工工程、纺织工程、电子与通信工程和广播电影电视工程等。地质钻探属于建设工程范畴中的钻探工程，是指以查明地下地质情况为目的的钻探工作。开展地质普查时，为了解地层、地质构造，要打普查钻；在进行详查时，为查明矿产产状、品位与储量要采用钻探方法进行更详细周密地勘探。无论是普查还是详查，地质钻探一般都要求采取完整的岩心，必要时还要进行相关的测井工作。

《建设工程勘察设计管理条例》（2000年9月25日，国务院令第293号）第2条

---

① 鉴于本案涉诉双方的合同签订于2008年8月1日《地质勘查资质管理条例》生效实施之前，当时规范地质勘查资质的相关规定仅有国土资源部制定的《地质勘查资质注册登记办法》（颁布于2003年6月24日，后被2009年10月31日国土资源部关于停止执行部分地质和矿产勘查开发相关规范性文件的通知国土资发〔2009〕150号停止执行），而该办法对于地质勘查资质的规定并不明确，故，司法实务中出现如本案对地质勘查资质以建设工程施工资质管理予以处理的现象。

第 1 款、2 款规定:"从事建设工程勘察、设计活动,必须遵守本条例。本条例所称建设工程勘察,是指根据建设工程的要求,查明、分析、评价建设场地的地质地理环境特征和岩土工程条件,编制建设工程勘察文件的活动。"《建设工程勘察设计资质管理规定》(2007 年 6 月 26 日,建设部令第 160 号)第 5 条规定:"工程勘察资质分为工程勘察综合资质、工程勘察专业资质、工程勘察劳务资质。工程勘察综合资质只设甲级;工程勘察专业资质设甲级、乙级,根据工程性质和技术特点,部分专业可以设丙级;工程勘察劳务资质不分等级。取得工程勘察综合资质的企业,可以承接各专业(海洋工程勘察除外)、各等级工程勘察业务;取得工程勘察专业资质的企业,可以承接相应等级相应专业的工程勘察业务;取得工程勘察劳务资质的企业,可以承接岩土工程治理、工程钻探、凿井等工程勘察劳务业务。"《矿产资源法》第 3 条第 3、4 款规定:"勘查、开采矿产资源,必须依法分别申请、经批准取得探矿权、采矿权,并办理登记;从事矿产资源勘查和开采的,必须符合规定的资质条件。"《矿产资源法实施细则》第 5 条规定:"国家对矿产资源的勘查、开采实行许可证制度。"由此可见,根据我国法律的规定,对于从事地质钻探工程应当具备相应的资质条件。

二、未取得建设施工资质签订的勘察施工合同的效力判断

就本案而言,对于合同效力判断的关键在于未取得建设施工资质签订勘察施工合同是否违反了法律和行政法规强制性规范中的效力性强制性规定。

我国《合同法》第 52 条规定,违反法律、行政法规的强制性规定的合同无效。但如何理解"强制性规定"？可以说,对于违反法律、行政法规强制性规定对合同效力判定的问题经历了一个逐步认识的过程。近年来,理论界和实务界对强制性规定的分类进行探讨,并形成效力性强制性规定与管理性强制性规定之区分及其不同效力影响之认识。一般认为,法律法规的强制性规定分为效力性规范和管理性规范。管理性规范是指法律及行政法规未明确规定违反此类规范将导致合同无效的规范。此类规范旨在管理和处罚违反规定的行为,但并不否认该行为在民商法上的效力。效力性规范是指法律及行政法规明确规定违反该类规定将导致合同无效的规范,或者虽未明确规定违反之后将导致合同无效,但若使合同继续有效将损害国家利益和社会公共利益的规范。此类规范不仅旨在处罚违反之行为,而且意在否定其在民商法上的效力。[①] 实践中,最高人民法院在近几年的一些请示答复和

① 最高人民法院原副院长奚晓明在全国民商事审判工作会议上的讲话——《充分发挥民商事审判职能作用为构建社会主义和谐社会提供司法保障》(2007 年 5 月 30 日)。

司法解释中已经运用该区分原则，如法经(2000)27号请示答复就是对违反《商业银行法》第39条第4项管理性强制规范的解答；再如，对于违反《城市房地产管理法》第37条第1项和第38条第1款规定的商品房预售合同，法解(2003)7号并未认定合同无效，而是规定在起诉之前预售人取得商品房预售许可证的，可以认定预售合同有效。效力性强制规范着重于违反行为之法律行为的价值，以否认其法律效力为目的，违反效力性强制规范的，合同应被认定无效；而管理性强制规范着重于违反行为之事实行为价值，以禁止其行为为目的，违反管理性强制规范的，合同未必无效。《最高人民法院关于适用〈中华人民共和国合同法〉若干问题的解释(二)》第14条规定，《合同法》第52条第5项规定的"强制性规定"是指效力性强制性规定。这意味着，司法解释将法律、行政法规的强制性规定作出效力性和管理性之区分，不得仅以违反管理性强制性规定为由认定合同无效。只有违反了效力性强制规定的，才应当认定合同无效。

但是现行法律、法规及司法解释均未明确规定如何判断某一规范是效力性规范抑或是管理性规定。对此，理论界和实务界的通说认为：第一，法律、行政法规规定违反该规定，将导致合同无效或不成立的，此类规定为当然的效力性规范；第二，法律、行政法规虽然没有规定违反该规定，将导致合同无效或不成立，但违反该规定若使合同继续有效将损害国家利益和社会公共利益，也属效力性规范；第三，法律、法规没有规定违反该规定，将导致合同无效或不成立，违反该规定若使合同继续有效并不损害国家利益和社会公共利益，而只是损害当事人利益的，属于取缔性规定，即管理性强制性规定；第四，该规定所禁止的对象是行为效果，则是效力性规范，如该规定所禁止的对象不是行为效果，只是行为资格、手段或方式的，则属于管理性规范。实际上，关于管理性规范和效力性规范的区分并没有明确的标准，在合同的有效和无效取决于一个法律条文是否属于强行性规范时，如果仅仅以条文的措辞或用语作为区分或判断标准，是远远不够的，甚至在许多情况下是相当危险的。为保障国民经济又好又快发展，鼓励增加社会财富，防止因合同效力的不当认定而中断交易链条，进一步提出，人民法院应综合法律法规的意旨，权衡相互冲突的权益诸如权益的种类、交易安全以及其所规制的对象等综合认定强制性规定的类型。如果强制性规范规制的是合同行为本身即只要该合同行为发生即绝对地损害国家利益或者社会公共利益的，应当认定合同无效。如果强制性规定规制的是当事人的"市场准入"资格而非某种类型的合同行为，或者规制的是某种合同的履行行为而非某类合同行为,此类合同未必绝对无效。①

具体到本案而言,对于未取得建设施工资质所签订勘察施工合同的效力问题应当严格按照上述关于是否违反法律和行政法规强制性规范中的效力性强制性规定进行判断。其一,人民法院只能依据全国人大及其常委会制定的法律和国务院制定的行政法规认定合同无效,而不能直接援引地方性法规和行政规章作为判断合同无效的依据。如果违反地方性法规或者行政规章将导致损害社会公共利益,则可以根据《合同法》第 52 条第 4 项的规定,以损害公共利益为由确认合同无效。其二,只有违反法律和行政法规强制性规定中的效力性强制规范的,才应当认定合同无效。② 鼓励交易是合同法的重要精神,要谨慎地认定合同无效,人民法院审理合同纠纷案件不应产生阻碍合法交易的后果。人民法院在对于管理性规范和效力性规范的区分把握不准时,应当征求相关立法部门的意见或者请示上级法院。

三、关于本案的处理问题

虽然根据我国《矿产资源法》、《建设工程勘察设计资质管理规定》等相关法律法规的规定,从事地质钻探工程的单位应当具备相应的资质条件,但是,根据最高人民法院关于管理性规范和效力性规范区分的最新意见而言,这些规定应界定为管理性强制规范。在本案中,某研究所虽然未取得建设施工资质从事建筑活动的行为,违反了法律、行政法规强制性规范中的管理性规定,可能导致行政法上的处罚,但并不因此影响其与某钾盐公司所签订《建设工程勘察施工合同》的效力。二审法院既已认定"某研究所完成了部分施工内容,其工程价款应计取直接费用,且有某省财政投资评审中心出具的评审报告本案钻探工程的直接费用为 2,573,400 元",那么,某钾盐公司应当将该笔款项支付给某研究所。否则,有违法律的基本原则和价值理念。

---

① 《最高人民法院关于当前形势下审理民商事合同纠纷案件若干问题的指导意见》(2009 年 7 月 7 日,法发〔2009〕40 号)。

② 最高人民法院原副院长奚晓明在全国民商事审判工作会议上的讲话——《充分发挥民商事审判职能作用为构建社会主义和谐社会提供司法保障》(2007 年 5 月 30 日)。

5. 委托勘查工程量约定不明，能否追究违约责任？

——甲矿业公司与乙矿山技术公司地质勘查施工纠纷上诉案①

【案情介绍】

上诉人(原审原告):甲矿业公司。

被上诉人(原审被告):乙矿山技术公司。

2008年4月8日，甲矿业公司与乙矿山技术公司签订《地质勘查项目合同》，双方约定:甲矿业公司就某金矿的勘测、钻探工程委托乙矿山技术公司施工，并协助甲矿业公司办理采矿许可证;合同总价款2,880,000元，勘探费用2,580,000元，采矿许可证办证费用300,000元;以及勘查费用支付和违约责任承担等权利和义务。合同签订后，甲矿业公司依约支付乙矿山技术公司预付款1,008,000元。在乙矿山技术公司施工至50%的工程进度时，乙矿山技术公司按照合同约定分别于2008年6月30日和7月10日两次书面通知甲矿业公司支付进度款。甲矿业公司于7月12日回函，提出未见到乙矿山技术公司的工程施工进度文字资料，且乙矿山技术公司所报工程量有出入。甲矿业公司据此拒付工程进度款。乙矿山技术公司为此诉讼。

一审审理中，乙矿山技术公司提出对其已完成的工程量进行评估鉴定，甲矿业公司表示同意。一审法院依法委托新疆某工程造价咨询有限公司对乙矿山技术公司已完成的勘测、钻探工程量进行了评估鉴定，造价鉴定结论为2,309,463.81元。对此结论，双方均无异议。乙矿山技术公司据此变更增加诉讼请求为:(1)判令解除双方签订的地质勘查项目合同;(2)判令甲矿业公司给付工程款1,301,463.81元;(3)判令甲矿业公司按照应付工程款的10%支付违约金130,146.38元。

【法院审判】

一审法院认为:甲矿业公司与乙矿山技术公司签订的地质勘查项目合同系双方的真实意思表示，且不违反法律法规的强制性规定，该合同合法有效。有效合同一经签订，合同相对人应当自觉履行。乙矿山技术公司依约履行了相应的勘测、钻探义务，但甲矿业公司借故拒不履行支付工程进度款的义务，甲矿业公司以自己的

---

① 新疆金尊矿业投资有限公司与乌鲁木齐市天地源矿山技术咨询有限公司地质勘查施工纠纷上诉案(乌鲁木齐市中级人民法院(2010)乌中民四终字第11号，2010年3月24日)。

行为表明不履行合同义务,致使乙矿山技术公司的合同目的不能实现,甲矿业公司的行为已构成根本违约,应当承担违约责任。乙矿山技术公司要求解除合同并主张甲矿业公司按照应付工程款的10%支付违约金的诉讼请求,符合法律规定的情形,应予支持。甲矿业公司的抗辩理由不能成立。合同解除后,合同的权利义务终止,但不影响合同中结算和清理条款的效力。已经履行的合同义务,根据履行情况和合同性质,当事人可以要求采取补救措施,并有权要求赔偿损失。甲矿业公司与乙矿山技术公司对工程造价鉴定结论均无异议,甲矿业公司应当支付剩余的工程款。

一审法院判决:(1)解除乙矿山技术公司与甲矿业公司签订的地质勘查项目合同;(2)甲矿业公司给付乙矿山技术公司工程款1,301,463.81元;(3)甲矿业公司支付乙矿山技术公司违约金130,146.38元。

宣判后,甲矿业公司不服判决上诉称:(1)上诉人和被上诉人签订的《地质勘查项目合同》不应解除。上诉人和被上诉人签订《地质勘查项目合同》的目的就是办理《采矿许可证》,被上诉人进行勘查等工作就是为办理《采矿许可证》作前期准备,取得《采矿许可证》后上诉人才能够正常开展生产经营,但被上诉人至今未按照合同约定向上诉人提交勘查成果以及将《采矿许可证》办理完毕。在这种情况下如果双方的《地质勘查项目合同》予以解除,上诉人根本无法实现签订《地质勘查项目合同》的目的,而且因为没有《采矿许可证》将导致上诉人无法进行生产经营严重损害了上诉人的合法权益。根据以上事实,上诉人认为双方签订的《地质勘查项目合同》依法不应解除,双方应当按照该合同的约定全面履行各自的义务。(2)上诉人不应向被上诉人支付工程款及违约金。

在2008年6月30日和7月10日被上诉人给上诉人书面通知要求支付进度款时,双方对被上诉人已经完成的工作量有争议并且上诉人没有见到与付第二笔款相关的文字资料和图件等,当时被上诉人完成的部分工作也存在重大缺陷。双方签订的《地质勘查项目合同》第1条第3款约定:“被上诉人应该在2008年8月28日提交勘查成果及《采矿许可证》在2009年3月31日取得。”被上诉人至今未履行该义务。故请求驳回被上诉人的诉讼请求。

被上诉人乙矿山技术公司答辩称:原审法院认定事实清楚,适用法律正确,由于上诉人违约造成双方签订的合同无法继续履行,我方也无法按合同约定给上诉人提供勘察结果,上诉人的上诉请求无事实和法律依据,请求依法予以维持。

经二审审理查明的事实与原审审理查明的事实基本一致。

另查明,双方签订的《地质勘查项目合同》第1条第2项“项目勘查内容及要求"约定:1∶2000、1∶500 地质测量、1∶2000 地形测量、1∶500 地质剖面测量探槽、钻探,上述工作均在普查基础上直接开展详查工作,同时报送探矿权变更资料、详查设计及详查设计及详查地质报告,具体工作量与预算费用详见附表,新增工作量与费用按实际发生工作量另行增加。在详查报告送审后开展采矿证办理工作(采矿权评估工作除外)。

二审法院认为:甲矿业公司与乙矿山技术公司签订的《地质勘查项目合同》依法成立,且并不违反法律法规的强制性和禁止规定,为有效合同。双方当事人均负有依约履行合同的义务。合同虽约定乙矿山技术公司在完成勘查项目工作量的50%时,经乙矿山技术公司书面通知3日内,甲矿业公司应支付总金额的25%即720,000元,否则,视为甲矿业公司违约。但因双方在合同中并没有约定工作量测算标准,且根据双方合同第1条第2项的约定及实际履行情况可看出,该项目勘查工作量并非固定工作量,实际施工勘测过程中存在增加、变更工作量的情况。在乙矿山技术公司的合同义务之一即成果报告出具前,乙矿山技术公司实际完成的总工程量无法确定,因此双方约定工作量达到50%支付进度款因无法以具体量化方式确定而不具备可操作性,双方的此条约定应属于法律规定的约定不明的情形。根据《合同法》第61条"合同生效后,当事人就质量、价款或者报酬、履行地点等内容没有约定或者约定不明确的,可以协议补充;不能达成补充协议的,按照合同有关条款或者交易习惯确定"的规定,由于双方对工程进度款的支付约定不明又未能达成补充协议,故法院认为应当依照公平原则及交易习惯,在成果报告未出具前由甲矿业公司按实际发生的工作量向乙矿山技术公司支付进度款为宜。现根据原审法院委托评估鉴定结论,乙矿山技术公司实际完成的工程价款为2,309,463.81元,甲矿业公司预付1,008,000元,还应按实际完成的工作量支付乙矿山技术公司工程进度款1,301,463.81元。原审对乙矿山技术公司的此项请求予以支持是正确的,法院应予维持。因合同履行过程中无法确定乙矿山技术公司是否已完成50%工作量,并且甲矿业公司在乙矿山技术公司要求付款时,也提出乙矿山技术公司未提交相应文字资料及图件,并非无正当理由拒付工程款,故乙矿山技术公司称甲矿业公司违约的主张不能成立,原审法院判决认定甲矿业公司承担违约责任不当,法院应予纠正。双方因合同相关条款约定不明而产生纠纷,合同现已中止履行,如解除合同将导致合同目的不能实现,且本案中并未发生法定解除和约定解除的情形,故乙矿山技术公司要求解除合同无事实及法律依据,双方应在甲矿业公司支付工程进度款后继续履行合同,同时乙矿山技术公司有按照合同约定及《矿产资源法》的规定保护和保存矿产资源勘查的原始地质编录和图件、岩矿心、测试样品和其他实物标本资料，各种勘察标志的义务。综上，依照《民事诉讼法》第 153 条第 1 款第 3 项之规定，判决如下：

1. 维持某区人民法院(2008)某民三初字第 1117 号民事判决第 2 项，即甲矿业公司给付乙矿山技术公司工程款 1,301,463.81 元；

2. 撤销某区人民法院(2008)某民三初字第 1117 号民事判决第 1 项、3 项，即解除乙矿山技术公司与甲矿业公司签订的地质勘查项目合同；甲矿业公司支付乙矿山技术公司违约金 130,146.38 元；

3. 驳回乙矿山技术公司的其他诉讼请求。

【律师评析】

本案主要涉及委托勘查施工中工程量的确定和在何种情形下可以解除合同的问题。

一、地勘行业特点与委托勘查施工中工程量的确定

“地质勘探”就是“找矿”，是寻找尚未发现的矿床，具有巨大的风险性和不确定性。随着地表出露的、易于寻找的矿床越来越少，找矿逐渐转向难于发现的隐伏矿和深部矿以及难以识别的矿。① 美国加州大学教授 L. B. 斯利科特认为“找矿是世界上最大、最好的赌博事业”，他认为“赌徒破产律”在某种意义上可以作为从事这项风险事业的指导理论。张炳熹院士指出：“矿床学研究如何能够为矿产资源勘查提出行之有效的研究成果（或成矿理论、成矿规律），似乎是一个很难解决的问题。中国如此，即使在地质研究及矿产勘查开发上有更长的实践历史和更多的理论成果的西方国家和独联体国家的刊物上，也不断有这方面的问题提出。”②当前的勘探实践证明：即便是加拿大等发达国家运用卫星、航空、生物分析等最先进的手段探矿，其也无法事先准确地估计需要完成的工作量究竟有多大，最多亦只能进行理论上的估计、概算。因此，地勘行业的特性主要表现在，地质勘探对其规划找矿目标而言具有很大的不确定性，地质勘探的工作量难以确定。在实施具体的找矿工作时，需要勘探到何种程度也无定律可循，有的在初期的物探、化探基础上或通过露头等

---

① 王家枢、曹新元：《对矿产勘查工作规律的初步分析和归纳》，载《国土资源情报》2009 年第 7 期。

② 张炳熹：《浅谈矿床研究与勘查实践》，载《地学前缘》1999 年第 1 期。

信息很快就确定了勘探成果,而有的勘探历经多年方有成果或一无所获。[①] 本案中的合作双方在《地质勘查项目合同》中并没有约定工作量的测算标准,且根据双方合同的约定及实际履行情况可以看出,该项目勘查工作量并非固定工作量,实际施工勘测过程中存在着增加、变更工作量的情况。

但是,在矿业公司与勘探公司进行勘察业务合作时,必然要涉及勘探工程量的确定问题,因为这是结算工程价款的先决基础。因此,一定要在合同中约定好两个方面的内容:

一是,关于勘探工程量的经济鉴证。矿业公司应当至少派出己方自有的两名地质工程师随时对勘探工程量进行书面签证,如委托监理公司的,亦应当在对监理公司的授权中明确:对工程量的确认应当取得矿业公司指定地质工程师的书面确认。合同的履行是经济行为,同时更是法律行为,在委托勘查中应当上升到法律层面的高度来认识和处理。否则,势必出现工程进度款的结算分歧,造成不必要的纠纷,影响勘探工期和申请采矿权的进程。

二是,不可忽视工程造价鉴定。经常有矿业公司签署的勘探合同约定:工程进行到一定比例时付款。这种想法是可以理解的,但却存在预计工程总量与实际勘探工程量不可能完全一致的情况,如果没有上述对工程量的鉴证,对是否已经达到约定比例工程量将会发生分歧,进而产生结算纠纷。因此,在没有进行工程量经济鉴证的情况下,对一个随时可能发生作业数量变化的工程来说,是否已届约定付款工程量就只能借助于工程造价鉴定。在具备工程量鉴证内容的基础上,双方还应约定:当勘探公司认为工程量达到(通过矿业公司地质工程师或监理公司确认的工程量)约定支付比例的工程量时,勘探公司应当书面通知矿业公司做最终确认,即矿业公司地质工程师、监理公司确认的工程量只具有初步的结算证明效力,在矿业公司与勘探公司达成工程量确认一致时,方按照约定比例支付工程进度款。

二、未发生法定或约定解除的情形不得擅自解除合同

合同解除是指合同有效成立后,基于双方当事人的合意,或者法定或约定的条件发生时,依一方当事人的意思表示而使合同权利义务关系消灭的情形。一般认为,合同解除是因一方或双方当事人的意思而使已经有效成立的合同归于消灭的

① 袁华江:《一则诉讼对勘察合同条款制定与解除的反思——地质勘探特殊性对勘察合同的影响》,载中国有色网:http://www.cnmn.com.cn/ShowNews.aspx?id=180837,最后访问日期:2012年4月2日。

行为。合同解除有不同的分类,从合同解除事由源于法定还是约定的角度,可以将合同解除分为法定解除与约定解除两种,其中约定解除又包括约定解除权与合意解除。约定解除权指的是双方在合同中事先约定,在一定的解除事由成就时,由一方通过行使解除权而解除合同。《合同法》第 93 条第 2 款规定:"当事人可以约定一方解除合同的条件。解除合同的条件成就时,解除权人可以解除合同。"合意解除又称协议解除,指的是双方通过协商解除合同。法定解除指的是在法定的事由出现时,一方因行使解除权而使合同归于消灭。《合同法》第 94 条规定:"有下列情形之一的,当事人可以解除合同:(一)因不可抗力致使不能实现合同目的;(二)在履行期限届满之前,当事人一方明确表示或者以自己的行为表明不履行主要债务;(三)当事人一方迟延履行主要债务,经催告后在合理期限内仍未履行;(四)当事人一方迟延履行债务或者有其他违约行为致使不能实现合同;(五)法律规定的其他情形。"在前述三种合同解除制度中,法定解除与约定解除权均系通过行使解除权而解除合同,无需合同另一方的同意,从而有别于协议解除;后者则需要双方达成一个解除原合同的合意,从而使原合同归于消灭。以上是普遍角度上的合同解除,只要按照规定履行即可。但经济生活中还存在很多特殊情况,因此,《合同法》第 148 条和第 219 条规定了合同的特别解除。归纳特别解除的规定,概言之,只有在主客观情况发生变化使合同履行成为不必要或不可能,合同继续履行已失去现实积极意义,才允许当事人解除合同。它深刻反映了我国合同法律制度既承认合同可以在规定条件下合法解除,同时,也并非放任违约即解除合同,而苛以了必要限制。《合同法》第 8 条第 1 款规定:"依法成立的合同,对当事人具有法律约束力。当事人应当按照约定履行自己的义务,不得擅自变更或者解除合同。"因此,未发生法定或约定解除合同的情形,当事人不得单方擅自解除合同。

当今世界合同法三大家之一的英国著名法学家阿蒂亚教授曾经指出:"违反某些条款的后果取决于违约所产生的后果。其理由是,一方鉴于违约而取消合同的权利,实际上是据违约的严重性和后果决定的,而不是由被违背的条款的类别决定的。有些似乎对合同是非常重要的条款,可能在较小的程度上遭到破坏,且未引起严重后果,这样,也就好像没有什么理由因一方违约而赋予另一方以取消合同的权利。"①这个论断揭示了并非只要存在违约行为合同就必须解除。就本案件而言,不存在协商解除、法定解除情形,乙矿山技术公司主张解除勘探合同的性质是主张违约解除。违约解除的基础在法理上分为:不能履行、迟延履行、拒绝履行、不完全履

① [英]阿蒂亚:《合同法》,法律出版社 1982 年版,第 147 页。

行四种。本案甲矿业公司是基于对乙矿山技术公司的工程量有异议而暂时拒付款项,非从根本上否定自身的付款义务,而且甲矿业公司此前已依约支付乙矿山技术公司预付款1,008,000元,故乙矿山技术公司主张的解除从表象上是源于甲矿业公司的"不完全履行"。所谓"不完全履行"的法律含义,系指债务人履行合同义务有瑕疵,给债权人造成了损害,如果不完全履行导致债权人的合同目的丧失,则债权人得以主张解除合同;反之,若不完全履行的后果有其他措施弥补,合同履行的目的并非不能实现,应当避免合同解除。

三、地质委托勘查合同不得解除的法律因缘

由于矿产资源分布的隐蔽性、不确定性,矿产勘查工作尤其需要科学研究,特别是地质学的指导。换言之,矿产勘查是一项科学研究成分非常高的工作。[①] 地质科学研究贯穿于矿产勘查的全过程。许多资深矿产勘查学家,如澳大利亚著名矿产勘查学家R.伍德尔认为,现代矿产勘查是一种科学探索和研究。俄罗斯西伯利亚东部伊尔库茨克大型钾盐矿的发现就是一个典型实例。美国亚利桑那州在20世纪60年代末期,通过圣马纽埃老矿区热液蚀变和构造研究,在其附近发现了一个被称为卡拉马祖的大型斑岩铜矿(矿石储量4.55亿吨)。[②]

矿产勘查工作具有创造性,创新是矿产勘查的重要途径。大量成功找矿的实例表明,有些老矿区,用传统的成矿论为指导,发现了地表矿以后,就往往进入勘查工作的"沉寂"时期,这时就需要新的理论、新的概念、新的思路,才能打开僵局。美国在20世纪60年代的两次极为重要的铅锌找矿突破,就是经过两次找矿理论创新而实现的。新密苏里铅锌矿在1940年以后再没有发现新矿体,矿山已被开采殆尽。勘查人员曾按照传统的理论,又进行了大量工作,但从1947年到1955年间并无重大进展。在这种情况下,地质人员并没有灰心,而是在翔实研究的基础上,创立了新的所谓"礁灰岩成矿理论",用于指导找矿勘查,终于发现了埋藏在地下330~400米深的大盲矿,矿石储量达10亿吨,投产后使美国的铅产量一跃而居世界首位。在发现新密苏里铅矿带以后,地质人员仍然没有止步,提出了所谓"古地文成矿"理论和"碳酸盐岩中金属富集机理"模式,用于指导找矿,很快又发现了埃尔姆伍德大型锌矿床,矿石储量达5000万~7000万吨。[③] 可见,创新在矿产勘查工作中的重要性。

---

① 王家枢、曹新元:《对矿产勘查工作规律的初步分析和归纳》,载《国土资源情报》2009年第7期。

② 王家枢、曹新元:《对矿产勘查工作规律的初步分析和归纳》,载《国土资源情报》2009年第7期。

③ 王家枢、曹新元:《对矿产勘查工作规律的初步分析和归纳》,载《国土资源情报》2009年第7期。

地质勘探是利用勘探公司的技术和设备,既往成功探矿的经验和对矿产成矿规律的独到认识等智力资产作为合同履行的基础的。矿业公司从众多的勘探公司中选定一家机构签署合同,依赖的和看好的就是这家勘探公司在这方面的优势,不同勘探公司对同一地质区域的矿产识别能力是具有较大差别的。地质勘探的这种专属性决定了:就本案而言,如果贸然更换勘探公司,则甲矿业公司已经投入的巨额资金必将白白浪费,而且还要支付余下的工程款,然后再重新委托勘探公司重新作业(新的勘探公司依据自己对地质区域的技术判断和经验认识,未必认同前一勘探公司的已有作业)。这不仅使甲矿业公司浪费巨额资金,而且,在申请采矿权的进程安排上亦将遭受延期损失,未来的政策、法律完全可能使甲矿业公司再增加申请采矿权的成本。从另一个角度来看,既然甲矿业公司拒付并非其过错造成,乙矿山技术公司就必然要接受应有的合同履行限制,而不得以“可合法解除”来自居。此方能体现相对的公平。最为重要的是,在甲矿业公司继续支付工程款、乙矿山技术公司继续履约勘探的基础上,双方的约定完全可以顺利实现,乙矿山技术公司在合同项下的应得利润完全可以实现。因此,不判令解除双方的地质勘探合同符合探矿行业的特点和法律上的公平正义理念。①

四、关于本案的处理问题

本案中,甲矿业公司与乙矿山技术公司产生纠纷的关键在于对勘查合同相关条款的约定不明所造成的。双方在合同中没有约定勘查工作量的测算标准,且该项目的勘查工作量并非固定工作量,实际施工勘测过程中存在增加、变更工作量的情况。在乙矿山技术公司的成果报告出具之前,乙矿山技术公司实际完成的总工程量无法确定。故无法以具体量化方式确定乙矿山技术公司在合同履行中是否已完成合同所约定的50%工作量,并且甲矿业公司在乙矿山技术公司要求付款时,也提出乙矿山技术公司未提交相应文字资料及图件,并非无正当理由拒付工程款,故不能认定甲矿业公司存在违约的事实。当事双方签订《地质勘查项目合同》进行勘查就是为办理《采矿许可证》作前期准备,取得《采矿许可证》后甲矿业公司才能够正常开展生产经营,但乙矿山技术公司未按合同约定向甲矿业公司提交勘查成果。本案中并未发生法定解除和约定解除的情形,故不存在解除合同的事实及法律依

---

① 袁华江:《一则诉讼对勘察合同条款制定与解除的反思——地质勘探特殊性对勘察合同的影响》,载中国有色网:http://www.cnmn.com.cn/ShowNews.aspx? id=180837,最后访问日期:2012年4月2日。

据，在这种情况下如果解除勘查合同，将导致合同目的不能实现。双方应在甲矿业公司支付工程进度款后继续履行合同，同时乙矿山技术公司有义务按照合同约定及《矿产资源法》的规定保护和保存所勘查的原始地质编录和图件、岩矿心、测试样品和其他实物标本资料，各种勘察标志。

（四）地质资料侵权纠纷

6. 未经权利人同意使用他人地质资料应当承担什么责任？

——地质勘查中心某队与某县政府等地质勘探资料成果侵权纠纷上诉案①

【案情介绍】

上诉人（原审原告）：地质勘查中心某队（以下简称勘查中心某队）。

被上诉人（原审被告）：某县人民政府。

被上诉人（原审被告）：某石膏矿。

被上诉人（原审被告）：某乡人民政府。

被上诉人（原审被告）：钟某。

被上诉人（原审被告）：陈某。

勘查中心某队于1971年至1976年，对某县某地区石膏矿床进行地质勘探，写出了《某县某地区石膏矿地质勘探报告》和《补充地质勘探报告》。某自治区建设委员会（以下简称“区建委”）当时审批了这两份报告并建议对该矿立项开采。1976年3月6日，某自治区计划委员会同意立项开采，按小型项目进行建设。同年5月19日，区建委以某建材字（76）第015号文指定某石膏矿由某县革命委员会（以下简称“县革委”）负责筹建，并说明该矿已委托某建工学院非金属矿设计室（以下简称“设计室”）进行设计，指示县革委派专人配合设计。同年7月，设计室在县革委的配合下完成了设计，写出了石膏矿扩初设计说明书交给县革委。同年8月14日，区建委以该矿已决定由县办为由指示勘查中心某队将某石膏矿的地质报告及补充地质报告寄给某县计委。此后，该矿并未建成开采。1991年6月，钟某、陈某向某乡政府提出由其两人引进资金开采该矿，并与某乡政府签订承包合同一份，约定由某

① 中国建筑材料工业地质勘查中心广西总队与广西壮族自治区来宾县人民政府等地质勘探资料成果侵权纠纷上诉案（最高人民法院（1996）经终字第128号，1996年11月29日）。

乡政府负责办理采矿许可证、营业执照等，承包人钟某、陈某负责筹建、投资。此后，某乡政府决定成立某矿，并向有关部门申请办理了采矿许可证、企业法人营业执照。1991年7月，某县政府将扩初设计资料交给了某矿使用。后，勘查中心某队向人民法院起诉，要求某县人民政府、某石膏矿、某乡人民政府、钟某和陈某向勘查中心某队连带支付地质资料使用费。

另，某石膏矿区石膏勘探储量为911万吨，某矿开采区域勘探储量为390万吨。某矿建矿及开采中使用的矿界图、扩初设计等资料依据的是勘查中心某队的地质勘探报告。

【法院审判】

一审法院审理认为：勘查中心某队编制的两份地质报告，是国家投资完成的成果，所投入经费已经核销，所有权属国家，当时该资料已无偿交付某县革委使用。勘查中心某队不再享有该资料的使用权和转让权。某矿、钟某、陈某使用的地勘资料，不是从地质资料管理机关取得，也不是从勘查中心某队取得，而是某县人民政府交给的；该地勘资料不属于《全国地质资料汇交管理办法》中所指的馆藏资料，不是该办法规定的有偿使用的范围，因此，他们不构成侵权。某乡人民政府仅是某矿的开办单位，不是地勘资料的使用人，与勘查中心某队无任何联系。某矿、钟某、陈某依法取得采矿证、采矿合法，依法应予保护。一审法院据此判决：驳回勘查中心某队的诉讼请求。

勘查中心某队不服一审判决上诉称：原审判决对20世纪70年代计划建矿项目的有关事实认定有误；某区建委将该资料仅用于建矿设计，没有实际开采使用；有关法规已明确授权地勘单位代表国家对地勘资料行使权利；原审判决把70年代国家计划建矿与90年代个体（集体）采矿混为一谈；原审判决没有适用《矿产资源法》等法律法规，属适用法律错误，要求依法改判。

各被上诉人认为：原审判决事实清楚，适用法律正确，要求维持原判决。

二审法院认为：原审判决对事实的查证，基本清楚，上诉人认为原审判决有关70年代计划建矿的事实不清，但并未提供充分证据，此上诉理由缺乏事实依据，不能成立。上诉人70年代勘探取得的地质资料，依当时国家关于地勘资料汇交管理的规定进行了汇交，因此，该地勘资料属于汇交资料管理制度中所称的馆藏资料。依据我国1986年颁布施行的《矿产资源法》和1988年发布施行的《全国地质资料汇交管理办法》的有关规定，该地勘资料属有偿使用范围。勘查中心某队作为勘探单位依法对该资料享有使用权和转让权。本案地勘资料连同以该资料为依据作出的扩初设计虽然于70年代交县革委无偿使用，但该矿并未建成开采；90年代建立的某矿，是由个人承包经营的乡镇企业，没有无偿使用该资料的合法依据。地勘资料是绘制有关矿界图纸、进行建矿设计的依据，因此，某矿、钟某、陈某等关于仅使用了扩初设计而未使用地勘资料的说法不能成立。某矿、钟某、陈某未经勘查中心某队同意使用其地勘资料，构成侵权，应当承担侵权责任，支付合理的使用费。综合考虑本案地勘资料的勘探投入及其重置成本、勘探风险、行业利润率，使用资料开采矿石的规模、范围、获利情况以及勘查中心某队的诉讼请求等因素，参考国家建筑材料工业局建材综计发(1992)632号《关于建材非金属矿地勘成果资料有偿使用的意见》的有关规定，法院确认合理的使用费数额为209万元。某县政府虽将有关资料提供给某矿，但其自己并未使用，亦未获取资料使用费或其他利益，从本案具体情况来看，其无须承担责任。某乡政府仅是某矿的开办单位，不应为具有法人资格的某矿承担责任。原审判决事实清楚，但适用法律不当，应予纠正。上诉人对某矿、钟某、陈某的上诉有理，依法应予支持；上诉人对县政府、乡政府的上诉缺乏事实依据，不予支持。法院依据《矿产资源法》第25条，《全国地质资料汇交管理办法》第3条、14条，《民事诉讼法》第153条第1款第1、2项规定，判决如下：

1. 维持某自治区高级人民法院(1995)某经初字第49号民事判决关于驳回勘查中心某队对某县人民政府、某乡人民政府的诉讼请求部分，撤销该判决的其余部分；

2. 某石膏矿、钟某、陈某于本判决生效后15日内向勘查中心某队支付209万元使用费，并在上述款项范围内互负连带责任。

【律师评析】

本案主要涉及地质资料有偿使用的问题。

一、地质资料的概念

国务院《地质资料管理条例》第2条规定，地质资料是指在地质工作中形成的文字、图表、声像、电磁介质等形式的原始地质资料、成果地质资料和岩矿芯、各类标本、光薄片、样品等实物地质资料。地质资料是通过劳动对客观的质体和矿产资源进行勘查、开发的成果反映，是国家的重要档案资料。我国对矿产资源勘查成果档案资料实行统一管理。根据《地质资料管理条例》第8条的规定，国家对地质资料实行统一汇交制度。地质资料汇交人应当按照《地质资料管理条例》附件规定的范围汇交地质资料。国家设立地质资料汇交管理制度的目的在于：一是维护矿产资源国家所有权益，地质资料作为矿产资源最详细的说明书，国家必须对其进行统一管理，以达到国家管理矿产资源的需要；二是通过向社会提供借阅使用地质资料，更好地发挥它的经济效益和社会效益；三是通过对汇交资料的二次开发，为政府管理决策和企业经营决策提供信息和依据。

二、可以向社会公开提供利用地质资料的范围

国土资源部于2002年5月29日发布的《关于做好〈地质资料管理条例〉贯彻实施工作的通知》（国土资发〔2002〕172号）指出，已汇交和补交了的地质资料按照《地质资料管理条例》第15条的规定给予保护。1996年新《矿产资源法》实施以来形成的与探矿权、采矿权有关的地质资料，适用《地质资料管理条例》第15条第1款的规定，即探矿权人、采矿权人汇交的地质资料，自勘查许可证、采矿许可证有效期届满之日起30日内，由地质资料馆或者地质资料保管单位予以公开；勘查许可证、采矿许可证获准延期的，自延续期届满之日起30日内，由地质资料馆或者地质资料保管单位予以公开。其他地质资料适用《地质资料管理条例》第15条第2款的规定。即《地质资料管理条例》第15条第1款规定以外的地质资料，自汇交之日起90日内，由地质资料馆或者地质资料保管单位予以公开。需要保护的，由汇交人在汇交地质资料时到负责接收地质资料的地质矿产主管部门办理保护登记手续，自办理保护登记手续之日起计算，保护期不得超过5年；需要延期保护的，汇交人应当在保护期届满前的30日内，到原登记机关办理延期保护登记手续，延长期限不得超过5年。地质资料自保护期届满之日起30日内，由地质资料馆或者地质资料保管单位予以公开。涉及国家秘密或者著作权的地质资料的保护、公开和利用，按照保守《国家秘密法》、《著作权法》的有关规定执行。保护期内的地质资料，只公开资料目录。但是，汇交人书面同意提前公开其汇交的地质资料的，自其同意之日起，由地质资料馆或者地质资料保管单位予以公开。

国土资源部和国家保密局关于印发《加强地质资料社会化服务的若干规定》的通知（国土资发〔2005〕第215号）规定，除《国土资源管理工作国家秘密范围的规定》（国土资发〔2003〕147号）和《测绘管理工作国家秘密范围的规定》（国测办字〔2003〕17号）所列国家秘密目录范围内的地质资料外，其他资料均可公开提供社会利用。但是，涉及军事、海洋和放射性矿产的地质资料查阅利用，应执行其主管部门保密范围的规定。除涉及军事、海洋和放射性矿产地质资料外，外商需要利用不在147号文件所列国家秘密目录范围内，但在17号文件所列国家秘密目录范围内的其他地质资料的，可委托国土资源行政主管部门所属地质资料馆藏机构，按照国务

院和中央军事委员会规定的审批程序办理报批手续。对于不在《加强地质资料社会化服务的若干规定》所列国家秘密目录范围内，比例尺大于或等于1∶50万的各类地质图件，可由受委托的馆藏机构，将图中的经纬线及其注记去掉后，提供给委托人利用。

三、关于地质资料有偿使用的规定

矿产资源勘查资料是矿产资源勘查工作的成果，具有商品性质。因为，一方面勘查资料是投入了大量的活劳动和物化劳动所取得的，具有价值；另一方面勘查的成果资料，虽不直接形成物质产品，但以文字、图表形式反映地下矿产资源的重要信息，为矿山生产提供了劳动对象，生产出矿产品，具有使用价值。我国《矿产资源法》（1986年版）第25条规定："矿床勘探报告及其他有价值的勘查资料，按照国务院规定实行有偿使用。"《矿产资源法》（1996年修订）第28条规定："矿床勘探报告及其他有价值的勘查资料，按国务院规定实行有偿使用"。"地勘成果是国家出让、赋予探矿权人的权利，它除了有优先取得采矿权的权利外，还应该受到知识产权的法律法规的有效保护。因此，《矿产资源法》规定矿床勘探报告及其他有价值的勘查资资料实行有偿使用的原则。当然，这种知识产权应归投资者所有"。①

《全国地质资料汇交管理办法》第3条规定："汇交地质资料的单位和个人的合法权益受法律保护。"第14条规定："任何单位或者个人不得以任何名义擅自将馆藏的资料，或者借阅复制的资料用于转让或者营利活动。"《地质资料管理条例》和《地质资料管理条例实施办法》均规定，保护期内的地质资料可以有偿利用，具体方式由利用人与地质资料汇交人协商确定。但是，利用保护期内国家出资勘查、开发取得的地质资料的，按照国务院地质矿产主管部门的规定执行。因救灾等公共利益需要，政府及其有关部门可以无偿利用保护期内的地质资料。单位和个人需要查阅利用保护期内地质资料的，应当出具汇交人同意的书面证明文件。县级以上人民政府有关部门因公共利益，需要查阅保护期内的地质资料的，应当向国土资源部或者省、自治区、直辖市国土资源行政主管部门提出需要查阅的地质资料范围，经国土资源部或者省、自治区、直辖市国土资源行政主管部门依照《地质资料管理条例》的规定审查后，无偿查阅利用保护期内的地质资料。国家出资开展地质工作形成的具有公益性质的地质资料，自汇交之日起90日内向社会公开，无偿提供全社

① 曹幼元、李自如：《矿业权析义》，载《中国地质矿产经济》2000年第2期。

会利用。地质资料的利用人应当按照规定利用地质资料,不得损毁、散失地质资料。地质资料馆和地质资料保管单位应当按照规定管理地质资料,不得非法披露、提供利用保护期内的地质资料或者封锁公开的地质资料。

四、关于本案的处理问题

本案中,勘查中心某队依照国家关于地勘资料汇交管理的规定汇交了勘探取得的地质资料,该地勘资料属于汇交资料管理制度中所称的馆藏资料。依据我国当时的有关规定,该地勘资料属有偿使用范围。勘查中心某队作为勘探单位依法对该资料享有使用权和转让权。本案地勘资料连同以该资料为依据作出的扩初设计虽然于20世纪70年代交县革委无偿使用,但该矿并未建成开采;90年代建立的某矿,是由个人承包经营的乡镇企业,没有无偿使用该资料的合法依据。某矿、钟某、陈某未经勘查中心某队同意使用其地勘资料,构成侵权,应当承担侵权责任,支付合理的使用费。某县政府虽将有关资料提供给某矿,但其自己并未使用,亦未获取资料使用费或其他利益,其无须承担责任。某乡政府仅是某矿的开办单位,不应为具有法人资格的某矿承担责任。故二审法院综合考虑本案地勘资料的勘探投入及其重置成本、勘探风险、行业利润率,使用资料开采矿石的规模、范围、获利情况以及勘查中心某队的诉讼请求等因素,参考国家建筑材料工业局建材综计发〔1992〕632号《关于建材非金属矿地勘成果资料有偿使用的意见》的有关规定,确认合理的使用费数额为209万元。

二、矿产资源开采类

（一）开采权属纠纷

7. 河道采砂是否受《矿产资源法》的调整？

——甲工贸公司与乙实业公司河道采砂纠纷上诉案[①]

【案情介绍】

上诉人（原审被告）：甲工贸公司。

被上诉人（原审原告）：乙实业公司。

汉江为长江的最大支流，它发源于秦岭南麓，流经某省A县和B县，在某市与长江交汇。因汉江河道平坦，水流平稳，一直是沿途建筑用砂的理想产地。2000年8月11日，乙实业公司向A县国土资源局申请办理河道采矿手续被许可，准许该公司在A县境内的汉江河段开采建筑用砂，矿区范围43.7平方公里，由168个拐点圈定，年采砂量60万吨，开采时间为10年。2003年6月28日，B县国土资源局在征得该县水行政主管部门同意的前提下，对位于本县汉江流域归仙河口段4.4平方公里的河砂采矿权公开拍卖，A县乙实业公司以人民币5万元的价款竞得，并与B县国土资源局签订了采矿权有偿使用合同，合同约定开采年限为5年，年开采量约6万吨，由30个拐点圈定，该矿区范围与A县境内的矿区范围相毗连。但乙实业公司在B县的矿区因未申办到采砂许可证而未实施采砂行为。

2004年6月25日，甲工贸公司在B县申请设立分公司被核准，7月19日，B县河道管理处为甲工贸公司在B县的分公司颁发了采砂许可证，采砂范围为B县归仙河口上500米以上至白腊树沟口以下，8月6日B县河道管理处又为甲工贸公司在B县的分公司颁发另一采砂许可证，即将原来余留的A县乙实业公司采砂河段

---

① 十堰市顺畅达工贸有限公司与湖北省郧县金砂实业有限公司河道采砂纠纷上诉案。

与另一采矿权人采砂河段之间的空白区域的河道采砂权完全办理给了甲工贸公司在B县的分公司，也就是说，甲工贸公司在B县的分公司的河道采砂证范围处于乙实业公司采矿权许可的矿区范围之中。

2004年9月19日，甲工贸公司租赁两条挖砂船开始在乙实业公司A县境内汉江水域采砂，乙实业公司遂向A县国土资源局举报。A县国土资源局调查后确认，甲工贸公司在乙实业公司A县矿区采矿24天，共采砂2.327万立方米，总价值81.445万元，扣除挖砂成本该公司非法获利26.2951万元。A县国土资源局根据《矿产资源法》有关规定，作出责令甲工贸公司立即停止非法采矿行为，并没收非法所得的行政处罚。在此期间，乙实业公司以制止侵权行为为由强行将甲工贸公司挖砂船拖离作业区。2004年10月19日甲工贸公司又在乙实业公司B县境内汉江归仙河口段采矿区内采砂，B县国土资源局接到举报后实地进行了调查，依法对甲工贸公司非法采矿进行了查处，并查封该公司非法开采的矿产品。经调查得知，该公司先后在以上两矿区共采矿58天，挖砂总价值131.565万元，获纯利42.4767万元。

国土资源部门调查后认为，A县乙实业公司通过申请和竞买的方式，依法取得了汉江流域A县段和B归仙河口段河砂的采矿权，理应成为该矿区的合法开采者，其合法权益应当受到法律保护。甲工贸公司虽然取得了汉江流域归仙河口段河砂采砂资质，但该砂区的采矿权已被乙实业公司竞得，根据《矿产资源法》的有关规定，甲工贸公司在此地段采砂属非法采矿行为。而甲工贸公司则认为，B县水行政主管部门许可了该公司在归仙河口段采砂，即表明国家同意将该地段的采砂权让与该公司，其合法权益也应该受到法律保护。为此，甲工贸公司不服市、县人民政府调解，拒不执行A县、B县国土资源部门的行政处罚决定，继续实施非法采矿行为。乙实业公司经多次制止无效，遂向A县人民法院提起诉讼，要求甲工贸公司立即停止对乙实业公司合法权益的侵害，并要求其赔偿损失共计42.4767万元。

【法院审判】

一审法院认为，根据矿产资源法律法规，颁发采矿许可证是各级国土资源行政主管部门代表国家行使矿产资源所有权的具体体现。采矿许可证一经颁发，即表明国家同意将该许可证载明范围内的矿产资源这种财产权益让与或处分给采矿权人享有，受国家法律保护，未经采矿权人允许擅自进入他人矿区采矿属侵权行为，对于这种侵权行为造成的损失应当赔偿。水利部门为甲工贸公司颁发的B县归仙河口矿区的采砂许可证，不能使其成为该矿区矿业权人。也就是说，国土部门颁发的《采矿许可证》是物权凭证，而水利部门发放的《采砂许可证》则是采砂作业行为资质证件，河道采砂依法必须两证齐全，缺乏任何一个证件采砂，都将构成违反行政管理的行为或者构成民事侵权。本案中，甲工贸公司B县分公司不具备法人资格，其民事赔偿责任应由甲工贸公司承担。法院遂判决甲工贸公司立即停止对乙实业公司合法权益的侵害，并赔偿由此而造成的损失共计人民币42.4767万元。

在诉讼过程中，甲工贸公司提出，根据国务院《长江河道采砂管理条例》的有关规定，在河道采砂只需水行政主管部门一家许可。但由于该条例只适用于"长江宜宾以下河段"，不能适用于本案，法院没有予以支持，并且本案也不属采矿许可证赋予的采矿权与采砂许可证赋予的采砂权之间的纠纷，而是属于乙实业公司与甲工贸公司因采砂而引起的民事纠纷案件。

甲工贸公司不服一审判决，上诉至某市中级人民法院。某市中级法院认为原审适用法律正确，事实清楚，于2005年4月22日驳回上诉，维持原判。

【律师评析】

本案表面上是民事侵权纠纷，但实质上是关于河道采砂是否受《矿产资源法》调整的问题。

一、我国规范河道采砂管理的法规现状

河道采砂是指在河道管理范围内采挖砂石、取土和淘金（包括淘取其他金属及非金属）等的行为。河道采砂管理是为了防止在河道内滥采、乱挖砂石导致的毁滩踏岸、河势恶化对河道防洪和航运安全造成影响，通过技术、经济、行政、法律等手段规范河道采砂行为的管理工作。就目前而言，对于河道采砂的行政管理，《矿产资源法》、《水法》、《水土保持法》、《河道管理条例》、《航道管理条例》，以及水利部、财政部、国家物价局颁布的《河道采砂收费管理办法》等法律、法规及规章，都作了相应的规定。矿产、水利（河道）、交通部门依照上述法律、法规规定的职权和职责，交叉执法实施行政管理工作。

鉴于较多法规予以规范的现状，有人认为，目前河道采砂的管理体制较为混乱，部门法律之间存在冲突，部门多头管理、职责不清，给规范河道采砂管理带来了困难。理由如下：依据原《水法》第24条规定："在行洪、排涝河道和航道范围内开采砂石、沙金，必须报经河道主管部门批准。"《河道管理条例》规定：水利行政主管部门是河道的主管机关；在河道管理范围内采砂，必须报经河道主管机关批准。修改后于2002年10月1日起实施的新《水法》第34条规定：国家实行河道采砂许可

制度。此外,国土部门依据我国《矿产资源法》,将河流江砂纳入矿产实行管理,要求办理采矿许可证及征收矿产资源补偿费。《矿产资源法》第35条规定:国家……允许个人采挖零星分散资源和只能用作普通建筑材料的砂、石、黏土以及为生活自用采挖少量矿产。即将砂石认定为一种矿产资源。交通部门按照《水上水下施工作业通航安全管理规定》,也对采砂实行管理。按照这些法律规定,采砂不仅需要办理河道采砂许可证,而且还要办理采矿许可证和水上水下安全施工作业证。较为突出的是水利和国土资源部门在适用法律上的冲突,在实际操作中造成了管理上的矛盾。水利部门认为:既然水利部门是河道的主管部门,采砂应当由水利部门管理。国土资源部门则认为:既然砂石是一种矿产资源,国土资源部门当然可以管理。

二、河道采砂属于矿产资源法调整的范畴

有观点认为,河道管理,包括批准河道采砂,《水法》对主管机关作了明确的授权。即使《水法》的有关规定,与《矿产资源法》关于开发包括砂石在内的矿产资源,由矿产主管机关审批颁发《采矿许可证》的规定不尽一致,也应按照后法优于前法的原则办理。因此,《水法》颁布实施后,作为河道管理的主管机关,依《水法》的有关规定,有权独自对河道采砂进行审批,并颁发《采砂许可证》。事实上,这种看法是对于有关法律立法精神和具体规定的误解。

根据我国《矿产资源法》及其配套法规的规定,矿产资源属于国家所有,在中华人民共和国领域及管辖海域开采矿产资源,都必须经依法申请取得采矿权。采矿权由各级矿政部门依法代表作为矿产资源所有人的国家向采矿权申请人出让并办理权属登记,向采矿权人颁发采矿许可证。我国《矿产资源法实施细则》的附录明确规定各类砂石均属于矿产资源。除了在《长江河道采砂管理条例》规定的长江中下游干流河段以外,在其他水域从事砂石开采的都必须依法取得采矿权。对此,全国人大常委会法工委关于"对在河道内开采的砂石、砂金的审批发证,是执行矿产资源法还是执行水法"的解答中,作了明确的回答:《矿产资源法》关于开办采矿企业的审批程序的规定,是为保护和合理开发利用矿产资源而作出的监督管理规定;《水法》关于在河道内开采砂石、砂金的审批程序的规定,是为保证行洪、排涝和航行安全而作出的监督管理规定。"河道采砂许可制度"被《水法》规定在其第四章,即"水资源、水域和水工程的保护"一章,可见"河道采砂许可制度"属于安全生产制度。这一制度的适用对象当然只能是根据《矿产资源法》及其配套法规的规定取得采矿权的采矿权人,"河道采砂许可证"只能颁发给采矿权人,也就是说,进入水域开采砂石的经营主体必须持有采矿许可证。这两个法律的上述规定并不矛盾。采

矿企业在行洪、排涝河道和航道范围内开采砂石，既应执行《矿产资源法》的有关规定，由地质矿产主管部门依法颁发采矿许可证；同时也应执行《水法》的有关规定，经河道主管部门批准或者经河道主管部门会同航道主管部门批准。

《全国人大常委会法制工作委员会关于在河道、航道范围内开采砂石、砂金适用法律问题的答复》（法工办发14号，1990年5月18日）复函河北省人大常委会指出："矿产资源法第十三条关于开办国营矿山企业的审批程序的规定，是为保护和合理开发利用矿产资源而作出的监督管理规定；水法第二十四条第四款关于在河道内开采砂石、砂金的审批程序的规定，是为保证行洪、排涝和航行安全而作出的监督管理规定。两个法律的上述规定并不矛盾。国营矿山企业在行洪、排涝河道和航道范围内开采砂石、砂金，既应执行矿产资源法第十三条的规定，由地质矿产主管部门依法颁发采矿许可证，同时也应执行水法第二十四条的规定，经河道主管部门批准或者经河道主管部门会同航道主管部门批准。"

《全国人大常委会法制工作委员会关于在河道、航道范围内开采砂石、砂金适用法律问题的再次答复》（1991年3月7日）复函江西省人大常委会指出："一、国营矿山企业在行洪、排涝河道和航道范围内开采砂石，既应执行水法第二十四条的规定，经河道主管部门批准或者经河道主管部门会同航道主管部门批准，同时也应执行矿产资源法第十三条的规定，由地质矿产主管部门颁发采矿许可证。二、乡镇集体矿山企业和个体在行洪、排涝河道和航道范围内开采砂石，既应执行水法第二十四条的规定，经河道主管部门批准或者经河道主管部门会同航道主管部门批准，同时也应执行省、自治区、直辖市人大常委会制定的开办乡镇集体矿山企业的审查批准、颁发采矿许可证的办法和个体采矿的管理办法中的有关规定。三、在行洪、排涝河道和航道范围内开采砂金，既应执行水法第二十四条的规定，经河道主管部门批准或者经河道主管部门会同航道主管部门批准，同时也应执行矿产资源法第十五条的规定，经国务院有关主管部门（国家黄金管理局）批准，并应按照矿产资源法的有关规定，国营矿山企业开采砂金的，由地质矿产主管部门颁发采矿许可证，乡镇集体矿山企业开采砂金的，应当执行省、自治区、直辖市人大常委会制定的开办乡镇集体矿山企业的审查批准、颁发采矿许可证的办法中的有关规定。四、采砂管理费和矿产资源开发管理费的问题，请向国务院请示。"

三、水利部门和国土部门在河道采砂管理中的角色定位

要确定水利和国土资源两部门在河道采砂管理中的角色定位，首先应当分析我国《水法》和《矿产资源法》这两部法律的不同立法目的。笔者认为，就河道采砂

来说，水利部门和国土资源部门实际上在扮演着“管理者”与“经营者”的角色。

《河道管理条例》第1条规定：“为加强河道管理，保障防洪安全，发挥江河湖泊的综合效益，根据《中华人民共和国水法》，制定本条例。”也就是说，国务院颁布《河道管理条例》，设立河道管理机关，其目的主要在于加强对河道、水工程设施的保护，保障防洪安全，维护正常的水事秩序，发挥江河湖泊在农业灌溉、水力发电、河道运输、涉河建设等方面的综合效益。由此可以看出，水利部门对河道实际上在行使一种“管理者”的职能，这种管理，概括来说，就是对水事秩序的维护。这一点，从“河道采砂管理费”这一收费的性质上也可以得到印证。因为我们不是称为“砂石资源费”，而只是一种管理费用。

再来看看《矿产资源法》的立法目的。《矿产资源法》第1条规定：“为了发展矿业，加强矿产资源的勘查、开发利用和保护工作，保障社会主义现代化建设的当前和长远的需要，根据中华人民共和国宪法，特制定本法。”全国人大颁布《矿产资源法》，由国土资源部门对矿产资源进行管理，其主要目的是实现资源的可持续性利用，既能保障当前需要，又要保障长远的需要，既要做到合理开发，合理利用，又要防止过度开采和不经济性开采。《矿产资源法》还规定，矿产资源属于国家所有，国家对矿产资源实行有偿开采。因此，国土部门管理矿产资源主要有两大目的：一是实现可持续开采；二是实现所有者权益。即由国土部门代表国家对矿产资源实现所有者应当享有的权益。也就是说，国土资源部门在对矿产资源充当一种“经营者”的角色。国家对开采矿产资源依法征收资源补偿费也体现了这一目的。

河道采砂根据水行政法律、法规的规定属于河道管理范围，水利部门对河道采砂具有审核发证的行政职权，但砂资源属于矿产资源，水利部门在审核发证时除应遵守河道采砂法律、法规外，还应当遵守矿产资源法律、法规的一般性规定。我国《水法》规定，采矿登记管理机关在对河道采砂审批登记前，需由水利部门依据防洪泄洪和河道疏浚管理的要求，做出河道采砂总体规划，国土资源管理部门根据水利部门划出的可采区和禁采区，对可采区进行划段，组织具有资质单位进行储量核实和采矿权评估，实行有偿出让采矿权。国家制定的行政法律、法规对于国家各个管理领域的主管行政机关或授权单位，都作了相应规定，并赋予了相应的行政权力和规定应当履行的职责。在某些情况下，行政法律、法规之间对某些社会关系的调整，存在交叉的情况，因而各行政部门在行政管理中，也就存在交叉执法施行管理的情况。行政机关在交叉执法中，如果越权行使行政管理职权，将不仅侵犯管理相对人的合法权益，也将侵犯其他行政部门的行政职权，破坏国家行政管理的正常秩序。

四、关于本案的处理问题

根据《矿产资源法》的规定，颁发采矿许可证是各级国土资源行政主管部门代表国家行使矿产资源所有权的具体体现。采矿许可证一经颁发，即表明国家同意将该许可证载明范围内的矿产资源的财产权益让与给采矿权人享有。采矿权人的合法权益受法律保护，未经采矿权人同意擅自进入其矿区采矿属于侵权行为，应当承担因侵权行为而给采矿权人造成的损失。本案中，乙实业公司通过申请和竞买的方式，依法取得了汉江流域A县段和B县归仙河口段河砂的采矿权，其合法权益应当受到法律保护。国土资源部门颁发的《采矿许可证》是物权凭证，而水利部门发放的《采砂许可证》则是采砂作业行为的资质证件，因此，甲工贸公司虽然取得了汉江流域归仙河口段河砂的采砂资质，但不能使其成为该矿区的矿业权人。该砂区的采矿权已被乙实业公司竞得，根据《矿产资源法》的规定，甲工贸公司在此地段采砂属于非法采矿行为，侵害了乙实业公司的合法权益，应当承担相应的民事侵权赔偿责任。

（二）越界开采纠纷

8. 越界开采如何承担侵权赔偿责任？

——甲煤矿与乙煤业公司财产损害赔偿纠纷上诉案①

【案情介绍】

上诉人（原审被告）：甲煤矿。

被上诉人（原审原告）：乙煤业公司。

乙煤业公司与甲煤矿系相邻矿区，2004年4月，为解决某市八个相邻矿井矿产资源纠纷问题，经某市煤炭工业局推荐，受某市中小企业局、某县安全生产监督管理局、某区安全生产监督管理局及八个相关煤矿（含上诉人）的委托，某地质勘测设计院承担了乙煤业公司、甲煤矿等八个煤矿的矿权调查测量工作，并作出了《某市八个矿井矿权调查测量报告》。为了制止相邻煤矿越界开采，确保相邻煤矿安全生

① 重庆双桥区通桥乡联合煤矿与永川市永和煤业有限责任公司财产损害赔偿纠纷上诉案（重庆市第一中级人民法院（2006）渝一中民终字第115号，2006年3月15日）。

产,防止重大事故发生。某市安全生产监督管理局及某市国土资源和房屋管理局于2004年4月13日在某市中小企业局组织召开了解决某市某县相邻煤矿越界开采及有关安全生产问题的会议。会议认为,《某市八个矿井矿权调查测量报告》公正客观,实事求是,符合实际情况。并于2004年4月28日,形成某煤〔2004〕第7号,《某市煤炭工业局、某市煤矿安全监察局、某市安监局、某市国土资源和房屋管理局作出了关于解决某市相邻煤矿越界开采及有关安全生产问题会议纪要》。会议纪要载明了甲煤矿越界进入乙煤业公司开采的违法情况,以及如何处理和采取补救措施的相应方法。

2004年5月27日,某国资监字(2004)第008号矿产资源行政处罚决定书,对甲煤矿超越划定矿区范围开采作出了没收违法所得1万元,罚款1500元的行政处罚,甲煤矿交纳了上述款项。2005年5月23日,某煤〔2004〕第8号座谈纪要确定了密闭位置,要求甲煤矿在+429水平下山口和+429水平南翼风眼口各作永久性密闭一处。甲煤矿亦按照规定进行了密闭。《某市八个矿井矿权调查测量报告》还确定,甲煤矿在乙煤业公司矿区开采或破坏的煤炭资源共计17952吨,为此乙煤业公司支付鉴定费2万元。虽然某市煤炭工业管理局证明,2003~2004年乙煤业公司总损失1,388,160元,但乙煤业公司仅起诉要求甲煤矿,立即停止侵害,不再开采乙煤业公司矿区的煤炭,赔偿原告的损失20万元。

一审庭审中,甲煤矿对《某市八个矿井矿权调查测量报告》确定的越界开采有异议,要求进行实测,经乙煤业公司申请,法院委托某煤田地质研究所实测,但因甲煤矿对越界开采巷段已自行密闭,无法进行实测,某煤田地质研究所对《某市八个矿井矿权调查测量报告》的勘察报告资料分析后认为,该调查报告基本可靠。

【法院审判】

一审法院认为,国家所有的矿产资源,可以依法由全民所有制单位和集体所有制单位开采,也可以依法许可由公民采挖,国家保护合法的采矿权。根据某地质勘测设计院的《某市八个矿井矿权调查测量报告》,某煤田地质研究所的鉴定分析报告及某市煤炭主管部门的座谈纪要均能印证甲煤矿的侵权行为及侵权范围,故甲煤矿的侵权事实存在。甲煤矿应当按照经国家许可的合法采矿范围进行生产,其在生产中,越界开采和破坏国家许可他人开采的资源的行为是错误的。其侵占国家、集体或者他人的财产,应当返还财产,不能返还的,应当折价赔偿。甲煤矿虽经相关部门作出行政处理,已经自行密闭越界开采巷道,但其因侵权给乙煤业公司造成的损失依法应予赔偿,乙煤业公司请求甲煤矿赔偿20万元未超过其实际损失,故法院予以主张。据此,依照《民法通则》第 81 条、134 条第 1 款第 7 项之规定,判决如下:由甲煤矿赔偿乙煤业公司损失 20 万元。限本判决生效后 30 日内履行完毕。案件受理费 5510 元,其他诉讼费 4500 元,保全费 3540 元合计 13,550 元,鉴定费 2 万元,由甲煤矿负担(此款原告已经预交,由被告直付原告)。

甲煤矿对判决不服,提起上诉。其上诉理由为:(1)原审判决认定事实错误。原判定"根据某地质勘测设计院的《某市八个矿井矿权调查测量报告》,某煤田地质研究所的鉴定分析报告及某市煤炭主管部门的座谈纪要均能印证甲煤矿的侵权行为及侵权范围,故甲煤矿的侵权事实存在。"又认定甲煤矿给原告造成的损失为 1,388,160元。上述认定与客观事实不符。事实上,甲煤矿开采的所谓" +365 双连炭巷"和" +322 双连炭巷"并没有进入乙煤业公司的矿界范围。上述认定的主要证据是某地质勘测设计院的《某市八个矿井矿权调查测量报告》和某煤田研究所的鉴定意见。这些测量报告和鉴定意见都缺乏客观性、公正性、真实性,不能作为定案的依据。(2)原判决认定甲煤矿给乙煤业公司造成的经济为 1,388,160 元的事实不当,证据不足。(3)原审法院适用普通程序对本案公开开庭进行审理,但没有通知鉴定人、勘验人到庭,违反了《最高人民法院关于适用〈中华人民共和国民事诉讼法〉若干问题的意见》第 155 条的规定。综上所述,原审判决认定事实错误,适用法律不当,审判程序不合法,判决不公,为维护甲煤矿的合法权益,特提出上诉,恳请上级人民法院查明事实,依法撤销一审判决,驳回被上诉人乙煤业公司的诉讼请求。

乙煤业公司答辩服从一审法院的判决。

在二审审理过程中上诉人甲煤矿要求证人出庭作证,因不符合《最高人民法院关于民事诉讼证据的若干规定》第 41 条新证据的规定,且被上诉人乙煤业公司不同意质证,法院不组织质证。

在二审审理过程中,由于乙煤业公司、甲煤矿均没有提供新的证据,法院确认一审法院所认定的事实。

二审法院认为:矿产资源属于国家所有,国家依法可以许可由全民所有制单位和集体所有制单位开采,也可以依法许可由公民采挖,国家保护合法的采矿权。甲煤矿、乙煤业公司均获得采矿许可,应当按照经国家许可的采矿范围进行生产。但是根据某地质勘测设计院的《某市八个矿井矿权调查测量报告》,某煤田地质研究所的鉴定分析报告及某市煤炭主管部门的座谈纪要均能印证甲煤矿越界采矿侵犯了乙煤业公司的许可采矿的范围。其在生产中,越界开采和破坏国家许可他人开采的资源的行为是错误的。其侵占了乙煤业公司的财产,应当返还财产,不能返还的,应当折价赔偿,一审法院判决正确。应当予以维持。现上诉人甲煤矿没有充分的证据证明《某市八个矿井矿权调查测量报告》的不真实，其一，该报告的取得是八个矿井委托某地质勘测设计院鉴定所致，其中包括甲煤矿。其二，甲煤矿根据该报告接受了行政处罚。其三，甲煤矿并没有对行政处罚提出异议，也没有对报告中认定甲煤矿越界开采的数据提出过异议，应当认定甲煤矿对报告的内容是认可的。其四，甲煤矿也不申请鉴定。其上诉理由不能成立。根据《民事诉讼法》第153条第1款第1项的规定，判决如下：驳回上诉，维持原判。

【律师评析】

本案主要涉及越界开采的认定和越界开采侵权责任的赔偿问题。

一、越界开采的概念和认定

我国《矿产资源法》第40条规定，越界采矿，是指采矿权人超越批准的矿区范围开采矿产资源的行为。国土资源部门颁发的采矿许可证所划定的矿区范围是采矿权人唯一、合法的采矿活动场所，任何超越均属违法。但是我国法律法规对于采矿权人矿区范围的概念并没有明确规定。根据《矿产资源开采登记管理办法》的规定，采矿权申请人在申请采矿许可证时，需要向登记机关提交矿区范围图。从国土资源部《关于进一步完善采矿权登记管理有关问题的通知》的规定来看，采矿权人的矿区范围是采矿权登记机关依法批准采矿权人可设开采工程分布范围的立体空间区域。可见，矿区范围，是指经登记机关依法划定的可供开采矿产资源的范围、井巷工程设施分布范围或者露天剥离范围的立体空间区域。根据矿业权管理的实际情况，矿山企业的矿区范围是一个立体范围，由三维坐标构成。矿产资源管理机关颁发给采矿权人的许可证，其边界是在平面上由若干个拐点连接而成的闭合曲线及纵向上由高程二者结合而成的立体空间。因此，采矿权人的采矿活动超出此空间范围即属越界采矿。

越界采矿的表现形式主要有以下三种：一是超越平面上批准的范围越界开采，也就是平面上的越界。即是在二维空间上超出给定的采矿范围，纵向（高程）上没有超出给定的界限。这种情况多见于露天采矿，但井下采矿中，当矿体赋存状态较为平缓时，越界采矿也会发生。二是超越标高上批准的范围越界开采，也就是纵向上的越界，即采矿活动超出给定的高程，平常所说的“超层越界开采”，多见于井下采矿。三是平面纵向上均越界。此种情形在露天采矿中较为多见。越界采矿的实质是无证采矿。界定为“越界采矿的”的，只限于对持有合法有效采矿许可证的矿山企业超越批准的矿区范围采矿的行为，无采矿许可证的只能认定为“无证采矿”，而不能认定为“越界开采”。越界开采行为造成了国有资产的流失、扰乱了采矿权市场秩序、严重威胁矿山安全。对于井下发生的越界开采侵权行为，被侵权方应尽可能获得当地国土资源管理部门的支持，对侵权行为有个行政确认的决定。因为，对于制止和惩罚越界开采，也是国土资源管理部门的行政职责和义务，这样在证据方面则更为有利。

实践中，有些矿山因开采采矿许可证准许以外的矿种而越界，此行为如何定性？笔者认为，采矿权人开采的矿种应是采矿许可证所准许开采的，开采采矿许可证准许以外的矿种，即使在许可界限范围之内，其性质也属于无证采矿，如越界，不应将其定性为越界采矿，而应定性为无证采矿。无证采矿，即未办理采矿许可证而开采矿产资源的行为。《矿产资源法》第 39 条规定，无证采矿行为是指违反矿产资源法的规定，未取得采矿许可证擅自采矿的，擅自进入国家规划矿区、对国民经济具有重要价值的矿区范围采矿的，擅自开采国家规定实行保护性开采的特定矿种的行为。违反的法律条款是《矿产资源法》第 3 条，勘查、开采矿产资源，必须依法分别申请、经依法批准取得探矿权、采矿权，并办理登记的规定。

二、越界开采应当承担侵权责任

侵权责任是指民事主体因实施侵权行为而应当承担的民事法律后果。我国《民法通则》第 117 条规定：“侵占国家的、集体的财产或者他人财产的，应当返还财产，不能返还财产的，应当折价赔偿。损坏国家的、集体的财产或者他人财产的，应当恢复原状或者折价赔偿。受害人因此遭受其他重大损失的，侵害人并应当赔偿损失。”《侵权责任法》第 2 条第 1 款规定：“侵害民事权益，应当依照本法承担侵权责任。”第 3 条规定：“被侵权人有权请求侵权人承担侵权责任。”通说认为，侵权责任具有以下法律特征：第一，侵权责任是民事主体违反法定义务而应当承担的法律后果。第二，侵权责任以侵权行为为前提要件。第三，侵权责任的行为人或者责任人除了要承担赔偿损失、返还财产等财产责任外，在很多情况下，还可能同时承担停止侵害、恢复名誉、消除影响、赔礼道歉等非财产形式的责任。根据我国法律的规定，侵权责任包括“一般侵权责任”和“特殊侵权责任”两种。前者是指行为人对因故意或过失侵害他人财产权和人身权，并造成损害的违法行为应当承担的民事责任。后者是指当事人基于自己有关的行为、物件、事件或者其他特别原因致人损害，依照民法上的特别责任条款或者民事特别法的规定仍应对他人的人身、财产损失所应当承担的民事责任。一般侵权行为以行为人有过错为成立要件，承担方式主要为返还财产、排除妨碍、停止侵害、赔偿损失等，适用如正当防卫，紧急避险等抗辩理由;而特殊侵权行为则不要求行为人对其造成的损害后果具有过错,承担方式主要为赔偿损失,不存在正当防卫、紧急避险等抗辩理由。

根据《矿产资源法》的规定,采矿权人拥有采矿权,不仅享有了对确定的矿山占有、使用的权利,更重要的是有权开采矿产品。通过开采获取矿产品的所有权,增加财产利益,创造新的财富。因此,对于采矿权必须给予完善的法律保护,确保采矿权权利人的财产权益不受侵害。其中主要的保护方法就是确认侵害采矿权的行为为侵权行为,赋予权利人以侵权请求权。越界开采属于一般侵权责任,侵权者应当按照一般侵权的规定承担相应的侵权责任。根据我国法律规定,矿产资源属于国家所有,由国务院行使国家对矿产资源的所有权,禁止任何组织或者个人用任何手段侵占或者破坏矿产资源。由于矿业权空白区内的矿产资源属于国家所有,在越界开采的情况下,如果非法采矿人越界开采的区域在国家未设立任何矿业权的范围内,则非法开采人实质上侵犯的是国家的矿产资源所有权。而在越界进入他人矿区范围的情况下,则越界采矿者不仅侵犯了国家矿产资源所有权,还会侵犯该矿业权人的矿业权。具体而言,越界开采行为造成了权利人三个方面的损害:第一,是非法侵入他人不动产;第二,是造成了权利人矿井建设和资源的破坏;第三,是使权利人可以开采的矿产品减少,造成直接的财产损失。对此,越界开采行为人必须因其侵权行为承担相应的侵权责任。

对于越界开采行为,我国《矿产资源法》及其实施细则规定的行政处罚办法是:"责令退回本矿区范围内开采、赔偿损失,没收越界开采的矿产品和违法所得,可以并处罚款;拒不退回本矿区范围内开采,造成矿产资源破坏的,吊销采矿许可证。"该规定的不足之处是未区分越界开采的范围是国家已设立矿业权的区域还是未设立矿业权的区域。换言之,对于越界开采人是进入他人矿区进行开采还是进入未设立矿业权的区域进行开采,我国《矿产资源法》规定的前述行政处罚是不加区分,一体适用的。在越界开采的范围是属于国家未设立矿业权的区域时,这一行政处罚办法不存在什么问题。因为在此情况下,由于不涉及其他矿业权人,越界开采人侵犯的仅仅是国家的矿产资源所有权,责令越界开采人向国家赔偿损失,没收越界开采的矿产品和违法所得当属题中应有之义。但是,在越界开采的范围属于国家已经设立矿业权的区域时,这种行政处罚方式就会对矿业权人产生不公平的后果。

鉴于民事责任、行政责任和刑事责任属于不同的、独立的法律责任,具有不同的功能和作用,因此,同一种违法行为可能引发三种法律责任的承担。《侵权责任法》第4条规定:"侵权人因同一行为应当承担行政责任或者刑事责任的,不影响依法承担侵权责任。因同一行为应当承担侵权责任和行政责任、刑事责任,侵权人的财产不足以支付的,先承担侵权责任。”若违法行为人越界开采可能需要承担刑事责任的,就应按照《最高人民法院关于审理非法采矿、破坏性采矿刑事案件具体应用法律若干问题的解释》第1条的规定,由公安部门以非法采矿罪进行立案侦查。但是,如果违法采矿行为人因同一行为应当承担侵权责任和行政责任、刑事责任时,而侵权人的财产不足以支付的,则应当先行承担侵权民事赔偿责任。

三、越界开采侵权赔偿损失的界定

虽然越界采矿进入他人矿区范围应当承担的民事责任包括:停止侵害、侵权人退出被侵权人的矿区范围、或者采取补救措施等责任承担方式,但主要是侵权赔偿责任,其具有补偿性质,以弥补受害人损失为目标。由于越界采矿进入他人矿区范围,包括进入他人探矿权范围和进入他人采矿权范围,因此,就存在不同情形下的侵权损失的界定问题。

(一)越界采矿进入他人探矿权范围的情形

按照《矿产资源法》的规定,探矿权人的勘查作业区内的矿产资源仍然属于国家所有。因此,有观点认为,当无证采矿或者越界采矿行为发生在未设定采矿权区域时,侵害的是矿产资源国家所有权,此时国家是唯一的受害人,赔偿范围应包括矿产资源补偿费和矿业权有偿取得的费用以及就违法采出及破坏的资源,国家应获得的其他收益。笔者认为,此观点较为片面,没有考虑到探矿权人的权益,矿产资源国家所有权固然应当维护,但是探矿权人的权利也不容忽视。越界进入他人探矿权范围内采矿的,违法越界采矿者既要对探矿权人进行赔偿,也要赔偿国家损失。越界采矿者向国家的赔偿损失,按照越界进入矿业权空白区情况下造成不能开发的资源损失的赔偿方式计算。在计算国家矿产资源损失时,该损失等同于越界开采部分资源配置给他人能给国家带来的经济收益。在现行矿产资源管理体制下,这种收益主要包括采矿权价款、税收、资源补偿费等。另外,越界采矿者侵犯国家矿产资源所有权,应当按照前述越界进入矿业权空白区情况的分析,没收越界采矿者采出的矿产品或违法所得。但在没收时,可减去该部分资源所在勘查区越界采矿者向探矿权人赔偿的损失。

(二)越界采矿进入他人采矿权范围的情形

根据我国法律规定,矿产资源属于国家所有,禁止任何组织或者个人用任何手段侵占或者破坏矿产资源。合法的采矿权受到国家法律保护,不容侵犯。越界开采违法行为侵犯其他主体的合法权益时,国土资源管理部门可责令违法主体赔偿损失。如果是一般的财产损失,则可以通过衡量其价值责令违法主体赔偿。但是,采矿权是一种特殊物权，对于其损失的赔偿问题目前仍存在一定的争议。一种观点认为，矿产资源属于国家所有，采矿权人只是享有获得和销售矿产品的权利。因此，越界开采的矿产资源应归属国家。另一种观点认为，我国颁布实施的《物权法》已经明确了采矿权的物权属性，如果越界开采了其他采矿权主体矿区范围的矿产资源，必然损害其采矿权的合法权益。违法主体越界开采的矿产资源应当归属受侵害的采矿权主体似乎合情合理。针对这一问题相关地方国土资源管理部门给出了一些借鉴，例如《关于对违法采矿行政处罚有关问题的复函》（冀国土资函〔2004〕344号）指出："赔偿损失是无证采矿、越界开采者应承担的民事责任。当越界开采行为发生在已设定采矿权的区域，即进入他人矿区范围内采矿的，此时既侵害了采矿权人的采矿权，同时，又侵害了国家的矿产资源所有权，因此，赔偿对象应为采矿权人和国家，采矿权人获得的赔偿范围为给其造成的实际损失。赔偿数额由行政处罚机关根据直接财产损失和矿产资源的损失程度确定；赔偿数额大于50,000元的，应当由行政处罚机关组织有关专业技术人员论证确定。"

当越界采矿进入他人采矿权范围时，侵犯的是他人开采矿产资源和获得并销售矿产品的权利。采矿权人的损失包括非法开采的矿产品和越界开采者破坏矿床导致无法开采的矿产资源这两部分所带来的利润。根据国土资源部关于印发《非法采矿、破坏性采矿造成矿产资源破坏价值鉴定程序的规定》的通知（国土资发〔2005〕175号）第6条的规定，对非法采矿造成矿产资源破坏的价值按照以下原则进行鉴定：非法采矿破坏的矿产资源价值，包括采出的矿产品价值和按照科学合理的开采方法应该采出但因矿床破坏已难以采出的矿产资源折算的价值。据此，计算越界采矿侵权损害赔偿责任的范围，应当计算两部分损失：第一，是实际开采的矿产品的价值，但是应当扣除开采矿产品的人工费，因为越界开采毕竟与偷窃不同，是需要自己付出劳动将矿产品开采出来的，因此，并不能单纯按照矿产品的单价计算赔偿数额。第二，是因矿床破坏难以采出的矿产资源折算的价值。对于越界采矿者没收违法所得，应当针对越界采矿者采出的矿产品价值部分实施没收；而对于责令赔偿损失，则应针对因矿床被破坏难以采出的那部分矿产资源采矿权人应得到的收益责令赔偿。

（三）界定越界开采侵权责任赔偿数额的方法

根据国土资源部的相关规定，对于越界开采矿石量的经济价值应由具备法定资质的专业评估机构在综合采空区容积、开采回采率、采矿贫化率、围岩废石数量等因素的前提下，结合当地实际选矿回收水平和冶炼回收水平、当地当时的社会平均利润率等方面依法认定，但并不包括开采成本、税金等。越界采矿者不管是向探矿权人赔偿损失还是向采矿权人赔偿损失，均属于民事责任的范畴。越界采矿者向矿业权人赔偿损失，应当首先由双方当事人协商确定，也可以由相关行政机关予以调解，不能协商和调解的，则由人民法院裁决。

四、关于本案的处理问题

本案中，根据某地质勘测设计院的《某市八个矿井矿权调查测量报告》、某煤田地质研究所出具的鉴定分析报告及某市煤炭主管部门的座谈纪要均印证了甲煤矿的侵权行为及侵权范围，故甲煤矿的侵权事实客观存在。甲煤矿本应当按照经国家许可的合法采矿范围进行生产，但其在生产中越界开采，非法进入乙煤业公司的矿区开采资源。甲煤矿侵占了乙煤业公司的财产，应当返还财产，不能返还的，应当折价赔偿。甲煤矿根据《某市八个矿井矿权调查测量报告》接受了行政处罚，没有对行政处罚提出异议，也不申请鉴定，因此，其没有充分的证据证明该报告的不真实。甲煤矿虽经相关部门作出行政处理，已经自行密闭越界开采巷道，但其因侵权行为给乙煤业公司所造成的损失依法应予赔偿。

（三）合作开采纠纷

9. 未经备案的合作开采合同的效力如何？

——某矿业公司与凌某合伙协议纠纷案[①]

【案情介绍】

原告：某矿业公司。

被告：凌某。

某矿业公司是成立于2001年的企业法人，依法取得了某铅锌矿的《采矿许可证》。2006年2月10日某矿业公司与凌某签订《某铅锌矿三号井合作采矿合同书》，凌某出资与某矿业公司合作开采该矿。根据合同约定，某矿业公司负责出资办理矿山开采所需的各项合法手续证件，以及矿山开采设计与生产队、乡、县的各项相关手续；负责协调与当地群众、政府有关部门的各种关系，确保开采工作正常

---

① 广西上林县三鑫矿业有限责任公司与凌福彬合伙协议纠纷案（南宁市江南区人民法院（2010）江民二初字第477号，2010年9月26日）。

进行;负责派一名管理人员参加生产和销售管理。凌某支付合作资金 26 万元给某矿业公司;负责自交接时起矿山所需要的一切投资;全权负责矿山三号窿的一切生产、经营、产品销售管理;负责该矿区范围内安全生产的管理,安全生产事故的经济责任按照双方所占的股份比例承担,合同有效期限以采矿证有效及延续办理取得的有效期限为准,或经双方协商终止合同为准。合同签订后,凌某向某矿业公司支付了合作资金 26 万元,双方合作开采至 2007 年 2 月。此后,因采矿许可证到期,某矿业公司办理续办手续,双方合作处于暂停状态。2009 年某矿业公司取得续办的《采矿许可证》,有效期限为 2009 年 12 月 12 日至 2013 年 12 月 12 日。此后,双方未能继续合作开采经营。

某矿业公司认为,其一,2009 年 6 月由于凌某在未取得新采矿证情况下将该矿井又转让给他人经营管理,故某矿业公司给凌某发出《通知》责令其停止违法施工。其二,与凌某签订的《合作采矿合同》未向登记管理机关备案,违反了《矿产资源法》的相关规定,特向人民法院起诉,请求依法确认双方于 2006 年 2 月 10 日签订的《某铅锌矿三号井合作采矿合同书》无效,判令某矿业公司收回该三号井的采矿经营管理权,并由凌某承担诉讼费用。

【法院审判】

法院认为:签订《某铅锌矿三号井合作采矿合同》系某矿业公司、凌某双方真实意思表示。某矿业公司拥有该矿的采矿权,凌某投资与某矿业公司合作开采该矿三号井,属于《矿业权出让转让管理暂行规定》规定的合作开采经营。从《矿业权出让转让管理暂行规定》第 44 条第 1 款"出售矿业权或者通过设立合作、合资法人勘查、开采矿产资源的,应申请办理矿业权转让审批和变更登记手续。不设立合作、合资法人勘查或开采矿产资源的,在签订合作或合资合同后,应当将相应的合同向登记管理机关备案"的规定可知,合作开采矿产资源但未设立合作法人的,应将合作合同向登记管理机关备案,并不强制要求申请办理矿业权转让审批和变更登记手续。某矿业公司、凌某未设立合作法人,该矿的采矿权仍为某矿业公司所有,双方没有报请办理矿业权转让审批和变更登记手续并未违反规定。如双方未将合作合同向登记管理机关备案,则应由登记管理机关作出行政管理方面的处理,不能作为认定合同无效的理由。某矿业公司提供的县国土资源局的调查报告和呈报意见,也未认定双方之间的矿产资源合作开采关系违反规定。据此,某矿业公司、凌某签订的《某铅锌矿三号井合作采矿合同》合法有效。合同签订后双方已开始实际履行合同,但 2009 年某矿业公司取得续办的《采矿许可证》后双方未能继续合作开采经营。某矿业公司没有证据证明凌某将双方合作的矿井转让给他人经营管理,某矿业公司提供的证据不足以证明现双方未能进行合作开采经营是因为凌某违约所致。某矿业公司续办的新的《采矿许可证》有效期限为2009年12月12日至2013年12月12日,某矿业公司、凌某在合同书中约定合同有效期限以采矿证有效及延续办理取得的有效期限或经双方协商终止合同为准,因此,合同书尚在有效期限内。现某矿业公司、凌某未达成终止合同的协议,凌某亦要求继续合作经营。因此,某矿业公司要求收回三号井的采矿经营管理权缺乏事实依据。综上所述,依照《合同法》第60条第1款,《矿业权出让转让管理暂行规定》第42条、44条和《最高人民法院关于民事诉讼证据的若干规定》第2条之规定,判决如下:驳回原告某矿业公司的诉讼请求。

【律师评析】

本案主要涉及不设立法人的采矿权合作开采合同的备案效力问题。

一、法律允许不设立法人的采矿权合作开采

国土资源部《矿业权出让转让管理暂行规定》第42条规定:"合作勘查或合作开采经营是指矿业权人引进他人资金、技术、管理等,通过签订合作合同约定权利义务,共同勘查、开采矿产资源的行为。"《矿业权出让转让管理暂行规定》将矿业权的合作分为法人型合作和非法人型合作,对于法人型的合作,合作双方须办理矿业权转让的审查批准和将矿业权变更登记至合作法人名下的手续;而对于非法人型合作,仅规定合作双方在签订合作或合资合同后,应当将相应的合同向登记管理机关备案。《矿业权出让转让管理暂行规定》第44条第2款规定:"不设立合作、合资法人勘查或开采矿产资源的,在签订合作或合资合同后,应当将相应的合同向登记管理机关备案。"因此,我国当前的法律法规是允许合作采矿的。不设立新的企业法人进行开采还体现在《矿产资源开采登记管理办法》第29条的规定:中外合作开采矿产资源的,中方合作者应当在签订合同前,将合作的矿区范围、开采矿种、开发利用方案等资料报原发证机关复核并签署意见;在签订合同后,向原发证机关备案。凡未按照上述规定依法履行合作合同备案手续的,应依法补办,否则不能合作开采矿产资源。对拒不办理合作合同备案手续,违法合作开采矿产资源的,县级以上地质矿产主管部门应依法予以查处。

二、采矿权合作开采合同的生效

我国《合同法》规定,当事人订立合同,采取要约、承诺的方式,承诺生效时合同

成立。根据合同法原理，只要合同当事人具有相应的民事行为能力，意思表示真实，不违反法律、行政法规的强制性规定及社会公共利益，不存在导致合同无效的特定行为的，合同自成立时生效。但是“法律、行政法规规定应当办理批准、登记等手续生效的，依照其规定。”《最高人民法院关于适用〈中华人民共和国合同法〉若干问题的解释(一)》第9条规定：“依照合同法第四十四条第二款的规定，法律、行政法规规定合同应当办理批准手续，或者办理批准、登记等手续才能生效，在一审法庭辩论终结前，当事人仍未办理批准手续的，或者仍未办理批准、登记等手续的，人民法院应当认定该合同未生效；法律、行政法规规定合同应当办理登记手续，但未规定登记后生效的，当事人未办理登记手续不影响合同的效力，合同标的物的所有权及其他物权不能转移。”也就是说，即使我国法律、行政法规规定合同成立后必须进行登记，但只要是没有规定其未经登记就无效的，就应当认定其效力。因为此时合同登记的主要目的仅是发生物权变更或转移的一个法定要件。特别是在一些特定物的买卖合同中，如果当事人未经登记，尽管合同已经在当事人之间成立或生效，但并不发生物权转移或变更的法律效力，而且也不得对抗合同当事人之外的第三人，但并不因此而影响双方所签署合同的成立与效力。

从立法层面上讲，《矿业权出让转让管理暂行规定》仅是国土资源部颁发的规范性文件，不能成为判定合作开采合同效力的依据。根据《探矿权采矿权转让管理办法》第10条的规定，采矿权转让合同自批准时生效。采矿权转让是指采矿权人将采矿权转移的行为，核心是采矿权主体发生了变更。在未设立合作、合资法人的情形下，不存在采矿权在合作方之间的转移，也不存在采矿权在合作方与新设法人之间的转移，因此，此时的合作开采实质上不属于采矿权转让，采矿权人没有发生变化，也没有权属变更登记的可能与必要，当然也就没有必要规定合同经审查批准后才生效。虽然《矿业权出让转让管理暂行规定》第44条第2款规定：“不设立合作、合资法人勘查或开采矿产资源的，在签订合作或合资合同后，应当将相应的合同向登记管理机关备案。”但是，可以认为，“向登记管理机关备案”只是对合作形式的管理性规定，并非效力性强制规定。从合同法的角度理解，契约型合作开采合同应当自当事人依法完成签署时生效，备案与否仅影响不具有对抗善意第三人的公信力，但并不影响其法律效力。

三、采矿权合作开采合同的备案制度

合作开采合同备案的直接法律依据是《矿业权出让转让管理暂行规定》第42条的规定：“合作勘查或合作开采经营是指矿业权人引进他人资金、技术、管理等，

通过签订合作合同约定权利义务,共同勘查、开采矿产资源的行为。"第44条第2款规定:"不设立合作、合资法人勘查或开采矿产资源的,在签订合作或合资合同后,应当将相应的合同向登记管理机关备案。"但在实践中,关于对契约型合作开采合同的备案问题存在不同的认识。第一种意见认为,备案其实就是"批准",不备案就视为非法转让采矿权的一种形式,而如果申请备案,就行实质性审批之实。第二种意见认为,《矿业权出让转让管理暂行规定》第44条与其上位法《矿产资源法》、《探矿权采矿权转让管理办法》相冲突,应当将契约型合作开采视为采矿权转让的方式之一,而转让就须依法批准方能生效。第三种意见认为,《矿产资源法》、《探矿权采矿权转让管理办法》所定义的采矿权转让,是指采矿权人发生变更的情形,由于采矿权实行行政审批登记制度,故不发生采矿权权属变动的契约型合作开采不适用于批准的规定,但基于国家对矿产资源勘查开发秩序的管理,备案有利于行政管理。笔者同意第三种意见,即契约型合作开采由于不涉及采矿权权属变动,不宜以批准、备案作为生效要件,而应遵循意思自治原则,合同一经签署即生效,备案与否仅应从能否对抗第三人的角度进行分析。

实践中,基于对契约型矿业权合作合同备案问题的不同认识,部分省份出台相关规定予以规范,有规定"所有合作勘查开采合同需要经审查批准生效",也有规定"合作方不设立法人进行勘查的,合作勘查合同应备案",还有规定"合作勘查合同应报探矿权登记管理机关备案;合资、合作勘查中控股股权发生变化的,须经探矿权登记管理机关批准"。这种标准不一的现实情况,严重影响了我国法制的统一和法律的权威。《最高人民法院关于适用〈中华人民共和国合同法〉若干问题的解释(二)》指出,《合同法》第52条第5项规定的"强制性规定",是指效力性强制性规定。《最高人民法院关于当前形势下审理民商事合同纠纷案件若干问题的指导意见》(法发〔2009〕40号)特别指出:"注意区分效力性强制规定和管理性强制规定。违反效力性强制规定的,人民法院应当认定合同无效;违反管理性强制规定的,人民法院应当根据具体情形认定其效力。"《矿业权出让转让管理暂行办法》第44条第2款的规定,"系对不设立合作法人合作形式的管理性规定,并非效力性强制规定。"[①]因此,合同备案与否不影响合作合同的效力,更不能认为合作勘查开采合同违反法律强制性规定而无效。

就勘查开采合作合同备案的实质而言,是为了实现国家相关机关对于民事主

---

① 穆继云、范小强:《合作勘查合同备案的效力评析》,载中国矿业网:http://blog.sina.com.cn/s/blog_4931d5820102dsbc.html,最后访问日期:2012年5月2日。

体的民事行为的监督或管理，主要目的在于“知晓”当事人之间已经发生了这一民事法律行为，其本身没有干预的意思和必要。正如国土资源部中央地质勘查基金管理中心于2009年6月29日发布的《中央地质勘查基金项目勘查合同书》中所要求的，原探矿权人应出具在合作勘查期间不单方处置合作探矿权的书面承诺，并由地勘基金发函到颁发合作项目勘查许可证的发证机关备案。其目的是保证地勘基金的勘查出资权益，以利于矿政管理。因此，当事人在履行勘查开采合作合同的过程中，对于合作合同的备案问题发生争议时，人民法院应当认定合同有效，判决合作双方继续履行合同，办理登记、备案手续。

对于合作合同的备案问题，笔者建议，合作勘查开采合同的当事人在签订合作勘查或开采合同之前，应当首先聘请专业律师对于合作项目进行详尽的法律尽职调查，并积极寻求合同备案，对于仅要求备案，却以无具体备案程序为由拒不备案的登记管理机关，当事人应当固定好曾多次主动要求备案但由于登记管理机关原因而导致无法备案的原始证据，以备需用。另外，建议国土资源部应尽快出台统一的合作合同备案的具体规范及备案程序。

四、关于本案的处理问题

本案中，某矿业公司和凌某签订《某铅锌矿三号井合作采矿合同书》，以不设立合作法人的形式进行开采合作，属于《矿业权出让转让管理暂行规定》所规定的合作开采经营。根据规定，合作开采矿产资源未设立合作法人的，应当将合作合同向登记管理机关备案，并不要求办理矿业权转让审批和变更登记手续。双方未将合作合同向登记管理机关备案的，应当由登记管理机关作出行政管理方面的处理，但不能以此作为认定合作合同无效的理由。某矿业公司没有证据证明凌某将双方合作的矿井转让给他人经营管理，提供的证据不足以证明双方未能进行合作开采经营是因为凌某违约所致，况且合同书尚在有效期限之内，即双方约定的合同有效期限是以采矿证有效及延续办理取得的有效期限或经双方协商终止合同为准，加之凌某亦要求继续合作经营。因此，合作双方应当依约继续履行各自的合同义务。

（四）开采承包纠纷

10. 如何确定合法的开采承包？
——某矿产品公司与黄某萤矿开采承包合同纠纷再审上诉案①

【案情介绍】

上诉人（原审被告）：某矿产品公司。

被上诉人（原审原告）：黄某。

2000年9月3日，黄某与某矿产品公司签订《某坑口萤矿第二号竖井萤矿开采承包合同》。合同约定承包期限为2年，生产经营投资由黄某负责，黄某每吨原矿上交利润11元给某矿产品公司。2002年8月28日合同期满前，黄某向某矿产品公司提交申请，要求将合同延期1年，合同的其他条款不变。2002年9月3日，原合同期满后，黄某继续组织生产，并分别于9月30日上交4400元、11月11日上交9100元、12月4日上交1.6元。黄某在正常生产过程中，某矿产品公司于2002年12月15日停止了对黄某的炸药供应，迫使黄某不得不停产。

另，此前，某矿产品公司还截留了黄某113张计999.26吨的原矿结帐单。

黄某经多次与某矿业公司协商无果，于是向法院起诉，要求确认双方之间签订的《某坑口萤矿开采承包合同》及《合同延期申请》合法有效，某矿业公司应当予以继续履行；赔偿因停止炸药供应造成的经济损失38万元；归还113张计999.26吨的结账单。

【法院审判】

原审法院经审理认为：原告黄某与被告某矿产品公司之间就某坑口萤矿第二号竖井的开采作业而签订的《某坑口萤矿第二号竖井萤矿开采承包合同》系原、被告双方真实意思表示，并未违反法律的强制性规定，有关政府部门对此也未提出过不同意见，应当认定合同有效，双方当事人必须予以全面及适当履行。合同期满前，被告具体负责内外事务的聘任经理于2002年8月28日在原告事先写好的合同延

---

① 瑞金市亨杰矿产品有限公司与黄小刚萤矿开采承包合同纠纷再审上诉案（江西省赣州市中级人民法院（2006）赣中民再终字第10号，2006年5月31日）。

期申请上签名同意延期一年,并且加盖了被告的印章,事后也实际收取了原告的三次上缴的利润,应当认定为该行为具有约束力,被告应当依约履行,被告以法定代表人不知道为由而拒绝承认合同延期申请的效力没有事实和法律依据,法院不予确认。被告于2002年12月15日之后停止向原告供应炸药,导致原告不能正常作业的行为是不对的,应承担相应的责任。原、被告之间的合同应当继续履行,原告要求被告赔偿38万元经济损失的请求因证据不足,本院不能支持,原告要求归还113张计999.26吨的结账单的请求合理合法,本院予以支持,据此,根据《合同法》第107条之规定,判决:(1)原告黄某与被告某矿产品公司之间签订的《某坑口萤矿第二竖井萤矿开采承包合同》及《合同延期申请》均合法有效,双方当事人应当继续履行,履行期自本判决生效后第10日起至8个月18天止。(2)被告某矿产品公司应当将所扣留的原告113张计999.26吨原矿的结帐单归还原告黄某用于结账。(3)驳回原告的其他诉讼请求。

二审判决所认定的事实与一审相符,二审判决为:驳回上诉,维持原判。

本案发回原审某市人民法院重审后,原审原告提出《某坑口萤矿第二竖井萤矿开采承包合同》及《合同延期申请》合法有效,对于如果合同无效是否提出赔偿请求,要等法院最终判决后再另行主张。

原审法院经重原审认定的事实与原一、二审相同。并查明原一、二审判决后,原审被告已退回113张计999.26吨原矿的货款结账单给原审原告。对于原一审判决第一项未履行。

重审时原审原告及被告对该案的法律适用有争议。

原审人民法院经重审认为:根据国务院《探矿权采矿权转让管理办法》第3条第2项的规定"已经取得采矿权的矿山企业,因企业合并、分立,与他人合资、合作经营,或者因企业资产出售以及有其他变更企业资产产权的情形,需要变更采矿权主体的,经依法批准,可以将采矿权转让给他人采矿。"第15条规定:"违反本办法第三条第(二)项规定,以承包等方式擅自将采矿权转让给他人进行采矿的,由县级以上人民政府负责地质矿产管理工作的部门按照国务院地质矿产主管部门规定的权限,责令改正,没收非法所得,处10万元以下的罚款。"从本条的规定中可以看出:是对于"变更企业资产产权"及"变更采矿权主体",须经依法批准。在第15条是针对具备上述两种条件的情形,对已经取得采矿权的矿山企业为规避批准,以承包等方式擅自将采矿权转给他人进行采矿的行为,而且是对转让企业进行行政性的处罚。原审被告是已经取得采矿权的矿山企业,但在《承包合同》中没有规定原审被告将企业资产产权变更给原审原告的行为。对于原审被告代理人提出:合同中第3条“按实际生产吨量计算乙方向甲方缴交纯利润人民币11元/吨,其他的一切支出均由乙方负担”可以推论原审原告拥有了所生产萤矿石的所有权;第4条“外销运输由乙方负责,过磅单由甲方收集保管”;由此可以推出矿产资源的所有权发生了转移。法院认为:《承包合同》第5条第3项规定:“乙方不得损害甲方矿点所有权益”;第7条“合同期满后,井架、竖井、平洞全部归甲方所有。”说明原审原、被告未发生资产所有权变更。

根据《矿产资源法实施细则》对于《矿产资源法》中“采矿权”的解释,“是指在依法取得采矿许可证的范围内,开采矿产资源和获得所开采的矿产品的权利。取得采矿许可证的单位或者个人为采矿权人。取得采矿许可证,即取得采矿权。”在合同中原审原告始终未取得采矿许可证,在承包期间采矿许可证始终在原审被告手中,并没有发生转移。《合同法》有关规定是鼓励交易,维护诚信。如果合同违反的禁止规定只是针对当事人一方作为纪律性条款规定的,不属于效力性规定,违反规定一方依法承担相应的法律责任,而另一方当事人不需要负法律责任,当然作为双方行为的合同效力不因此受到影响。所以原审被告是否受到有关行政部门的处罚不影响《承包合同》的效力。

对于原审被告及代理人提出的:延期合同申请只是合同意向书,而不是真正的合同,郭某没有公司授权。本案经一、二审查明:郭某是原审被告公司经理,于2002年8月28日在原审原告的《合同延期申请》上签名同意延期一年,并加盖了被告的印章。原审被告于2002年9月30日、11月11日、12月4日共三次收取了原审原告交纳的利润。法院认为,郭某的行为属于职务行为,即使郭某未得到原审被告的同意,但相对人原审原告有理由相信行为人有代理权,该代理行为有效。所以应视为原审原告与原审被告之间承包合同的延续。

综上所述,原审原告与原审被告所签订的《某坑口萤矿第二号竖井萤矿开采承包合同》及《合同延期申请》合法有效。为此根据《合同法》第49条、107条之规定,经重审人民法院审判委员会讨论决定,判决如下:(1)原审原告黄某与原审被告某矿产品公司之间签订的《某坑口萤矿第二号竖井萤矿开采承包合同》及《合同延期申请》均合法有效,双方当事人应当继续履行,履行期限自本判决生效后第10日起至8个月18天止。(2)驳回原审原告的其他诉讼请求。一审、二审诉讼费用7100元由原审被告承担。

宣判后,某矿产品公司仍不服,提起上诉,其主要上诉理由是:郭某只是公司的一个普通职员,称其为经理是为了方便业务,公司并没有授权其签订合同。炸药供应是公安部门的权力,整改停产是市安全生产监督局下文实施的,上诉人没有权利去停止被上诉人的生产；双方争议的是产品资源所有权；原判适用法律错误，要求撤销原判，改判合同无效。

被上诉人黄某对原审判决无异议，要求维持原判。

再审二审审理期间，上诉人与被上诉人均未提交新的证据，认定的事实与原审相符。

再审二审法院认为：合同的生效条件为，行为人具有相应的民事行为能力；意思表示真实；不违反法律和社会公共利益。上诉人与被上诉人于2000年9月3日订立的《某坑口萤矿第二号竖井萤矿开采承包合同》，由上诉人的法定代表人李某及其委托代理人郭某、被上诉人协商一致后签名，并加盖了上诉人单位公章，该合同到期前，被上诉人向上诉人提交了《合同延期申请》一份，后上诉人聘请的负责该公司内外事务的经理郭某在该申请上注明同意申请延期一年，并加盖了上诉人单位公章，故上述两合同均符合合同生效的前两要件。诉讼中，双方争议的是上述两合同是否符合合同生效的第三要件，即是否违反法律、行政法规的强制性规定。双方所订立的合同是承包合同，所谓承包，是指生产经营管理的一种方式，承包人对承包的标的物一般无所有权，因此，从双方订立的合同的形式来看不具有转让矿产资源所有权或采矿权，被上诉人只是以上诉人名义从事矿产品开采的生产经营。从双方所订立合同的内容实际履行的情况来看，被上诉人生产出的产品须按上诉人的计划调运凭证装车调运，产品的过磅单，货款的结算均由上诉人负责，故被上诉人对其开采的萤矿并未取得所有权；而且合同还约定期满后，被上诉人所建的井架、竖井、平洞和尚未开采的矿产资源全部归上诉人所有，上诉人以矿产资源已转让给被上诉人，合同违反了有关行政法规的规定的上诉理由不能成立，法院不予支持。据此，依照《民事诉讼法》第153条第1款第1项之规定，判决如下：驳回上诉，维持原判。

【律师评析】

本案主要涉及对于合法开采承包的界定问题。

一、现行法律关于采矿权承包的规定

我国现行矿业法律、法规对于采矿权承包并没有明确作出界定，甚而有相互矛盾之处。

国土资源部《矿业权出让转让管理暂行规定》第38条规定："采矿权人不得将采矿权以承包等方式转给他人开采经营。"第62条规定："矿业权出租方违反本规

定的，矿业权人将矿业权承包给他人开采、经营的，由登记管理机关按照《探矿权采矿权转让管理办法》第十五条的规定予以处罚。”该暂行规定第 68 条且明确规定：“《探矿权采矿权转让管理办法》颁布前已经签订承包合同的矿山企业，应于 2001 年 6 月 30 日前，按本规定关于矿业权出租管理的规定，补办有关手续。逾期不办的，按本规定第六十二条处理。”这是自《矿产资源法》修订和国务院颁布《探矿权采矿权转让管理办法》后，国土资源部第一次以部门规章形式明确禁止承包经营采矿权的规定。随后，国务院办公厅《关于进一步做好关闭整顿小煤矿和煤矿安全生产工作的通知》（国办法〔2001〕68 号）亦规定：“严禁采矿权人以承包、转包和租赁等方式，将部分和全部采矿权转给他人开采。对已有的以承包、转包等方式开采矿产资源的，要认真清理，并依法严肃处理。”据此，许多人认为，我国法律禁止任何形式上的采矿权承包。

但 2002 年 6 月发布的《安全生产法》第 41 条规定：“生产经营单位不得将生产经营项目、场所、设备发包或者出租给不具备安全生产条件或者相应资质的单位或者个人”。国务院办公厅《关于进一步加强煤矿安全生产工作的通知》（国办发〔2003〕58 号）又规定：“必须认真贯彻落实《安全生产法》关于生产经营单位安全保障的各项制度和规定，在煤矿改制以及承包、租赁合同中必须明确安全生产职责。”由这些规定的字里行间可见，包括矿产资源开发企业在内的企业，似乎有选择采取承包经营或者租赁经营的方式，将其生产经营项目（应包括矿业权）发包或者出租给具备安全生产条件或者相应资质的单位或个人。据此推断，煤矿企业在一定的条件下是可以承包经营的。国务院于 2005 年 9 月 3 日颁布的《关于预防煤矿生产安全事故的特别规定》承认了煤矿采矿权承包的有效性。其第 8 条规定：“煤矿有下列重大安全生产隐患和行为的，应当立即停止生产，排除隐患……（十三）煤矿实行整体承包生产经营后，未重新取得安全生产许可证和煤炭生产许可证从事生产的，或者承包方再次转包的，以及煤矿将井下采掘工作面和井巷维修作业进行劳务承包的。”此处明确规定了煤矿整体承包后重新取得安全生产许可证和煤炭生产许可证的，即为合法承包。而整体承包经营则包括“采矿权”的承包经营。除此之外，如承包方再次转包或者是将煤矿井下采掘工作和井巷维修工作进行劳务性承包，都是法律所禁止的行为，必须立即停止生产。

二、矿山企业承包经营与采矿权承包

可以说，对于采矿权承包的效力产生分歧源于对企业承包经营及采矿权承包两者概念的模糊认识。国务院于 1988 年颁布的《全民所有制工业企业承包经营责任制暂行条例》规定：承包经营，是指在保证企业的所有制性质不变的基础上，按照所有权与经营权分立的原则，通过订立合同确定财产所有者与承包方的责任权利关系，使企业自主经营、自负盈亏的经营方式。由此可以看出，承包经营法律关系的主体是企业所有者和承包人，客体是被承包的企业，在当前大量的企业承包经营合同中，发包人只能是企业的投资人或股东，而不是企业本身，因为企业就是承包合同的标的。《探矿权采矿权转让管理办法》"以承包等方式擅自将采矿权转给他人进行开采"以及《矿业权出让转让管理暂行规定》"采矿权人不得将采矿权以承包等方式转给他人开采、经营"的规定中，采矿权承包的发包方是采矿权人，承包的标的是采矿权。从以上规定可见，矿山企业承包仅是经营管理方式的变更，企业的法律地位没有变、采矿权主体没有变，承包人以矿山企业的名义利用企业的开采条件经营，以企业名义缴纳税费，对外仍由企业承担民事责任，而采矿权承包则可能涉及采矿权的转让、采矿主体的变更。

目前，法学界普遍认为，按照传统民法理论分析，矿山企业承包合同只要不违反《合同法》等法律及行政法规的规定，就不能以采矿权承包为由认定合同无效。但是在具体认定此类合同效力时应注意以下两点：一是证照齐全的矿山企业与对方通过签订"承包合同"的名义，名为收取承包金，实为对价将矿山企业资产全部或部分转移给"承包人"的，应视为名为承包实为转让采矿权，如未经批准，合同应未生效；二是认定承包合同是否有效还应审查采矿权证的期间，对于超过采矿许可证期限的部分不应予以支持。超期后又办理延续手续的予以支持，超期后未续办的则属于无证开采，发包人索要超期部分承包金的，应不予支持。

三、对以承包等方式擅自转让采矿权的甄别

（一）以承包之名行转让采矿权之实的主要表现

以承包之名行转让采矿权之实通常表现为以下几种形式：采矿权人投资建矿后，不负责矿山的管理和生产经营，而是采取以包代管的形式，由承包人独自管理、组织生产经营、销售矿产品并承担法定义务，采矿权人只收取承包费或者分享矿山收益，承包人已实际成为采矿权主体的；采矿权人以聘请或劳务合同形式允许其他采矿者在自己的矿区范围内采矿，采矿权人既不投资，也不负责采矿活动中的各种风险，不履行采矿权人的法定义务，反而以低价收购矿石和分享利润的；承包期限明显超过采矿许可证的有效期限，并约定采矿权的延续费用由承包人负责，或者承包期限约定为永久，或者约定为直到矿产资源采完为止等。凡此种种，都属以承包之名行转让采矿权之实，应依法予以查处，严厉打击。

(二)甄别以承包方式变相转让矿业权的法理基础

就矿山企业而言,已取得采矿权的矿山企业,倘若雇佣包工队进入自己的矿区范围按照批准的矿产资源开发利用方案采矿,采出的矿产品由采矿权人(矿山企业)自行支配处置,只是按日、按月或按工作量付给包工队劳务费,这种承包是法律所允许的。倘若该矿山企业将自己采挖出来的矿产品承包给某一矿山企业或单位进行经营,以合同方式确定采矿权人与承包者之间的经济利益,这也是法律所允许的。由于这两种承包方式未发生采矿权主体变更和采矿权转让,均不属于"以承包等方式擅自将采矿权转给他人进行采矿的"的情形。

然而,这两种承包经营方式仅仅适用于体现企业所有权与经营权相分离原则的规定情形和范围之内,并不能将其无限制地任意扩大,更不能将其推广到对矿山企业已取得的采矿权本身的承包经营上。这是因为:采矿权是指在依法取得的采矿许可证规定的范围内,开采矿产资源和获得所开采的矿产品的权利。这种权利是在矿产资源国家所有权基础上设置的、从所有权派生出来的、具有排他性的矿产资源使用权,它所体现的原则是矿产资源国家所有权与采矿权人占有使用权相分离,而非企业所有权与经营权相分离。采矿权是受有限时空约定限制的用益物权,是受法律保护的财产权,既不是体现"所有权和经营权分离"的经营权,也不是体现市场准入资格的经营权。采矿权适用于不动产法律的调整和规范。已经依法取得的采矿权,除符合法定转让条件(指《矿产资源法》第6条第1款第2项和《探矿权采矿权转让管理办法》第3条第2项的规定)外,不得转让;即使依法可以转让的,也须依法履行申请、受理、审查等法定程序,经法定审批管理机关批准,并办理转让变更登记手续。这体现了动产交易以给付为要件、不动产交易以登记为要件的产权交易的一般原则。缺少上述任何一道法定程序,采矿权转让都是无效的。明晰上述法条法理,就可以有理有据地鉴别和判定:凡是以矿山企业承包经营为名行转让采矿权之实的,正是属于"以承包等方式擅自将采矿权转给他人进行采矿"的情形,依法应予以行政处罚的违法转让行为。

四、采矿权承包经营效力的适法性审查

《探矿权采矿权转让管理办法》第15条规定:"违反本办法第三条第(二)项的规定,以承包等方式擅自将采矿权转给他人进行采矿的……责令改正,没收违法所得,处10万元以下的罚款;情节严重的,由原发证机关吊销采矿许可证。"因为承包可能使"矿业权变相转让",不利于国家对矿业权秩序的监管,故就立法层面而言,矿业权承包的合法性空间极其有限。

一般而言,矿业权承包可合法存续的底线应当是不构成“变相的矿业权转让”。对此,有观点认为,在司法实务中审查矿业权承包合同的效力应当考虑下列因素:一是承包合同的主要内容应是采矿任务的承包,而不是采矿权的承包。二是承包人对矿产品不得享有所有权及处分权。承包人获取合法利益的法律基础是劳务收益,而不得从对矿产品的占有、处分中直接获得收益。三是发包人不得脱离对矿山企业的日常管理。在采矿任务承包期间,发包人在法律上仍然是矿山企业的安全生产责任主体,其不得在收取承包费后即放弃对矿山企业的管理义务。四是有关矿产品的生产、经营、销售、调运、过磅、货款结算等均需以发包人的名义进行并在实际上受发包人控制,不得以承包人名义直接实施上述各行为。五是不得给承包人授予对矿业权的再处分权。如转包、分包、转让、抵押、合伙、合股、转投资等。六是不得将被承包矿山企业的法定代表人一职授予承包人担任。因为这将造成发包人与承包人主体资格的实质性混同,违反了承包法律关系的基本原理。七是不得将承包期限设定为永久性。应当参照租赁合同的规定,承包期限最长不得超过 20 年。承包期限应该是确定的,承包期限一般应短于采矿许可证的有效期限,不得约定采矿权延续费用由承包人负责同时由其办理延续手续;承包期限也不得约定不明确,如约定为直到矿石采完。一般而言,承包期应根据矿山规模而定,最长不得超过矿山开采利用方案的期限。八是不得授权承包人对矿山企业的原股权结构享有直接进行变更登记的权利。凡违反上述八项承包法律规则中的一项或多项,即可判定该承包合同有变相转让采矿权之嫌疑。[①] 笔者认为,该观点具有权威性,可参照适用。

正确理解《探矿权采矿权转让管理办法》第 15 条的规定,认定采矿权承包合同的效力,首先,要考虑前述提到的八个因素;其次,区分该合同是变相转让采矿权的承包、经营性承包,还是劳务性承包;最后,根据不同的法律依据得出结论。还应当需要注意的是,不能简单地把名称为“采矿承包合同”的“承包”与“以承包等方式将采矿权转给他人开采经营”的“承包”完全混同。即不能仅以当事人签订合同的名称作为判断合同性质的唯一依据。判断民事法律行为的性质不能简单地只看名称,而应当按照实质重于形式的方法来定性,根据合同所约定的内容全面分析当事人之间的权利与义务,进而把握该民事法律行为的本质属性,从而作出正确的判断。以“承包”方式进行矿业权投资存在着严重的法律风险,对此应当采取极其慎

---

① 师安宁:《破解矿业权承包“变脸”迷局》,载北大法律信息网:http://www.jindaolaw.com/Nine/2174.html。

重的决策态度，并在发生纠纷后应及时取得专业人士的法律帮助。

五、关于本案的处理问题

本案中，黄某与某矿产品公司所订立的合同虽然名为承包合同，但该承包合同并没有触及采矿权承包合法存续的底线，即并不构成“变相的矿业权转让”。从双方订立合同的形式来看不具有转让矿产资源所有权或采矿权的内容，黄某只是以某矿产品公司的名义从事矿产品开采的生产经营。从双方所订立合同的内容实际履行的情况来看，黄某生产出的产品须按某矿产品公司的计划调运凭证装车调运，产品的过磅单、货款的结算均由某矿产品公司负责，故黄某对其开采的萤矿并未取得所有权；而且合同还约定期满后，黄某所建造的井架、竖井、平洞和尚未开采的矿产资源全部归某矿产品公司所有。因此，本案所涉合同并没有违反法律和行政法规强制性规范中的效力性规定，合法有效，当事人应当继续予以履行。

11. 承包合同约定的采矿量超过采矿许可证核定标准时如何处理？

——龙某与某矿业公司、麻某企业承包合同纠纷上诉案①

【案情介绍】

上诉人（原审被告、反诉原告）：龙某。

被上诉人（原审原告、反诉被告）：某矿业公司。

原审被告：麻某。

2003 年 7 月 16 日，某矿业公司法定代表人彭某与麻某签订《承包掘进采矿合同书》。约定将某矿业公司下属的锰矿矿洞承包给麻某开采，承包期限为：2003 年 7 月 16 日至 2006 年 7 月 16 日。同年 7 月 23 日，麻某与龙某签订了《承包掘进采矿合同转让协议》，约定麻某将前述《承包掘进采矿合同》全部转让给龙某，由龙某履行合同全部职责和义务。协议约定：转让期限从 2003 年 7 月 16 日起至 2006 年 7 月 16 日止，由龙某每年付给麻某转让费 24.4 万元。彭某对转让协议予以认可，并在转让协议上签了名，同时到县公证处对协议进行了公证。此后，龙某即组织施工人员进入该矿山进行开采生产。从 2003 年 4 月 25 日至 2005 年 7 月 3 日，龙某共采出矿石 45,686.29 吨。而该锰矿采矿权证所载明的年采矿量为 3 万吨。

---

① 龙宗海与花垣县峰云矿业有限责任公司、麻武继企业承包合同纠纷上诉案（湖南省湘西土家族苗族自治州中级人民法院（2006）州民二终字第 2 号，2006 年 3 月 27 日）。

之后，某矿业公司认为龙某未按照合同约定完成生产任务，提起诉讼要求解除开采承包合同及开采转让合同，并赔偿经济损失60万余元。龙某则提出反诉，认为是某矿业公司和麻某存在拖延支付费用、未尽到协助义务等违约情形，要求赔偿经济损失122.2万元。

【法院审判】

一审法院认为，双方签订的采矿转让协议合法有效，但被告不能完成合同约定的采矿量，违反了合同的约定。据此，判决：(1)解除2003年7月16日麻某与某矿业公司签订的《承包掘进采矿合同》和2003年7月23日麻某与龙某签订的《承包掘进采矿合同转让协议》；(2)限龙某在本判决生效后10日内撤出其在某矿业公司锰矿矿洞内的采矿设备；(3)驳回某矿业公司的其他诉讼请求；(4)驳回龙某的反诉请求。案件受理费31,410元，先予执行费2600元，其他诉讼费1000元，反诉案件受理费16,120元，共计51,130元，由某矿业公司承担1.4万元，由龙某承担37,130元。

判决后，原审被告（反诉原告）龙某不服，以"一审法院认定某矿业公司没有违约与事实不符，是错误认定。某矿业公司违约就应承担违约责任。我方没有违约，一审判决违约是错误的，违背了以事实为依据，以法律为准绳的原则，偏袒某矿业公司，执法不公。请求二审法院依法撤销原判，予以改判"为由，提起上诉。被上诉人未作答辩。

二审法院经审理查明，2003年7月16日，某矿业公司董事长彭某与麻某签订了一份《承包掘进采矿合同》，同年7月23日，麻某与龙某签订了一份《承包掘进采矿合同转让协议》，约定将麻某与彭某签订的《承包掘进采矿合同》转让给龙某，由龙某履行合同权利和义务。彭某对转让协议予以认可，并在转让协议上签了名。且经县公证处对协议进行了公证。《承包掘进采矿合同》约定承包期限为：2003年7月16日至2006年7月16日。承包价格为：矿石品位必须达到19.5个品位以上，价格按每吨矿石46元计算，若品位在19.5个品位之下，18个品位以上，则以19.5个品位为基数，每低0.1个品位，每吨矿石价减少1元。矿石在18个品位和低于18个品位的，甲方有权拒付承包款。合同履行期满一年后，若采矿价格发生较大变化，双方根据采矿价格变化随行就市，另行协商承包价格。在采矿中如遇断层、断矿层在一米以下，按掘进进尺550元/米计算。乙方第一年应完成采矿任务6万吨，每月完成0.5万吨，以后每年完成8万吨，每月完成0.67万吨。在承包期内超额完成生产任务，按超产部分每吨奖承包方2元，未完成生产任务部分每吨罚2元。合同第

6条约定，乙方垫付头个月的承包费，其他月的承包费本月底结账，于下月10日前付清，年底甲方付清乙方的垫付款及承包费。第7条约定，乙方要确保甲方采矿目标的实现，保质保量完成生产任务。第10条、11条约定，甲方必须为乙方提供多方面服务，并协助解决各种实际问题，乙方有义务为甲方协调周边关系，确保生产正常进行。第12条约定，电力线路的改造以及尚未完善，配套技改等项工程由甲方负责。第13条约定，乙方应按甲方提供的开采方案进行承包开采。第14条约定，甲方按期向乙方支付承包费，不得因资金不足和经营活动影响乙方完成生产目标，承包费也可用矿石计价抵付。第16条约定，合同履行期满后，若乙方在合同履行期内未违约，甲方继续承包，在同等条件下优先承包给乙方。第17条约定，如乙方违约，造成甲方经济损失，由乙方负责赔偿，甲方同时有权解除承包合同，乙方必须无条件服从。如甲方违约，造成乙方经济损失，则由甲方负责赔偿。第18条约定，因重大政策变化和外界不可抗拒因素，双方共同协商解决。2003年8月9日，某矿业公司法定代表人彭某与石某签订了《斜井进尺承包掘进协议书》约定甲方将锰矿斜井进尺承包给乙方掘进，石某即组织人员开展掘进作业，2003年农历12月24日见矿后，龙某即组织人员进行采矿作业。从2003年7月23日合同签订之日起至2005年7月20日双方发生纠纷提起诉讼止，近两年承包生产期内，由于多种原因造成龙某不能正常生产。其中，因龙某自身原因（采矿发生伤亡事故）被县安委指令停产整顿2个月11天。因某矿业公司原因：一是因石某打进尺有4个月时间，龙某不能采矿；二是因某矿业公司管理人员与他人发生纠纷，打伤石某导致其父对采矿生产进行阻挠，以致17天不能正常生产，打伤田某和遭到部分村民堵路，造成矿洞20多天不能正常生产；三是某矿业公司矿洞与东锰二工区等矿洞多处相近，存在重大安全隐患，且非法使用女工下井作业，被县安管局下令停产整顿20天；四是因某矿业公司矿洞发生“2.24”死亡事故，被县安管局下令停产整顿20天。以上因某矿业公司原因造成不能正常生产计6个多月。另因某矿业公司未按合同约定及时安装矿洞生产所需变压器，未提供开采方案，以及未按合同约定及时支付承包费，对采矿生产也造成了一些不利影响，在龙某承包开采期间，某矿业公司还将矿洞承包给另外10多个机组进行采矿作业至今，严重影响了龙某的采矿作业。某矿业公司于2005年7月20日以龙某未能完成合同约定的采矿量为由，单方终止合同，提起诉讼，致使采矿生产停产至今。因不能归责于双方当事人的原因，由政府职能部门下达停产整顿指令以及春节封洞计2个月15天。龙某与某矿业公司签订的承包合同时间为3年，减去龙某已经履行完毕的时间和龙某自己造成不能生产的时间，剩下的时间为某矿业公司所致停产的时间6个月17天，加上单方解除合同停产至今的时间和未到期的时间，尚有1年6个多月的期限未履行。龙某从2003年7月23日合同签订之日起至2005年7月20日止，在此期间，共采出矿石45,686.29吨，某矿业公司均按19.5个品位予以计价结算。另查明，某矿业公司的采矿权证所载明的年采矿量为3万吨。

二审法院认为，某矿业公司与麻某签订的《承包掘进采矿合同》，麻某与龙某经彭某同意而签订的《承包掘出采矿合同转让协议》，经县公证处进行了公证，该两份合同均合法有效。但合同中对年采矿量约定为第1年6万吨，第2、3年分别为8万吨，因某矿业公司的采矿许可证限定的年采矿量为3万吨，该约定突破了国家主管部门核定批准的采矿量，为无效条款，该条款对双方当事人均无约束力。因为《矿产资源法实施细则》第13条明确规定，申请开办集体所有制矿山企业，应具备符合国家规定的矿山设计或者开采方案；第29条规定，单位开采矿产资源前应委托有相应矿山设计证书的单位进行可行性研究和设计。矿山设计必须按照国家有关规定审批，未经审批的不得施工。可见矿山设计，开采方案中就包含了对年开采量的限定，要突破开采设计方案中的年开采量，就必须重新设计，并按国家规定报批，未经批准开采就属于违法开采。上诉人龙某在上诉中提出"本人没有违约，而违约的是某矿业公司，至于合同约定的6万吨、8万吨采矿量未能完成是事实，但该约定不合法。在承包期内某矿业公司将矿洞又承包给其他十多个机组开采，公司管理人员打伤他人造成村民阻止采矿，以及矿洞发生死亡事故，被政府职能部门指令停产整顿，某矿业公司不按合同约定及时支付承包费和安装变压器造成开采资金困难，影响正常生产和开采等，大量事实证明是某矿业公司违约，故应由某矿业公司承担违约责任。"上诉人提出的以上理由，经二审庭审调查核实，上诉人提出的该上诉理由与客观事实相符，本院予以确认采纳。被上诉人答辩称"上诉人不能完成合同约定的采矿任务是严重违约"。从表面上来看，上诉人确实未能完成合同约定的采矿量，但由于合同约定的该条款，违背了国家主管部门颁发给其的采矿许可证限定的年采矿量3万吨的定量，故该款属无效条款，且通过二审庭审，上诉人列举了大量被上诉人违约造成其多次停产无法正常开采的事实和证据，证明无法完成采矿任务是因被上诉人自己原因而造成的，而被上诉人又提交不出扎实的反驳证据，证明不是自己原因造成的，而是上诉人原因造成的，故被上诉人的辩解理由不能成立。被上诉人答辩称"被上诉人将部分采矿面又承包给他人，是造成上诉人不能完成采矿量的理由不能成立；被上诉人未按合同约定结账支付承包费造成无法正常生产理由不能成立；上诉人采出的矿石品位只有18.2个，未达到合同约定的品位系违约；被上诉人解除合同合法。"被上诉人以上答辩理由，经核实与事实不符，均不能成立。因为被上诉人已将矿洞承包给了上诉人,在上诉人承包期内,未经承包人同意,擅自又将矿洞的矿石开采分别承包给十多个机组开采,这显然是一种违约行为,且严重影响了上诉人的采矿作业。被上诉人未按合同约定结算支付承包费,也是一种违约行为,造成上诉人开采资金困难,对完成采矿任务带来不利影响。至于被上诉人称上诉人采出的矿石品位为18.2,未达到合同约定。对于该采出的矿石品位到底是多少,现只有被上诉人自称自己化验的品位,该化验品位并未经上诉人确认,也未有化验封存的样品,又没有其他相应的证据佐证,且上诉人所采出的矿石全部交付给了被上诉人,双方均按19.5个品位予以了结算。故该辩解不能成立。因此,被上诉人在没有充足的证据证实上诉人违约的情况下,单方解除承包合同,显然是不合法的,是严重的违约行为。对此,被上诉人应承担违约责任。合同所约定的年采矿量超过了采矿许可证核定的年采矿量,是违法的,但当事人双方均在协议中签了字,双方都存在缔约过失,均应当承担相应的缔约过失责任,由此所造成的经济损失,不只是被上诉人要承担责任,上诉人也应承担相应的责任。至于上诉人在反诉中要求被上诉人赔偿经济损失122.2万元,理由不充分,虽然被上诉人在本合同履行过程中过错责任明显要大于上诉人,应由其承担主要责任,但上诉人也应对缔约过失承担一定的责任。因此,只能酌情给予补偿。由于该违法约定的条款属本合同的主要条款,不宜继续履行该合同,且双方当事人已实际终止该合同的履行。原判认定事实有误,适用法律错误,判决不当。据此,依照《合同法》第44条第1款、56条、60条第1款、120条,《矿产资源法实施细则》第13条第1款第1项、29条第1款、3款,《民事诉讼法》第153条第2项、3项之规定,判决如下:

1. 撤销某县人民法院(2005)某民初字第179号民事判决的第4项,即驳回龙某的反诉请求;

2. 维持某县人民法院(2005)某民初字第179号民事判决的第1项、2项、3项,即第1项解除2003年7月16日麻某与某矿业公司法定代表人彭某签订的《承包掘进采矿合同》和2003年7月23日麻某与龙某签订的《承包掘进采矿合同转让协议》,终止某矿业公司与龙某的承包关系。第2项即限龙某在本判决生效后10日内撤出其在某矿业公司锰矿矿洞内的采矿设备。第3项即驳回某矿业公司的其他诉讼请求;

3. 某矿业公司赔偿龙某经济损失人民币18万元。

【律师评析】

本案主要涉及合同约定采矿量超过采矿许可证核定标准时的处理问题。

一、采矿量、矿山生产能力及其主要影响因素

采矿量是指从采场工作爆破（或冲采、挖掘）下来的包括不能分采而连带崩落的围岩（或表土）在内的矿石量。它是计算采矿效率、贫化率、回采率、采掘（剥）比、采矿单位成本等指标的基础。采矿量包括坑内采矿量和露天采矿量。坑内开采采矿量由矿房采矿量、矿柱采矿量、切割采矿量、残矿采矿量四部分组成。露天采矿量由砂矿采矿量、脉矿采矿量和复回采矿量三部分组成。采矿量应按干量（扣除水分后）计算，一般按照实测体积乘以矿石密度求得。根据计算指标的需要，采矿量的计算单位分别以"t"或"m^3"表示。

矿山企业的生产能力（亦称生产规模），是指矿山企业在现有的生产技术组织条件下，正常生产时期单位时间内能够采出的矿石量。一般以年采出矿石量计算，又称为矿山企业年产量。如果矿山企业是由采选联合企业构成的，也可用企业年生产精矿量表示矿山企业生产能力；如果是采选冶联合企业，也可用年生产的金属量表示矿山企业生产能力。矿山企业生产能力是矿山企业的一项重要生产指标，是反映矿山生产规模大小的重要标志，是矿山建设中首先要解决的重要问题。矿山企业生产能力是确定矿山产量计划和矿山技术改造的科学依据。它决定于矿山企业的基建工程量、主要生产设备的类型、构筑物和其他建筑物的规模和类型、辅助车间和选冶车间的规模、职工人数等，从而影响基本建设投资和投资效益、企业的产品成本和生产经营效益。矿山企业的生产能力不是由某一个主要生产环节的生产能力所确定的，它是矿山企业生产过程的各个环节——采掘、运输、提升、排水、通风、选矿……等生产能力综合平衡以后而确定的。因而，矿山企业的生产能力是一个综合能力。

矿山企业的生产能力有设计能力和查定（核定）能力之分。《煤矿生产能力管理办法》（发改运行〔2006〕819 号）第 4 条规定："煤矿生产能力分为设计生产能力和核定生产能力。设计生产能力是指由依法批准的煤矿设计所确定、施工单位据以建设竣工，并经验收合格，最终由煤炭生产许可证颁发管理机关审查确认，在煤炭生产许可证上予以登记的生产能力。核定生产能力是指已依法取得煤炭生产许可证的煤矿，因地质和生产技术条件发生变化，致使煤炭生产许可证原登记的生产能力不符合实际，按照本办法规定经重新核实，最终由煤炭生产许可证颁发管理机关审查确认，在煤炭生产许可证上予以变更登记的生产能力。"第 5 条第 1 款规定："煤炭生产许可证颁发管理机关审查确认，在煤炭生产许可证上登记的生产能力（以下统称登记生产能力），是煤矿年度煤炭产量的最大值。"设计能力是矿山设计

文件中规定的生产能力,查定能力是矿山投产后,对各环节能力按实际情况进行查定所得到的生产能力。它们的作用是不同的,矿山设计能力是在设计时用来确定矿山服务年限和选择设备。它是一个固定值,凡经国家批准的设计文件,设计能力就不再改变。当矿山达到日设计能力以后,随着各种生产条件的变化,尤其是生产环节经过技术改造后,原设计能力就不能作为制定产量计划的依据,而要根据变化后的各环节能力确定矿山综合生产能力即查定能力,以此作为制定产量计划和进一步技术改造的依据。矿山投产以后,达到设计能力是矿山生产的奋斗目标,应力求尽快地达到设计能力。矿山年产量和矿山生产规模在数量上的意义是相同的,但往往矿山的年产量与设计的生产规模不一致,则可将矿山年产量理解为实际指标,矿山生产规模理解为设计指标。如果采矿权人变更生产规模,需要提出申请并经审查符合要求的,准予变更登记。变更生产规模的,还应当按照核定生产规模的开采设计重新编制开发利用方案。

一般而言,确定矿山生产能力的主要影响因素有以下几方面:(1)市场需求因素。包括国民经济和社会需要,产品市场范围、容量和销售条件,国内外的市场状况等。(2)矿床地质条件和开采技术条件。这些条件决定着所采用的采矿方法及矿块(段)的生产能力。(3)矿床的勘探程度和资源储量。确定矿山企业生产能力,必须建立在可靠的地质勘查资料和有足够的规定级别的资源储量的基础上。(4)工艺技术和装备水平。必须充分考虑科技进步因素,在其他条件基本相同时,不同工艺技术可能得到不同的规模。同时要考虑生产的可能条件,包括企业素质与规模、技术、装备的适用性。(5)外部建设条件。包括材料供应、供电、供水、交通运输等供给条件以及环境生态的承受能力。当资源储量一定时,矿山生产能力与矿山服务年限成反比。矿山生产能力大,则矿山服务年限短;反之,则矿山服务年限长。

二、强制性规范遵循法定优于约定的法律原则

公法和私法两种因素是现代社会法律制度的基本结构。私法的实质是保障合法权利的问题,公法的实质是正确运用权力(准确地说是公权力即立法权、行政权、司法权)的问题。换言之,是关于“民本位”和“官本位”的关系的问题。形成社会主义市场经济法律体系,既要有私法,又要有公法,而且可以说直接调整经济关系的法律体系是以私法为基础,以公法为主导的,许多经济法律正是公法因素与私法因素的结合体。国家调控市场、市场引导企业、企业自主经营,从法律角度上考察,正是公法、私法两种因素分别作用和综合作用的结果。所以,建立社会主义市场经济法律制度,必须承认公法、私法的区别并正确划分它们的界限。有的学者将问题提

得更加尖锐，认为："建立社会主义市场经济法律制度，要求以承认公法与私法的区分并真正确划分公法与私法为前提。"①的确，政府机关的职能和行为的规范化，企业（公司）的组织和行为的规范化，莫不与法律的科学性相关。公法、私法的划分和组合是法律科学性的集中表现，应当成为一门高层次的管理科学。

公法中实行的是法定原则，代表国家的主体不得放弃权力，实质是国家公权力的问题。公法中行政权力不可放弃，行政相对人可以放弃。私法中既可实行法定原则，也可实行约定原则。强制性规范的特点是法定优于约定，体现了国家干预的立法态度。在强制性规范中，法定优于约定；而在任意性规范中，约定则大于法定。在私法关系中，强调主体的意思表示，减少国家干预。双方当事人都可以放弃自己的一切权利，但以不损害公共利益为限。20 世纪以来，合同自由开始受到多方面的限制，包括来自公法的限制以及来自私法本身的限制。因此，私法自治原则不是绝对的，民法所确认和保障的自由也不是不受限制的。以合同自由为例，在某种意义上讲，一部合同自由的历史，就是其如何受到限制，经由醇化，从而促进实现合同正义的记录。公法上的限制主要体现为出于推动特定公共政策实现的目的，对自由竞争进行的规制；私法上的限制主要体现为诚实信用和公序良俗原则限定了合同自由的外部边界。大量强制性规范的出现给原有的契约法体系带来巨大冲击。面对民法中的强制性规范，可以说，民法领域的这种转变绝非某种单一的社会因素所能导致的后果。强制性规范的增多是经济发展、政治制度、法律思想和市民观念等多个因素演变的综合产物，对此，必须从多个维度才能窥探出强制性规范背后的合理性依据、价值定位以及对整个社会秩序的潜在影响。

三、合同约定采矿量超出采矿许可证核定标准的部分无效

矿产资源开采关系到国民经济的命脉、市场经济的持续健康稳定发展以及环境的保护和资源的有效利用。国家对于矿产资源的开采设定了行政许可制度。矿产资源主管部门为依法享有采矿权的主体颁发采矿许可证。对矿产资源开采属于有限自然资源的开发利用，依据我国《行政许可法》的规定对矿产资源的开采应实施行政许可，依法取得采矿许可证的矿山企业及个人应当在采矿许可的范围内进行采矿，超出行政许可范围进行采矿属于违法行为。本案合同双方所约定的年开采量超出了采矿许可证核定的年开采量的范围，属于违反我国行政许可的行为。

① 王家福：《社会主义市场经济法律制度建设问题》，载《中共中央举办法律知识讲座纪实》，法律出版社 1995 年版，第 91 页。

我国《矿产资源法实施细则》第13条规定，申请开办集体所有制矿山企业，应具备符合国家规定的矿山设计或者开采方案；第29条规定，单位开采矿产资源前应委托有相应矿山设计证书的单位进行可行性研究和设计。矿山设计必须按照国家有关规定审批，未经审批的不得施工。可见矿山设计，开采方案中就包含了对年开采量的核定，要突破开采设计方案中的年开采量，就必须重新设计，并按国家规定报批，未经批准开采就属于违法开采。

《民法通则》第60条规定："民事行为部分无效，不影响其他部分的效力的，其他部分仍然有效。"《合同法》第56条规定："无效的合同或者被撤销的合同自始没有法律约束力，合同部分无效，不影响其他部分效力的，其他部分仍然有效。"如《担保法》关于"定金数额不得超过主合同标的额的百分之二十，超过的部分，人民法院不予支持"的规定。司法实践中，合同无效部分被确认无效后，有效部分继续有效的前提是有效部分能够独立存在，其与无效部分并无牵连关系，如果确认合同部分无效将影响有效部分的效力时，合同仍应当全部无效。合同的部分无效既有质的规定性也有量的规定性。所谓质的规定性是指合同内容是由各种不同的条款组成的，如当事人约定的法律适用条款违反了法律的规定，那么该法律适用条款无效、但其他条款仍然有效。量的规定性是指合同有一部分是在法律许可的范围之内的，可以将范围之外的部分确认为无效，如以上关于定金的约定。①

四、关于本案的处理问题

本案中，某矿业公司虽然以龙某"不能完成合同约定的采矿任务是严重违约"为由单方面解除合同，但这种解除显然是不合法的，因为双方在合同中所约定的年采矿量超过了采矿许可证所核准的年采矿量，对于超过部分的约定是无效的。由于该违法约定条款属于本案合同的主要条款，不具有相对的独立性，该条款致使该合同目的不能实现，且双方当事人已实际终止该合同的履行，因此，不宜继续履行合同。对于产生无效的结果，当事人双方都存在缔约过失，均应承担相应的缔约过失责任。结合本案具体情况，就龙某的经济损失而言，虽然某矿业公司在合同履行过程中的过错责任明显要大于龙某，应由其承担主要责任，但龙某也应当对缔约过失承担一定责任。因此，对于龙某的经济损失酌情给予补偿。

① 中国土地矿产法律事务中心、国土资源部土地争议调处事务中心编著：《土地矿产典型案例评析与法律实务操作指南》，中国法制出版社2012年版，第101~102页。

12. 村委会是否有权处分辖区内矿产资源?
——某公司与某村委矿山开采承包纠纷再审案①

【案情介绍】

再审申请人(原审原告):某村委。

再审被申请人(原审被告):某公司。

1997 年 4 月 1 日,某公司与某村委签订了两份《矿山开采承包合同》,约定由某村委将村西山上的两片“泰山红花岗石”矿山发包给某公司承包开采,承包期限为 8 年,年承包金 18 万元。合同订立后,某公司向市国土资源局领取了采矿许可证,后来又与市国土资源局签订了《采矿权出让合同》。后因其中一矿体无开采价值闭矿 3 年未开采,故某公司尚欠某村委承包金 43.4 万元未交。2001 年 10 月 20 日,某村委将某公司的矿山道路封堵到 2003 年 10 月,某公司被迫停产 2 年,造成某公司巨额经济损失。2001 年 11 月,某村委起诉某公司,要求某公司支付承包金 452,125 元。某公司应诉并以某村委堵路侵权为由,提起反诉,要求某村委赔偿经济损失 196.5 万元。

【法院审判】

一审法院认为,合同是当事人的真实意思表示,内容不违反法律和行政法规的强制性规定,认为合同有效;某村委堵路是为了保护其财产不受损害,其行为不构成侵权,并依此为由判决某公司支付承包金 425,041.66 元,驳回了某公司的反诉请求。

某公司不服一审判决提起上诉,二审以同样理由维持了原判,驳回了某公司的反诉请求。

某市中院于 2003 年 6 月 16 日进行再审,作出(2003)某民再字第 2 号民事判决,认为矿产资源属于国家所有,某村委无权发包,且堵路构成侵权,从而驳回了再审某村委对再审某公司的诉讼请求,一、二审诉讼费 78,140 由再审村委承担(反诉部分,再审公司放弃)。

再审某村委不服市中院再审判决,于 2003 年 11 月 12 日向省高院提出申诉,要求撤销市中院的再审判决,依法提审,维持一、二审判决。省高院经审理后认为,矿

---

① 宏光公司与大地村委矿山开采承包纠纷再审案。

产资源归国家所有，再审村委既不是矿产资源的所有权人，也不是采矿权人，再审村委无权发包，某市中院（2003）某民再初字第2号民事判决书认定《矿山开采承包合同》无效正确，且堵路构成侵权，遂于2005年4月6日以（2005）某民监字第118号通知书，驳回了某村委的申诉。

【律师评析】

本案主要涉及矿产资源所有权的主体问题。

一、矿产资源国家所有权的含义和特征

鉴于矿产资源在国民经济和社会发展中的特殊地位和重要作用，我国和世界上绝大多数国家一样，都以立法形式明确规定矿产资源属于国家所有。《宪法》、《民法通则》、《物权法》、《矿产资源法》等法律均规定，矿产资源（矿藏）属于国家所有。其中，《矿产资源法》第3条第1款明确规定："矿产资源属于国家所有，由国务院行使国家对矿产资源的所有权。地表或者地下的矿产资源的国家所有权，不因其所依附的土地的所有权或者使用权的不同而改变。"矿产资源国家所有权是国家对于矿产资源独占性的支配权，同其他所有权一样，具有绝对性、排他性和永续性。矿产资源国家所有权制度是我国国家财产所有权制度十分重要的组成部分。矿产资源国家所有的制度表明，我国实行矿产资源全民所有制形式，代表全体人民享有矿产资源所有权的是中华人民共和国，国家是矿产资源所有权的唯一合法主体。国家保障矿产资源的合理开发利用，禁止任何组织或者个人利用任何手段侵占、破坏矿产资源。

相对于其他所有权而言，矿产资源国家所有权具有以下法律特征：

第一，矿产资源国家所有权具有统一性和唯一性。其含义主要表现为：国家是中华人民共和国领域及管辖的其他海域内一切矿产资源的所有权主体，可以享有所有权的矿产资源在种类和范围上不受任何限制；国家作为矿产资源所有权的主体，不仅仅是一般意义上的所有权人，同时，还是矿产资源的政治主权人；国家作为矿产资源所有权的主体，意味着任何一个国家机关，不论其地位、作用如何，都不能完全拥有矿产资源所有权人的权能，每个国家机关只能在法律规定的权限内代表国家行使处分和利用矿产资源的权能。

第二，矿产资源国家所有权的客体具有特定性。矿产资源国家所有权客体的特定性体现为矿产资源的自然属性和经济属性。矿产资源的形成需要经历漫长的地质年代，其总储量是相对稳定的，在一定的时间范围内不可能再生。这不同于可

再生的森林、草原等生物资源或者土地、水等非生物资源,也不同于太阳能、风力等取之不尽、用之不竭的恒定性资源。矿产资源不可再生的耗竭性决定了矿产资源总量的有限性,加之人类对矿产资源的认识、发现和开发利用技术条件的限制,决定了它在经济学上的稀缺性。随着人类对矿产资源的开采技术和利用范围的扩大,矿产资源的储藏量日益减少,经济效益呈规律性递减。

第三,对矿产资源所有权保护的特殊性。我国《宪法》第 9 条第 2 款规定:"国家保障自然资源的合理利用,保护珍贵的动物和植物。禁止任何组织或个人用任何手段侵占或者破坏自然资源。"第 12 条规定:"社会主义公共财产神圣不可侵犯。国家保护社会主义的公共财产。禁止任何组织或者个人用任何手段侵占或者破坏国家和集体的财产。"《民法通则》第 73 条第 2 款规定:"国家财产神圣不可侵犯,禁止任何组织或者个人侵占、哄抢、截留、破坏。"《矿产资源法》第 3 条第 2 款规定:"国家保障矿产资源的合理开发利用。禁止任何组织或者个人用任何手段侵占或者破坏矿产资源。各级人民政府必须加强矿产资源的保护工作。"《矿产资源法》还规定了无证开采矿产资源、超越批准的矿区范围开采矿产资源等侵犯矿产资源国家所有权违法行为的法律责任。作为最严厉的惩罚措施,我国《刑法》对于侵犯矿产资源国家所有权的违法行为也规定了相应的罪名和刑罚,加强了对于矿产资源国家所有权的保护。

二、矿产资源国家所有权的内容

矿产资源国家所有权的各项权能构成了矿产资源所有权的内容。按照我国现行法律规定,矿产资源国家所有权包括以下四个方面的权能:

1. 占有权。占有权是指国家对于矿产资源的实际控制权。国家的矿产资源神圣不可侵犯,任何单位或者个人使用矿产资源必须依照规定获得许可。由于国家作为特殊的民事主体,国家对于矿产资源的占有是名义上的占有或称为法律上的占有。就某一区域的矿产资源而言,如果依法设定了探矿权或者采矿权,探矿权人或者采矿权人则依探矿权或采矿权对特定范围内的矿产资源实际占有;如果未设定探矿权或者采矿权,则依法由国家占有。

2. 使用权。使用权是指国家依据矿产资源的性质和用途对其加以开发利用的权利,以此来实现国家利益。国家作为"特殊的民事主体"不便也不可能全部亲自使用矿产资源,国家可以通过建立矿产资源勘查、开采审批登记制度,设定探矿权或采矿权,通过资源规划合理开发,由探矿权人、采矿权人进行勘查、开发矿产资源的活动,达到矿产资源使用的目的。所有权与使用权"两权分离"理论,是建立探矿权、采矿权法律制度的基础。

3. 收益权。收益权是指国家基于使用矿产资源而取得收益的权利。国家不直接占有、使用矿产资源,而是通过矿产资源行政管理机关授权其他民事主体占有和使用。这些民事主体通过占有、使用矿产资源所取得的利益,上交国家一部分作为所有者基于矿产资源所有权而实现其收益权。根据现行法律规定,我国主要采取向矿业权人收取矿产资源补偿费、资源税等税费的办法,来达到实现国家矿产资源收益权的目的。

4. 处分权。处分权是指国家在事实上或法律上决定矿产资源命运的权利,分为事实上的处分权和法律上的处分权。事实上的处分权是指变更或消灭矿产资源。法律上的处分权包括设置和出让探矿权、采矿权等。处分权是体现所有权的根本标志,它最直接地反映了所有权人对于物的支配。国家对于矿产资源的处分权表现为矿产资源行政机关对于矿产资源的规划分配权,以及决定探矿权、采矿权的设定、变更、终止等。需要特别注意的是,在国家或者社会公共利益需要的情况下,国家可以依法对探矿权、采矿权实施征用。

三、村委会擅自出卖辖区内矿产资源属于违法行为

与其他国家相比,我国矿产资源所有权制度的设置具有两大特点:一是矿产资源所有权和使用权与土地所有权和使用权相分离。即拥有土地所有权或使用权,并不意味着同时拥有其对应的地下矿产资源的所有权和使用权。二是土地所有制分为"全民所有制"和"农村集体所有制",而矿产资源所有制则只有"全民所有制",不存在"农村集体所有制"。国土资源部办公厅于2006年9月12日发布的《关于立即制止农村基层组织擅自"出卖"矿产资源的紧急通知》指出:"矿产资源属于国家所有,不因其所依附的土地的所有权或者使用权的不同而改变。依照矿产资源法规,农村基层组织以村集体的名义擅自'出卖'矿产资源是严重的违法行为,直接导致了非法开采和乱采滥挖。凡发现本辖区内有从村基层组织擅自'出卖'矿产资源行为的,要立即依法进行查处,发现一起处理一起,坚决制止此类情况的发生。"因此,村委会虽然依法享有土地所有权,但其并不享有依附于该土地的矿产资源所有权,矿产资源的所有权依法只能属于国家所有,矿产资源赋存地的村委会无权擅自出让。

我国《矿产资源法》第42条规定:"买卖、出租或者以其他形式转让矿产资源的,没收违法所得,处以罚款。"本案中,某村委会与某公司所签订的开采承包合同,属于擅自买卖矿产资源的行为,某村委会与某公司签订的《矿山开采承包合同》是

不受法律保护的。既然村委会的行为是买卖矿产资源的行为,那么就必须按照我国《矿产资源法》及其配套法规的有关规定进行处罚,某村委会应当为其擅自出卖矿产资源的行为承担相应的法律责任。

四、关于本案的处理问题

本案中,某村委虽然拥有土地的所有权,但其既不是矿产资源的所有权人,也不是采矿权人,其无权将国家所有的矿产资源擅自出卖发包。某村委与某公司所签订的《矿山开采承包合同》因处分了国家所有的矿产资源而属于无效合同,某村委的申诉应依法予以驳回。

(五)开采施工纠纷

13. 开采施工合同解除条件尚未成就能否擅自解除合同?

——甲机械公司与乙能源公司土石方剥离工程合同纠纷上诉案[①]

【案情介绍】

上诉人(原审原告):甲机械公司。

上诉人(原审被告):乙能源公司。

自2004年10月起,甲机械公司与乙能源公司之间建立了某露天煤矿土石方剥离工程合同关系。2007年1月1日,乙能源公司与甲机械公司等六家公司共同签订了2007年《某露天矿土石方(含煤)剥离工程合同书》,合同期限自2007年1月1日起至12月31日止。该合同共分为三部分,第一部分为协议主要内容,第二部分为专用条款,第三部分为附件《关于某露天矿土石方(含煤)剥离工程的补充协议》。第一部分主要内容约定:由甲机械公司等六家公司对乙能源公司露天矿土石方(含煤)剥离工程的穿孔、爆破、挖、装、运、卸等进行施工。双方约定的工程量为每月每100米(按25天计算)完成不少于4.5万立方米的剥离工程量和原煤生产量;工程造价包括土石方(含煤)的爆、挖、装、卸、采场内防排水设施及采场内到排土场及煤场运输道路施工等所有费用。合同对露天矿开采的地点、境界以坐标方式进行了

① 甘肃兴建工程机械有限公司与青海江仓能源发展有限责任公司土石方剥离工程合同纠纷上诉案(青海省高级人民法院(2008)青民二终字第17号,2008年9月4日)。

确定。甲机械公司要按照乙能源公司的工作安排和具体施工部署，保质保量完成生产量；凡月度完不成工程量则双方解除合同退出施工现场。第二部分专用条款约定：乙能源公司负责提供、储备施工中足够的火工品、柴油；甲机械公司保证配备足够的机具和人员，保证生产。土石方剥离工程款的结算方式为月结算，即下月20日以前结算上月工程进度款，最多不超过10天，每拖后一天，减一天工程量。工程进度款的结算由双方负责测量其结果，经确认无误后进行结算；工程决算款每3个月决算一次，由中介机构进行测算工程量，双方审核确认无误后付清决算工程款，多退少补。合同约定的违约责任为：乙能源公司因施工中不能提供计划数量之内的火工品及柴油造成两天以上的停工损失；因不按合同规定的期限及形式支付工程款所造成的停工损失由其承担。甲机械公司连续两个月完不成合同工程量导致解除合同应退出施工现场，承担全部责任。第三部分补充协议对甲机械公司等六个施工单位原来的施工区域重新进行调整，制定了共同施工方案。合同签订后，甲机械公司向乙能源公司支付207,120元保证金后取得相应的工程作业面，并开始进行土石方剥离。

2006年12月28日，乙能源公司下达《2007年元月份作业计划》，其中甲机械公司的生产任务是12.3万立方米。2007年1月28日，乙能源公司统计表中反映甲机械公司实际完成114,506立方米。2007年1月30日，乙能源公司向甲机械公司下发《2007年元月份生产总结与2月份作业计划》，要求甲机械公司2月份完成78,750立方米，并对1月份完成生产任务及存在的问题进行了总结，未提出1月份未完成工作量的问题。2月10日，因春节放假，乙能源公司将甲机械公司2月份的作业计划调整为5.88万立方米，后经双方确认，甲机械公司2月份生产计划实际完成31,584立方米。2007年2月16日，乙能源公司向甲机械公司下达了《2007年3月份作业计划》。其间，乙能源公司未按照合同的约定即在2007年3月2日和2007年3月30日支付甲机械公司2007年1月、2月的工程进度款。

自2007年3月3日起，乙能源公司让兰州某工程机械有限公司、某集团公司进驻到某露天煤矿采区。

2007年3月5日，乙能源公司某煤业分公司向各施工队发出《某煤业分公司进一步优化采场的有关规定》称，由于部分施工单位生产组织不利，机械设备短缺，人员不足，致使1月、2月份未能完成月度作业计划；同时对各施工队作业面进行了划分，并对施工提出了要求。

2007年3月8日，甲机械公司等六家公司因乙能源公司安排其他施工单位进入其已经开采作业的露天采矿区，双方发生争执，封堵进出采矿区道路。

2007年3月9日，甲机械公司等六家公司联名向乙能源公司递交《法律建议书》，认为从3月5日起乙能源公司完全停止向甲机械公司等六家施工单位供应火工品和燃料，造成全面停工，引发施工民工的强烈不满，系乙能源公司的违约行为，应立即纠正，恢复正常的供应；及时清偿2007年1月30日以前的工程款，并要求乙能源公司5日内答复。

2007年3月11日，乙能源公司向甲机械公司等施工单位发出《答复通知》，认为乙能源公司停止火供品和燃料的供应是依据双方合同规定所采取的正常管理手段，根本不构成违约；甲机械公司2007年3月8日堵塞生产道路已给乙能源公司造成巨大经济损失，通过召开协调会议要求在3月11日中午开通堵塞道路恢复生产，但至3月11日下午仍未答复，乙能源公司依据合同约定以及甲机械公司等的恶劣行为，决定终止签订的露天煤矿土石方剥离工程合同，限甲机械公司等施工单位在接到通知后前来办理前期工程款结算手续等。

2007年3月28日，乙能源公司某煤业分公司向乙能源公司提交甲机械公司的《土石方工程三月份决算付款证书》，经某省第二测绘院测算，甲机械公司2006年12月26日至2007年3月7日的施工量为108,051.13立方米，决算单价：每立方米15元，扣除柴油、火工品消耗款应支付工程款514,101.17元。

2007年4月1日，乙能源公司某煤业分公司工作人员、兰州某工程机械有限公司等欲强行进入甲机械公司等六家的施工作业区域，双方员工发生械斗事件，后经派出所调解处理。

2007年4月3日，县政府组织相关部门及冲突各方作出了《某矿区经济纠纷专题协调会议纪要》。决定乙能源公司将拖欠工程款在2007年4月3日支付到位；同时甲机械公司等发生纠纷的施工单位撤出工作区至生活区；对存在争议或未认定的款项、赔偿损失等事宜双方协商或通过法律途径予以解决。当日，甲机械公司退出工作区。2007年3月28日，乙能源公司退还作业面保证金207,120元。4月3日，付清了拖欠甲机械公司2006年的工程款及2006年12月至2007年3月7日的工程款共计514,101.17元。

甲机械公司认为，乙能源公司终止合同后，给其造成2007年3月7日至4月5日期间自有机械和人员工资损失563,096元，租赁机械损失1,569,600元。2007年4月28日甲机械公司起诉乙能源公司。请求：判令乙能源公司因违约赔偿经济损失6,122,102.40元。

【法院审判】

一审法院经审理认为，双方当事人依法签订的合同，自成立时生效。当事人应当按照约定全面履行自己的义务。乙能源公司未按照合同约定的方式和时间如期给付工程进度款,甲机械公司也未如约完成计划工作量,双方均有违约行为。按期支付工程进度款是保证完成工程量的前提,故对于甲机械公司未完成工程量乙能源公司有一定的责任。乙能源公司于2007年3月3日和15日让兰州某工程机械有限公司、某集团公司进驻露天矿采区,强行调整作业面,致使双方发生矛盾。双方签订的合同中虽然对各施工队的作业面未明确约定,但合同实际履行过程中,甲机械公司是通过向乙能源公司缴纳作业面保证金而取得作业面的。乙能源公司在未与甲机械公司协商一致,也未退还其保证金的情况下,以履行管理职责为由,强行调整并减少甲机械公司的作业面,致使双方矛盾激化,在此情况下以甲机械公司等六施工单位封堵道路、恶意阻止乙能源公司组织生产为由作出终止合同的决定,其行为构成违约。乙能源公司在诉讼中所持甲机械公司连续2个月未完成工作量因此终止合同的抗辩理由与事实不符,故不予采信。乙能源公司应赔偿违约给甲机械公司所造成的损失。甲机械公司主张的经济损失中公路、便道及生活区板房和场地的平整所发生费用274,147元证据不足,该部分诉求不予支持,应予驳回;其主张的租赁机械赔偿损失1,569,600元,2007年3月5日至4月5日停工期间造成自有机械和人员工资损失563,096.74元确已产生,乙能源公司应予赔偿。对甲机械公司主张的2007年4月5日至12月31日可得利益损失3,521,790元,因合同履行过程中,双方均有违约行为,对该部分主张参照2007年1～3月的工程量决算标准计算至2007年12月31日,支持30%即488,758.73元。甲机械公司的诉求部分合理,应予支持。依照《民事诉讼法》第120条、128条,《合同法》第44条、60条、107条、113条的规定,遂判决:(1)乙能源公司于判决生效之日起10日内赔偿甲机械公司停工期间造成自有机械、人员工资损失和租赁机械赔偿损失合计2,132,696.74元;赔偿因违约造成甲机械公司的可得利益损失488,758.73元,两项合计2,621,455.47元。(2)驳回甲机械公司的其他诉讼请求。案件受理费53,208元,乙能源公司负担23,411.52元,甲机械公司负担29,796.48元。

宣判后,甲机械公司、乙能源公司均不服,在法定上诉期间内提出上诉。

甲机械公司上诉称,(1)甲机械公司在2004年10月进入工地后,投资修建了道路、场地、生活区的板房,本应从合同履行期间在工程款中陆续收回,由于乙能源公司单方终止合同,投资修建的道路等费用274,147元已无法收回,乙能源公司应予赔偿;(2)甲机械公司未完成1月、2月的工程量,是由于乙能源公司拖延支付工程进度款,但按合同冲减工程量的约定,甲机械公司已完成工程量,乙能源公司事后亦认可;(3)甲机械公司停工是因为乙能源公司3月5日停止供应油料和火工品造成的，堵路是为了不让兰州某工程机械有限公司、某集团公司强行进入自己的采矿区而采取的正当手段，符合合同法履行抗辩权的规定；（4）合同法关于违约赔偿损失额应当相当于违约所造成的损失，包括合同履行后可以获得的利益的规定，一审判决对可得利益仅支持30%与法律规定相悖。请求：撤销一审判决第一项，改判赔偿经济损失3,521,790元。

乙能源公司上诉称，（1）甲机械公司1月、2月连续两个月未完成计划工程量的事实是客观存在的。依据合同下月20日以前结清上月的工程进度款，最多不超过10天的约定，2007年1月的工程进度款应于2007年2月20日之前支付，最迟应于3月2日支付；2007年2月的工程进度款应于2007年3月20日之前支付，最迟应于3月30日支付。因此，甲机械公司没有完成2007年1月、2月的合同工程量与乙能源公司没有支付工程进度款没有任何因果关系。（2）双方签订的合同中并未约定施工区域，合同第1条第3款约定甲机械公司必须按乙能源公司的工作安排和具体施工要求部署，乙能源公司有权对甲机械公司的工作范围及具体施工部署进行安排调整，乙能源公司调整作业面的行为不构成违约。合同法关于当事人可以约定一方解除合同的条件，解除合同的条件成就时，解除权人可以解除合同的规定，甲机械公司2007年1月、2月连续两个月没有完成月度工程量，双方约定的解除权行使的条件已经成就，乙能源公司有权在合理期限内的任何时间行使解除权，且于2007年3月11日向甲机械公司送达了《答复通知》，履行了解除合同的告知义务，乙能源公司不存在违约行为。（3）甲机械公司的损失不应由乙能源公司承担。乙能源公司解除合同符合双方合同约定以及法律规定，并不存在违约行为。甲机械公司的经济损失因其违约被解除合同而发生的，甲机械公司应自行承担。请求：驳回甲机械公司的诉讼请求。

二审法院认为，自2004年10月以来，甲机械公司等六家施工队开始承揽乙能源公司某露天煤矿土石方剥离工程，并根据乙能源公司划分的施工作业面开采施工。2007年1月1日，乙能源公司与甲机械公司等六家公司在平等、自愿，协商一致的基础上，并根据六家公司在2006年度各施工队完成工程量和人员、机械设备的多少为基点，共同订立了《合同书》、《专用条款》、《关于某露天矿土石方（含煤）剥离工程的补充协议》。约定由甲机械公司等六家公司对乙能源公司露天矿土石方（含煤）剥离工程进行施工等。双方当事人依法签订的合同，自成立时生效，当事人应当按照约定全面履行各自的义务。合同签订后，乙能源公司即向甲机械公司下达了1月、2月的作业计划，甲机械公司亦在划分的作业面上进行施工，但从双方核对的完成工程量的数量证实，甲机械公司未按乙能源公司下达的计划完成预定的工作量。依合同约定,工程进度款的结算由双方负责测量其结果,经确认无误进行结算。乙能源公司未支付工程进度款并一直拖延至双方发生纠纷时,甲机械公司对未完成的工程量按约定每拖后一天减一天的工程量进行冲减符合双方对合同内容的意思表示。甲机械公司行使合同约定的权利以此方法计算对乙能源公司主张解除合同的条件已成就的理由形成了有效抗辩。由于乙能源公司未按约如期支付工程进度款,甲机械公司依约定冲减工程量,致使双方约定的连续两个月未完成工程量即可解除合同的条件尚未成就。乙能源公司对此节的上诉理由不能成立,本院不予采纳。

本案中,双方当事人在履行合同中,甲机械公司未按约完成工程量是事实,乙能源公司未按约支付工程进度款亦是事实,合同条款中并没有以一方完成了既定的工程量后另一方才行支付工程进度款的约定,作为合同发包方乙能源公司为提高产量,督促承包方完成工作任务符合情理,但在对双方存在的问题未妥善解决的情况下,急于调动其他工程队进驻采矿区,分割他人作业面导致双方矛盾加剧,继而又单方终止合同,引起了本案纠纷,其存在一定的违约事实。乙能源公司上诉称其未违约的理由与事实不符,本院不予采纳。

对乙能源公司提出原审判决认定甲机械公司主张的租赁机械赔偿损失1,569,600元及2007年3月5日至4月5日停工期间造成自有机械和人员工资损失563,096.74元无事实依据,请求依法驳回的上诉请求一节。现查明,乙能源公司单方终止合同后,甲机械公司为履行合同聘用的施工人员全部闲散,所购置和租赁的机械设备全部搁置在施工现场。庭审中,甲机械公司向法庭提交了挖掘机租赁合同、钻机穿孔租赁合同、车辆拉运合同、赔付协议书、收条及2007年3月7日至4月5日停工期间造成自有机械和人员工资损失的相关证据。对此,乙能源公司不能举证否定,原审法院对此节的认定事实清楚,证据确实、充分,应予维持。

对甲机械公司上诉请求赔偿因修建道路、场地、生活区板房等直接损失274,147元一节。一审法院认为甲机械公司主张的这部分经济损失中的公路、便道工程量等无法与现有公路、便道进行区分,不能确定其实际施工量,故未支持其请求。二审中,甲机械公司对此未提供新的证据,且修建道路、场地等已经包括在双方约定的工程造价中,一审法院对甲机械公司该部分诉求不予支持是得当的,甲机械公司对此节的上诉理由不能成立,应予驳回。至于其修建的工棚、板房均属于简易房屋,无法认定房屋的现实价值,甲机械公司应自行拆除,无须评估赔偿。

对甲机械公司上诉提出原审判决认定的可得利益损失过少,请求追加赔偿可得利益一节。本院认为,乙能源公司在解除合同的条件尚未完全成就的情况下,行使合同解除权,给甲机械公司造成了一定的经济损失,应承担赔偿责任。一审法院以2006年12月26日至2007年3月7日为时限,以71天为参考数据所计算的赔偿额不能客观全面地反映双方当事人在本案中的权益,应予以调整。对可得利益损失的赔偿标准按照上年度12个月生产利润的平均值予以核定是比较合理,由于甲机械公司不能提供2006年度全部的生产利润证据资料,而乙能源公司能够提供其与甲机械公司等施工单位上年度的结算资料而不提供,本案可根据甲机械公司提供的其与乙能源公司对上年度的部分结算资料证明的内容计算可得利益损失赔偿额。即2006年3~6月、8~9月、9~12月及2007年1~3月的《土石方工程决算付款证书》,以8个月的决算数据并扣除柴油、火工品等款项后的工程款为计算基点。甲机械公司8个月200天的施工工程款合计为:7,714,133.49元;200天平均日工程款为=7,714,133.49元÷200天=38,570.67元/天;可得利益计算天数:2007年4月5日到2007年12月31日共计9个月,9个月=(9个月×25天)=225天;工程款应为225天×38,570.67元/天=8,678,400.75元。鉴于一审法院认定乙能源公司赔偿甲机械公司的全部直接损失213万余元,并考虑到本案双方当事人对合同的实际履行情况,本院对可得利益损失酌情确定赔偿额,即按计算的可得利益总额8,678,400.75元的5%赔偿甲机械公司433,920元。甲机械公司要求可得利益损失赔偿额应相当于违约所造成的损失的上诉请求明显过高,不符合本案的实际情况,不予支持。

综上,依照《民事诉讼法》第153条第1款第3项之规定,判决如下:

1.维持某市中级人民法院(2007)某民二初字第59号民事判决第1项内容中即乙能源公司于判决生效之日起10日内赔偿甲机械公司停工期间造成自有机械、人员工资损失和租赁机械赔偿损失2,132,696.74元;维持判决第2项,即驳回甲机械公司的其他诉讼请求;

2.变更某市中级人民法院(2007)某民二初字第59号民事判决第1项内容中,即由乙能源公司赔偿因违约造成甲机械公司的可得利益损失488,758.73元变更为乙能源公司赔偿甲机械公司的可得利益损失433,920元。

【律师评析】

本案主要涉及三个方面的问题:一是露天煤矿土石方剥离工程合同的性质;二是单方解除合同的条件;三是单方解除合同情形下相对方损失数额的界定问题。

一、煤矿土石方剥离工程合同属于建设工程施工合同

(一)建设工程施工合同的概念和特点

建设工程,是指为人类生活、生产提供物质技术基础的各类建筑物和工程设施的统称。建设工程是人类有组织、有目的、大规模的经济活动,是固定资产再生产过程中形成综合生产能力或者发挥工程效益的工程项目。露天煤矿土石方剥离工程属于建设工程的范畴,露天煤矿土石方剥离工程合同属于建设工程施工合同。建设工程施工合同是指发包方(建设单位)和承包方(施工人)为完成商定的施工工程,明确相互权利、义务的协议。建设工程施工合同是承包人进行工程建设施工,发包人支付价款的合同,是工程建设质量控制、进度控制、投资控制的主要依据。依照工程施工合同的约定,施工单位应当完成建设单位交给的施工任务,建设单位应当按照规定提供必要的条件并支付约定的工程价款。建设工程施工合同是建筑工程中最重要且最复杂的合同,在整个建设工程体系中起主干合同的作用。

建设工程施工合同的内容主要包括工程范围、建设工期、中间交工工程的开工和竣工时间、工程质量、工程造价、技术资料交付时间、材料和设备供应责任、拨款和结算、交工验收、质量保证期、双方相互协作等条款。建设工程施工合同具有以下特点:(1)合同标的的特殊性。施工合同的标的是各类建筑产品,建筑产品是不动产,其基础部分与大地相连,具有固定性的特点。因此,每个施工合同的标的都是特殊的。(2)合同履行期限的长期性。建筑物的施工由于结构复杂、体积庞大、建筑材料类型多、工作量大,其工期一般较长,而其施工合同履行期限则更长于施工工期。(3)合同内容的多样性和复杂性。施工合同设计的主体有很多种,涉及的法律关系包括劳动关系、保险关系和运输关系等,这就要求施工合同的内容尽量详尽,具有多样性和复杂性。(4)合同监督的严格性。由于施工合同的履行对国家经济的发展、人们的工作和生活都有着很大的影响,因此,国家对于施工合同的监督是十分严格的。国家对于合同的主体、合同的订立和合同的履行,都应当进行严格地监督。

(二)剥离及采煤施工土石方计量的特点与工程结算

剥离及采煤施工土石方计量通常表现出以下特点:(1)工程量大。剥离及采煤工程量大,精确计量困难,计量结果与经济利益直接挂钩,计量及结算过程中争议大。(2)单价不同。由于岩石剥离需要爆破,剥离难度比表土要大,二者发包单价可能不一样,计量时须对二者区分。(3)分别计量。对不同性质、硬度的岩石可能制定不同的单价,计量时要求将不同性质、类别的岩石/表土区分开,分别计量。(4)连续计量。剥离及采煤施工有一定连续性,需要多次中间计量,计量时需要从

已经施工的工作界面处进行。选择剥离及采煤工程量计量方法时，要求计量方法相对简单易懂、容易操作、容易核对、误差较小且能适应连续计量的需要。由于剥离及采煤工程量计量存在上述问题，因此如何选取计量方法就显得至关重要。

建设工程施工合同需要进行工程结算才能确定最终价款。所谓工程结算，是指承包人在工程实施过程中，依据承包合同中关于付款条款的规定和已经完成的工程量，并按照规定的程序向建设单位收取工程价款的一项经济活动。工程结算关系到建设单位和施工单位的直接经济利益，它是建设单位控制建设投资的最终环节和关键环节，同时也是施工单位实现经营收益的最终环节和关键环节。国家为此出台了一系列关于工程结算的规定：如《建设工程价款结算暂行办法》第 2 条规定："凡在中华人民共和国境内的建设工程价款结算活动，均适用本办法。"《建筑工程施工发包与承包计价管理办法》第 2 条第 1 款规定："在中华人民共和国境内的建筑工程施工发包与承包计价管理，适用本办法。"为了统一工程造价的结算标准，国家建设部和各地建设行政主管部门，还制定了《全国统一建筑工程基础定额》、《全国统一安装工程预算定额》、《全国统一装饰工程定额》、《全国统一建筑消耗量定额》等计价依据。另外，国家对于工程造价咨询单位和人员也进行相应的资质管理。由于建设工程的结算比较复杂，而建设单位一般没有专门的工程造价咨询人员，所以建设单位通常需要委托有资质的工程造价咨询单位审核承包人编制的结算文书。结算文书的审核结果经双方认可后，才具有效力。

二、单方解除合同必须符合约定或法定的情形

合同解除是指合同有效成立后，基于双方当事人的合意，或者法定或约定的条件发生时，依一方当事人的意思表示而使合同权利义务关系消灭的情形。一般认为，合同解除是因一方或双方当事人的意思而使已经有效成立的合同归于消灭的一种行为。合同解除制度有不同的分类，从合同解除事由源于法定还是约定的角度来看，可以将合同解除分为法定解除与约定解除两种，其中约定解除又包括约定解除权与合意解除。约定解除权指的是双方在合同中事先约定，在一定的解除事由成就时，由一方通过行使解除权而解除合同。《合同法》第 93 条第 2 款规定："当事人可以约定一方解除合同的条件。解除合同的条件成就时，解除权人可以解除合同。"合意解除又称协议解除，指的是双方通过协商解除合同。法定解除指的是在法定的事由出现时，一方因行使解除权而使合同归于消灭。《合同法》第 94 条规定："有下列情形之一的，当事人可以解除合同：(一)因不可抗力致使不能实现合同目的；(二)在履行期限届满之前，当事人一方明确表示或者以自己的行为表明不履

行主要债务；(三)当事人一方迟延履行主要债务，经催告后在合理期限内仍未履行；(四)当事人一方迟延履行债务或者有其他违约行为致使不能实现合同目的；(五)法律规定的其他情形。”在前述三种合同解除制度中，法定解除与约定解除权均系通过行使解除权而解除合同，无需另一方的同意，从而有别于协议解除；后者则需要双方达成一个解除原合同的合意，从而使原合同归于消灭。《合同法》第8条第1款规定：“依法成立的合同，对当事人具有法律约束力。当事人应当按照约定履行自己的义务，不得擅自变更或者解除合同。”因此，作为合同的当事人单方解除合同必须发生法定或约定解除合同的情形，否则，合同的任何一方均不得单方面擅自解除合同。

三、单方擅自解除合同应当承担违约责任

违约责任即违反了合同的民事责任，是指合同当事人一方不履行合同义务或者履行合同义务不符合约定时，依照法律规定或者合同约定所应当承担的法律责任。违约责任制度是保障合同当事人债权实现及债务履行的重要措施，它与合同义务有着密切的联系。合同义务是违约责任产生的前提，违约责任是合同义务不履行的结果。违约责任制度有利于促进合同的履行和弥补违约造成的损失，对于合同当事人和整个社会交易活动的稳定发展具有极其重要的意义。我国《合同法》第107条规定：“当事人一方不履行合同义务或者履行合同义务不符合约定的，应当承担继续履行、采取补救措施或者赔偿损失等违约责任。”

(一)关于违约金的计算问题

违约金有法定违约金与约定违约金之分，《合同法》第114条规定的是约定违约金，约定违约金的数额是双方预先确定的，属于违约后的补救措施，是独立于履行行为之外的给付。换言之，只要当事人无特别约定，支付违约金的行为不能替代履行合同，当事人不得在支付违约金后而免除履行主债务的义务。① 违约金适用的一般原则性规定表现为：(1)合同对违约金有具体约定的按约定，对违约金无约定或约定不明确的，按没有约定处理。(2)违约金的计算依据是合同总价。(3)约定违约金数额一般以不超过合同未履行部分的价金总额为限。

关于逾期付款违约金的计算，按照《最高人民法院关于逾期付款违约金应当按照何种标准计算问题的批复》(1999年2月16日，法释〔1999〕8号)和《最高人民法

---

① 我国《合同法》第114条第3款规定：“当事人就迟延履行约定违约金的，违约方支付违约金后，还应当履行债务。”

院关于修改〈最高人民法院关于逾期付款违约金应当按照何种标准计算问题的批复〉的批复》(2000 年 11 月 21 日,法释〔2000〕34 号)的规定,对于合同当事人没有约定逾期付款违约金标准的,人民法院可以参照中国人民银行规定的金融机构计收逾期贷款利息的计算标准计算逾期付款违约金。中国人民银行调整金融机构计收逾期贷款利息的标准时,人民法院可以相应调整计算逾期付款违约金的计算标准。

对于合同当事人明确约定适用地方规章规定的,人民法院可以参照执行。《最高人民法院关于处理建筑工程承包合同纠纷案件能否参照省政府办公厅转发的〈关于建设工程实行提前竣工奖的暂行规定〉的函复》(1993 年 4 月 7 日,法经〔1993〕56 号)指出:"《建筑安装工程承包合同条例》第十三条第一款虽然规定了逾期交付工程应承担违约责任,但没有规定具体标准,而是允许当事人在合同中约定。山东省政府办公厅转发的《关于建设工程实行提前竣工奖的暂行规定》对工程逾期应承担的责任作了具体规定。① 该规定属于地方政府规章,与《建筑安装工程承包合同条例》并不抵触,因此,双方都是本省的单位,可以参照执行。"

另外,对于当事人在合同中约定违约金和罚款的,或者只约定罚款的,只要其金额不超过未履行部分总额的,可将罚款视为违约金予以处理。

(二)关于损害赔偿金的适用问题

依据不同的标准,可将损害赔偿金作不同的种类划分:(1)补偿性损害赔偿金和惩罚性损害赔偿金。民事责任以补偿性为首要目的,故《合同法》的损害赔偿金也是以补偿性为主,而以惩罚性为例外。我国《合同法》第 113 条第 1 款规定的即是补偿性损害赔偿金,第 2 款规定的惩罚性损害赔偿金也即《消费者权益保护法》第 49 条的规定,是我国法律所规定的唯一的惩罚性损害赔偿金。(2)法定损害赔偿金与约定损害赔偿金。合同当事人可以对一方的违约行为致对方损害的赔偿额作出事先的约定,其约定的损害赔偿金即为约定损害赔偿金;约定损害赔偿金在性质上非常类似于违约金,二者在功能上也有重复之嫌,故《合同法》主要规范法定损害赔偿金,《合同法》第 113 条第 1 款所规定的即是法定损害赔偿金。

关于损害赔偿金的范围,《合同法》第 113 条第 1 款规定了法定损害赔偿金的范围,即"当事人一方不履行合同义务或者履行合同义务不符合约定,给对方造成

---

① 山东省政府办公厅转发的《关于建设工程实行提前竣工奖的暂行规定》第 5 条第 2 款规定:"工程提前(或拖期)一天竣工奖(罚)金额按工程预算造价的万分之二至万分之四计取……奖罚数额的比例要对等,但总额不得超过工程预算造价的百分之三。"

损失的,损失赔偿额应当相当于因违约所造成的损失,包括合同履行后可以获得的利益,但不得超过违反合同一方订立合同时预见到或者应当预见到的因违反合同可能造成的损失"。该款规定的损害赔偿金包括积极损失与可得利益损失(即合同履行后可得利益),其中可得利益损失金额又受到两个限制:一是可预见规则限制。即"不得超过违反合同一方订立合同时预见到或者应当预见到的因违反合同可能造成的损失";二是减轻损失规则限制。《合同法》第119条规定:"当事人一方违约后,对方应当采取适当措施防止损失的扩大;没有采取适当措施致使损失扩大的,不得就扩大的损失要求赔偿。当事人因防止损失扩大而支出的合理费用,由违约方承担。"

关于损害赔偿金的具体适用有两种代表性观点:(1)单独适用,赔偿损失。一般来说,合同中约定的违约金应当视为对损害赔偿金额的预先确定,因而违约金与约定损害赔偿金是不可以并存的。(2)与违约金同时适用,弥补损失。违约金与法定损害赔偿金是否可以并存,牵涉到违约责任的适用是否以发生实际损害为要件以及国家对违约金的干预问题。原则上可以说,违约金的适用并不以实际损害发生为前提,不管是否发生了损害,当事人都应当支付违约金。此外,当事人约定违约金的金额可能与违约发生后所造成的损失极不一致造成当事人之间的利益失去平衡,故法律对违约金的干预显得非常必要。《合同法》第114条第2款即体现了这种干预:违约金低于造成的损失的,当事人可以请求人民法院或者仲裁机构予以增加;约定的违约金过分高于造成的损失的,当事人可以请求人民法院或者仲裁机构予以适当减少。从这个规定可以看出,虽然违约金之适用不以实际损害为要件,但最终违约金金额大小的确定无疑与实际损失额关系密切;人民法院或者仲裁机构对于违约金金额的调整是以实际损失额为参照标准的。因此,对于违约金和法定损害赔偿金的适用关系可用三句话予以概括:一是原则上不并存;二是就高不就低;三是优先适用违约金责任条款。

四、关于本案的处理问题

本案中,甲机械公司与乙能源公司所签订的《某露天矿土石方(含煤)剥离工程合同》属于建设工程施工合同的范畴。依照工程施工合同的约定,甲机械公司应当完成乙能源公司交给的施工任务,乙能源公司应当按照规定提供必要条件并支付约定的工程价款。但当事双方在履行合同中,甲机械公司未按约完成工程量,乙能源公司未按约支付工程进度款。作为发包方乙能源公司为提高产量,督促承包方甲机械公司完成工作任务符合情理,但在对双方存在的问题尚未妥善解决的情况下，擅自与其他单位签订同样的施工合同，调动其他工程队进驻采矿区，分割甲机械公司的作业面导致双方矛盾加剧。乙能源公司在解除合同的条件尚未完全成就的情况下行使合同解除权，单方终止合同，引起了本案纠纷的发生，其存在一定的违约事实，给甲机械公司造成了一定的经济损失，应当承担相应的赔偿责任。

三、矿业权流转类

（一）采矿权出让纠纷

14. 矿产出让资源量与实际开采储量悬殊巨大是否应当承担违约责任？

——某建材公司与某县政府、某县国土资源局和第三人某地质队采矿权出让纠纷上诉案[①]

【案情介绍】

上诉人（原审原告）：某建材公司。

上诉人（原审被告）：某县政府。

上诉人（原审被告）：某县国土资源局（以下简称某国土局）。

被上诉人（原审第三人）：某地质队。

2003 年 10 月，某县甲砂石矿采矿权公开挂牌出让。出让时表明，资源可采量为 130 万吨。同年 11 月 11 日，某建材公司以 1350 万元的报价竞得该宗砂石矿的采矿权。之后，该公司就出让公告中的税收、储量等 4 个问题致函某县政府，该县政府于 11 月 18 日以某政秘（2003）111 号文明确保证某建材公司 130 万吨黄砂的开采量。11 月 20 日，某县国土资源局（甲方）与某建材公司（乙方）签订了一份《采矿权出让合同》。同年 12 月 2 日，某建材公司取得了 3424××××0021 号采矿许可证。

某建材公司投产后不久发现，该砂石矿所在地的耕作层厚度远大于合同标明的 0.5 米，可采砂量也小于出让合同所标明的 90% 以上。2006 年 6 月 5 日，某建材

① 安徽省舒城路通建材有限公司与舒城县人民政府、舒城县国土资源局和第三人安徽省地质矿产勘查局 313 地质队采矿权出让纠纷上诉案（安徽省高级人民法院（2009）皖民二终字第 0007 号，2009 年 3 月 12 日）。

公司认为该砂矿资源已枯竭,停止开采。县砂石公司出具的证明显示,某建材公司共计开采黄砂为547,210吨。

某建材公司认为,本宗矿产出让量与实际储量相差巨大,且土层厚度、水分、泥土、砾石的含量均超过了合同的约定,某县政府、某县国土局的行为严重违约,并已给某建材公司造成重大损失,故以某县政府、某县国土局为被告,以某地质队(2003年6月,县矿业有限责任公司委托该地质队对甲砂石矿资源进行地质勘查,要求初步查明砂石矿的质量和可用资源量。该地质队的勘查结果表明,砂石矿资源量为156.45万吨,但因周边靠近居民点,故实际可采量可能小于提供的资源量。)为第三人向法院提起诉讼。请求判令:某县政府、某国土局履行合同依约补足可采量,并承担由此给其造成的损失;如某县政府、某国土局不能履行合同,应赔偿某建材公司补足可采量损失8,840,297元和可得利益损失10,765,677元。而某县政府认为,其不是本案的适格主体,某县国土局则认为应由某地质队承担责任。

【法院审判】

一审法院认为,某建材公司与某国土局所签订的采矿权出让合同是双方当事人真实意思表示,合法有效。在合同履行过程中,国土局颁发的采矿许可证与所签订的合同约定采矿范围不一致,且均达不到合同规定及县政府承诺的130万吨黄砂可采储量,已构成违约,故某建材公司诉请县政府、国土局承担赔偿损失之请求部分成立,应予以支持。但由于某建材公司在合同履行过程中,既未按许可证也未按合同规定的范围进行开采,对双方纠纷的产生也有责任,故对其请求县政府及国土局赔偿可得利益损失,本院不予支持。现甲砂矿已进行了护坡工程改造,某建材公司要求双方继续履行合同已经不可能,故双方签订的合同应予解除,由此造成的经济损失县政府、国土局应予赔偿。关于直接经济损失的数额,应以可采储量作为计算的基础。诉讼中,国土局要求按鉴定结论可采储量计算为125.75万吨。本院认为此数字是以某地质队报告中的有用含砂量、砂矿体重参数为基础计算的,与地质院打井取样进行统计分析确定的有用含砂量、砂矿体重平均值不一致。考虑到某地质队勘察报告系单方委托作出的初查,而某地质院是双方共同委托的鉴定单位,为满足诉讼查明案情而作出的详查,且后者在方法手段上更科学,更符合客观实际,因此应采用依据某地质院鉴定中有用含砂量、砂矿体重平均值为计算基础得出的结论。故对国土局的此项主张不予支持。关于某建材公司在诉讼中要求依据某地质院鉴定结论中58万吨计算可采储量问题,因其并未按出让合同范围进行开采,该主张无依据,不予采纳。关于某建材公司要求国土局补足资源量损失8,840,279

元的诉讼请求,也涉及可采储量问题。其计算的依据是砂石公司于2006年6月15日出具的证明,但该公司先后出具的证明内容不完全一致,不能证实客观真实情况,故对某建材公司的此项诉讼请求不予支持。综合分析双方在签订履行合同中的过错责任,本院认为依据某地质院鉴定结论中某建材公司实际开采储量76.06万吨作为国土局赔偿某建材公司损失的依据较为客观。关于损失的计算,某建材公司当时以1350万元竞得采矿权,中标合同及县政府承诺130万吨黄砂开采储量,每吨黄砂资源成本应为10.38元。某建材公司现实际开采储量76.06万吨,相差53.94万吨,其直接经济损失应为559.89万元[(1350万元÷130万吨)×(130万吨-76.06万吨)]。县政府辩称本案所涉合同的主体是国土局,县政府不是本案的当事人之理由不能成立。因为县政府就双方履行出让采矿权合同的答复及会议纪要,直接涉及本案合同签订履行过程中的有关重要事项,故县政府是本案的适格主体。另外,县政府、国土局要求某地质队承担民事责任没有事实和法律依据,因为某地质队明确表明系初查,并不能代替后续转让开采过程中应有的评审、设计等相关程序,报告中使用的资源量和出让合同约定的可采储量不是一个概念。故某地质队不承担责任的辩称理由成立,予以支持。本院根据《合同法》第6条、8条、44条、60条、94条、97条、107条之规定,《民事诉讼法》第128条之规定,判决:(1)解除某建材公司与国土局所签订的采矿权出让合同;(2)县政府及国土局赔偿某建材公司直接损失559.89万元;(3)某地质队不承担民事责任;(4)驳回某建材公司其他诉讼请求。如果未按本判决指定的期间履行给付金钱义务,应当依照《民事诉讼法》第229条之规定,加倍支付迟延履行期间的债务利息。案件受理费139,400元、鉴定费200,000元,合计339,400元,由某建材公司承担112,000元,县政府及国土局承担227,400元。

某建材公司、县政府和国土局均不服原审法院上述民事判决,均提起上诉。

某建材公司上诉称:(1)县政府、国土局的违约行为给其造成的直接经济损失应为8,840,297元,原审判决计算依据错误,应当予以纠正。在本案所涉砂矿挂牌出让公告、成交确认书及会议纪要中均明确出让的资源可采量以实际过磅吨位为准,并由县砂石公司验票确定某建材公司的开采量。2006年6月15日,县砂石公司出具证明证实某建材公司实际开采黄砂的数量为547,210吨。在本案合同履行中,实际开采的条件与合同约定的出让条件不符,经协商双方就相关补偿问题达成一致意见,即按砂石公司过磅重量总计折18%。故本案所涉砂矿可开采量应由130万吨增加至1,585,366吨。(2)出让砂矿的实际储量未能达到双方约定的储量,出让方因此构成违约,由此给其造成可得利益损失10,765,677元应由县政府和国土局予以赔偿。根据审计报告,某建材公司平均每吨黄砂的销售净利润为10.37元,计少开采黄砂约104万吨。综上,原审判决计算某建材公司直接经济损失的依据错误,且未能支持某建材公司主张的可得利益损失,违背了本案的客观事实和法律规定,故请求二审法院:(1)维持原审判决第1项,即解除某建材公司与国土局签订的采矿权出让合同;(2)变更原审判决第2项,即县政府、国土局赔偿某建材公司直接和可得利益损失计19,605,974元;(3)本案一、二审案件受理费和鉴定费由县政府、国土局承担。

县政府答辩称:县政府不是本案合同的当事人,不存在违约行为。某建材公司主张的直接经济损失和可得利益损失的诉讼请求均不能成立。

国土局答辩称:(1)某建材公司主张的直接经济损失8,840,297元无事实和法律依据。(2)导致本案采矿权合同解除的原因是某建材公司违约,因而由其造成的损失应由某建材公司自行承担。某建材公司主张的上诉理由均不能成立,请求二审法院予以驳回。

县政府上诉称:(1)其不是本案的适格主体。县政府仅是采矿权出让方具体方案的批准机关,不是本案采矿权出让合同的权利义务人,本案采矿权的出让合同系国土局签订。县政府不是该民事合同的主体,故不应对合同的权利义务承担任何责任。(2)县政府办公室的答复函及会议纪要不是其承担民事赔偿责任的理由。县政府不是本案合同的当事人,其对采矿权的答复、形成的会议纪要不能视为合同的补充或变更,对出让合同不具有约束力。即使该答复和会议纪要侵害了当事人的权利义务,也应属于行政诉讼的范畴,与本案不是同一法律关系,不属本案审理范围。(3)原审判决对某建材公司损失的计算于法无据。出让方出让的是采矿权,而非黄砂的储量,1350万元出让价款并不等于130万吨黄砂。原审判决将某建材公司竞拍的采矿权认定为储量,并以1350万元/130万吨计算每吨黄砂的资源成本没有依据。储量应以采矿许可证规定的开采范围进行计算,某建材公司并未按照采矿许可证规定的范围和合同的约定进行开采。原审判决以某建材公司的实际开采量认定黄砂的储量属认定事实错误。(4)即便合同存在违约,赔偿主体应为某地质队。国土局出让采矿权计算储量的依据系某地质队的评估结论,将砂矿储量定为130万吨。某地质队对委托其评估的目的和重要性是明确的,对评估结论可能造成的后果也是明知的,因此某地质队对其出具的不实鉴定结论给当事人造成损失的应承担赔偿责任。综上,县政府不是本案的适格主体,国土局在履行合同中也没有违约,其不应承担任何赔偿责任,原审法院认定事实错误,请求二审法院撤销原审判决,依法改判县政府不承担责任。

国土局上诉称:(1)县政府办公室的答复函及会议纪要对本次采矿权出让不具有约束力。根据合同的相对性原则,只有合同的主体才具有变更、补充合同的权利。本案合同的主体系国土局和某建材公司,而不是县政府,县政府无权变更合同的内容。(2)原审判决以某建材公司的实际开采量认定黄砂可采储量为76.06万吨属认定事实错误。某地质队的勘查报告系本案采矿权出让合同的附件,故应以该勘查报告中明确的可用砂、砂矿干体重参数和矿区地表耕作层厚度计算可采储量。可采储量应以采矿许可证规定的开采范围进行计算,某建材公司并未按照采矿许可证规定的范围和合同约定的开采深度进行开采,某建材公司未开采的深度应视为其对该部分权利的放弃,该部分资源应计算为可采储量。此外,国土局并未对矿产的开采风险作出任何承诺,故本案的矿产开采风险应当由某建材公司自行承担。(3)原审判决以1350万元的挂牌成交价作为计算黄砂的资源成本基数不当。该砂矿的挂牌成交价中含有补偿安置、进场道路的拓宽等费用,应以扣除上述费用后的价款作为计算黄砂资源成本的基数。(4)如果合同存在违约,某建材公司应得到赔偿,其赔偿主体应为某地质队。国土局出让采矿权确定矿产储量是以某地质队的勘察报告为依据,某地质队应当对其出具的勘察报告的真实、合法有效性负责。综上,国土局在履行合同中没有违约,县政府与某建材公司的争议与其无关,国土局不应承担任何赔偿责任。原审法院认定事实错误,判决理由不足,请求二审法院撤销原审判决,依法改判国土局不承担责任。

某建材公司答辩称:(1)县政府是本案的适格主体,其上诉理由不能成立。县政府作为矿产资源的管理人,在本案采矿权转让中与国土局共同作为出让人,实施采矿权转让行为的事实清楚,故系本案的适格主体。县政府的答复函及会议纪要是对合同主要内容的承诺和变更,该行为均是以出让人身份实施的民事行为,而并非属于行政行为,县政府、国土局依法应当对其实施的民事行为承担责任。(2)关于县政府提出某建材公司的损失问题。本案计算黄砂实际开采量应以双方当事人的约定,即县砂石公司出具的证明证实的数量547,210吨为依据。砂矿可开采量应按县政府的会议纪要明确的计算方式计算。(3)县政府、国土局提出某建材公司没有按合同约定的开采深度和开采许可证规定的范围进行开采,其开采风险应由某建材公司承担的上诉理由,因与事实不符,不能成立。县政府、国土局在出让矿产勘察报告中明确,资源量的计算应扣除可耕作土层0.5米,计算深度为7.5米。且县政府、国土局在砂矿开采后形成水塘,设计护坡垂直深度也为7.5米。国土局颁发的采矿许可证明确的开采范围与合同约定的开采范围不一致,国土局在庭审中认可其因工作疏忽,在给某建材公司颁发采矿许可证时填写的开采范围有误差,且合同载明的开采范围部分不在勘察的矿区范围和规划范围内。该开采范围内有民宅、道路等,在客观上不能开采。某建材公司只能按照县政府、国土局指定和规划的区域进行开采,且在合同履行中,县政府、国土局对某建材公司实际开采的范围并未提出异议。(4)国土局主张按照某地质队勘察报告中的资源量确定某建材公司实际开采量的上诉理由不能成立。某地质队出具的勘察报告仅是对砂矿的初步勘察,不能代替砂矿出让中对砂矿进行必要的评估和审计,该勘察报告中的资源量和本案所涉的可采量不是同一概念,实际上出让方和受让方对砂矿可采量的计算约定为以过磅吨位为准,故不能以勘察报告中的资源量为依据计算某建材公司的实际开采量。综上,县政府、国土局的上诉请求没有事实和法律依据,均不能成立,请求二审法院驳回其上诉。

某地质队述称:(1)地质队出具的地质勘察报告符合国家行业规范,且在形成报告过程中并无过错。县政府、国土局在对该报告的使用和向某建材公司颁发采矿许可证过程中存在的错误与其无关。地质勘察报告是工作程度最低的地质预查报告,只有地质工作程度达到最后的勘查阶段,才能在报告中使用"可采储量",且该储量还要经过国家专门的评审机构评审后才能作为出让采矿权的评估依据。某地质队出具的地质勘察报告使用的是"地质资源量",该资源量仅是一种预测和估算,与县政府、国土局在本案中提出的"储量"不是同一概念。(2)县政府、国土局主张某建材公司损失应由地质队赔偿的上诉理由于法无据。地质队不是本案采矿权出让合同的当事人,不应承担赔偿责任,且某建材公司并未向其主张赔偿的请求。县政府、国土局以地质队出具不实的勘察报告为由,要求地质队向某建材公司承担赔偿责任显然于法无据。综上,县政府、国土局主张地质队承担本案损失赔偿责任的上诉理由,无事实和法律依据,应当不予采信。

二审法院除对原审法院查明的事实予以确认外,另查明,国土局在本案所涉砂矿采矿权挂牌出让公告及其与某建材公司共同签署的《采矿权挂牌出让成交确认书》中均载明,本次出让的砂矿采矿权,可采资源量为130万吨(以实际过磅吨位为准,若超过130万吨,另行办理出让手续)。有效期4年。某地质队出具的砂矿地质勘察报告载明,资源量计算边界的确定为:本次资源量计算范围规则,边界的确定依据,平面上实际测量的范围内均视为砂矿体。由于园艺场曾作为耕作地,资源量计算过程中上部0.5米可耕作土均予以剔除,计算深度为7.5米。

二审法院认为,本案各方当事人对本案采矿权出让合同的效力及原审判决解除该合同均未提出异议。根据各方当事人在二审中的上诉及答辩意见,本案争议的焦点为:(1)县政府、国土局是否违约及应否承担违约责任;(2)县政府是否为本案的适格主体;(3)某地质队是否承担违约责任。

一、关于县政府、国土局是否违约及应否承担违约责任的问题

本案砂矿采矿权的出让,系经县政府批准,由国土局以挂牌出让的方式公开拍卖对外出让的。因此,砂矿采矿权挂牌出让公告、采矿权挂牌出让成交确认书等拍卖文件应当作为本案采矿权出让合同的附件。上述文件及采矿权出让合同、县政府的相关答复意见及承诺均明确本案出让的标的为砂矿的采矿权且保证可开采资源量为130万吨。其采矿权的出让价款是根据资源量等综合因素计算的,故县政府、国土局主张其出让的标的仅为砂矿采矿权不包含资源量,开采风险应由某建材公司承担的理由因与事实不符,不能成立,本院不予采信。关于某建材公司实际开采量应如何确定的问题。某省地质调查院出具的鉴定结论,虽评估出某建材公司实际开采黄砂储量为76.06万吨,但其又载明鉴于砂矿砾石含量、塌方及边坡平整等因素均会夸大实际开采储量,当时开采状况现难以再现,具体数值就现有资料很难做出科学估算,综合上述因素实际开采储量要小于本次评估的实际开采储量。据此,该鉴定结论对某建材公司实际开采量仍未能给出一个确定或近似的数值,故原审判决依据上述部分结论确定某建材公司实际开采储量显然欠妥。本案各方当事人对采矿权出让合同的效力均无异议,且该合同对某建材公司实际开采储量的计算方法进行了约定,因此计算开采储量首先应当从其约定。根据合同约定及双方当事人在履行中经县政府协调形成的会议纪要精神,出让人保证受让人扣除水分、泥土、砾石及表面土层超厚度补偿后可开采黄砂量为130万吨,扣除18%杂质前为1,585,366吨。某建材公司实际开采黄砂的数量,应以砂矿采矿权挂牌出让公告、采矿权挂牌出让成交确认书明确的以实际过磅吨位计算开采量。按照县政府关于某县砂石经营管理的相关规定,县砂石公司负责该县的砂石经营管理工作,某建材公司开采的黄砂须经县砂石公司过磅验票,应当以县砂石公司过磅验票的数量确定某建材公司开采量。县砂石公司于2006年6月15日出具证明证实某建材公司截止2006年6月5日共开采黄砂547,210吨,虽该公司在本案一审诉讼期间又向县政府出具另一份说明,但该份说明并未否认2006年6月15日证明内容的真实性,且县砂石公司也未能提供证据证明某建材公司开票数据低于其实际装载量,故本案应认定某建材公司实际开采黄砂的数量为547,210吨。关于县政府、国土局提出某建材公司未按开采许可证和合同约定的开采范围、深度进行开采,其后果应由某建材公司自行承担的问题。本案双方当事人约定的开采范围与国土局颁发的开采许可证规定的开采范围不一致,且上述规定的开采范围内有民宅、道路等,客

观上导致某建材公司无法完全按照规定的开采范围进行开采。某建材公司按照矿区的用地现状图、开采后用地规划图及某地质队出具的勘察报告规定的开采深度和范围进行开采并无不当，且双方当事人在合同履行过程中对此并未提出异议，故县政府、国土局的此上诉理由不能成立。综上，县政府、国土局出让砂矿的黄砂实际可采量与合同约定的可采资源量严重不符，由此给某建材公司造成的直接经济损失，应当予以赔偿。某建材公司主张县政府、国土局赔偿给其造成直接经济损失8,840,297元的上诉理由成立，本院予以支持。但某建材公司主张的10,765,677元可得利益损失应由县政府、国土局赔偿的上诉请求，因双方当事人对违约责任并未进行约定，且某建材公司在诉讼中也未能提供证据予以证实，故该请求本院不予支持。

二、关于县政府是否为本案适格主体的问题

县政府是矿产资源的管理人，矿产资源的转让必须经过县政府批准同意。国土局系代表县政府管理矿产资源的职能部门，本案所涉砂矿采矿权的挂牌出让均系县政府批准，由国土局负责具体实施。未经县政府批准，国土局自行出让该矿产采矿权也属无效。本案中县政府虽不是出让合同的签订主体，但其在合同签订前对相关问题的承诺以及在合同履行中对合同主要内容的变更等，均是以出让方的身份实施的，某建材公司也是基于县政府的承诺，才与国土局签订采矿权出让合同的。合同签订后，县政府又对双方当事人在合同履行中出现的新问题，及时召开专题协调会，会议达成的协议应视为对原合同的变更和补充，由此可认定县政府与国土局共同为本案砂矿采矿权的出让方。县政府上诉主张其不是本案适格主体不应承担民事责任的理由，因与事实不符，本院不予支持。

三、关于某地质队是否承担违约责任的问题

本案审理的是采矿权出让合同纠纷，某地质队不是采矿权出让合同的当事人，且某建材公司在原审中并未向某地质队主张赔偿的诉讼请求。县政府、国土局要求某地质队向某建材公司承担赔偿责任的上诉理由不能成立，本院不予支持。至于某地质队出具的勘察报告是否存在不实，其是否对委托方构成违约不属本案审理范围。

综上所述，本案双方当事人之间签订的采矿权出让合同及相关附件，均为合法有效，各方当事人应当严格遵守。原审判决关于县政府、国土局已构成违约及某地质队不是本案民事责任主体的认定事实清楚，证据充分，但在计算某建材公司黄砂

实际开采量时,未能按照双方当事人的约定计算不当,应予纠正。依照《民事诉讼法》第153条第1款第2项之规定,判决如下:

1. 维持某市中级人民法院(2007)某民二初字第29号民事判决第1项、3项、4项及诉讼费承担部分;

2. 撤销某市中级人民法院(2007)某民二初字第29号民事判决第2项;

3. 某县人民政府、某县国土资源局于本判决生效之日起15日内赔偿某建材公司直接经济损失8,840,297元。

【律师评析】

本案主要涉及采矿权出让合同的性质及出让矿产资源量不实时的责任承担问题。

一、关于矿业权出让合同性质的不同学说

法学理论界关于矿业权出让合同的性质一直存有争议,其中最为代表的是行政合同说和民事合同说。行政合同说认为,矿业权出让合同是行政机关行使国家行政权力,与矿业权受让人达成的行政合同,这种合同的本质是国家许可矿业权人在特定区块进行勘查和开采的许可行为。[①] 民事合同说认为,矿业权出让合同是国家以矿产资源所有权人的民事主体身份与矿业权受让人订立的民事合同。在矿业权出让行为中,矿业行政主管部门是参与市场活动的民事法律关系的主体。例如,土地出让行为是政府代表国家管理土地,是以民事主体身份参加合同关系,出让合同确定的是平等的民事主体之间的权利义务关系,因此,土地出让合同是民事合同。[②] 民事合同说认识到了国家在矿业权出让活动中的双重角色的分离和权利本位思想在我国的兴起,认识到了我国矿业立法的发展趋势,具有重要的意义。

除此之外,还有人主张民事合同和行政合同双重说,认为政府在矿业权出让合同中既是行政管理者,又是矿产资源所有者的代表人;既可以作为行政机关对矿业权申请人进行审查和批准,又可以代表矿产资源所有者与矿业权申请人签订矿业权出让合同,约定双方的权利义务及各方违约的责任。矿业主管部门作为国有自然资源所有者的代理人,在市场交易中属于民事活动的平等一方,而作为社会经济活动的管理者,又必须负起维护市场秩序和社会公正的责任。[③] 政府的双重身份导

---

① 李晓峰:《中国矿业法律制度与操作实务》,法律出版社2007年版,第112页。

② 王家福、黄明川:《土地法的理论与实践》,人民日报出版社1991年版,第217页。

③ 张文驹:《矿权性质及其市场制度》,载《资源产业经济》2003年第10期。

致出让合同既有行政合同性质,又有民事合同性质。①

二、矿业权出让合同的民事合同性质分析

(一)矿业权的性质决定了矿业权出让合同的民事合同性质

我国《物权法》规定,建设用地使用权和探矿权、采矿权均属于用益物权。用益物权是从所有权基础上派生出来的物权,是所有权人让渡其对于物的占有、使用、收益三项权能而形成的民事权利,是一项独立的物权。矿业权产生的基础是国家对矿产资源的所有权。矿业权出让是创设一项物权的行为,而且这项新设的权利是从国家矿产资源所有权中分离出来的。在民法上,出让的本质是用益物权的一种取得方式,属于不动产物权设定的继受取得方式。在矿业权出让行为之前,该用益物权在法律上并不存在,而出让行为发生之后,该权利(矿业权)才得以产生。矿业权出让行为创设用益物权的特点,是行政法律行为和经济管理法律行为所不具备的,其鲜明地反映了矿业权出让行为的民事法律行为特质。

我国《民法通则》规定,财产所有权属于民事权利,矿藏的所有权属于国家。《物权法》在其"总则"的"基本原则"中规定:"国家实行社会主义市场经济,保障一切市场主体的平等法律地位和发展权利。""国家、集体、私人的物权和其他权利人的物权受法律保护,任何单位和个人不得侵犯。"学界普遍认为,我国《物权法》的这些规定,确立了我国物权法上的平等保护原则。我国《物权法》将平等保护原则确立为物权法的首要原则,该原则是我国民法基本原则在物权法中的具体体现,同时也是对宪法同等保护各种所有制成分唯一符合逻辑的解释。② 矿业权作为用益物权所适用的平等保护原则正是民事法律最基本的原则。在矿业权出让合同法律关系中,作为国有矿产资源所有人的代理人的矿业主管部门,其与受让人一样,属于民事主体,并与受让人具有平等的法律地位。③

(二)不能以法律行为主体作为判定矿业权出让合同性质的依据

一般而言,法律行为主体是判断法律行为性质的基础性标准。在更多的情况下,不同主体实施的法律行为,其性质也是不同的。在很长一段时期,主体标准在判断法律行为的性质乃至法律部门的性质方面,一直处于统治地位。但是,随着法律行为的复杂化和法律部门的细分,这种判断标准已经越来越不适应法律部门需要

---

① 王利明:《物权法论》,中国政法大学出版社1997年版,第590~598页。

② 王利明:《物权法研究》(上卷),中国人民大学出版社2007年版,第152页。

③ 蒋文军:《矿产物权疑难法律问题解析与实务操作》,中国法制出版社2008年版,第68页。

精细划分的需求。现代国家虽然主要是以主权者和管理者的身份出现的,但是国家也越来越广泛地参与民事活动。国家在从事民事活动时,是以民事主体的身份出现,而不是以主权和管理者的身份出现。在这种情况下,以主体标准判断法律行为的性质显然不妥,而应当以目的标准,来确定法律行为的性质。判断法律行为的性质,不是完全否定主体标准,而是在作为基础的主体标准与目的标准发生冲突时,优先适用目的标准。行政许可仅仅是催生探矿权这一物权的因素,并不能抹杀探矿权出让的民事性质。[①] 关于矿业权证分别被称为"勘查许可证"和"采矿许可证"的问题,则属于计划经济时代遗留下来的产物。[②] 在矿业权出让行为中,国家以矿产资源所有人的身份授权国土资源部门将矿业权出让给他人,双方按照平等、自愿和有偿原则签订出让合同。

我国《民法通则》第6条规定:"民事活动必须遵守法律,法律没有规定的,应当遵守国家政策。"第7条规定:"民事活动应当尊重社会公德,不得损害社会公共利益,破坏国家经济计划,扰乱社会经济秩序。"根据具体从事民事活动的性质和特点,民事活动主体或多或少都负有公法上的义务和受到公法的限制。虽然矿业权人在行使矿业权的过程中,矿业权的流转受到法律的严格规制;以及矿业权出让合同中含有大量公法上的权利和义务。但是民事主体所承担的公法义务的多寡,并不是区分民事合同和行政合同的标准。[③] 不能以矿业权人承担公法义务和限制的多寡作为认定矿业权出让合同是否属于行政合同的标准。

(三)与矿业权具有同质同源的建设用地使用权的出让合同性质分析

矿业权和建设用地使用权均属于用益物权,两种物权具有同源性和同质性。[④] 实务界人士普遍认为,矿业权在社会经济生活中的法律性质和地位与土地使用权相同。[⑤] 同理,矿业权出让合同与建设用地使用权出让合同也应属于同一法律性质。[⑥] 关于

---

① 王利明教授认为,行政许可只是产生矿业权等准用益物权的方式,并不意味着准用益物权只是一种行政法上的特许权而非民事权利,而且采矿权的产生也符合民法中等价有偿的基本原则要求。参见王利明:《物权法研究》(下卷),中国人民大学出版社2007年版,第273、293页。

② 蒋文军:《矿产物权疑难法律问题解析与实务操作》,中国法制出版社2008年版,第72页。

③ 蒋文军:《矿产物权疑难法律问题解析与实务操作》,中国法制出版社2008年版,第72页。

④ 蒋文军:《矿产物权疑难法律问题解析与实务操作》,中国法制出版社2008年版,第68页。

⑤ 张文驹:《矿权性质及其市场制度》,载《资源产业经济》2003年第10期;孙宏涛、田强:《论矿业权的流转》,载 http://www.lawfz.com/lunwen/minfa/huanjing/20070501/266179_8.html,最后访问日期:2009年6月21日。

⑥ 有观点在阐述矿业权出让合同性质时,也是基于土地使用权出让合同进行类推的。参见李晓峰:《中国矿业法律制度与操作实务》,法律出版社2007年版,第111~112页。

国有土地使用权出让合同的性质,虽然也存在行政合同说和行政民事双重说等不同的观点,但民法学界普遍认为,国有土地使用权出让合同属于民事合同。理由如下:

其一,从立法层面来看,有法律依据。《城镇国有土地使用权出让和转让暂行条例》(1990 年 5 月 19 日,国务院令第 55 号)第 8 条第 1 款规定:“土地使用权出让是指国家以土地所有者的身份将土地使用权在一定年限内让与土地使用者,并由土地使用者向国家支付土地使用权出让金的行为。”第 11 条规定:“土地使用权出让合同应当按照平等、自愿、有偿的原则,由市、县人民政府土地管理部门与土地使用者签订。”《最高人民法院关于审理涉及国有土地使用权合同纠纷案件适用法律问题的解释》(2005 年 6 月 18 日,法释〔2005〕5 号)第 1 条规定:“本解释所称的土地使用权出让合同,是指市、县人民政府土地管理部门作为出让方将国有土地使用权在一定年限内让与受让方,受让方支付土地使用权出让金的协议。”我国《物权法》第 138 条专门就建设用地使用权出让合同予以规定。最高人民法院于 2000 年发布的《民事案件案由规定(试行)》和于 2008 年发布的《民事案件案由规定》均将土地使用权出让合同纠纷列为民事案件的受案范围。由此可见,土地管理部门在土地使用权出让合同法律关系中,其只代表国家对于土地使用权进行处分,并不是以土地管理者的身份出现的。

其二,从相关合同范本中的纠纷解决方式来看,土地使用权出让合同的民事性质。仲裁作为解决平等主体之间合同纠纷和其他财产权益纠纷的方式,如果某种合同属于仲裁法所规定的仲裁范围的范畴,则当然说明了其民事合同的性质。1994 年 1 月 18 日国家土地管理局、国家工商行政管理局《关于发布国有土地使用权出让合同和外商投资企业土地使用合同示范文本的通知》([1994]国土(建)字第 18 号),2000 年 10 月 31 日国土资源部、国家工商行政管理局《关于发布国有土地使用权出让合同示范文本的通知》和 2008 年 4 月 29 日国土资源部、国家工商行政管理总局发布的《国有建设用地使用权出让合同》(示范文本)(GF-2008-2601)中关于国有建设用地使用权出让合同争议的解决方式中均有可以约定仲裁的表述。

其三,国家从事土地使用权出让行为时的法律地位只是一个特殊的民事主体,其与土地使用权受让人的法律地位完全平等。土地使用权出让合同的订立完全遵循平等、自愿、有偿的原则,合同内容也是当事人真实的内心意愿的表达。土地使用权出让金是土地使用权的商品价格。[1] 至于国家根据公共利益的需要依法行使的提前收回土地，或对出让期限届满、闲置的土地依法无偿收回等行政措施，只是国家在土地使用权出让合同法律关系之外依法行使对土地利用的监督管理职权，这也是国家所具有的双重身份的具体体现，但是，并不能就此而认为，关于土地使用权出让合同的规则是超越了私法规则的范围。

（四）矿业权出让合同纠纷作为民事案件的司法实践

虽然最高人民法院于2008年发布的《民事案件案由规定》未明确将矿业权出让合同纠纷纳入民事案由，但是，司法实践特别是最高人民法院的判决实践，已经事实上认为矿业权出让合同属于民事合同性质，因矿业权出让合同产生的纠纷属于民事案件的范畴。譬如河南省高级人民法院二审判决的"卢学强与方城县国土资源局、河南省有色金属地质矿产局第四地质大队侵权赔偿纠纷上诉案"。[2] 特别是，最高人民法院二审判决的"成都鹏伟实业有限公司与江西省永修县人民政府、永修县鄱阳湖采砂管理工作领导小组办公室采矿权出让纠纷上诉案"。[3] 在此案判决中，最高人民法院表述为，"本案中，鹏伟公司所享有的鄱阳湖永修段采砂权虽然是通过竞拍方式取得的，但竞拍只是鹏伟公司与采砂办为订立《采砂权出让合同》所采取的具体方式，双方之间的合同行为仍应受《中华人民共和国合同法》的调整。"

三、矿业权出让资源量不实应当承担违约责任

《矿产资源储量评审认定办法》第3条规定，矿产资源储量是指经过矿产资源勘查和可行性评价工作所获得的矿产资源蕴藏量的总称。矿产储量是经勘查探明具有利用价值的，呈固态、液态、气态的能源矿产、金属矿产、非金属矿产和水气矿产的储藏量。矿产资源储量按照地质勘查的可靠程度可以分为查明的矿产资源和潜在的矿产资源两大类。查明的矿产资源是指经勘查工作已经发现的矿产资源综合，其形态、位置、产状、规模、品位、质量、数量已经查明。可分为储量、基础储量和资源量三大类16种。潜在的矿产资源是指对矿化潜力较大的地区经过预查得出的结果。有足够的数据并能与地质特征相似的已知矿床类型类比的那部分资源量。根据矿产勘查阶段和可行性评价阶段的不同，储量可分为可采储量和预可采储量。

---

① 王利明：《物权法研究》（下卷），中国人民大学出版社2007年版，第116～119页；王家福、黄明川：《土地法的理论与实践》，人民日报出版社1991年版，第217页。

② 参见河南省高级人民法院判决书（（2008）豫法民一终字第116号，2008年11月13日）。

③ 参见最高人民法院判决书（（2008）民二终字第91号，2009年12月19日）。

储量是采矿权评估的关键参数，在很大程度上决定了采矿权的评估价值。作为采矿权评估对象的储量，按照《固体矿产资源/储量分类》（GB/Tl7766 – 1999）的解释，是指基础储量中的经济可开采量，在扣除设计、开采损失后的实际可开采储量，是现时经济可采的部分。储量的级别与大小将对生产规模、基建投资、服务年限等产生至关重要的影响。

本案中，该宗采矿权的挂牌公告、某县政府的相关答复意见及最终的《采矿权出让合同》均明确，可开采资源量为130万吨，而实际上，某建材公司在开采547,210吨后就发现该矿资源已经枯竭。一审法院委托各方当事人共同选定的某省地质调查院对砂石矿可采储量进行了鉴定，基于鉴定结论的结果，明显可以看出本案砂石矿的可开采量明显小于出让合同所约定的资源量。我国《合同法》第113条第1款规定："当事人一方不履行合同义务或者履行合同义务不符合约定、给对方造成损失的，损失赔偿额应当相当于因违约所造成的损失，包括合同履行后可以获得的利益，但不得超过违反合同一方订立合同时预见或者应当预见到的因违反合同可能造成的损失。"本案造成开采量远远小于合同约定的根本原因在于某县国土局的违约行为。虽然采矿权出让人某县国土资源局认为其出让的是采矿权，不负有对矿产资源的储量资料承担责任的义务，且其并未对砂石矿的开发风险作出任何承诺，但由于砂石矿储量和采矿权是紧密联系在一起的，因此，某县国土资源局应当承担相应的违约责任。

四、关于本案的处理问题

本案中，造成某建材公司砂石矿开采量远远小于合同约定的根本原因在于某县国土资源局的违约行为，某县国土资源局应当就此严重违反合同约定的行为承担相应的违约责任。基于我国现行法律的规定，某建材公司有权要求某县国土资源局赔偿可得利益损失。但因为双方在采矿权出让合同中并未对违约责任进行约定，而且依照"谁主张谁举证"的举证分配原则某建材公司在诉讼中也未能提供相应的证据予以证实，故该请求未获法院的支持。

关于县政府是否具有适格的主体资格，应否与县国土资源局连带承担责任的问题，有观点认为，根据合同的相对性原则，合同只在签约的当事人之间发生法律效力，不能约束合同之外的任何第三人。本案的采矿权出让合同系县国土资源局和某建材公司签订的，县政府并不是合同的当事人，故其不应受合同约束。且认为，虽然采矿权挂牌出让须经县政府批准，以及在合同履行过程中县政府向某建材公司出具了一些答复意见，但县政府的批准和就相关问题出具书面材料的行为，均系行使政府职能的具体体现。某建材公司如认为该县政府的行为有违法之处,侵害了自己的合法权益,可通过行政诉讼的方式解决,这与以违约追究县政府的责任是不同的法律关系。就此问题,笔者赞同二审法院的观点,应当认定县政府与国土资源局共同作为本案采矿权的出让方。虽然县政府不是出让合同的签订主体,但其在合同签订前对相关问题的承诺以及在合同履行中对合同主要内容的变更等,均是以出让方的身份实施的,某建材公司也正是基于县政府的承诺,才与国土资源局签订采矿权出让合同的。

至于某地质队是否应当承担违约责任的问题,在本案中,某建材公司与某地质队之间并没有直接的权利义务关系,故让其承担对某建材公司的赔偿责任没有合同依据和法律依据。某县国土资源局若认为某地质队有违约或侵权事宜,其可另案向某地质队主张权利,而非在本案中要求某地质队承担对某建材公司的赔偿责任。

15. 履行采矿权出让合同过程中情势发生变更时如何处理?

——某实业公司与某县政府、某湖采砂管理办公室采矿权出让纠纷上诉案①

【案情介绍】

上诉人(原审原告):某实业公司。

被上诉人(原审被告):某县政府。

被上诉人(原审被告):某湖采砂管理办公室(以下简称采砂办)。

2006 年,某县政府决定以拍卖的方式出让鄱阳湖某县水域 5 号、6 号、7 号、8 号 4 个采区的采砂权。采砂办制作并在"中国投资在线"网站上登载了《某县砂石开发招商引资推介书(鄱阳湖采砂开发项目)》。2006 年 4 月 17 日,某省水利厅作出某水政法字(2006)24 号批复,主要内容为:"原则同意 2006 年鄱阳湖某县部分水域河道采砂开采权拍卖方案。拍卖可采期限为 2006 年 5 月 1 日至 2006 年 12 月 31 日,控制采砂船为 38 条,年控制开采总量为 2320 万吨。"该批复附件载明:"鄱阳湖某县 6 号采区控制泵数 5 艘、年控采量 110 万吨,6-1 号采区控制泵数 5 艘、年控采量 600 万吨,7 号采区控制泵数 10 艘、年控采量 330 万吨,7-1 号采区控制泵数 4

① 成都鹏伟实业有限公司与江西省永修县人民政府、永修县鄱阳湖采砂管理工作领导小组办公室采矿权出让纠纷上诉案(最高人民法院(2008)民二终字第 91 号,2009 年 12 月 19 日)。

艘、年控采量500万吨,8号采区控制泵数2艘、年控采量50万吨,8－1号采区控制泵数2艘、年控采量150万吨;全年禁采四个月以上。”

采砂办委托某拍卖有限公司负责本次采砂权的出让事宜,双方做出了《拍卖会标的清单》和《拍卖会特别约定》。某实业公司竞拍成功。2006年5月10日,采砂办与某实业公司正式签订了《鄱阳湖某县6、7、8号采区采砂权出让合同》(以下简称《采砂权出让合同》)。采砂权出让合同约定:“一、采砂权使用期限自签订本合同之日至2006年12月31日止,同时满足防汛要求;采砂船数量28艘(功率4000kw以内/艘);年控制采量1740万吨;二、拍卖成交金额8228万元(包括税费);……十、本合同约定的采区采砂权使用期限,是根据上级主管部门的批文当年度的有效可采期,实际可采期限以当年水位不能供采砂船只作业时为准。”

自2006年7月以来,江西省持续高温干旱天气,降雨偏少,长江江西段出现同期罕见枯水位,鄱阳湖水大量流入长江,水位急剧下降,出现自20世纪70年代初期以来罕见的低水位。2006年8月18日,因鄱阳湖水位过低造成运砂船难以进入采区,某实业公司被迫停止采砂。

另外,采砂办是某县政府直属事业单位,采砂管理工作领导小组由某县委、县政府相关部门和单位主要领导组成,采砂管理工作领导小组下设采砂办,负责采砂日常工作,其工作经费由某县财政安排。

2007年8月,某实业公司向法院提起诉讼,请求解除其与采砂办签订的《采砂权出让合同》;采砂办、县政府依照合同约定补足135天采期并提供全部税费发票;如采砂办、县政府不能补足采期,则应退还某实业公司多支付的拍卖成交款4727万元(含税费);诉讼费用由采砂办、县政府承担。一审庭审中,某实业公司撤回了补足135天采期的诉讼请求。

【法院审判】

一审法院经审理认为:采砂办是县政府成立的负责采砂日常管理工作的事务性机构,其在县政府的授权下拍卖出让采砂权,该行为的法律后果应由县政府承担。采砂办与某实业公司签订的《采砂权出让合同》系当事人的真实意思表示,内容符合某省水利厅批复文件对采砂泵船数量、年控制采量和禁采期限所作的限制,不违反我国法律、行政法规的强制性规定,应认定为合法有效。根据《采砂权出让合同》第1条有关年控制采量以及第10条有关实际可采期限的约定,某实业公司的采砂权要受到采量和采期的双重限制,即在鄱阳湖某县水域水位可供采砂作业的情况下,某实业公司的采量上限为1740万吨,一旦达到该采量某实业公司就应停止开采,合同履行完毕;当鄱阳湖某县水域水位因季节、气候变化自然下降导致采砂泵船、运砂船无法作业时,即使某实业公司的采量尚未达到1740万吨,某实业公司也只能停止开采,合同权利义务终止。由于鄱阳湖水文状况每年各异,在合同订立时无法准确预见因水位下降导致无法采砂作业的具体时间,故《采砂权出让合同》对采期的表述较为概括,在第10条约定"实际可采期以当年水位不能供采砂船只作业时为准"。因此,关于某实业公司提出该条款表明其取得的采砂权只受采期限制、不受采量限制的诉讼主张,不予采信。根据现有证据材料,可推算出截至2006年8月18日停止采砂作业时,某实业公司的采砂量为2306.7015万吨,已经超出了《采砂权出让合同》约定的1740万吨年控制采量。故《采砂权出让合同》在2006年8月18日之前即因采量达到合同约定而履行完毕,在合同履行完毕以后发生的无水供采现象,不论是否属于不可抗力均不能构成解除合同的理由。故某实业公司提出的因不可抗力致使部分采砂权益没有实现,要求解除《采砂权出让合同》的诉讼请求,不予支持。况且,即使如某实业公司所称,本案1740万吨砂石开采权的收益与8228万元的合同价款不构成合理对价,因其投标竞拍是期望取得一定期限的采砂权,某实业公司取得采砂权后,为获取经济利益必然违反某省水利厅批复文件的限制进行超量开采,某实业公司的该合同目的具有不法性。根据民法的不法原因给付理论,某实业公司在不法合同目的无法实现的情况下诉求返还已经支付的部分合同价款,法律亦不应给予保护。关于某实业公司诉求提供税票的问题,因《采砂权出让合同》未作约定,不属于本案审理范畴。本院经审判委员会讨论决定,依照《合同法》第8条、《民事诉讼法》第128条之规定,判决:驳回某实业公司的诉讼请求。案件受理费306,350元,由某实业公司负担。

某实业公司不服一审法院上述民事判决提起上诉称:(1)双方签订的《采砂权出让合同》中对于采砂量的限制并非双方真实的意思表示。采砂办在"中国投资在线"网站发布的公开拍卖《推介书》中介绍,开采期长达200天,销售额可达7~10亿元。按此计算,年采砂量可达一亿吨以上。某实业公司中标后,在与采砂办签订出让合同时,对合同条款中增加的采量限制条款当时就提出异议,某县委、县政府主要领导解释,合同上加上采量限制是"为了对付省水利厅的检查",并向上诉人承诺采砂量"实际不受限制"。如果限制1740万吨的采量,销售额尚不足1.4亿元,按每吨毛利2元计算,采砂权人毛收入仅有3480万元,项目干下来,采砂权人不仅赚不到钱,反而要赔4800万元。一审法院认定某实业公司实际采砂2306.7万吨,证据不足与实际不符。(2)合同在履行过程中,出现了百年不遇的特大旱灾,使采砂有效开采期比合同约定的有效开采期减少135天,合同目的不能实现。某实业公司取得的是采砂权，但合同实际履行过程中，某实业公司没有依合同获得相应的矿产产品，采砂办和县政府没有失去相应数额的矿产资源，却按照合同取得了全部价款，造成合同履行的不公平，有悖于合同法的基本原则。(3)鉴于采砂办和县政府不能用延展采砂期的方式允许上诉人继续采砂，变更合同，弥补损失已经失去了可能性，某实业公司只能要求采砂办和县政府返还合理对价以外的部分合同价款，按照某实业公司实际行使采砂权的期限和合同约定的235天的采砂天数的比例，返还某实业公司4727万元。按照出让合同约定，某实业公司缴纳的税费3350万元一并包含在合同总价款之中，已经采砂办代收，但采砂办并未交纳该笔费用，采砂办和县政府有义务将多交的部分返还给某实业公司。某实业公司一审的诉讼请求是合理合法的，请求二审撤销原审判决，改判支持一审的诉讼请求。

被上诉人县政府及采砂办答辩称：(1)《采砂权出让合同》内容真实，合法有效。1740万吨是上级行政主管部门对年采量的行政许可限制。《采砂权出让合同》明确约定年控制采量为1740万吨，某实业公司在合同上签字并加盖公章表明其对合同确认无异议。某实业公司以《推介书》、《可行性报告》等否认该约定，称该约定不是双方真实意思表示，不足采信。《推介书》、《可行性报告》非《采砂权出让合同》的组成部分，对合同双方不具有法律约束力。某实业公司称县领导承诺不限量开采，但并未提出证据证实是哪位领导在何时何地作出过该承诺。(2)某实业公司认为合同履行过程中，出现了百年不遇的特大旱灾，使采砂有效开采期比合同约定的有效开采期减少135天，造成合同实际履行上的不公平不能成立。首先，《采砂权出让合同》关于："采砂权使用期限自签订本合同之日至2006年12月31日止"、"采砂权实际可采期限以当年水位不能供采砂船只作业时为准"的规定是合同履行期限和实际可采期限的约定，合同并没有约定有235天的必采期。既然不存在235天必采期的约定，就不存在减少135天有效开采期。鄱阳湖采砂是一项依靠水位操作的特殊行业，开采时间的长短取决于鄱阳湖水位的高低，鄱阳湖水位丰枯的自然现象决定了采砂不可能采至当年11月以后，某实业公司提供的水文资料也充分证明了这一事实。(3)鄱阳湖采砂是一项高风险、高效益的特殊行业，具有时间性、季节性的显著特点，本身蕴含了巨大的商业风险。某实业公司参加采矿权竞买，即表明其对该风险知晓并认可。因此，8月18日以后出现低水位不能供采是某实业公司应自行承担的商业风险。某实业公司以情势变更为由认为履行结果不公平没有法律依据。截至8月18日，某实业公司开采量达2306.7015万吨，已超过年控制采量1740万吨，合同目的已实现，其后发生的低水位不能供采现象，不可能造成合同履行结果上的不公平。某实业公司缴纳的8228万元中4678万元是通过拍卖程序竞价确定的采砂权拍卖价款,不存在情势变更问题;3550 万元是行政主管部门根据行政法律关系按 1740 万吨年控制采量计征的税费,更不存在情势变更问题。某实业公司要求返还合理对价以外按实际采砂期限与 235 天采砂天数的比例折算的价款 4727 万元的请求依法不能成立。请求驳回上诉,维持原判。

二审法院对一审查明的事实予以确认。

二审法院认为:采砂办通过公开拍卖的方式与某实业公司签订的《采砂权出让合同》系当事人的真实意思表示,合同内容不违反法律、行政法规的禁止性规定,应认定为合法有效。

《采砂权出让合同》约定:采砂权使用期限自签订本合同之日起至 2006 年 12 月 31 日止,年控制采量 1740 万吨;本合同约定的采区采砂权使用期限,是根据上级主管部门的批文当年度的有效可采期,实际可采期限以当年水位不能供采砂船只作业时为准。对上述约定,某实业公司认为合同中约定的 1740 万吨采砂限制并不是某实业公司和采砂办的真实意思,县政府主要领导在签订合同时解释,合同加上采量限制是为了应对省水利厅的检查,并承诺采砂量实际不受限制。某实业公司在本案一审审理中以采砂办在网站发布的公开拍卖《推介书》和采砂办工作人员编写的《可行性报告》作为其证明上述主张的证据。县政府和采砂办认为,年控制采量 1740 万吨是上级行政主管部门对年采量的行政许可限制,某实业公司对《采砂权出让合同》关于 1740 万吨的约定无异议才签字盖章。该约定是明确的,不能以《推介书》和个人撰写的《可行性报告》来否定合同的效力。

对此,本院认为,采砂办在“中国投资在线”网站发布的公开拍卖《推介书》是对公开拍卖采砂权事宜向社会不特定对象发出的要约邀请,在受要约人与之建立合同关系,且双方对合同约定的内容产生争议时,该要约邀请对合同的解释可以产生证据的效力。采砂办工作人员编写的《可行性报告》与《推介书》的内容是一致的,是对要约的具体化和解释,在本案中可以作为证据使用。该《推介书》、《可行性报告》均以 5 号、6 号、7 号、8 号 4 个采区投资金额 1.1 亿元人民币为例对竞拍取得采砂权进行了宣传。按《可行性报告》开采期较少的 180 日计算口径,湖砂每吨 8 元,投资方按 30% 的比例提取提成款,则开采 1740 万吨湖砂利润为 4176 万元,也即如果将合同解释为限量的 1740 万吨,那么某实业公司的投资回报仅为 4176 万元,同支付采砂办的采砂权价款及税费共计 8228 万元相较,显然不成比例。故某实业公司关于 1740 万吨采砂限制并不是某实业公司和采砂办的真实意思表示,《采砂权出让合同》系限时不限量合同的主张,本院予以支持。在实际履行合同过程中,作为采砂的监管部门,采砂办并未对某实业公司的采量加以监管和限制,在本案一审、二审过程中也未能提供某实业公司采砂的具体数字、采量到达1740万吨的具体时间及此后采取了何种管理措施的证据，表明其对1740万吨的采砂限量并不真正关心，该行为可以间接证明《采砂权出让合同》并非真实的限量合同。

在本案的一审过程中，采砂办举证某实业公司运砂20,900船次，对此某实业公司予以认可，原审法院根据运沙船的平均吨位估算出某实业公司实际采砂2306.7015万吨，某实业公司称使用大船的平均吨位计算不科学，但并未提供实际采量的相关证据，原审法院的上述认定并无不妥，应予维持。根据《推介书》、《可行性报告》载明的投资回报计算方法，以某实业公司实际采量2306.7015万吨计算，某实业公司实际收入为5534万余元，与其支付的8228万元相比，其仍然处于亏损状态。

根据原审查明的事实，某实业公司在2006年5月10日签订《采砂权出让合同》后即开始采砂工作，至2006年8月18日停止采砂，共计开采100天。停止采砂的原因是：自2006年7月以后，江西省持续高温干旱天气，降雨偏少，长江江西段出现同期罕见枯水位，鄱阳湖水大量流入长江，水位急剧下降，出现自20世纪70年代初期以来罕见的低水位。因鄱阳湖水位过低造成运砂船难以进入采区，某实业公司被迫停止采砂。根据江西省水文局档案资料记载，2006年8月18日湖口水道星子站日平均水位为13.05米，该水位自1970年以来一般出现在10月中下旬以后。对上述事实双方均无异议。故可以认定，受36年未遇的鄱阳湖罕见低水影响，某实业公司采砂提前结束，该自然灾害与某实业公司的亏损具有直接的因果关系。对此，某实业公司和采砂办均无异议。

公平原则是当事人订立、履行民事合同所应遵循的基本原则。最高人民法院《关于适用〈中华人民共和国合同法〉若干问题的解释（二）》第26条规定："合同成立以后客观情况发生了当事人在订立合同时无法预见的、非不可抗力造成的不属于商业风险的重大变化，继续履行合同对于一方当事人明显不公平或者不能实现合同目的，当事人请求人民法院变更或者解除合同的，人民法院应当根据公平原则，并结合案件的实际情况确定是否变更或者解除。"本案中，某实业公司所享有的鄱阳湖某段采砂权虽然是通过竞拍方式取得的，但竞拍只是某实业公司与采砂办为订立《采砂权出让合同》所采取的具体方式，双方之间的合同行为仍应受《合同法》的调整。某实业公司在履行本案《采砂权出让合同》过程中遭遇鄱阳湖36年未遇的罕见低水位，导致采砂船不能在采砂区域作业，采砂提前结束，未能达到《采砂权出让合同》约定的合同目的，形成巨额亏损。这一客观情况是某实业公司和采砂办在签订合同时不可能预见到的，某实业公司的损失也非商业风险所致。在此种情况下，仍旧依照合同的约定履行，必然导致采砂办取得全部合同收益，而某实业公司承担全部投资损失,对某实业公司而言是不公平的,有悖于合同法的基本原则。某实业公司要求采砂办退还部分合同价款,实际是要求对《采砂权出让合同》的部分条款进行变更,符合合同法和本院上述司法解释的规定,本院予以支持。

根据采砂办《推介书》、《可行性报告》载明的投资回报计算方法推算,某实业公司开采2306.7015万吨湖砂收入为5534余万元,其开采实际天数为100天,即每日收入55.34万元。按此进度,要收回成本,抵消其已支付的8228万元采砂权价款及税费,某实业公司至少应采砂149天。另根据一审查明的事实,2006年8月18日,因鄱阳湖水位过低造成运砂船难以进入采区,某实业公司被迫停止采砂。据江西省水文局档案资料记载,在此时点,鄱阳湖湖口水道星子站日平均水位为13.05米,该水位自1970年以来一般出现在10月中下旬以后。据此推算,如未遇到自1970年以来的极低水位,某实业公司的采砂时间应当可以至160日左右。上述两种推算方法所确定的采砂期限与采砂办的《推介书》和《可行性报告》中对采砂期的宣传是基本吻合的。根据损失共担的公平原则,结合本案的实际情况,本院酌定采砂办应补偿某实业公司6号、7号、8号采区采砂共计30日。鉴于鄱阳湖采砂具有较强的季节性,且取得采砂权须经较为严格的行政许可程序,双方在本院二审中对补偿采期问题不能达成一致,采砂办应当退还部分采砂权出让价款以替代采期补偿。

某实业公司一审请求采砂办退还其多支付的拍卖成交款4727万元,该项诉讼请求实际包含两项内容,即要求采砂办退还部分采砂权出让价款,同时退还其多缴纳的各种税费。纳税人缴纳税收及向行政机关缴纳规费不是平等主体之间的民事行为,不宜作为民事案件审理,故对某实业公司要求采砂办退还部分采砂税费的诉讼请求本案不予审理,某实业公司可向有关行政机关另行主张权利或作为行政案件另行起诉。某实业公司支付的8228万元拍卖成交款中,采砂权出让价款为4678万元,以采砂期限130日计算,每日为35.98万元,某实业公司实际少采砂30天,故采砂办应返还某实业公司采砂权出让价款1079.54万元。

采砂办是县政府直属事业单位,系县采砂管理工作领导小组的日常办事机构。采砂管理工作领导小组由县委、县政府相关部门主要领导组成。采砂办经费来源为财政拨款,无独立承担民事责任的行为能力,故某县政府应与采砂办共同承担本案的民事责任。

综上,原审判决认定事实清楚,但适用法律有误,实体处理不当,本院予以纠正。某实业公司的部分上诉请求有事实和法律依据,本院予以支持。本院依照《合同法》第5条、最高人民法院《关于适用〈中华人民共和国合同法〉若干问题的解释(二)》第26条、《民事诉讼法》第153条第1款第2项之规定,判决如下:

1. 撤销某省高级人民法院(2007)某民二初字第 12 号民事判决;

2. 某县政府、某县鄱阳湖采砂办于本判决生效之日起 30 日内退还某实业公司采砂权出让价款 1079.54 万元;

3. 驳回某实业公司的其他诉讼请求。

【律师评析】

本案主要涉及对于合同履行中情势变更的认定和处理问题。

一、情势变更原则的基本含义

情势变更原则是民法学上的一项重要原则,是指合同有效成立后,因不可归责于双方当事人的事由发生客观情况的重大变化而使合同的基础动摇或者丧失,若继续维持合同会显失公平,因此允许变更合同内容或解除合同的原则。[①] 所谓情势是指客观情况,泛指一切与合同有关的客观事实,如战争、金融危机甚至经济危机、重大政策调整等。《最高人民法院关于适用〈中华人民共和国合同法〉若干问题的解释(二)》(法释〔2009〕5 号)(以下简称《合同法解释二》)在合同的权利义务终止方面,根据《合同法》关于公平原则的规定,参考《劳动合同法》第 40 条的规定,在其第 26 条规定了情势变更条款:"合同成立以后客观情况发生了当事人在订立合同时无法预见的、非不可抗力造成的不属于商业风险的重大变化,继续履行合同对于一方当事人明显不公平或者不能实现合同目的,当事人请求人民法院变更或者解除合同的,人民法院应当根据公平原则,并结合案件的实际情况确定是否变更或者解除。"《合同法解释二》关于情势变更的规定解决了合同订立后显失公平的问题,一方面,为人民法院在审判实践中为取得最好的法律效果和社会效果而适用情势变更提供了法律依据;另一方面,在实质要件上作出了规定,从而规范了在情势变更制度适用时的自由裁量权。

实践中,最高人民法院 1992 年关于湖北省和重庆市两个公司之间购销煤气表的合同纠纷案件的复函是对情势变更原则的实际诠释。[②] 在此复函中,最高人民法院认为,在合同履行过程中,由于发生了当事人之间无法预见和防止的情势变更,即生产煤气表原材料的铝锭原来是每吨 4400 元至 4500 元,后来国家上调到 1.6 万

---

① 王家福主编:《中国民法学 · 民法债权》,法律出版社 1991 年版,第 393 页。

② 《最高人民法院关于武汉市煤气公司诉重庆检测仪表厂煤气表装配线技术转让合同购销煤气表散件合同纠纷一案适用法律问题的函》(1992 年 3 月 6 日,法函〔1992〕27 号)。

元。在这种情况下,如果按原来的合同价格履行,对供方显失公平,因此应确认解除这个合同,免除供方的违约责任。这是最高人民法院用复函的形式确立了情势变更原则。《全国经济审判工作座谈会纪要》(1993 年 5 月 6 日,法发〔1993〕8 号)指出:由于不可归责于当事人双方的原因,作为合同基础的客观情况发生了非当事人所能预见的根本性变化,以致合同履行显失公平的,可以根据当事人的申请,按情势变更原则变更或解除合同。我国台湾地区"民法债编"修正案,明文规定了情势变更原则。我国参加的《联合国国际货物销售合同公约》(第 79 条第 1 项)、《维也纳条约法公约》、《国际商事合同通则》以及 1998 年 7 月修订的《欧洲合同法原则》等也规定了情势变更原则。

二、情势变更原则的适用条件

《国际商事合同通则》规定,因发生根本改变双方当事人利益均衡的事件,当事人双方在合理时间内不能协商一致的,任何一方当事人都可以请求法院变更或者终止该合同。该事件应当符合下列条件:(1)事件的发生是在订立合同之后;(2)当事人订立合同时不能合理预见事件的发生;(3)当事人不能克服事件的发生;(4)事件的发生不属于正常的商业风险。

因此,就情势变更原则的适用条件而言,可以归结为:(1)在客观上,需有情势变更的客观事实。这是适用该原则的前提条件。(2)在主观上,情势的变更需是当事人无主观过错。即情势变更的发生,必须是因不可归责于双方当事人的事由引起的,才可能适用该原则。如果情势的变更因可归责于当事人的事由所造成的,则有主观过错的当事人应当承担由此而产生的风险,其不得以情势变更为由来请求免除自己的过错责任。也就是说,作为民法基本支柱的"过错责任"论不能受到情势变更原则的冲击。(3)在原因上,需有情势变更发生的不可预见性。最高人民法院民二庭负责人就《关于当前形势下审理民商事合同纠纷案件若干问题的指导意见》(法发〔2009〕40 号)(以下简称《民商事合同纠纷指导意见》)答记者问中提出在确定是否可预见时,应审查三个因素:其一,预见的时间。预见的时间应当是合同缔结之时。其二,预见的标准。该标准应为主观标准,即以遭受损失一方当事人的实际情况为准。其三,风险的承担。如果根据合同的性质可以确定当事人在缔约时能够预见情势变更或者自愿承担一定程度的风险,则自无运用情势变更之余地。例如,合同标的物是石油、焦炭、有色金属等市场属性活泼、长期以来价格波动较大的大宗商品或者是股票、期货等风险投资型金融产品,通常不宜适用情势变更原则。(4)在时间上,情势变更须发生在合同生效以后、合同关系终止以前。即情势变更须发生在合同履行期间，当事人才能主张适用情势变更原则。(5)在结果上，须因情势变更而致使原合同的履行将对一方当事人没有意义或者造成重大损失，即当事人之间的权利义务显失公平。这是适用情势变更原则的实质性条件，适用这一原则的目的在于救济因情势变更所引起的交易上显失公平的结果。(6)在程序上，协商程序是适用情势变更原则的必须程序，即情势发生变更，一方当事人首先应与对方就合同内容重新进行协商，只有协商不成时，才能通过法定程序向法院或仲裁机构提出适用这一原则的请求。

三、情势变更与相关概念的区别

关于情势变更与商业风险的区分。商业风险，是指商事主体在从事商事活动中因经营失利而应该承担的正常可能出现的损失。在德国的判例上还创造了仅仅因为价格超常涨落而使一方当事人履行合同即遭受“经济废墟”或“生存毁灭”等概念。① 情势变更与商业风险虽然不易区分，但两者在风险的固有性、风险的可预见性、风险的可归责性等方面并不相同。最高人民法院印发的《民商事合同纠纷指导意见》(法发〔2009〕40 号)明确了情势变更与商业风险的区分标准。《民商事合同纠纷指导意见》(法发〔2009〕40 号)提出应当从风险是否为固有风险、是否属于社会一般观念上的事先无法预见、风险程度是否远远超出正常人的合理预期、风险是否可以防范和控制、交易性质是否属于通常的“高风险高收益”范围等多种因素，并结合市场的具体情况，在具体的个案中识别情势变更和商业风险。

关于情势变更与不可抗力的区分。情势变更与不可抗力有许多相似之处，例如二者都是不可预见、不可避免的客观情况，都可以作为免责事由，甚至有学者将不可抗力作为情势变更的特殊情形，但我国的主流观点是将二者区别开来。情势变更与不可抗力的区别主要表现在以下方面：第一，含义不同。不可抗力所指的是“客观情况”，即不能预见、不能避免并且不能克服的客观情况；而情势变更则强调的是“不可归责”，指客观情势发生了异常变化，致使履行合同的基础发生动摇或丧失，且不可归责于一方当事人。第二，范围不同。不可抗力由自然或社会两种因素引起。前者如水灾、地震、台风、火山爆发、泥石流等，后者如战争、暴乱、罢工、革命等。情势变更是指当事人主观上无法预见发生的意外事变，这种事变当事人既无过失，又无法防止，不能归责于当事人任何一方。第三，适用条件不同。不可抗力既适用合同行为，也适用侵权行为，属于“当然免责”。而情势变更仅适用于合同关

① 韩世远：《合同法总论》，法律出版社 2008 年版，第 340 页。

系，属于“裁量免责”。第四，法律后果不同。不可抗力会引起履行不能或者部分履行不能。而情势变更则能够履行，只是若履行会致使合同双方的权利和义务不对等，导致显失公平。

四、适用情势变更原则的法律效果

最高人民法院《民商事合同纠纷指导意见》（法发〔2009〕40号）提出了情势变更原则的一般适用原则。其提出在调整尺度的价值取向把握上，人民法院仍应遵循侧重于保护守约方的原则。适用情势变更原则并非简单地豁免债务人的义务而使债权人承受不利后果，而是要充分注意利益均衡，公平合理地调整双方利益关系。在诉讼过程中，人民法院要积极引导当事人重新协商，改订合同；重新协商不成的，争取调解解决。为防止情势变更原则被滥用而影响市场正常的交易秩序，人民法院决定适用情势变更原则作出判决的，必须严格履行适用情势变更的相关审核程序。为此，最高人民法院专门发布了《关于正确适用〈合同法〉若干问题的解释（二）服务党和国家的工作大局的通知》（2009年4月27日，法〔2009〕165号）。该通知要求，各级人民法院务必正确理解，慎重适用，如果根据案件的特殊情况，确须在个案中适用的，应当由高级人民法院审核，必要时应报请最高人民法院审核。

根据相关规定，适用情势变更原则产生的法律效果主要体现在以下两个方面：

一是变更合同。即变更合同内容，消除显失公平的结果，使合同在公平基础上得到履行。适用情势变更原则变更合同的方式主要有以下几种：（1）增减履行标的数量。实践中增减履行标的数量可同时进行，使双方当事人的履行都发生变更，从而平衡双方的利益。如在商品房买卖或货物销售合同中，如遇严重通货膨胀时，卖方可以要求买方增加应支付的金钱数额并减少自己应交付的标的物数量，使双方履行标的均发生变动，以分担交易风险。（2）变更履行期限，分期或延期履行。从鼓励交易的目的出发，如果采取分期或延期履行能够消除情势变更所导致的显失公平结果的，即应采取此种方式平衡当事人之间的利益。（3）变更标的物。因情势变更致使当事人一方不能交付原合同标的物，如果是特定种类物，可允许以同一种类物替代履行。（4）拒绝先为履行。指在双务合同中，依合同约定，一方当事人得先为履行，在履行期到来时，相对方因情势变更导致财产状况恶化或信用发生危机等情况，难以作出对待给付，则一方当事人在他方没有提供依合同作出对待履行的担保时，可拒绝先为履行。

二是解除合同。即解除（或终止）原合同关系，并免除当事人的法律责任。实践中，如果采取变更合同内容的方式仍不足以消除情势变更给一方当事人所带来的显失公平结果的,该当事人可以请求解除合同关系。需要指出的是,适用情势变更原则解除合同,在一般情况下没有溯及力。如在承包、租赁、供应等长期履行的合同中,因情势变更须解除合同关系时,通常应终止合同,并无溯及既往的效力。只有在终止合同仍不能使双方当事人获得公平结果时,才应使合同关系溯及既往地解除,使合同关系自始消灭。基于情势变更更易适用这一原则终止或解除合同,应免除当事人不履行合同的责任,且相对方不得对此请求损害赔偿。

五、关于本案的处理问题

本案中,采砂办在网站发布的公开拍卖《推介书》的行为,实质上是就公开拍卖事宜向社会不特定对象发出的要约邀请,在受要约人与之建立合同关系,且采砂办工作人员编写的《可行性报告》与《推介书》的内容是一致的,是对要约的具体化和解释,当某实业公司与采砂办对于合同所约定的内容产生争议时,该要约邀请对合同的解释可以产生证据的效力。故二审法院认可了某实业公司所主张的《采矿权出让合同》系限时不限量合同。另外,鄱阳湖发生 36 年未遇的罕见低水位导致某实业公司采砂提前结束,未能达到《采砂权出让合同》所约定的合同目的,形成巨额亏损。该自然灾害与某实业公司的亏损之间具有直接的因果关系,且该风险不属于商业风险,系某实业公司在订立合同时无法预见到的。此种情况下如仍按原合同履行,必然导致采砂办取得全部合同收益,而某实业公司则承担全部的投资损失,对某实业公司而言是不公平的,有悖于《合同法》的基本原则。故二审法院根据"情势变更原则"对原合同的内容予以变更可以说是对双方当事人均比较公平的一种选择。

(二)探矿权转让纠纷

16. 因未办理延续或保留而导致探矿权转让无法过户时如何处理?

——甲工贸公司与乙科技公司探矿权转让纠纷上诉案①

【案情介绍】

上诉人(原审原告):甲工贸公司。

---

① 成都众辰工贸公司与被上诉人成都经纬星科技有限责任公司探矿权转让纠纷上诉案(成都市中级人民法院(2010)成民终字第 126 号,2010 年 3 月 9 日)。

被上诉人(原审被告):乙科技公司。

2005年8月31日,甲工贸公司与乙科技公司签订了《合作勘查协议》。双方约定:乙科技公司确保其所取得的名称为云南某铅锌矿普查、证号为5300××××10523的探矿权证真实有效,无任何纠纷;乙科技公司协助甲工贸公司完成合作后第一个勘查年度探矿权的年检,年检资料及费用由甲工贸公司负责;协议生效后,甲工贸公司一次性向乙科技公司支付人民币10万元,甲工贸公司拥有上述探矿权证、探矿区的开发权益及投资收益;乙科技公司应向甲工贸公司移交探矿权证及相关资料,探矿区的勘查工作由甲工贸公司组织实施;勘查时间满两年后,乙科技公司协助甲工贸公司将该探矿权转让变更到甲工贸公司或甲工贸公司指定的企业,甲工贸公司不再支付其他任何转让费用(甲工贸公司只承担过户手续费用)。

2007年6月6日,乙科技公司拥有的5300××××10523号探矿证证号变更为5300××××30704,有效期限为2007年6月6日至2009年6月5日。但该探矿权证有效期限2009年6月5日届满前未在法定期限内到登记管理机关办理延续或者保留登记手续。

之后,甲工贸公司起诉,要求判令乙科技公司将讼争的探矿权按照合同约定过户到其指定的某咨询有限公司。

【法院审判】

一审判决认为,首先,《矿产资源法》第6条和《探矿权采矿权转让管理办法》第3条均明确规定,探矿权人在完成规定的最低勘查投入后,经依法批准,可以将探矿权转让他人。国务院地质矿产主管部门和省、自治区、直辖市人民政府地质矿产主管部门是探矿权、采矿权转让的审批管理机关。但甲工贸公司、乙科技公司均未向法庭提交合法有效的证据证明该转让已经有关主管部门依法审批。其次,《探矿权采矿权转让管理办法》第5条规定了转让探矿权应具备的条件,其中第4款明确规定"按照国家有关规定已经缴纳探矿权使用费、探矿权价款"。但本案中没有合法有效的证据可以证明乙科技公司缴纳了上述费用。最后,省国土资源厅某国土资(2008)398号《某省国土资源厅关于进一步规范矿产资源勘查登记管理的通知》第29条规定,探矿权人发生变化,应在勘查许可证有效期届满的80日前,向省国土资源厅申请办理探矿权转让变更登记手续。而本案涉及的证号为5300××××30704号探矿权证的有效期限为2007年6月6日至2009年6月5日,按上述规定,最迟应当在探矿权有效期前80日即2009年3月15日前向省国土资源厅申请办理探矿权转让变更登记手续,但甲工贸公司、乙科技公司均未向法庭提交合法有效的证据证明在上述期限内向省国土资源厅提出申请办理探矿权转让变更登记手续。综上所述，由于将讼争的探矿权转让他人存在事实上和法律上的不能，故甲工贸公司要求判令乙科技公司将讼争的探矿权按照合同约定过户到其指定的成都某咨询有限公司的诉讼请求原审法院不予支持。据此，依照《民事诉讼法》第 64 条第 1 款、《最高人民法院关于民事诉讼证据的若干规定》第 2 条之规定，判决：驳回原告甲工贸公司的诉讼请求。

宣判后，原审原告甲工贸公司不服，提出上诉，其上诉理由为：上诉人与乙科技公司签订的《合作勘查协议》真实有效，乙科技公司应按约履行；原审法院认定讼争探矿权在事实上和法律上不能过户没有法律依据，《合作勘查协议》未经审批不会导致讼争探矿权不能过户，上诉人不应承担乙科技公司是否交纳探矿权使用费的举证责任，讼争探矿权不存在法律上不能过户的情形，《某省国土资源厅关于进一步规范矿产资源勘查管理登记的通知》只是规范性文件，其本身不具有法律位阶的效力，不能成为讼争探矿权不能过户的理由，且该通知并未表明不在勘查许可证有效期届满 80 日前申请办理变更登记手续就会导致探矿权转让合同无效或不能过户，即使上诉人没有在该通知规定的期限内申请办理转让手续，也并不代表该探矿权事实上和法律上已不能过户。故请求撤销原审判决，支持上诉人的诉讼请求。

被上诉人乙科技公司答辩称：原判正确，请求维持。

二审法院审理查明的事实与一审查明的事实一致。

二审法院认为，本案系探矿权转让纠纷，甲工贸公司要求乙科技公司将该公司名下的证号为 5300××××30704 号探矿权证过户至甲工贸公司指定的另一公司名下。本案所涉探矿权证是否应当过户，其前提应当是该探矿权证至今仍合法有效。根据国务院《矿产资源勘查区块登记管理办法》第 10 条规定："……探矿权人应当在勘查许可证有效期届满的 30 日前，到登记管理机关办理延续登记手续，……探矿权人逾期不办理延续登记手续的，勘查许可证自行废止。"第 21 条规定："探矿权人在勘查许可证有效期内探明可供开采的矿体后，经登记管理机关批准，可以停止相应区块的最低勘查投入，并可以在勘查许可证有效期届满的 30 日前，申请保留探矿权。"《某省国土资源厅关于进一步规范矿产资源勘查登记管理的通知》中也有关于探矿权人申请延续探矿权或保留探矿权应当在勘查许可证有效期限届满前的规定。而本案涉及的探矿权证至 2009 年 6 月 5 日届满，现乙科技公司称其在该日期前没有向省国土资源厅申请延续或保留探矿权，甲工贸公司也无相关证据证明办理了延续或保留探矿权的手续，故本案所涉探矿权证的过户确实存在法律上的不能。因此，原审判决驳回甲工贸公司的诉讼请求并无不当，本院予以维持。据此，依照《民事诉讼法》第153条第1款第1项之规定,判决如下:驳回上诉,维持原判。

【律师评析】

本案主要涉及探矿权转让人未尽到善良注意义务导致探矿权证灭失的责任承担问题。

一、探矿权转让合同未经批准同意未生效

国土资源部《矿业权出让转让管理暂行规定》第42条规定:"合作勘查或合作开采经营是指矿业权人引进他人资金、技术、管理等,通过签订合作合同约定权利义务,共同勘查、开采矿产资源的行为。"第6条第1款规定:"矿业权人可以依照本规定,采取出售、作价出资、合作勘查或开采、上市等方式依法转让矿业权。"第36条第1款规定:"矿业权转让是指矿业权人将矿业权转移的行为,包括出售、作价出资、合作、重组改制等。"第44条第2款规定:"不设立合作、合资法人勘查或开采矿产资源的,在签订合作或合资合同后,应当将相应的合同向登记管理机关备案。"依照上述规定,合作勘查属于合法的矿业权转让行为,应当受到法律保护。合作合同的备案表现了国家相关机关对公民民事法律行为的监督或管理,主要目的是"知晓"在当事人之间已经发生了这一民事法律行为,目的是保证合作他方的勘查出资权益,利于矿政管理。"向登记管理机关备案"只是对合作形式的管理性规定,并非效力性强制规定。因此,备案并不是合作勘查合同生效的必备要件,不备案仅具有不能对抗第三人的效力。

本案名为合作勘查实为存在探矿权主体变更的转让,故需要履行相应的审批程序,其合同效力的认定应当以登记管理机关的审批这一法定生效要件为准。《合同法》第44条规定:"依法成立的合同,自成立时生效。法律、行政法规规定应当办理批准、登记等手续生效的,依照其规定。"国务院颁布的《探矿权采矿权转让管理办法》第10条第3款规定:"批准转让的,转让合同自批准之日起生效。"国土资源部《矿业权出让转让管理暂行规定》第46条规定:"矿业权转让的当事人须依法签订矿业权转让合同。依转让方式的不同,转让合同可以是出售转让合同、合资转让合同或合作转让合同。转让申请被批准之日起,转让合同生效。"《最高人民法院关于适用〈中华人民共和国合同法〉若干问题的解释(一)》第9条规定:"法律、行政法规规定合同应当办理批准手续或者办理批准登记手续才生效。在一审法庭辩论终结前当事人仍未办理批准手续的,或者仍未办理批准、登记手续的。人民法院应当认定该合同未生效;法律、行政法规规定合同应当办理登记手续。但未规定登记

后生效的，当事人未办理登记手续不影响合同的效力，合同标的物所有权及其他物权不能转移。”本案当事双方所签订的名为合作勘查实为探矿权转让的合同，应当自转让申请被审批机关批准之日起生效。由于本案双方没有履行相应的审批程序，因此，该转让合同处于尚未生效的状态。

二、未尽到注意义务导致探矿权证灭失违反诚实信用原则

地质勘查工作是探索性很强的工作，在规定的期限内虽完成了勘查设计、进行了部分勘查工作，但可能由于种种原因，没有完全实现勘查目的，探矿权人希望延长勘查工作时间，登记管理机关允许探矿权人延长勘查许可证期限，但探矿权人必须在完成最低勘查投入和履行了探矿权人义务的基础上，履行相应的延续申请手续。根据《矿产资源勘查区块登记管理办法》第 10 条的规定，需要延长勘查工作时间的，探矿权人应当在勘查许可证有效期届满的 30 日前，到登记管理机关办理延续登记手续，每次延长时间不得超过两年。探矿权人逾期不办理延续手续的，勘查许可证自行废止。探矿权保留制度是指探矿权人探明了可供开采的矿体后，在勘查许可证有效期届满前，提出探矿权保留的申请，经登记管理机关批准，可以停止相应区块的最低勘查投入，并在一定时期内保有探矿权的权利。我国《矿产资源勘查区块登记管理办法》第 21 条规定，探矿权人在勘查许可证有效期内探明可供开采的矿体后，经登记机关批准，可以停止相应区块的最低勘查投入，并可以在勘查许可证有效期届满的 30 日前，向登记管理机关申请保留探矿权。根据《矿产资源勘查区块登记管理办法》及相关法律法规的规定，探矿权人申请办理探矿权延续或者保留登记均应当具备一定的条件要求。

本案涉及的探矿权证至 2009 年 6 月 5 日届满，因此，应当在法定期限内到登记机关办理延续或者保留登记手续。但乙科技公司和甲工贸公司在该日期前均没有申请延续或保留探矿权，按照上述法规规定，乙科技公司的勘查许可证应该已经“自行废止”。就当事双方合同的权利义务来讲，受让人的主要义务是支付价款，享有获得探矿权的权利；作为转让人而言，其主要义务则应当是保证探矿权的真实、合法和有效状态，并履行相应的转让报批义务，[①]享有获得探矿权合同对价的权利。因此，本案探矿权证“自行废止”，导致出现无法过户法律上不能状态的原因是由于

① 笔者认为，虽然探矿权受让人在探矿权转让审批程序中也应当提供诸如受让人资质等方面的相关材料，但是，对于探矿权转让合同的报批而言，主要是探矿权转让人的义务。当然，合同双方也可以约定，转让人将相关的转让材料提供给受让人，由受让人履行报批手续。

转让人未尽到善良注意义务,其违反了基本的诚实信用原则。

诚实信用原则是指讲究诚实、恪守信用,绝不欺罔地行使合同权利履行合同义务的原则。诚实信用原则确定了当事人以诚实和信用方式行使权利和履行义务等行为规则,平衡了当事人之间的各种利益冲突和矛盾。[①] 平等民事主体在行使权利履行义务时,应兼顾对方当事人的利益和社会的一般利益,力求使自己的行为符合诚实商人的标准。德国学者 Hedemann 指出,诚实信用原则之作用力,世罕其匹,为一般条款之首位。[②] 诚实信用原则具有其他法律规范所不具备的法律漏洞补充的功能,被称为"帝王条款。"[③]我国《合同法》全面借鉴国外优秀立法成果,结合我国实践以诚实信用原则为依据于第 42 条规定了先合同义务,明确规定:"当事人在订立合同过程中有下列情形之一,给对方造成损失的,应当承担损害赔偿责任:(一)假借订立合同,恶意进行磋商;(二)故意隐瞒与订立合同有关的重要事实或者提供虚假情况;(三)有其他违背诚实信用原则的行为。"所谓先合同义务是指在合同生效前,缔约双方因缔结合同而依法承担的彼此遵守信用的一种合同附随义务。[④] 意欲订立合同的双方当事人,在开始进行商谈之前就已进入订立合同的准备状态,他们既然都具有订立合同的共同利益,就在相互间发生并建立了一种特殊的相互依赖关系。正是基于这种特殊的关系,当事人间发生了先合同义务,这些义务包括协力义务、通知义务、照顾义务、忠实义务、保密义务等。[⑤]

本案中,自合同签署之日至探矿权变更登记完成或登记管理机关向甲工贸公司下达"划定矿区范围批复"之前,乙科技公司作为转让人仍应当依法履行其矿业权人的各项义务,以确保目标矿权的合法、有效续存,并确保目标矿权符合法律、法规、规章及政策规定的转让条件。因为,契约法的根本目的在于保护并促进由当事人合理创设的期待,一方当事人应对合理信赖其言行的对方当事人负责。[⑥] 缔约阶段的信赖利益之所以应当受到法律的保护,是因为"法律保护信赖利益只要求当事人形成合理的信赖,而不考虑当事人之间的交易是否存在足够的对价"。[⑦] 尽管对此种信赖利益的保护一定程度上限制了订立合同的自由,但却强调了行使自由的

---

① 焦富民:《论诚实信用原则和合同义务的扩张》,载《扬州大学学报》2001 年第 2 期。

② 史尚宽:《债法总论》,台湾荣泰印书馆 1978 年版,第 320 页。

③ 刘宗荣:《定型化契约论文专辑》,台湾三民书局 1989 年版,第 57 页。

④ 姜淑明:《先合同义务及违反先合同义务之责任形态研究》,载《法商研究》2000 年第 2 期。

⑤ 焦富民:《论诚实信用原则和合同义务的扩张》,载《扬州大学学报》2001 年第 2 期。

⑥ 钱玉林:《缔约过失责任与诚信原则的适用》,载《法律科学》1999 年第 4 期。

⑦ 王泽鉴:《民法学说与判例研究》(第 6 册),中国政法大学出版社 1998 年版,第 9 页。

责任以及对自主创设的期待和信赖所负的责任。法律是为解决社会现实中发生的纷争而作的基准,成为其对象的纷争无论何种意义上都是利益的对立和冲突。[①] 本案探矿权转让人没有尽到善良的注意义务,违反了民事法律基本的诚实信用原则。

三、违反诚实信用原则应当承担缔约过失责任

"缔约过失"的概念,是由德国法学家耶林(Jher ing)于1861年在其主编的《耶林学说年报》第四卷上发表的《契约缔结之际的过失》一文中首先提出来的。他认为,缔约过失是指当事人因自己过失致使契约不成立者,对信其契约为有效成立的相对人,应赔偿基于此项信赖而产生的损害。[②] 我国台湾地区学者刘得宽依据德国法的原理,对缔约过失作了一个很精辟的解释,认为当事人间,在契约缔结交涉开始以后,虽然犹未缔结完成,但在此交涉阶段中也会产生以信赖关系为基础的法定债务关系。若当事人之一方在此期间有故意过失违背信赖关系之行为时,亦须以违反债务为理由向对方负损害赔偿义务。这种违反信赖关系行为之故意过失,可称为契约缔结之际的过失。[③] 近年来,我国国内也有部分学者对缔约过失发表了自己的见解,如王利明先生认为:"缔约上的过失责任,是指在合同订立过程中,一方因违背其依据诚实信用原则所应负的义务,而致另一方的信赖利益的损失,并应承担责任。"[④]

根据我国《合同法》规定,缔约过失责任具有以下法律特征:第一,法定性。缔约过失责任是基于法律的规定而产生的民事责任。第二,相对性。缔约过失责任是缔约当事人违背依诚信原则所负有的先合同义务和缔约过失的结果,此责任只能在缔约阶段发生。第三,财产性,即缔约过失责任是一种财产责任。第四,补偿性。因一方当事人的缔约过失行为给对方造成损失时,该当事人即应承担损害赔偿责任,以补偿相对人因此而遭受的损失。法律设立缔约过失责任制度的主要目的在于维护交易安全,填补无过错的当事人因对方的缔约过失行为所遭受的损失,保护缔约当事人的合法权益。缔约过失责任的构成要件包括以下方面:一是缔约当事人一方具有过错,即违反《合同法》第42条、43条规定的义务。二是须发生于缔约阶段。三是存在损害事实。如果一方当事人的行为未给对方造成损失,就没有理由要求当事人对自己的行为承担责任。四是过错行为与损害事实之间有因果关系。

---

① 梁慧星:《电视节目预告表的法律保护与利益平衡》,载《法学研究》1995年第2期。

② 王泽鉴:《民法学说与判例研究》(第1册),中国政法大学出版社1998年版,第79页。

③ 刘得宽:《民法诸问题与新展望》,台湾三民书局1980年版,第426页。

④ 王利明:《违约责任论》,中国政法大学出版社1996年版,第598页。

即受害人的损害事实必须是由于当事人一方的缔约过错行为引起的,否则不构成缔约过错责任。实践中,如果缔约双方都存在违反先合同义务的过错行为,均给对方造成损失的,应按照《合同法》第58条的规定处理,由双方“各自承担相应的责任”。所谓“相应的责任”,是指按照缔约双方各自享有的信赖利益及受损害程度来确定各自应获得的损害赔偿额,再根据各自责任的主次、轻重及过错的性质和程度,分别承担对方信赖利益损失中与其责任相适应的份额。

根据《合同法》第42条、57条的规定,缔约过失责任的承担方式有两种:一是返还财产或折价赔偿。受害一方应享有返还财产请求权,如果双方均给付财产的,应由双方相互返还,或者相互抵销,剩余部分再作返还。但是,如果返还义务人不能够返还,或者根据情势发展变化,事实上也没有必要返还时,应对该财产折合成按当时国家规定的价格计算出来的钱款予以返还。二是赔偿损失。我国《合同法》仅规定缔约过失行为应当承担损害赔偿责任,但对于赔偿范围却没有具体明确的规定。学术界与实务界对于缔约过失责任的赔偿范围存在不同的观点。对此,笔者认为,缔约过失责任的赔偿范围应为信赖利益的损失,包括直接损失和间接损失。一般而言,包括缔约费用的损失、准备履约所支出的费用损失、机会丧失的损失、受害人身体受到伤害的损失,以及因缔约过失而产生的其他损失。对于损失的赔偿应当适用全部赔偿的原则,计算时应当包括财产的直接损失和间接损失。

四、关于本案的处理问题

本案中,甲工贸公司与乙科技公司签订的合同名为合作勘查实为探矿权转让,存在探矿权主体的变更,应当履行相应的审批程序而没有履行致使合同效力处于未生效的状态。本案涉及的探矿权证至2009年6月5日届满,因此,应当在法定期限内到登记管理机关办理延续或保留登记手续。但乙科技公司和甲工贸公司在该日期前均没有申请延续或保留探矿权,因此,乙科技公司的勘查许可证应该已经“自行废止”。因为探矿权证“自行废止”,导致出现无法过户的情形。法律上不能、无法过户状态的原因是由于乙科技公司作为探矿权转让人未尽到善良注意义务,违反了基本的诚实信用原则,故其应当对此承担缔约过失责任。当然,如果乙科技公司有证据证明作为受让人的甲工贸公司亦存在一定的过错,则可以适用过失相抵原则,其可以要求甲工贸公司就造成损失的总额承担与其责任相适应的份额。

17. 本案探矿权转让合同签订是否存在乘人之危的事实?
——某铜矿公司与某矿业公司探矿权转让合同纠纷上诉案[①]

【案情介绍】

上诉人(原审原告):某铜矿公司。

被上诉人(原审被告):某矿业公司。

2005年9月30日,某铜矿公司为甲方与某矿业公司为乙方签订了一份《内蒙古某铜多金属矿探矿权转让合同》(以下简称《转让合同》)。合同约定:甲方现将其内蒙古某铜矿公司普查项目的探矿权(面积共49.22平方公里)其中6.555平方公里区块内相应的地质资料及工程、设备转让于乙方即某矿业公司,作价人民币3.4亿元整,上述探矿证余下的探矿权(面积42.665平方公里)仍属甲方所有。上述探矿权的转让价款由乙方向甲方分期支付。

合同签订后,某矿业公司于2005年9月30日委托中国农业银行某支行向某铜矿公司指定的北京某投资有限公司付款4000万元,向某铜矿公司付款4000万元。2005年10月30日,某矿业公司办理了证号为1525××××20304的探矿权证。2005年11月16日及30日某铜矿公司与某矿业公司分别签订了《关于某矿业公司提前支付某铜矿公司矿权转让补偿金的协议》和《关于某矿业公司提前支付某铜矿公司矿权转让费的协议》。协议均载明,由于甲方资金紧张,正常业务无法开展,在甲方的要求下乙方提前支付50万元人民币和160万元给甲方,用于公司的正常业务。此后,某矿业公司多次代某铜矿公司支付大笔费用,并约定该款项均从某矿业公司应支付的第三期补偿金人民币1.5亿元范围内扣除。

2006年4月24日,某市公安局做出了某公预诉字(2006)204号《起诉意见书》,载明:犯罪嫌疑人王某一、王某二、侯某、王某三于2003年1月至2004年4月间,为了获取巨额资金,以保证回购及定期支付高额回报为诱饵,将北京某家居广场分割成实际无法经营的摊位,向社会公众销售。犯罪嫌疑人王某一、王某二、侯某、王某三在销售该广场A、B段三层以下房产时,向业主隐瞒房产已被抵押给中国工商银行某支行的事实,并违反与中国工商银行某支行的合作协议将所获资金转移、藏匿。后某支行起诉至人民法院,房产被法院依法查封,根本无法为购买"摊

① 西乌旗道伦达坝铜矿公司与鑫源矿业公司探矿权转让合同纠纷上诉案(最高人民法院(2007)民二终字第157号,2007年12月11日)。

位”业主办理产权证明、完成物权转移的情况下仍继续销售，非法吸收4206名业主资金达人民币46,813.18万元。犯罪嫌疑人的行为已触犯了我国《刑法》第176条的规定，涉嫌非法吸收公众存款罪，特呈请将此案移送审查起诉。

2006年9月12日，某铜矿公司以其法定代表人王某一醉酒、签订的探矿权转让合同存在乘人之危，以及合同的标的物某铜多金属矿探矿权系以涉嫌犯罪的资金投入形成的赃物等理由向法院起诉，请求依法确认探矿权转让合同无效，将探矿权转至其名下，并由某矿业公司在媒体上公开道歉等。

【法院审判】

一审法院经审理认为：王某一醉酒不能作为主张合同无效的理由，且本案所涉合同的签订和履行有一个合理和较长的期限。作为《转让合同》标的物的某铜多金属探矿权本身是在2001年依合法的合同受让而来，其来源合法，不属于应当追缴的犯罪赃物。某铜矿公司举证证明的某广场投入的64,762,371.04元所针对的是探矿权49.22平方公里的范围，而本案《转让合同》所涉及的仅是其中的6.555平方公里。《转让合同》签订后，某矿业公司代某铜矿公司支付拖欠债权人的工程款、设备款共计16,243,972.49元，这些款项显然与犯罪赃物无关。某铜矿公司虽提出证据证明某广场及其关联公司在某铜矿勘查投入了64,762,371.04元，但仍不能说明进入某铜矿公司的资金是某广场运营资金中涉嫌非法集资的部分，且《转让合同》的价款为3.4亿元，远远超过了投入的资金数额。某矿业公司依据《转让合同》为取得某铜矿公司的探矿权支付了相应的对价。某矿业公司对某铜矿公司涉嫌非法集资并不明知，已尽到了合理的注意义务。某市公安局《关于依法追缴涉案资金的函》也仅要求某矿业公司依法划转《转让合同》未履行部分的价款。即使某广场投入某铜矿公司的资金有涉及非法集资的部分亦不能因此确认与此有关的所有法律关系为无效，正常的商业流转关系应当得到法律的维护。因此《转让合同》是双方当事人的真实意思表示，不违反国家法律、法规的强行性规定，是依法成立的合同，应当受到法律的保护。某铜矿公司要求确认《转让合同》无效及返还探矿权的诉讼请求没有事实及法律依据，不予支持。依照《合同法》第8条、52条的规定，本院判决如下：(1)驳回某铜矿公司的请求。(2)案件受理费170万元、保全费1,700,520元，由某铜矿公司负担。

某铜矿公司不服一审法院的上述民事判决，提起上诉称：(1)原审法院判决在事实的认定和保全费的承担上没有法律依据，应当撤销原判，依法改判。(2)双方签订的探矿权转让合同的标的物——某铜多金属矿探矿权系以涉嫌犯罪的资金投入形成的赃物，根据《合同法》的规定，因涉嫌犯罪签订的合同无效，合同无效后，被上诉人因合同取得的财产应当返还。原审法院在审理过程中对上诉人投入的涉案非法集资款进行了长时间的调查核实，与公安机关、检察机关的认定基本一致，但原审判决对这一事实没有认定，有悖法律规定。被上诉人乘人之危，灌醉上诉人的法定代表人后签订合同，其价格远远低于正常价值，上诉人在庭审中向法官出示了相关证据，被上诉人没有予以否认，对这样的事实，一审法院同样没有认定，对证据的认定有失公正。(3)双方签订的合同形式合法，实质是转移非法集资款，以合法形式掩盖非法目的，判决认定被上诉人对涉嫌非法集资，已尽到合理的注意义务，没有事实根据，也有悖《合同法》的规定。(4)诉讼保全费是为保全财产而交纳的费用，法院作了财产保全当事人实现了保全目的，应当交纳保全费，没有作保全、没有实现保全目的就不应收取费用。原审法院虽然作了保全，但又解除了保全，上诉人的保全目的没有达到，使被保全的标的物又回到原来的状态，还收取上诉人 170 万元的巨额保全费，没有法律依据。综上，请求撤销原审判决；判决双方 2005 年 9 月 30 日签订的探矿权转让合同无效；判决被上诉人返还探矿权，并将该探矿权判至上诉人名下；判决被上诉人在上诉人法定代表人住址地某市主要媒体《某某时报》和《某某晚报》公开赔礼道歉；退还上诉人诉讼保全费 170 万元；一审、二审诉讼费全部由被上诉人承担。

某矿业公司答辩称：(1)上诉人与答辩人之间的纠纷是探矿权转让合同纠纷。合同标的物是某铜多金属探矿权。而该探矿权是上诉人从第三方内蒙古某矿产勘查开发局依合同合法受让而来，在转让给上诉人之前就已经合法存在，不是涉嫌犯罪资金投入形成的赃物，不存在因转让标的物违法而使合同无效的事由。同时，上诉人支付给内蒙古某地矿局的探矿权转让费也不是来源于王某一非法吸收公众存款资金，故转让合同标的物探矿权没有任何法律瑕疵。(2)答辩人没有灌醉上诉人法定代表人后签订探矿权转让合同，探矿权转让价格也不低于正常价值，根本不存在“乘人之危”情形。上诉人在上诉状中称答辩人在一审庭审中不否认所谓签订合同前灌醉上诉人法定代表人，这不是事实。答辩人从来就没有过以上行为，更谈不上对以上行为的承认，上诉人严重歪曲事实。探矿权转让费高达 3.4 亿元，远远高于上诉人投入，上诉人因此获得巨大利益。上诉人认为转让价格低于正常价格无任何依据。(3)上诉人与答辩人之间的探矿权转让合同是双方真实意思表示，合法有效。上诉人认为合同实质是转移非法集资款，是以合法形式掩盖非法目的，这种观点没有任何事实与法律依据。第一，非法吸收公众存款是王某一的个人行为，而不是上诉人的行为。第二，王某一等人非法吸收存款并未进入上诉人账户并用于某铜矿的勘查。(4)上诉人肆意歪曲事实,《起诉意见书》根本没有认定“投入某矿开发建设的资金来源于涉案资金”,所谓该事实一审庭审也并未查证属实。上诉人上诉期间,诉争的探矿权已被公安局查封更是虚构。(5)被上诉人与上诉人交易是基于对上诉人的信任,对上诉人投入费用如何构成并不知情,在双方协商一致下签订探矿权转让合同,以市场价格受让探矿权及相应资料,并积极履行合同义务,无论合同的签订与履行都是善意无过失,法律从鼓励交易的角度出发,保护业已形成的法律关系,保护善意的市场参与者。从该角度来看,上诉人的上诉请求也无任何事实与法律依据。(6)本案纯系上诉人发起的恶意诉讼,是上诉人法定代表人为摆脱困境,意图免受法律追究的无奈之举,上诉人要求答辩人赔礼道歉更是无理要求。请求驳回上诉人的上诉请求,维持一审判决。

二审法院认可原审法院查明的基本事实。

二审法院经审理认为:本案探矿权转让合同是否合法有效,是否存在乘人之危的事实是双方当事人争议的焦点。

第一,探矿权转让合同是否存在意思表示不真实,以及是否存在乘人之危的情形的问题。某铜矿公司上诉所称其法定代表人王某一被某矿业公司灌醉,在意志不清醒的状况下,所签订合同不能代表其公司真实意思表示。但经一审、二审法院审理,其不能举证证明签订本案合同不是其真实意思表示的主张,也并不能得出某矿业公司存在乘人之危情形的事实。且在本案诉讼中,某矿业公司已将采矿权实施,并得到了行政主管部门的核准,为有效行为。所以,某铜矿公司该上诉理由无充分的事实依据,本院不予认定。

第二,某铜矿公司受让多金属探矿权是否存在违法,应否认定转让探矿权转让合同无效的问题。本案争议的采矿权前身为多金属探矿权,是某铜矿公司在2001年从第三方内蒙古某矿产勘查开发局依照合同受让而来,某铜矿公司并依约支付了相关受让费用,至于其中部分资金是否存在非法集资的违法性问题,因其不能够证明全部资金系王某一等人非法吸收公众存款,并由某广场有限公司获得,某广场有限公司进入某铜矿公司的款项以及其他公司的款项与王某一等人非法吸收存款事实的同一性,本院不予认定。某矿业公司依据合同约定取得探矿权系经过行政审批并依法取得了探矿权证,是合法有效的。庭审中,某铜矿公司承认其所受让探矿权和采矿权绝大部分仍在其名下,且为合法有效。故其在本案诉讼中所称转让探矿权合同无效,以及应当返还探矿权的理由缺乏事实和法律依据,本院不予支持。

第三,某铜矿公司请求判定某矿业公司在媒体上向其公开道歉的认定问题。

因双方转让探矿权合同合法有效，并不存在乘人之危等违法行为存在，即某矿业公司在依法受让探矿权过程中并无过错，故不应承担探矿权转让合同约定以外的义务和责任，某铜矿公司的该项请求应予以驳回。

第四，原审法院收取某铜矿公司170万元保全费具有法律依据，不应予以退还。

综上，依据《合同法》第107条的规定，某铜矿公司应承担继续履行合同的义务。原审法院认定事实清楚，适用法律得当，判处正确应予维持。本院依据《民事诉讼法》第153条第1款第1项之规定，判决如下：驳回上诉，维持原判。

【律师评析】

本案主要涉及乘人之危的认定和乘人之危所签订合同的效力问题。

一、乘人之危的概念和特征

根据《最高人民法院关于贯彻执行〈中华人民共和国民法通则〉若干问题的意见（试行）》第70条的规定，乘人之危，是指一方当事人乘对方处于危难之机，为牟取不正当利益，迫使对方作出不真实的意思表示，严重损害对方利益的行为。所谓乘人之危使对方在违背真实意思的情况下所为的民事行为，是指在进行民事行为时，一方当事人处于某种危难或迫于某种急需，另一方当事人利用这种危难或急需提出某种不合理要求，而由于危难或急需的存在，一方当事人不得不违背自己的真实意思，接受对方当事人提出的要求而与之进行的民事行为。我国《民法通则》第58条与《合同法》第54条第2款均规定了乘人之危的情形。

乘人之危与民事欺诈的共同点在于：一方当事人不平等地获得另一方当事人的财产，从而使交易处于不公正状态，破坏了民事交易活动基本的公平原则。与欺诈相比，乘人之危与对方当事人订立合同具有自身的特点，主要表现在以下方面：第一，处于为难境地的一方当事人所面临的艰难处境并不是对方当事人所造成的，而是由于客观情况所致或是因自己的原因导致的，并且处于为难境地的当事人往往就是为了摆脱这种为难境地而急欲与他人签订合同以获得利益或标的。第二，乘人之危的一方并没有强迫处于为难境地的一方当事人一定按照自己的意愿来订立合同，相反，对方当事人仍然是在平等地位上通过协商来达成协议，只是一方当事人由于处于为难境地，另一方当事人占据有利位置，彼此之间不可能做到真正的平等。第三，乘人之危的一方当事人所取得的利益超出了法律允许的限度。乘人之危的合同大多形成双方利益极不均衡的结果，并明显违背了公平原则，超出了法律所允许的限度。

二、乘人之危为民事行为的构成要件

(一)表意人客观上陷入危难紧迫状态

危难紧迫状态,是指当事人所实际面临某种重大的损害危险。当事人的危难紧迫状态必须是现实的而非想象的,是重大的而非轻微的,其所产生的压力足以使当事人违背其意志作出不真实的意思表示。就当事人基于某种"压力"而作违心的意思表示这一点而言,当事人的危难紧迫状态是否因行为人故意实施的违法行为所引起,是胁迫行为与乘人之危行为的根本区别。当事人参与民事活动不能不承受一定的压力,只要这种压力不超过必要的限度,就不构成危难紧迫状态。对于"危难紧迫状态"的认定,是确认因乘人之危而为的民事行为的核心。对此,笔者认为,司法实践中应同时将主客观两方面的标准结合起来加以认定:首先,应考察当事人主观上是否因危难状态而达到不得不违心地进行意思表示的程度;其次,应根据社会的一般评价尺度,以客观的标准考查当事人所处的境况是否构成危难紧迫状态。

(二)行为人主观上具有乘人之危的故意

行为人有乘人之危的故意,即相对人明知表意人正处于急迫需要或紧急危难的境地却故意加以利用,使表意人因此而被迫作出对行为人有利的意思表示。应当指出的是,行为人具有乘人之危的故意以明知相对方陷入危难的事实为前提。如果相对方虽然事实上陷入危难,但行为人并不知情,行为人主观上不具备乘人之危的故意,不应当认定构成乘人之危。至于是否显失公平,则应当以法律或习惯确定。由此可见,《民法通则》把乘人之危与显失公平分立切实符合我国经济社会的现状,符合我国民事立法的基本原则。

(三)行为人实施了乘人之危的行为

乘人之危行为可采用各种方式,但必须表现为以积极的"作为"方式迫使他人作出不真实的意思表示,即行为人公开地以拒绝提供帮助向对方施加压力,迫使对方就范。如果行为人虽然明知相对方陷入危难、有所急需,但并未实施任何主动的、积极的行为对其施加压力,只是消极地、被动地接受了对方提出的要求,则其行为应不构成乘人之危。

(四)表意人因其意思表示而蒙受重大不利

表意人作出的意思表示必须是迎合相对人而对自己而言是严重不利的。乘人之危订立合同,一般是为了取得过分的利益,这种利益称为"不正当利益"。这种不正当利益是在严重损害对方利益的基础上产生的,明显违背了公平原则,超出了法律所允许的限度。

三、乘人之危情形下所签订合同的效力认定

我国《合同法》第54条第2款规定:“一方以欺诈、胁迫的手段或者乘人之危,使对方在违背真实意思的情况下订立的合同,受损害方有权请求人民法院或者仲裁机构变更或者撤销。”乘人之危的行为与欺诈、胁迫行为一样,都是指一方实施不法行为,而迫使对方作出违背其真意的意思表示。因为《合同法》颁行于《民法通则》之后,所以《合同法》实际上是以特殊法的形式修改了《民法通则》的规定,将该合同纳入可撤销的合同范围之中,允许由受害人决定是否应予撤销该合同。如果受害人愿意保持合同的效力,可提出变更合同的某些条款,甚至受害人认为虽然对方有乘人之危的行为但其自愿接受合同条款,也可以继续履行合同。如果受害人不愿意保持合同的效力,则可要求撤销该合同。相比之下,《合同法》的规定更加人性化、科学化,尊重了当事人的意志,赋予了当事人更多的自由选择权。

从《民法通则》到《合同法》的规定而言,乘人之危合同经历了从绝对无效向相对无效的转变。对于因欺诈、胁迫、乘人之危签订的合同,过去的立法和国际通行的做法都是确认无效。因为这种合同与重大误解、显示公平的合同虽然都是因为一方当事人出于各种原因造成意思表示不真实,但重要区别在于欺诈、胁迫、乘人之危所签订的合同,其中一方当事人的主观恶性程度强,所以将此类合同确认无效并不过分。但随着社会的发展逐渐认识到,我国民法在确认这类行为的法律效果时,一方面要考虑尊重当事人的意愿;另一方面更要考虑对社会公共利益的着重保护。所以,对之赋予了不同的效果:涉及当事人个人利益保护的行为,其后果为相对无效,赋予受损方选择权利,只有在受损方提出撤销的情况下该民事行为才归于无效;对于涉及社会公共利益保护的,其后果是绝对无效。因此,《合同法》在立法中进行了创造性发挥,将其分别对待和处理:对于其中损害国家利益的合同,国家用公权干预,确立合同无效;对于其中损害另一方当事人利益的,由当事人进行选择,行使私权确认,为可撤销或可变更合同,并且规定当事人申请变更的,不得撤销。当然,对于因欺诈或暴力胁迫而触犯《刑法》的,为保持刑法、民法各部门法之间的一致性,还是应确认合同无效。

四、关于本案的处理问题

本案中,某铜矿公司与某矿业公司所签署的《某铜多金属矿探矿权转让合同》是否合法有效的关键在于合同当事人是否存在意思表示不真实,即是否存在乘人

之危的情形。某铜矿公司虽然诉称其法定代表人王某一被某矿业公司有关人员灌醉,在王某一意志不清醒的状况下所签订合同不能代表某铜矿公司的真实意思表示,但某铜矿公司却不能举证证明所签订合同不是其真实意思表示的主张,也并不能得出某矿业公司存在乘人之危情形的事实。并且,某矿业公司依据合同约定经过相关登记管理机关的行政审批已经取得探矿权证。因此,某矿业公司拥有某铜多金属矿探矿权合法有效,某铜矿公司的诉讼请求应予驳回。

18. 转让人应当如何履行探矿权转让的报批义务?
——温某因与某集团公司探矿权转让合同纠纷再审案[①]

【案情介绍】

申请再审人(一审原告、二审被上诉人):温某。

被申请人(一审被告、二审上诉人):某集团公司。

2006 年 6 月 5 日,某集团公司和温某签订了《探矿权转让协议》。双方约定:某集团公司于 2004 年 6 月 24 日经某省国土资源厅审查批准取得的在某县 60.38 平方公里的探矿权(证号 6200 × × × ×10142)转让给温某;温某自愿以 50 万元人民币补偿某集团公司,在某集团公司收到该笔款项后,协议产生法律效力,并将探矿权证交给温某所有;在适当的时间内双方共同办理探矿权的过户手续,将探矿权人主体变更为温某,过户的一切费用均由温某承担;双方还约定了其他事宜。同年 6 月 14 日,温某依约将 50 万元人民币打入了某集团公司指定的农业银行卡王某的账户内。同年 6 月 15 日,某集团公司向温某出具了收款收据。双方开始履行协议的部分内容,即由某集团公司向温某移交了探矿权证(正、副本),变更原属某集团公司的某有限公司营业执照,向省国土资源厅出具办理转让手续的《委托书》等事宜。

2007 年 5 月 19 日,某县国土资源局向省国土资源厅出具了《矿权设置情况证明》,载明:"某集团公司在我县依法设置的某县竹路沟铁矿普查项目区块范围内无矿业权争议。"2007 年 6 月 12 日,某集团公司向某县国土资源局出具委托书进行前期勘探工作。同年 7 月,某集团公司向省国土资源厅提出《申请转让探矿权的报告》。7 月 30 日,省国土资源厅作出某国土资函发〔2007〕183 号文件批复:"你公司在某省某县竹路沟一带铁矿普查项目勘查过程中,据群众来信举报,有不规范的非

---

① 温守权因与甘肃盛达集团股份有限公司探矿权转让合同纠纷再审案(兰州市中级法院(2010)兰法民再字第 012 号,2010 年 7 月 7 日)。

法转让及圈而不探等行为。要求你公司严格自查,尽快依法给予纠正。在勘查过程中严格执行批准的勘查施工方案,依法履行探矿权人法定义务。该项目探矿权转让申请不予批准。”9 月 10 日,某县国土资源局以某国土资发〔2007〕84 号文向省国土资源厅出具了“关于对某县竹路沟铁矿普查探矿权设置情况的说明”,称某集团公司于 2004 年 6 月 24 日办理了探矿权延续手续有效期两年;在取得探矿权有效期内,进行了基础性普查工作,不存在非法转让探矿权行为,其勘查区块范围无矿业权争议;同意按照《探矿权采矿权转让管理办法》的有关规定由发证机关依法审批进行转让。后某集团公司仅在省国土资源厅办理了探矿权证的延续登记手续而未依照与温某所签订的探矿权转让协议向发证机关省国土资源厅履行重新申请转让探矿权的相关报批义务。

2008 年 7 月 1 日,温某向法院起诉称,其与某集团公司于 2006 年 6 月 5 日签订的《探矿权转让协议书》双方应遵守履行,由于某集团公司未完全履行合同,侵害了其合法权益,请求:(1)确认某集团公司违约并判令其继续履行《探矿权转让协议书》;(2)判令某集团公司办理探矿权转让过户手续,案件受理费由某集团公司承担。

【法院审判】

一审法院认为,原告、被告争议的关键是双方签订的《探矿权转让协议》是否成立,是否有效以及被告某集团公司在履约过程中是否存在不积极履约的瑕疵行为等问题。双方所签订的协议,就其本身所反映的客观事实和双方实现合同目的本质来分析,其合同的形式、内容均系双方当事人的真实意思表示,且双方已履行了协议的主要条款,即原告支付了转让费 50 万元,被告已接收且向原告移交了该探矿权的全部相关证照,并办理了探矿权主体“某有限公司”的工商变更、登记手续等,充分表明了双方对该协议的成立形成了自治合意的民事法律关系,此协议符合我国《合同法》关于合同成立的法定要件,应依法确认该协议成立的效力。依法成立的合同受法律保护,合同双方均应依照合同约定或法律规定,全面履行各自的义务。某集团公司在双方协议中对探矿权过户进行明确约定的前提下,虽曾于 2007 年 7 月向省国土资源厅递交了转让探矿权的申请,但在该厅下发批复文件,县国土资源局再次核实,以某国土资发〔2007〕84 号文作出《关于对某县竹路沟铁矿普查探矿权设置情况的证明》明确答复了省国土资源厅,证明该探矿权权属明确,并告知了某集团公司,某集团公司在接到此文件后,理应按照与温某所签订的协议重新向发证机关省国土资源厅申报相关审批转让的材料,积极履行重新申报的义务,以达到协议双方的合意或完成交易的目的。但其借故拒不履行上述申报义务,致使协议所涉及的探矿权证转让行为未能实现,某集团公司应承担全部责任。

关于某集团公司辩称的转让协议未经发证机关省国土资源厅批准未发生效力的理由。合同的成立与合同的生效是两个性质完全不同的法律关系,某集团公司没有举出其与温某签订的协议未成立的证据,不予采信。另据国务院1998年2月颁布实施的《探矿权采矿权转让管理办法》规定,探矿权属无争议是探矿权转让的必备条件,省国土资源厅之所以未批准某集团公司转让探矿权的主要原因属某集团公司自身存在非法转让等行为所致,而未涉及本案协议内容有违反法律、法规的问题。同时对探矿权人在申请转让探矿权时应向审批机关提交相关材料作了明确的规定,如由探矿权人向审批机关提出转让申请书,转让人与受让人签订的转让合同等。明确规定了探矿权的转让行为,是由原探矿权人提出申请后审批机关才受理并审查的行政行为。而某集团公司在接到某县国土资源局关于同意由发证机关省国土资源厅依法进行转让的文件后未能积极履行向发证机关重新提出申请,是造成该协议最终未能实现的主要原因,其行为已构成违约,应当承担继续履行合同的违约责任。温某要求某集团公司继续履行之请求并不违反法律规定和双方合同之约,应予以支持。关于要求某集团公司办理探矿权转让过户手续的诉请,依照国务院关于《探矿权采矿权转让管理办法》的规定,应先由原探矿权人向发证机关省国土资源厅提出申请经批准才能实施转让为前置条件,故其此项诉请不予支持。据此,作出(2008)某法民三初字第350号民事判决:(1)某集团公司继续履行2006年6月5日与温某所签订的《探矿权转让协议》,并在本判决生效后30日内向发证机关省国土资源厅申报转让该探矿权的相关资料,依照《探矿权转让协议》协助温某办理该探矿权的过户手续;(2)驳回温某的其他诉讼请求,案件受理费8800元,邮寄送达费100元,由某集团公司负担。

某集团公司不服一审判决,提起上诉称原判认定探矿权转让协议合法有效违反法律规定,依照相关法律规定,探矿权转让合同属于法定生效,而非约定生效,该协议必须经审批管理机关批准,其已依照协议约定向省国土资源厅提交了申请,但未被批准,故该协议不具法律效力,原判要求其重新履行申报转让探矿权的义务于法无据。在协议中双方并未约定其申报转让探矿权未获批准后有向审批机关提出重新申请转让探矿权的义务,相关法规对此也未规定,在省国土资源厅不予批准后,该协议已不能履行。原审判决重新申报转让探矿权已超越司法审查权,代行了行政审批权。请求撤销原判,驳回温某的诉讼请求。

温某答辩称,双方签订的探矿权转让协议合法有效,理应得到法律保护。双方均对合同成立无异议,均已依约履行或部分履行,该合同对双方均有约束力。某集团公司有明显的违约行为,理应承担继续履行的违约责任。省国土资源厅批复不予转让的情况经某县国土资源局调查并不存在,某集团公司应当按照要求自查自纠并报批相关手续,但其拒不履行上述义务,致使探矿权转让手续至今未能办理。原审判令某集团公司继续履行合同义务于法有据,并未超越司法审查权。某集团公司故意混淆合同成立与效力两个不同的概念,原审判决只是要求某集团公司继续履行申报转让义务,并不存在代行行政审批权的问题。

二审审理查明的事实与一审判决认定一致。

二审法院认为,本案所涉探矿权转让纠纷系某集团公司与温某签订探矿权转让协议后双方均按约履行,但在某集团公司申报转让探矿权给温某的行政审批中,发证机关省国土资源厅对协议涉及转让探矿权不予批准,温某主张应继续履行转让探矿权协议双方未达成一致而引起。鉴于本案所涉探矿权转让协议是双方真实意思表示而依法成立且已实际履行,根据《合同法》第 44 条第 2 款规定,该探矿权转让协议须经发证机关省国土资源厅批准方可生效,即该探矿权转让合同虽成立但属效力待定合同,省国土资源厅不予批准则该合同不产生法律效力,在此情况下双方应就是否继续履行以实现合同目的进一步协商确定。原判以县国土局出具的一份"情况说明"认定某集团公司未再次履行申报转让义务应承担违约责任,而某集团公司在依转让协议向省国土资源厅申报转让后已完成了相应合同义务,对"再次申报"双方既未在转让协议中约定,相关法律法规也没有规定原探矿权人在申报转让未被发证机关批准后有再次申报的义务。故不能认定某集团公司依约履行申报转让义务后未被批准而当然被赋予再次履行的义务,再次履行应为合同当事人为达成合同目的而形成的新的合意。

关于某县国土资源局针对省国土资源厅不予批准转让批复所作出的某国土资发〔2007〕84 号"情况说明",首先不构成对省国土资源厅文件的异议,法律规定探矿权转让批准权属于发证机关;其次申报转让探矿权是转让协议当事人约定和法规规定的使协议生效的必经程序,不以探矿权项目所在地的管理机关意思表示而受影响;再次该文件不能直接证明某集团公司违约。故原判以此文件认定某集团公司违约并判令承担再次申报义务显属认定证据错误。综上,本案探矿权转让纠纷应由双方当事人依据合同目的以及履行情况协商解决。据此,作出(2009)某法民三终字第 62 号民事判决:(1)维持某区人民法院(2008)某法民三初字第 350 号民事判决第 2 项;(2)撤销某区人民法院(2008)某法民三初字第 350 号民事判决第 1 项;(3)本判决生效后上诉人某集团公司与被上诉人温某在协商一致的前提下,可就双方签订的《探矿权转让协议书》第 4 条继续履行,温某预交的一审案件受理费

8800 元及邮寄费 100 元，某集团公司预交的二审案件受理费 8800 元由温某负担。

温某申请再审称，双方对合同成立无异议，双方均已依约履行或部分履行了合同。但被申请人在收到全部转让款后背信弃义，又企图将该探矿权高价转让他人，因此拒不配合申请人办理转让过户手续，致使双方签订协议的合同目的未达到。二审法院虽对一审法院已经认定的事实再次做出了确认，但判决“申请人与被申请人在协商一致的前提下，可就双方签订的《探矿权转让协议书》第四条继续履行”，该判决违背了判决的原则，结果侵害了申请人合法权益，对被申请人明显缺乏诚信的行为进行了不应有的保护，背离了司法保护交易安全的宗旨。请求：(1)依法撤销某市中级人民法院(2009)某法民三终字第 62 号民事判决；(2)维持某区人民法院(2008)某法民三初字第 350 号民事判决，诉讼费用由被申请人承担。

被申请人某集团公司答辩称：(1)本案探矿权转让合同属无效合同。经过依法批准是探矿权转让的法律强制性前提条件，省国土资源厅文件明确“探矿权转让申请不予批准”。同时，本案合同为违背国家利益和社会公共利益的合同，因此，合同无效。(2)本案合同不属于未生效合同。未生效合同是法律、行政法规规定合同应当办理批准手续，或者办理批准、登记等手续才生效，在一审法庭辩论终结前当事人仍未办理批准手续的，或者仍未办理批准、登记等手续的合同。而本案合同是已办理审批手续，但审批机关依法作出了行政决定的合同，在被申请人已办理过审批申报手续且被行政决定禁止转让的情况下还判令被申请人办理审批手续，是国家司法权违法干预国家行政权。(3)合同中没有约定被申请人在办理完申报审批手续被驳回后，被申请人有再次申报的义务，也没有任何法律条文要求被申请人在办理完申报审批手续被驳回后，被申请人有再次申报的法定义务或权利。二审撤销一审判决，判决被申请人与温某在协商一致的情况下，可另行申报，实质是依照原合同被申请人再次履行申报义务无合同和法律依据，只有在被申请人与申请人温某形成新的意思协商后，被申请人才有申报义务。(4)转让协议未被批准后，期间国内、国际矿产品和矿权价格发生了很大变化，如果再执行原无效合同，已不具备客观基础且有违等价有偿的民事法律基本原则。二审判决公平，要求驳回温某的诉讼请求。

再审法院查明，原一审、二审判决认定的事实清楚，应予以确认。

另查明，某集团公司已依法取得某省某县竹路沟 60.38 平方公里的探矿权，并由省国土资源厅颁发探矿权证，证号分别为 6200××××30213、T6212××××× 02009806。

法院再审认为，本案争议的焦点是双方签订的《探矿权转让协议书》是否生效，某集团公司对于《探矿权转让协议书》未被批准有无过错；温某要求某集团公司继续履行协议和办理探矿权转让过户手续有无事实和法律依据。

关于双方签订的《探矿权转让协议书》是否生效及某集团公司对于该协议未被批准有无过错的问题。根据合同法的一般原理,合同的成立与合同生效是两个不同的概念。合同的成立属于事实判断问题,是指合同是否存在,主要体现当事人的意志,体现合同自由的原则;而合同生效则属于法律评价问题,关系到合同是否能取得法律所许可的效力,体现了国家法律对合同的价值判断,反映了国家对合同的干预关系。《合同法》第44条规定:"依法成立的合同,自成立时生效。法律、行政法规规定应当办理批准、登记等手续生效的,依照其规定。"温某与某集团公司签订的《探矿权转让协议书》系双方当事人的真实意思表示,协议内容不违反国家法律的禁止性规定,该协议依法成立。但是,依据《矿产资源法》、国务院《探矿权采矿权转让管理办法》的相关规定,探矿权为特许经营权,其转让是一种要式法律行为,未经法定审批管理机关审查批准,转让合同不生效,不得办理变更登记。虽然某集团公司与温某约定在某集团公司收到温某50万元转让费后协议生效,但该约定违反了《矿产资源法》、国务院《探矿权采矿权转让管理办法》有关探矿权转让的禁止性规定,约定无效。依据以上法律、行政法规的强制性规定,双方签订的探矿权转让协议应从批准之日起生效。由于省国土资源厅已经明确批复某集团公司不予批准转让涉案探矿权,因此,双方签订的《探矿权转让协议书》不生效,不能依法产生双方所期望的探矿权由某集团公司名下变更到温某名下的法律后果。某集团公司作为转让方,负有办理批准手续的义务,有责任促成转让合同的生效。由于有群众举报某集团公司存在不规范的非法转让及圈而不探等行为,导致省国土资源厅对于某集团公司转让探矿权的申请不予批准,某集团公司存在过错,应当承担相应的缔约过失责任。

关于温某要求某集团公司继续履行协议和办理探矿权转让过户手续的问题。再审申请人温某在原一审中的诉讼请求是要求某集团公司继续履行《探矿权转让协议书》,并办理探矿权转让过户手续。在再审中仍坚持以上诉讼请求。根据本案的实际情况,自2007年7月省国土资源厅明确批复不批准涉案探矿权转让后,一方面某集团公司没有继续履行协议的意愿,另一方面国内、国际矿产品和矿权价格发生了变化,已不再具备执行原协议的客观基础。再审中,本院依法多次向温某释明合同不生效的法律后果,温某仍然坚持一审的诉讼请求。考虑到双方签订协议至今已达4年,《探矿权转让协议书》实际已无法继续履行,为减少再审申请人的损失,应由某集团公司返还温某转让款50万元,并按银行同期贷款利率赔偿占用资金期间(2006年6月15日至2010年6月15日)所产生的利息损失126,720元。对于温某为履行《探矿权转让协议书》而受让公司、购置探矿设备、聘请技术人员所产生的实际损失及受让探矿权后可能产生的预期利益损失，温某如有证据证明可另行起诉。综上，经本院审判委员会讨论决定，根据《合同法》第42条第3项、44条第2款，《民事诉讼法》第186条，《最高人民法院关于适用〈中华人民共和国民事诉讼法〉若干问题的意见》第201条的规定，判决如下：

1. 撤销本院（2009）某法民三终字第62号民事判决和某区人民法院（2008）某法民三初字第350号民事判决；

2. 驳回温某要求某集团公司继续履行双方于2006年6月5日签订的《探矿权转让协议》的诉讼请求；

3. 某集团公司在本判决生效后10日内返还温某转让款50万元，并按银行同期贷款利率赔偿占用资金期间（2006年6月15日至2010年6月15日）的利息损失126,720元。

【律师评析】

本案主要涉及探矿权转让中转让方的报批义务问题。

一、未经批准的探矿权转让合同未生效

我国《合同法》第44条规定："依法成立的合同，自成立时生效。法律、行政法规规定应当办理批准、登记等手续生效的，依照其规定。"国务院《探矿权采矿权转让管理办法》第10条规定："批准转让的，转让合同自批准之日起生效。"国土资源部《矿业权出让转让管理暂行规定》第46条规定："矿业权转让的当事人须依法签订矿业权转让合同。依转让方式的不同，转让合同可以是出售转让合同、合资转让合同或合作转让合同。转让申请被批准之日起，转让合同生效。"《合同法司法解释（一）》第9条规定："法律、行政法规规定合同应当办理批准手续或者办理批准登记手续才生效。在一审法庭辩论终结前当事人仍未办理批准手续的，或者仍未办理批准、登记手续的。人民法院应当认定该合同未生效。"根据上述法律的规定，未经矿业权转让审批管理机关批准同意的探矿权转让合同属于未生效合同。

合同未生效不同于无效，二者有着本质的区别。合同成立和生效属于事实判断，合同有效则属法律价值判断，不能将"有效"和"生效"等同。[1] 不（未）生效是与生效相对应的概念，而不是与无效相对应的概念，故不生效不等于无效。合同未生

---

① 最高人民法院原副院长奚晓明在全国民商事审判工作会议上的讲话——《充分发挥民商事审判职能作用为构建社会主义和谐社会提供司法保障》（2007年5月30日）。

效仅表明已经成立的合同在当事人之间尚未产生法律约束力或法律效力，亦不能得出已成立的合同不会或永远不会产生法律约束力且已经得到了法律的否定性评价即合同无效的结论。就合同的效力而言，未经审批的合同近似于附生效条件的合同，只不过附生效条件中的“条件”系为约定条件，而此处的条件为法定条件。[①]既然审批是合同的法定生效条件，欠缺该条件的，合同不生效。在当事人未予报批场合，该条件是否成就处于未决状态，故其效力属于未生效；在当事人报批获得批准时，法定生效条件成就，合同发生效力；在合同未获得批准时，合同因条件不成就而不生效力。规范与探矿权转让合同具有同质性的外商投资企业股权转让合同的《外商投资企业纠纷规定(一)》第1条规定：“当事人在外商投资企业设立、变更等过程中订立的合同，依法律、行政法规的规定应当经外商投资企业审批机关批准后才生效的，自批准之日起生效；未经批准的，人民法院应当认定该合同未生效。当事人请求确认该合同无效的，人民法院不予支持。”该司法解释明确指出，未经批准合同的效力状态为未生效而非无效。之所以作此种规定，是因为认定此类合同无效会造成巨大的不公：合同无效，当事人自然不负有报批义务，从而导致实践中当事人怠于履行报批义务。负有报批义务的当事人完全可以待价而沽，视行情作出是否报批的决定——报批对自己有利的，就去报批；反之，则不去报批。就其结果而言，只能使不诚信的当事人因其不诚信行为而获得了利益，不符合法律精神。[②]

二、探矿权转让合同报批义务的性质和效力

《合同法司法解释(二)》第8条规定：“依照法律、行政法规的规定经批准或者登记才能生效的合同成立后，有义务办理申请批准或者申请登记等手续的一方当事人未按照法律规定或者合同约定办理申请批准或者未申请登记的，属于合同法第四十二条第(三)项规定的‘其他违背诚实信用原则的行为’，人民法院可以根据案件的具体情况和相对人的请求，判决相对人自己办理有关手续；对方当事人对由此产生的费用和给相对人造成的实际损失，应当承担损害赔偿责任。”该条规定一方面将怠于履行报批义务的行为纳入《合同法》第42条第3项规定的“有其他违背诚实信用原则的行为”名下，认为报批义务属于先合同义务；另外，该条规定又突破了既有的理论，认为违反先合同义务也可以请求继续履行。

---

① 万鄂湘、刘贵祥副主编：《最高人民法院关于审理外商投资企业纠纷案件若干问题的规定(一)条文理解与适用》，中国法制出版社2011年版，第23页。

② 万鄂湘、刘贵祥副主编：《最高人民法院关于审理外商投资企业纠纷案件若干问题的规定(一)条文理解与适用》，中国法制出版社2011年版，第28页。

与矿业权转让合同一样,外商投资企业股权转让也需要得到审批机关(即商务部门)的批准后方才生效。在司法实践中,外商投资企业股权转让交易也面临着与前述矿业权转让同样的法律风险。因此,来了解一下前述《外商投资企业纠纷规定(一)》的相关内容,对我们不无裨益。《外商投资企业纠纷规定(一)》第1条规定:"当事人在外商投资企业设立、变更等过程中订立的合同,依法律、行政法规的规定应当经外商投资企业审批机关批准后才生效的,自批准之日起生效;未经批准的,人民法院应当认定该合同未生效。当事人请求确认该合同无效的,人民法院不予支持。前款所述合同因未经批准而被认定未生效的,不影响合同中当事人履行报批义务条款及因该报批义务而设定的相关条款的效力。"可见,《外商投资企业纠纷规定(一)》关于"报批义务"的规定显然突破了《合同法司法解释(二)》第8条的规定。① 如果说《合同法司法解释(二)》对于报批义务的性质在缔约过失责任的基础上纳入了先合同义务可以请求继续履行是向前迈出了一步的话,那么,《外商投资企业纠纷规定(一)》又在此基础上再往前迈出了一步,即不仅认可了报批义务的可履行性,而且认为关于报批义务约定的处理合同"生前"事项条款与《合同法》第57条关于处理合同"死后"事项解决争议条款在性质上具有相似性,同系合同义务,具有独立性,并不因主合同的未生效而未生效。即便当事人并未对报批义务进行约定,其同样属于合同义务而非先合同义务的范畴。此时,报批义务属于合同义务中的从给付义务,该义务源于诚实信用原则,属于合同的默示条款。② 因为先合同义务的违反仅导致缔约过失责任,无过错方并不能请求强制实际履行。而报批义务作为促成合同生效的一项义务,如不能请求强制实际履行,就失去了其固有的意义,而且也不符合债权保护的本旨。因此,不能将报批义务定性为先合同义务。总之,不论当事人对报批义务有没有约定,其均属于合同义务,即便未经审批的合同属于未生效合同,也不影响其独立性。③ 虽然审批作为法定形式,其成就并不取决

---

① 《最高人民法院关于适用〈中华人民共和国合同法〉若干问题的解释(二)》(法释〔2009〕5号)第8条规定:"依照法律、行政法规的规定经批准或者登记才能生效的合同成立后,有义务办理申请批准或者申请登记等手续的一方当事人未按照法律规定或者合同约定办理申请批准或者未申请登记的,属于合同法第四十二条第(三)项规定的'其他违背诚实信用原则的行为',人民法院可以根据案件的具体情况和相对人的请求,判决相对人自己办理有关手续;对方当事人对由此产生的费用和给相对人造成的实际损失,应当承担损害赔偿责任。"

② 刘贵祥:《关于股权转让纠纷的若干问题》,载中外民商裁判网:http://www.zwmscp.com/a/minshangfazonglun/gongsiyuzhongzu/2010/0709/7668.html,最后访问日期:2012年1月10日。

③ 刘贵祥:《关于股权转让纠纷的若干问题》,载中外民商裁判网:http://www.zwmscp.com/a/Minshangfazonglun/gongsiyuzhongzu/2010/0709/7668.html,最后访问日期:2012年1月10日。

于当事人的意思,不同于当事人约定的“条件”。但根据诚实信用原则,当事人负有积极促成期待权向既得权转变的义务,报批义务即源于此。未生效合同处于中间性质的效力状态,根据诚实信用原则,双方当事人均负有积极促成合同生效的报批义务。换言之,尽管整个合同并未生效,但报批义务已经独立生效。[①]

最高人民法院民四庭刘贵祥庭长认为,就合同条款的内容而言,其核心内容是有关当事人间的权利义务关系的规定,但除此之外,还有两类合同条款,这两类条款自身的性质决定了其独立于合同的权利义务条款:一是促成合同生效的条款,二是在合同无效、被撤销或者终止时,有关争议解决的条款。《合同法》第57条仅规定了后者,并未对前者作出规定。事实上,二者一个针对合同的“生前”,一个针对合同的“死后”;一个促成合同有效,一个解决无效、被撤销或者终止后所产生的争议,均具有手段性特点,不同于当事人意欲通过合同实现交易目的、享受权利承担义务的其他合同条款,当然具有独立性。因此,合同未生效当然不影响报批义务条款的效力。“(外商投资企业)股权转让合同不经审批不生效,而审批机关的审批需以报批义务人报批为前提,如果不履行报批义务合同则不可能生效。因此,在股权转让合同依法成立的情况下,报批义务人的报批义务即产生,如果不问报批义务人是否履行了报批义务,一律驳回当事人的变更股权请求是欠妥当的。应充分利用合同不生效与合同无效相区别的法理,在现行法律框架下解决对守约的股权转让合同当事人保护不力的问题。”[②]当事人肆意通过不办理或不协助办理报批手续而恶意阻止合同生效,显然违背诚实信用原则。根据规定,既然“相对人”可以自己办理有关手续,而“对方当事人”应对由此产生损失给予赔偿,那么,“相对人”自然也可以要求“对方当事人”办理申请批准手续。[③]

三、履行报批义务应当秉承诚实信用的基本原则

诚实信用原则,是指讲究诚实、恪守信用,绝不欺罔地行使合同权利履行合同

① 万鄂湘、刘贵祥副主编:《最高人民法院关于审理外商投资企业纠纷案件若干问题的规定(一)条文理解与适用》,中国法制出版社2011年版,第24页。

② 刘贵祥:《关于股权转让纠纷的若干问题》,载中外民商裁判网:http://www.zwmscp.com/a/Minshangfazonglun/gongsiyuzhongzu/2010/0709/7668.html,最后访问日期:2012年1月10日。

③ 广州仙源房地产股份有限公司与广东中大中鑫投资策划有限公司、广州远兴房产有限公司、中国投资集团国际理财有限公司股权转让纠纷案(最高人民法院民事裁定(2009)民申字第1068号,2009年12月30日)。

义务的原则。[1] 德国学者 Hedemann 指出，诚实信用原则之作用力世罕其匹，为一般条款之首位。[2] 诚实信用原则具有其他法律规范所不具备的法律漏洞补充的功能，被称为“帝王条款。”[3]诚实信用原则确定了当事人以诚实和信用方式行使权利和履行义务等行为规则，平衡了当事人之间的各种利益冲突和矛盾。[4] 要求民事主体在行使权利履行义务时，应兼顾对方当事人的利益和社会的一般利益，力求使自己的行为符合诚实商人的标准，本着真诚、真实、恪守信用的原则和精神，以善意的主观意识和行为方式正确行使自己的权利，履行自己的义务。

我国 1986 年颁布的《民法通则》第 4 条规定：“民事活动应当遵循自愿、公平、等价有偿、诚实信用的原则。”1999 年颁布实施的《合同法》不仅将诚实信用原则确立为该法的基本原则，同时还将这一原则确定为合同履行过程中的基本原则，并已成为贯穿整个《合同法》的基本理念。该法第 60 条第 2 款规定：“当事人应当遵循诚实信用原则，根据合同性质、目的和交易习惯履行通知、协助、保密等义务。”这就是说，在合同履行过程中，双方当事人不仅要全面地、实际地履行已经在合同中明确约定的己方义务，对于那些在合同中虽然未作约定，但是根据诚实信用原则，要求当事人应尽的协作义务，当事人也应该自觉地、善意地履行。只有遵循诚实、守信、善意的履约原则，正确地对待和审视自己的权利义务及履约行为，才能够避免和解决双方的利益冲突，特别是排除因合同约定不到位而产生的履约障碍，保证合同的顺利履行，实现合同的最终目的。本案中，虽然某集团公司为促使《探矿权转让协议》生效而申报了转让审批手续，但省国土资源厅以“某集团公司自身存在非法转让及圈而不探等行为”明确批复不予批准转让该涉案探矿权。对此未经批准的原因在于某集团公司的过错所致，故不能认为某集团公司已完成了报批义务。依据诚实信用和实际全面履行的原则，某集团公司应当积极补充和完善报批手续所存在的瑕疵，在接到某县国土资源局同意由发证机关依法进行转让的文件后，应当继续履行其报批义务，而非以“没有约定和法定再次申报义务”为由而怠于重新进行转让审批的申报工作。某集团公司明知可以继续履行报批义务却怠于报批，给温某造成了不必要的经济损失，显然违反了基本的诚实信用原则。

---

① 焦富民：《论诚实信用原则和合同义务的扩张》，载《扬州大学学报》2001 年第 2 期。

② 史尚宽：《债法总论》，台湾荣泰印书馆 1978 年版，第 320 页。

③ 刘宗荣：《定型化契约论文专辑》，台湾三民书局 1989 年版，第 57 页。

④ 焦富民：《论诚实信用原则和合同义务的扩张》，载《扬州大学学报》2001 年第 2 期。

四、关于本案的处理问题

本案中，温某与某集团公司签订的《探矿权转让协议》系双方当事人的真实意思表示，协议依法成立，根据《矿产资源法》的规定该协议须经审批机关批准同意后方能生效。虽然某集团公司申报了探矿权转让审批手续，但省国土资源厅明确批复不予批准转让涉案探矿权。转让协议之所以未获批准的原因在于某集团公司自身存在非法转让及圈而不探等行为，而未涉及协议内容有违反法律、法规的问题，故不能认为某集团公司已完成了"合同所约定的报批义务"。某集团公司在接到县国土资源局同意由发证机关依法进行转让的文件后，应当遵循诚实信用和实际全面履行的原则继续履行其报批义务，而非以"没有约定和法定再次申报义务"为由怠于重新进行转让审批的申报工作。根据我国《合同法司法解释（二）》第8条，人民法院可以根据案件的具体情况和相对人的请求，判决相对人自己办理有关手续；对方当事人对由此产生的费用和给相对人造成的实际损失，应当承担损害赔偿责任的规定，某集团公司在可以重新申报而未能积极履行申报义务的情况下，温某可以请求法院依法判决某集团公司继续履行报批义务或者判决温某自己办理报批手续，并承担损害赔偿责任。

19. 法院是否有权直接判决变更探矿权主体？

——甲矿业公司与乙矿业公司其他合同纠纷上诉案[①]

【案情介绍】

上诉人（原审被告）：甲矿业公司。

被上诉人（原审原告）：乙矿业公司。

2005年12月13日，甲矿业公司给乙矿业公司出具承诺书一份，载明："按照国家有关法律规定，甲矿业公司承诺和乙矿业公司之间的关于某钼矿合作协议到期后，在国家政策允许的情况下，将某钼矿探矿权转让给乙矿业公司，具体条款另行约定。"2005年12月14日，乙矿业公司与甲矿业公司签订《合作协议书》一份，协议约定：甲矿业公司以某钼矿探矿权包括相应投入的附属设备设施与乙矿业公司合作，探矿权勘查范围为4.29平方公里（探矿权勘查许可证号为41000××××523）；

① 河南汇达矿业有限公司与镇平县万泰矿业有限公司其他合同纠纷上诉案（郑州市中级人民(2009)郑民四终字第324号，2009年5月14日）。

乙矿业公司向甲矿业公司支付保证金 90 万元作为按照国家及地方有关规定实施勘查工程的承诺,并承担在勘查工作中造成安全事故的责任;甲矿业公司与乙矿业公司合作生效后,乙矿业公司拥有某钼矿的探矿权、处置权和经营权。双方合作期间,甲矿业公司向乙矿业公司提供相关证照手续。经乙矿业公司确认后,乙矿业公司一次性支付给甲矿业公司保证金 90 万元。双方签字盖章款到后合作协议生效。

协议书签订后,乙矿业公司于 2005 年 12 月 15 日将款付给甲矿业公司,甲矿业公司给乙矿业公司出具了收条,载明:收到乙矿业公司关于某钼矿合作保证金 90 万元。2006 年 12 月 19 日,乙矿业公司与甲矿业公司又签订《合作协议书》一份,协议约定:收益分配为取得探矿成果后,甲矿业公司分得 10%,乙矿业公司分得 90%;双方同意待此探矿权充分合法转让时,优先转让给乙矿业公司,乙矿业公司按探矿权评估价的 10% 支付给甲矿业公司作为投入回报。此合作协议须报请省国土资源厅批准后实施。2005 年 9 月 20 日,乙矿业公司与甲矿业公司到省国土资源厅办理了备案登记。甲矿业公司将某钼矿的勘查许可证原件及相关的手续交给了乙矿业公司。但随后,甲矿业公司未给乙矿业公司办理探矿权转让的过户手续。乙公司向法院起诉,要求甲矿业公司将其名下的某钼矿勘查许可证变更到乙矿业公司名下。

【法院审判】

一审法院认为,乙矿业公司与甲矿业公司于 2005 年 12 月 14 日签订的虽然是《合作协议书》,但该《合作协议书》的内容实际上是转让,合作协议第 3 条有明确约定,甲矿业公司与乙矿业公司合作生效后,乙矿业公司拥有某钼矿的探矿权、处置权和经营权。甲矿业公司的承诺书和 2006 年 12 月 19 日乙矿业公司和甲矿业公司又签订的《合作协议》第 3 条上均可以证明,甲矿业公司将探矿权证转让给乙矿业公司,是乙矿业公司、甲矿业公司真实意思表示,且不违反法律、行政法规的强制性规定,该《合作协议书》合法有效。乙矿业公司已履行了义务交付了保证金,故乙矿业公司的诉讼请求应予支持。甲矿业公司对公章提出申请鉴定,但甲矿业公司在规定的期限内,未交纳鉴定费用。按照《最高人民法院关于民事诉讼证据的若干规定》第 25 条第 2 款之规定:"对需要鉴定的事项负有举证责任的当事人,在人民法院指定的期间内无正当理由拒不提出申请或者不预交鉴定费用或者不提供相关鉴定材料,致使对案件争议的事实无法通过鉴定结论予以认定的,应当对该事实承担举证不能的法律后果。"依照《合同法》第 6 条之规定,一审法院判决:甲矿业公司于判决书生效后 10 日内将甲矿业公司名下的某钼矿矿产资源勘查许可证协助办理变更到乙矿业公司名下。案件受理费 100 元及保全费 1070 元由甲矿业公司负担。

宣判后,甲矿业公司不服,上诉称:2005 年 12 月 14 日及 2006 年 12 月 19 日的协议,其性质上是合作协议,而非原审法院认定的转让协议。《探矿权采矿权转让管理办法》第 3 条规定了探矿权转让是依法批准才可以转让,第 5 条规定了探矿权转让要具备的必要条件,也就是说探矿权的转让要符合实质要件和程序要件。即使本协议是原审法院认定的探矿权转让协议,也要经过相关部门依法批准才可以转让。乙矿业公司未按协议约定履行支付 90 万元保证金的义务,已构成违约。原审判决认定事实不清,适用法律错误,请求二审法院依法撤销原审判决,并改判驳回乙矿业公司原审的诉讼请求。

被上诉人乙矿业公司辩称,双方在签订协议时的真实意思表示为转让探矿权,协议的内容也符合探矿权转让的特征,且乙矿业公司已依合同约定向甲矿业公司支付 90 万元保证金,履行完毕自己的合同义务,甲矿业公司也接受了该笔款项,故该转让协议实际上已部分履行。请求二审法院依法驳回上诉,维持原判。

二审法院经审理查明的事实与原审法院认定的事实一致。

二审法院认为,甲矿业公司与乙矿业公司于 2005 年 12 月 14 日签订的协议系双方的真实意思表示,且不违反法律的强制性规定,为有效协议,双方当事人均应按照协议的约定履行各自义务。虽然该协议的名称为合作协议,但从协议的内容看,该协议符合权属转让的法律特征,应当认定双方的真实意思表示为探矿权的转让。故甲矿业公司上诉主张协议为合作协议与事实不符,本院不予采信。甲矿业公司上诉称乙矿业公司未按协议约定支付 90 万元的保证金,但乙矿业公司在原审提交的甲矿业公司向其出具的 90 万元的收据以及乙矿业公司在二审提交的转账凭证能够相互印证,90 万元保证金是从乙矿业公司法定代表人的农行卡转到甲矿业公司法定代表人王某的卡上,乙矿业公司已实际支付 90 万元保证金,足以认定乙矿业公司已向甲矿业公司支付了 90 万元的保证金,甲矿业公司的主张与事实不符,本院不予采信。原审判决认定事实清楚,适用法律正确,实体处理适当,应予维持。依照《民事诉讼法》第 153 条第 1 款第 1 项之规定,判决如下:驳回上诉,维持原判。

【律师评析】

本案主要涉及两个方面的问题:一是名为合作勘查实为探矿权转让的协议的效力认定问题;二是人民法院能否直接判决变更探矿权主体的问题。

一、名为合作勘查实为探矿权转让的协议的效力认定

《矿业权出让转让管理暂行规定》第 42 条规定:“合作勘查或合作开采经营是

指矿业权人引进他人资金、技术、管理等，通过签订合作合同约定权利义务，共同勘查、开采矿产资源的行为。”第6条第1款规定：“矿业权人可以依照本规定，采取出售、作价出资、合作勘查或开采、上市等方式依法转让矿业权。”第36条规定：“矿业权转让是指矿业权人将矿业权转移的行为，包括出售、作价出资、合作、重组改制等。”第44条第2款规定：“不设立合作、合资法人勘查或开采矿产资源的，在签订合作或合资合同后，应当将相应的合同向登记管理机关备案。”合同备案表现了国家相关机关对于公民的民事法律行为的监督或管理，主要目的是“知晓”在当事人之间已经发生了这一民事法律行为，目的是保证合作他方勘查出资权益，利于矿政管理。因此，备案并不是合作勘查合同生效的必备要件。“向登记管理机关备案”只是对合作形式的管理性规定，并非效力性强制规定，不备案仅不能对抗第三人。

本案协议虽名为合作协议，但从协议的权利义务约定内容来看，该协议符合权属转让的法律特征，应当认定双方的真实意思表示为探矿权的转让。关于探矿权转让，《合同法》第44条规定：“依法成立的合同，自成立时生效。法律、行政法规规定应当办理批准、登记等手续生效的，依照其规定。”《探矿权采矿权转让管理办法》第10条规定：“批准转让的，转让合同自批准之日起生效。”《矿业权出让转让管理暂行规定》第46条规定：“矿业权转让的当事人须依法签订矿业权转让合同。依转让方式的不同，转让合同可以是出售转让合同、合资转让合同或合作转让合同。转让申请被批准之日起，转让合同生效。”《合同法司法解释（一）》第9条规定：“法律、行政法规规定合同应当办理批准手续，或者办理批准、登记手续才生效。在一审法庭辩论终结前当事人仍未办理批准手续的，或者仍未办理批准、登记手续的。人民法院应当认定该合同未生效。”根据上述法律规定，探矿权转让协议自转让申请被矿业权审批管理机关批准之日起生效。本案所涉协议虽名为合作实为探矿权主体变更的转让，故该协议应当履行相应的审批手续，自转让申请被审批管理机关批准之日起生效。在探矿权转让申请未被审批管理机关批准之前，该协议处于未生效的效力状态。

二、对矿业权法律属性的正确理解和认识是处理矿业权纠纷的基本前提

在矿业权纠纷的处理中，应正确理解矿产资源立法的精神实质和矿业权的特殊物权特点及其特别管理规定，且严格遵守和遵循这些法律规定，而不是简单地适用处理一般民事纠纷或合同纠纷的有关法律法规的规定；否则，只能混淆司法权和矿产资源行政管理权之间的关系，将国家矿产资源管理法律法规虚置，并在司法实

践和管理实际中造成混乱。

其一，认识矿业权的一般物权特点。一是国家专有财产。依照《宪法》和有关法律规定，矿产资源属于国家所有，由国务院代表国家行使矿产资源的所有权。《物权法》明确规定，国有财产由国务院代表国家行使所有权；矿产资源是国家的专有财产，任何人不能取得所有权。只能按照《行政许可法》和《矿产资源法》及配套法规的规定，由符合资质条件的主体申请，经依法批准取得探矿权和采矿权。二是矿业权的用益物权或特许物权属性。按照《物权法》的规定，探矿权、采矿权属用益物权。《物权法》第十章“一般规定”中规定：“依法取得的探矿权、采矿权、取水权和使用水域、滩涂从事养殖、捕捞的权利受法律保护。”在没有特别规定的情况下，探矿权人、采矿权人等权益人是合法的民事主体，对其所取得的物权应进行不动产登记，并通过探矿权、采矿权登记和通知、公告等进行公示公信，从而得到法律的保护。因此，矿业权实际上是一种受严格法定条件限制的独特的自然资源使用权。

其二，认识和理解矿业权的特殊性。矿业权是一种财产权，属于特殊的物权。矿业权的特殊性主要表现在以下方面：(1)申请登记和许可制度。矿产资源勘查和开采需要分别取得探矿权和采矿权，必须根据《矿产资源法》及其配套法规办理申请、审批登记和颁发勘查许可证和采矿许可证。矿业权的价值评估和处置等，均有严格的法律法规处置规定。我国《行政许可法》第 12 条规定：“下列事项可以设定行政许可：……(二)有限自然资源开发利用、公共资源配置以及直接关系公共利益的特定行业的市场准入等，需要赋予特定权利的事项；……”可见，矿业权必须由符合条件的申请人依法申请并经审批管理机关批准后取得，不应简单地认为其具有价值而可以由人民法院按照一般财产权予以判决而定。(2)矿业权是不动产物权，具有无形资产的特性，适用于不动产法律的调整。《物权法》第 9 条规定，不动产物权的设立、变更、转让和消灭，经依法登记，发生效力；未经登记不发生效力。(3)矿业权的主体法律地位和资质方面的特性。《矿产资源法》第 3 条规定，勘查和开采矿产资源必须具备一定的资质条件，同时矿业权的设立具有严格的实体规定和程序规定。矿业权的主体变更必须经过依法审批。任何组织和个人不经合法程序，不得随意干涉矿业权人的探矿和采矿权益，不得侵犯探矿权和采矿权。(4)剥夺或者撤销矿业权人权利的行政决定，必须由矿业权审批管理机关作出，属于权利性行政决定的范畴，实际上是矿产资源管理中行政处罚的一种形式。(5)矿业权拍卖不受《拍卖法》的调整。“按照矿产资源和土地资源管理法律法规和《中华人民共和国拍卖法》规定，只有行政机关才可以拍卖的物品不适用于《拍卖法》，凡拍卖企业可以拍卖的物品才适用于《拍卖法》，矿业权和国有土地使用权拍卖工作由国土资源管理部门依法组织实施，不属于《拍卖法》调整的范围。矿产资源管理是一项专门性、技术性、系统性很强的系统工程，涉及的环节复杂，不能简单地一拍了之。在矿业权拍卖时，需要审查矿业权申请人的资质，不符合法定的矿业权人资质的不能成为竞买人。对探矿权和剩余矿产资源采矿权进行评估，审查竞买人提交的开发利用方案和环境评价报告，缴纳或清理矿业权价款，按转让规定办理矿业权转让手续等。”①

三、法院判决变更探矿权主体干涉了国土资源主管部门的行政权

职权法定化是现代法治国家的基本原则。行政权、司法权和立法权均来自宪法和法律的规定，权力的行使不得超出法律规定的范围。行政权与司法权不能互为替代，不能混淆了司法权和行政管理权的职责和界限。司法权与行政权的划分，决定了司法权不能干涉行政权，司法机关不应替代行政机关作出行政行为。司法权不干涉行政权决定了法院无法对行政机关如何履行法定职责作出要求，仅能判决其在一定期限内履行。② 根据《矿产资源法》的规定，探矿权转让合同必须经国土资源主管部门审查批准才能生效。探矿权转让审批登记制度体现的是国家的行政管理权，行政权力必须依法行使，不可有任何随意性。我国《矿产资源法》及其配套行政法规、规章，对取得矿业权的主体应当具备的条件作出了明确的规定和要求。国土资源主管部门对探矿权的取得具有审查权，探矿权取得的审查主要是对探矿权受让人资质条件的审查。本案中，法院在国土资源主管部门未对探矿权受让人资质条件进行审查的情况下，判决变更探矿权主体，一方面，违反了《合同法》的规定，对未生效合同强制要求履行；另一方面，也即最关键的是干涉了国土资源主管部门对于探矿权转让审查的专属行政职权。

“行政权不得对抗司法权，而司法权不能代替行政权”，这是现代法治社会行政权、司法权运作的基本准则。③ 我国《行政诉讼法》第5条规定：“人民法院审理行政案件，对具体行政行为是否合法进行审查。”司法权必须尊重法律法规所赋予的行政权，如果坐视司法权代替行政权，不仅会引发新的矛盾，而且严重背离法律定分

---

① 国土资源部法规司陈战杰：《法院可裁决企业破产但无权拍卖矿业权和土地使用权》，载中国国土资源网：http://www.clr.cn/front/read/read.asp? ID=69181，最后访问日期：2013年1月18日。

② 王达：《司法权与行政权关系之探讨——对“老干妈”一案二审判决的异议》，载天涯法律网：http://www.hicourt.gov.cn/theory/artilce_list.asp? id=566，最后访问日期：2012年4月20日。

③ 王达：《司法权与行政权关系之探讨——对“老干妈”一案二审判决的异议》，载天涯法律网：http://www.hicourt.gov.cn/theory/artilce_list.asp? id=566，最后访问日期：2012年4月20日。

止争的本意，从而造成新的纠纷和社会管理、经济管理的混乱。司法权尤其是审判权的行使需要经过严格的程序、强有力的监督，而行政权的行使程序相对宽松一些，同时法律规定行政权依正当程序受司法权的监督，从这个意义上说司法权优于行政权。但是我国的宪法和法律从未授权人民法院可以代替行政机关作出具体行政行为，也未授权人民法院判决行政机关必须作出何种具体行政行为。在处理司法权与矿产资源主管部门行政管理权之间的关系上，双方都应当严格遵守法律的明文规定，互相尊重、各行其职、不得越权。那种“司法权高于行政权”的片面认识，是对于法律体系、法的本质和矿产资源管理法律法规和《物权法》立法宗旨理解不透的表现。

四、关于本案的处理问题

本案中，甲矿业公司和乙矿业公司签订的协议虽然名为合作，但就其内容关于权利义务的约定而言，存在探矿权主体的变更，属于探矿权转让，当事双方应当根据《矿产资源法》的规定履行相应的审批程序。在探矿权转让申请未被审批管理机关批准之前，该协议尚处于未生效的状态，当事双方应当履行法定审批程序予以报批使未生效的协议状态最终得以确定。司法权与行政权的划分，决定了司法权不能干涉行政权，不能混淆了司法权和行政权的职责和界限。就本案而言，人民法院不宜直接判决变更探矿权主体，否则，一方面违反了《合同法》的规定，对未生效合同强制要求履行，另一方面则干涉了国土资源行政主管部门对于探矿权转让审批的专属行政管理职权。

（三）采矿权转让纠纷

20.《物权法》能否作为判定采矿权转让合同生效的依据？

——仝某诉李某采矿权转让纠纷案[①]

【案情介绍】

原告：仝某。

被告：李某。

---

① 仝进荣诉李跃进采矿权转让纠纷案（陕西省淳化县人民法院（2010）淳民初字第000326号，2011年3月10日）。

2003年3月15日仝某取得了某县矿产资源管理办公室颁发的证号为6104××××40029的《采矿许可证》,以个体经营的方式经营A石料厂。2007年8月2日仝某向县国土资源局提出转让申请,拟将“A石料厂”经营权转让于李某,请求批准。2007年8月6日仝某与李某签订了转让合同并将该合同备案于县国土资源局矿产资源管理办公室,李某给付仝某4000元。2007年8月7日李某向县矿产资源管理办公室提出了采矿权变更申请登记,于8月13日取得了县矿产资源管理办公室颁发的证号为6104××××40029的《采矿许可证》。约2008年2、3月时,李某以无力支付转让合同价款,提出与仝某协商,口头将原转让合同变更为承包合同,约定承包期为3年,每年支付仝某2万元承包费并当场给付了第一年的2万元承包费,后李某既未履行原转让合同也未给付口头约定的剩余承包费。2010年8月21日仝某找到李某请求给付剩余承包费或返还原有采矿手续,李某为此写下承诺书,但未履行。

2010年9月21日,仝某起诉李某,请求:(1)确认双方签订的采矿权转让合同无效;(2)由李某支付所欠仝某石料款1万元;(3)诉讼费用由李某承担。

【法院审判】

法院认为:某县A石料厂自20世纪90年代初期筹建成立以后,原告仝某于2003年取得该石料厂的采矿权并一直延续经营至2007年8月2日其向县国土资源局申请转让采矿权时。其在转让时,由于《矿产资源法》及《探矿权采矿权转让管理办法》对个人经营矿山企业转让有严格的程序规定,必须具备“因企业合并、分立,与他人合资、合作经营,或者因企业资产出售以及其他变更企业资产产权的情形,需要变更采矿权主体的,经依法批准,可以将采矿权转让他人采矿”的强制性规定,且为使被告达到受让人应具备的相关条件,双方在签订合同之时,原告以原价值15.6万元的设备充抵其中,故而原、被告双方为使采矿权转让得到批准而签订的转让合同是其双方真实意思表示,其转让合同成立。《合同法》第44条:“依法成立的合同,自成立时生效。法律、行政法规规定应当办理批准、登记等手续生效的,依照其规定。”《最高人民法院关于适用〈中华人民共和国合同法〉若干问题的解释(一)》第9条规定:“依照合同法第四十四条第二款的规定,法律、行政法规规定合同应当办理批准手续,或者办理批准、登记等手续才生效,在一审法庭辩论终结前当事人仍未办理批准手续的,或者仍未办理批准、登记等手续的,人民法院应当认定该合同未生效;法律、行政法规规定合同应当办理登记手续,但未规定登记后生效的,当事人未办理登记手续不影响合同的效力,合同标的物所有权及其他物权不能转移。"《探矿权采矿权转让管理办法》第10条对转让采矿权合同效力规定为"批准转让的，转让合同自批准之日起生效，不准转让的，审批管理机关应当说明理由。"《物权法》第15条规定："当事人之间订立有关设立、变更、转让和消灭不动产物权的合同，除法律另有规定或者合同另有约定外，自合同成立时生效；未办理物权登记的，不影响合同效力。"按照新法优于旧法、特别法优于一般法的适法原则，在界定采矿权转让合同效力方面，《物权法》的适用应优先于《合同法》，同时《物权法》也是《探矿权采矿权转让管理办法》的上位法，故本案原、被告所签订的转让合同依法成立并生效，原告请求确认该合同无效理由不充分，本院不予支持。被告认可欠原告石料款1万元，原告请求被告支付该款，被告亦同意给付，该请求本院予以支持。依照《民法通则》第84条、《物权法》第15条之规定，判决如下：

1. 由李某于本判决生效之日起10日内给付仝某石料款1万元；

2. 驳回仝某的其他诉讼请求。

【律师评析】

本案主要涉及《物权法》能否作为判定采矿权转让合同效力法律依据的问题。

一、关于适用《物权法》判定采矿权转让合同效力的观点

我国《合同法》第44条规定："依法成立的合同，自成立时生效。法律、行政法规规定应当办理批准登记等手续生效的，依照其规定。"国务院颁布实施的《探矿权采矿权转让管理办法》第10条第3款规定："批准转让的，转让合同自批准之日起生效。"我国《物权法》第15条规定："当事人之间订立有关设立、变更、转让和消灭不动产物权的合同，除法律另有规定或者合同另有约定外，自合同成立时生效；未办理物权登记的，不影响合同效力。"上述规定中，《合同法》、《物权法》、《探矿权采矿权转让管理办法》等法律法规对于采矿权转让合同生效条件的规定存在冲突。因此，有观点认为，采矿权转让合同须经地质矿产行政主管部门批准方能生效的规定，已经与《物权法》关于不动产物权变动合同效力的相关规定不相符合，应当优先适用《物权法》的规定。其主要理由如下：

其一，《物权法》第15条首次区分了物权的原因行为和物权变动的区分原则，物权的原因行为不因物权没有变动而无效。从该条规定可见：一般情况下，不动产物权合同在成立时生效；当法律另有规定或当事人另有约定时，从其规定或约定。在这个除外规定中强调的是"法律"另有规定，而不是"行政法规"另有规定。与《合同法》第44条相比，合同效力界定的法律依据范围变窄了即由"法律、行政法规"变为了“法律”。据此,按照新法优于旧法、特别法优于一般法的适法原则,在界定矿业权转让合同何时生效方面,《物权法》的适用应优先于《合同法》。因为《合同法》与《物权法》同属全国人民代表大会制定的法律,《物权法》颁布在后,属于“新的规定”,而且《合同法》第 44 条属于对合同生效要件的“一般规定”,《物权法》第 15 条则属于关于不动产物权变动合同生效要件的“特别规定”。同时,《物权法》也是《探矿权采矿权转让管理办法》的上位法。《探矿权采矿权转让管理办法》与《物权法》之间关于采矿权转让合同生效条件的冲突,应适用上位法优于下位法的原则,即根据《立法法》第 79 条“法律的效力高于行政法规、地方性法规、规章”,应优先适用《物权法》。

其二,采矿权是具有绝对性、支配性、排他性的财产权,与其他物权无异,都属于《物权法》调整范畴。采矿权转让是典型的不动产物权转让,采矿权转让合同的效力应遵循《物权法》的规定,即采矿权转让合同应当自成立时生效。因此,采矿权转让合同效力的界定标准在《物权法》实施后有了质的变化,依《物权法》第 15 条的规定,采矿权转让合同自合同成立之日起生效,而不是《探矿权采矿权转让管理办法》所规定的自批准之日起生效。

二、《物权法》不能作为判定采矿权转让合同效力依据的分析

虽然根据我国《物权法》的规定,采矿权属于用益物权,转让采矿权的合同系转让不动产物权的合同,但是并不能因此而得出应当依据《物权法》而不再依据《合同法》作为判定采矿权转让合同效力标准的结论。对此,理由有二:

其一,《物权法》调整物的归属关系和利用关系。《物权法》第 15 条确定了原因行为和物权变动的区分原则,其立法目的在于确立物权行为与债权行为相区分的原则,旨在强调物权行为的效力不影响债权行为的效力。该原则强调合同等原因行为的效力应受《合同法》的调整,物权的设立、变更、转让和消灭等物权变动则受《物权法》的规制,原因行为的效力不受物权变动要件的影响。该原则对于保护交易安全具有重要的作用,虽然主要规定在不动产物权方面,但除非法律另有规定,该原则同样体现在其他物权变动方面。①《物权法》第 123 条虽然明确规定依法取得的采矿权受法律保护,明确了采矿权的物权属性,但是并没有具体规定采矿权取得、流转等内容。具体到采矿权转让合同中,是指采矿权这种用益物

---

① 最高人民法院原副院长奚晓明在全国民商事审判工作会议上的讲话——《充分发挥民商事审判职能作用为构建社会主义和谐社会提供司法保障》(2007 年 5 月 30 日)。

权,仅依据合同行为不产生采矿权权属由一方转让到另一方的物权变动效果。欲发生此种效果,需在债权行为合法有效的基础上,另外实施物权行为即办理物权变更登记。该条“未办理物权登记的,不影响合同效力”中的“登记”是指物权的变更(过户)登记,而不是指合同本身的批准登记。

其二,《物权法》第15条的规定与《合同法》第44条的规定是相互衔接的。《物权法》第15条“除法律另有规定或当事人另有约定外”中的“法律”,当然包括《合同法》在内。《合同法》对合同生效另有规定当然属于《物权法》第15条规定的除外情形。而《合同法》第44条明确规定法律、行政法规规定(合同)应当办理批准登记等手续生效的,依照其规定。因此,如行政法规规定合同应当办理批准登记手续才生效的,亦应依照其规定。而国务院行政法规《探矿权采矿权转让管理办法》第10条明确规定:“(矿业权)批准转让的,转让合同自批准之日起生效。”因此,判断采矿权转让合同效力的法律依据,依据《物权法》第15条的规定指向了《合同法》第44条,而依据《合同法》第44条的规定,又具体指向了《探矿权采矿权转让管理办法》第10条的规定。故根据《物权法》、《合同法》及《探矿权采矿权转让管理办法》的相关规定,采矿权转让合同需要经过批准方能生效。所以,在司法实践中,关于矿业权转让合同效力的认定,还是要首先适用《矿产资源法》等法律的规定,在没有特别法具体规定的情况下,则应适用《物权法》规范。[①]

三、关于本案的处理问题

本案中,当事双方仝某和李某所签订的采矿权转让合同虽然依法成立,但是,由于双方将采矿权转让合同备案于某县国土资源行政主管部门,而未经过有权的省级国土资源行政主管部门的审查批准,[②]从而使采矿权转让合同的效力处于未生效合同状态。如果当事双方继续合作,则应当按照法定的审批程序履行报批义务,使未生效的合同状态予以最终确定。如果被批准,则合同生效,双方按照约定履行各自的权利和义务,完成采矿权转让;如果未获批准,则双方可以协商解除合同并就解除后的相关事宜作出处理。

---

① 张金萍:《矿业权纳入物权制度的多个理由——访中国政法大学教授李显冬》,载《中国国土资源报》2007年3月12日第5版。

② 根据《国务院关于第六批取消和调整行政审批项目的决定》(2012年9月23日,国发〔2012〕52号)的规定,对于市县级人民政府地质矿产主管部门审批的采矿权的转让审批予以调整,下放管理层级,其实施机关由省级人民政府地质矿产主管部门下放调整为设区的市级、县级人民政府地质矿产主管部门。

21. 未经矿产部门批准的采矿权转让合同的效力如何?
——甲矿业公司与乙开发公司矿权转让纠纷上诉案①

【案情介绍】

上诉人(原审原告):甲矿业公司。

被上诉人(原审被告):乙开发公司。

2005年7月14日,甲矿业公司与乙开发公司签订《关于某铅锌矿普查探矿权有偿转让及某钨矿采矿权有偿转让合同》(以下简称《转让合同》),约定"乙开发公司将其所持有的某铅锌矿普查探矿权和某钨矿采矿权的剩余使用年限转让给甲矿业公司,转让总价款为1490万元人民币;乙开发公司将探矿权、采矿权转让到甲矿业公司名下的期限为从递交转让手续到省国土资源厅受理和办理完毕提存公证起至完成矿权转让手续的时间为100个工作日;乙开发公司同意签订转让合同,并且收到甲矿业公司汇给的首期转让款300万元后,甲矿业公司即可进入矿区开展征地、探矿及采矿前期准备和基础设施建设……"

后,双方于次日对付款方式重新签订《矿权转让合同补充协议》(以下简称《补充协议》),约定:"1. 乙开发公司确认,转让合同签订之前,甲矿业公司已于2005年6月24日付给乙开发公司探矿权、采矿权转让费定金人民币300万元;2. 为探矿权、采矿权分别转让到甲矿业公司名下,在双方均准备好探矿权转让材料并由乙开发公司递交给省国土资源厅之次日,即支付人民币200万元给乙开发公司;省国土资源厅开出采矿权转让受理单后三个工作日内,甲矿业公司应支付乙开发公司人民币300万元;当采矿权转让手续完成后(该时间以省国土资源厅颁发给甲矿业公司采矿权证当日为准)三个工作日内,甲矿业公司再支付给乙开发公司人民币400万元;当探矿权手续完成后(该时间以省国土资源厅颁发给甲矿业公司探矿权证当日为准)三个工作日内,甲矿业公司付清剩余转让款项……"

上述《转让合同》及《补充协议》签订后,甲矿业公司即进入该矿区开展探矿、采矿前期工作准备和基础设施建设。甲矿业公司除在合同签订前支付300万元外,又于2005年7月21日汇款200万元,时任甲矿业公司经理职务的张某于8月12日汇款150万元给贺某,福州某投资公司出纳刘某于9月13日汇给贺某140万元,于9

---

① 云南晟贝矿业有限公司与云南珞玮矿业开发有限公司矿权转让纠纷上诉案(云南省高级人民法院(2008)云高民一终字第60号,2008年5月5日)。

月22日付给贺某10万元。2005年11月23日,甲矿业公司以工作布局转移为由向某省国土资源厅申请终止钨矿采矿权转让。

2006年年初,某钨矿所在地县委、县政府决定对全县钨矿资源进行开发整合,乙开发公司认为其与甲矿业公司之间的钨矿采矿权转让合同已终止,其是合法的矿权主体,故乙开发公司一直以矿权主体的身份参与钨矿资源整合工作的谈判。甲矿业公司则认为其虽然向省国土资源厅提出过终止钨矿采矿权转让的申请,但转让合同中的铅锌矿普查探矿权与钨矿采矿权是一个整体,钨矿采矿权转让部分的合同仍然是有效的,且其已按约定支付了相关款项,应由其参与钨矿整合的谈判工作。

2006年4月13日,省国土资源厅给甲矿业公司颁发了探矿权证(证号:5300×××20321)。同年4月26日,甲矿业公司向乙开发公司提出要求恢复履行《转让合同》及《补充协议》,乙开发公司不同意,双方由此发生纠纷。2007年8月20日,甲矿业公司向法院提起诉讼,请求:(1)确认双方签订的采矿权转让合同有效;(2)判决甲矿业公司享有受让采矿权的全部有形无形财产权益;(3)判令乙开发公司承担本案全部诉讼费用。一审庭审中,甲矿业公司增加请求判令乙开发公司按照合同约定履行义务。

【法院审判】

一审法院认为,根据《探矿权采矿权转让管理办法》第10条规定,矿业权转让合同自审批管理机关批准之日起生效。本案双方当事人签订的《转让合同》包含了铅锌矿探矿权转让和钨矿采矿权转让两个部分的内容,省国土资源厅2006年4月13日对铅锌矿探矿权转让部分颁发了探矿权证,表明《转让合同》中的探矿权转让业已生效,省国土资源厅对钨矿采矿权的转让未办理转让手续的主要原因是在合同履行过程中,甲矿业公司曾就钨矿采矿权转让的部分向省国土资源厅提出终止申请,因双方未能就钨矿采矿权转让终止后双方对合同已经协商解除或对采矿权转让的善后事宜达成了新的合意提供证据证明,省国土资源厅对该终止申请又未作出明确答复,故钨矿采矿权转让合同的法律效力处于不确定状态,即未生效状态,甲矿业公司请求确认钨矿采矿权转让合同有效的诉讼请求不予支持。遂依照《民事诉讼法》第64条和《最高人民法院关于民事诉讼证据的若干规定》第2条的规定,判决:驳回甲矿业公司的诉讼请求。案件受理费111,200元,由甲矿业公司负担。

上述一审判决宣判后,甲矿业公司不服,提起上诉,请求:(1)撤销原判;(2)依法确认双方签订的《转让合同》和《补充协议》有效,判令乙开发公司按合同约定履行义务;(3)判决甲矿业公司享有受让采矿权的全部有形无形财产权益。事实和理由主要是:(1)双方签订的《转让合同》和《补充协议》不具有《合同法》第52条规定的合同无效的情形,系有效合同,且已经生效,依法应受法律保护。第一,合同有效与合同生效是两个不同的概念,合同有效是与无效相对应的,而合同生效是与未生效相对应的,已经有效的合同不一定已经生效,而已经生效的合同不一定有效,批准、登记等仅仅是合同的生效要件,而非合同的有效要件,因此不生效不等于无效;第二,探矿权、采矿权作为用益物权,已为《物权法》所肯定,而《物权法》第15条规定:"当事人之间订立有关设立、变更、转让和消灭不动产的合同,除法律另有规定或者合同另有约定外,自合同成立时生效;未办理物权登记的,不影响合同效力。"这一民法学上的物权变动与其基础关系的区分原则肯定了审批管理机关的批准是物权转让的生效要件,而不是物权转让合同的生效要件,故双方签订的《转让合同》和《补充协议》不仅是有效的合同,而且是已经生效的合同;第三,《合同法》规定了三类效力待定合同,即限制民事行为能力人订立的合同、无代理权人订立的合同、无处分权人订立的合同,本案双方签订的合同显然不属于这三类合同中的任何一类,一审将其认定为效力待定的合同是错误的。(2)上诉人与被上诉人并未协商终止合同,合同依法应得到切实履行。第一,上诉人控股股东福建某实业集团有限公司的子公司福州某投资有限公司及香港某国际投资集团有限公司2005年11月16日与被上诉人签订了《开发经营权转让协议书》,受让了被上诉人80%的开发经营权,双方协商后认为某钨矿采矿权、铅锌矿探矿权的变更已没有必要,所以通过被上诉人向省国土资源厅递交暂终止探矿权、采矿权转让的申请,后因开发经营权合同的履行发生分歧,且经协商暂无结果,双方已口头商定继续履行《转让合同》和《补充协议》,办理矿权变更手续,且被上诉人实际也未将终止探矿权和采矿权转让的申请递交省国土资源厅,鉴于被上诉人迟迟未办理矿权变更手续,上诉人于2006年4月26日书面通知被上诉人要求恢复合同履行,尽快办理矿权变更手续,双方的合同并未终止。第二,被上诉人按合同约定办理了探矿权变更手续,并按约定将矿山移交给了上诉人,上诉人也实际接收了矿山,除按合同约定付清了矿权转让价款外,还就矿山开发利用,选厂建设等投资数千万元,双方所实施的这一系列事实行为,也表明双方合同并未终止。(3)上诉人支付给被上诉人的矿权转让款是1158.33万元,而非一审确认的800万元。综上,原判对案件主要事实的认定是清楚的,但适用法律明显错误,请求依法支持上诉人的上诉请求。

被上诉人乙开发公司答辩认为:(1)双方所诉争的采矿权转让合同是属于法

律、行政法规规定应当办理批准、登记等手续才能生效的合同,因该合同并未取得省国土资源厅的批准,故该合同未生效,没有生效就是没有效力,就没有约束性。(2)双方从未终止过铅锌矿探矿权的转让,上诉人提交的关于探矿权终止转让申请以及恢复履行合同申请均为上诉人在诉讼中伪造,而钨矿采矿权的转让合同在未经批准生效前就已终止,无须确认其效力;《开发经营权转让协议书》与本案双方当事人之间的合同是两个不同的法律关系,上诉人关于"双方并未协商终止合同,该合同依法应得到切实履行"的主张不符合事实。(3)根据上诉人诉讼请求的内容,本案的性质是合同效力的确认之诉,上诉人就转让价款支付金额的多少并不是本案的争论问题,不应成为法庭审查和认定的内容,且原判认定上诉人支付的金额并不符合事实,上诉人提供的证人刘某当庭证明其汇入贺某账户的140万元是履行《开发经营权转让协议书》支付的价款,并非双方当事人之间矿业权转让的价款。综上,原判认定事实清楚,适用法律正确,应予维持。

经征询双方当事人对原判确认事实的意见,上诉人甲矿业公司认为:(1)在对上诉人已付转让款的数额认定上,原判遗漏了2005年11月7日支付的300万元人民币和2005年11月10日支付的6万美元(折合人民币483,300元);(2)终止钨矿采矿权转让的申请是上诉人出具给被上诉人,请被上诉人交给省国土资源厅的,但被上诉人实际并未向省国土资源厅提交,原判确认"甲矿业公司于2005年11月23日向某省国土资源厅矿产资源开发处申请终止钨矿采矿权转让"不是事实。被上诉人乙开发公司认为:(1)福州某投资有限公司出纳刘某2005年9月13日汇给贺某的140万元款项与本案无关,不应确认为上诉人支付给被上诉人的转让款;(2)原审确认"甲矿业公司于2006年4月26日向乙开发公司提出要求恢复履行《转让合同》及《补充协议》"不是事实。除上述异议外,双方当事人对原审确认的其余事实无异议,本院予以确认。

针对双方当事人提出的上述异议,二审法院认为:(1)关于甲矿业公司已付转让款的数额,双方当事人对原判确认的合同签订前支付的300万元以及2005年7月21日支付的200万元、8月12日支付的150万元、9月22日支付的10万元,共计660万元均无异议,本院予以确认。对于双方有争议的三笔款项,即2005年7月21日的140万元、11月7日的300万元和11月10日的6万美元,乙开发公司认可收到,但认为上述款项是福州某投资有限公司履行开发经营合同的款项,与本案无关。由于本案双方争议的是合同的效力问题,已付转让款的数额与合同效力的确认不具有关联性,故本院对此争议不予确认。(2)关于终止采矿权转让申请的提交问题,该申请是由甲矿业公司2005年11月22日出具给乙开发公司转交省国土资源厅的,乙开发公司实际是否向省国土资源厅提交,本院向省国土资源厅矿产开发管理处进行调查,经调查后确认,省国土资源厅对本案铅锌矿探矿权转让予以批准后向甲矿业公司颁发了探矿权证,期间没有收到过任何一方提交的终止探矿权转让的申请;而本案钨矿采矿权的转让因当事人于2005年11月提交了终止转让的申请,故对钨矿采矿权转让部分按规定作了退件处理。(3)关于甲矿业公司是否于2006年4月26日向乙开发公司发出过《关于恢复履行矿业权转让合同及补充协议的通知》,因甲矿业公司不能举证证实乙开发公司收到过该通知,本院对该事实不予确认,乙开发公司的此项异议成立。

综合双方当事人的上诉及答辩观点,本案二审双方争议的焦点是:双方当事人签订的《转让合同》和《补充协议》是否有效?

上诉人甲矿业公司认为,双方签订的《转让合同》和《补充协议》系有效合同,且根据《物权法》第15条的规定,该合同已经生效,应受法律保护;上诉人已经按约履行了采矿权转让批准申报前的付款义务,双方并未协商终止合同,该合同依法应得到切实履行。同时原审法院对上诉人在一审中提出的"判令乙开发公司按约定履行义务"的诉讼请求存在漏审漏判的问题。二审应判令被上诉人按照合同约定履行申报采矿权转让的义务。

被上诉人乙开发公司认为,双方签订的矿业权转让合同中,探矿权转让部分经权力部门批准,依法可确认有效,但采矿权转让部分未经权力部门批准,依法律及行政法规应确认为未生效,并且双方在履行合同过程中,采矿权转让合同经双方协商已终止履行,从此上诉人不再享有合同的受让权利。上诉人的上诉请求不能成立,应予驳回。

二审法院认为,首先,关于双方签订的《转让合同》及《补充协议》的效力问题。《合同法》第44条规定:"依法成立的合同,自成立时生效。法律、行政法规规定应当办理批准、登记等手续生效的,依照其规定。"《最高人民法院关于适用〈中华人民共和国合同法〉若干问题的解释(一)》第9条规定:"依照合同法第四十四条第二款的规定,法律、行政法规规定合同应当办理批准手续,或者办理批准、登记等手续才生效,在一审法庭辩论终结前当事人仍未办理批准手续的,或者仍未办理批准、登记等手续的,人民法院应当认定该合同未生效;法律、行政法规规定合同应当办理登记手续,但未规定登记后生效的,当事人未办理登记手续不影响合同的效力,合同标的物所有权及其他物权不能转移。"《矿产资源法》第6条规定:"除按下列规定可以转让外,探矿权、采矿权不得转让:(一)探矿权人有权在划定的勘查作业区内进行规定的勘查作业,有权优先取得勘查作业区内矿产资源的采矿权。探矿权人在完成规定的最低勘查投入后，经依法批准，可以将探矿权转让他人。（二）已取得采矿权的矿山企业，因企业合并、分立，与他人合资、合作经营，或者因企业资产出售以及有其他变更企业资产产权的情形而需要变更采矿权主体的，经依法批准可以将采矿权转让他人采矿。前款规定的具体办法和实施步骤由国务院规定。”国务院《探矿权采矿权转让管理办法》第4条规定：“国务院地质矿产主管部门和省、自治区、直辖市人民政府地质矿产主管部门是探矿权、采矿权转让的审批管理机关。”第10条规定：“申请转让探矿权、采矿权的，审批管理机关应当自收到转让申请之日起40日内，作出准予转让或者不准转让的决定，并通知转让人和受让人。批准转让的，转让合同自批准之日起生效。”根据上述规定，本案双方当事人签订的矿业权转让合同应自审批管理机关批准转让之日起生效，甲矿业公司引用的《物权法》第15条的规定不应适用本案。本案双方当事人签订的矿业权转让合同包括铅锌矿探矿权的转让和钨矿采矿权的转让两个部分。对于探矿权转让的部分，已经审批管理机关批准转让，该部分的合同业已生效，双方对此也无异议，本院予以确认。对于采矿权转让的部分，因在办理审批手续的过程中，双方向审批管理机关递交了终止转让的申请，审批管理机关作了退件处理，现双方未能就是否继续采矿权的转让达成一致意见，至今未向审批管理机关重新递交转让申请，故该部分合同尚未生效。其次，关于双方签订的矿业权转让合同中采矿权转让部分是否终止的问题。本院认为，双方虽向审批管理机关递交了终止采矿权转让的申请，但根据该终止申请的内容和递交对象，双方申请终止的是审批机关对采矿权转让的审批行为，而非双方当事人对采矿权转让合同的终止；另外，双方并未就终止采矿权转让或终止后的相关事宜签订过协议，乙开发公司提交的《某某大厦27层B、F座财产所有权说明》不能证实双方已就终止合同协商一致，乙开发公司关于双方已口头终止采矿权转让合同的主张无证据证实，本院不予支持。

综上，双方当事人签订的《转让合同》及《补充协议》中，探矿权转让部分业已生效，但采矿权转让部分尚未生效。因采矿权转让合同未生效，对双方当事人不具有约束力，故甲矿业公司要求确认采矿权转让合同有效，并要求乙开发公司按合同约定履行义务，判决其享有受让采矿权的全部有形无形财产权益的诉讼请求不能得到支持，甲矿业公司可就因合同不生效造成的损失等问题另案起诉。原判决认定事实清楚，适用法律正确，应予维持。依照《民事诉讼法》第153条第1款第1项之规定，判决如下：驳回上诉，维持原判。

【律师评析】

本案主要涉及两个方面的问题：一是采矿权转让合同未经矿产主管部门审批

时的效力认定问题;二是未生效合同的法律后果问题。

一、未经批准的采矿权转让合同未生效

实践中,采矿权转让合同未经地质矿产主管部门批准即由受让人开采经营,受让人投入较大的资金并经营多年,具备采矿能力,对于此类采矿权转让行为如何认定较为复杂。笔者认为,未办理批准手续的采矿权转让合同的效力状况可从以下三个层面进行探讨。

首先,未办理批准手续的采矿权转让合同是成立的。《合同法》第25条规定:"承诺生效时合同成立。"第32条规定:"当事人采用合同书形式订立合同的,自双方当事人签字或者盖章时合同成立。"法学理论通常认为,合同的成立与生效是两个不同的概念。合同成立是指订约当事人就合同的主要条款达成合意。合同的生效则指依法成立的合同为使其具有法律所赋予的约束力而产生的效力。判断合同是否成立,其结果只能是成立或不成立的事实,而判断合同是否有效,其结果则有生效、无效、效力待定、可变更、可撤销等多种情形。合同的成立适用意思自治原则,当事人有从事合同行为的意志自由,可以自由地选择合同的相对人、订立的形式和合同的内容,依其自由意志创设权利义务关系。只要具备意思表示这一基本事实,合同即告成立。而合同的生效则关系到合同能否取得法律所认许的效力,反映了国家对于合同关系的干预,只有合法的合同才能有效。在采矿权转让合同中,转让人与受让人就采矿权转让相关事宜达成一致意思表示时,转让合同即告成立。《合同法》第44条第2款规定的是合同的生效要件,而非合同的成立要件。审批登记机关的批准是采矿权转让合同的生效要件,未经批准的采矿权转让合同欠缺特别生效要件,而不欠缺成立要件。

其次,未办理批准手续的采矿权转让合同成立而未生效,但并不等于无效。《合同法》第44条规定:"依法成立的合同,自成立时生效。法律、行政法规规定应当办理批准、登记等手续生效的,依照其规定。"《探矿权采矿权转让管理办法》第10条规定:"批准转让的,转让合同自批准之日起生效。"《合同法司法解释(一)》第9条规定:"法律、行政法规规定合同应当办理批准手续,或者办理批准、登记手续才生效。在一审法庭辩论终结前当事人仍未办理批准手续的,或者仍未办理批准、登记手续的。人民法院应当认定该合同未生效。"依据上述法律规定,采矿权转让合同自转让申请被审批管理机关批准之日起生效,具有法律效力。合同的生效与有效,皆以合同成立为前提,若合同根本不成立,则谈不上生效或无效的问题。合同成立和生效属于事实判断,合同有效则属法律价值判断,不能将"有效"

和“生效”等同。[①] 不(未)生效是与生效相对应的概念,而不是与无效相对应的概念,故不生效不等于无效。合同未生效仅表明已经成立的合同在当事人之间尚未产生法律约束力或法律效力,亦不能得出已成立的合同不会或永远不会产生法律约束力且已经得到了法律的否定性评价即合同无效的结论。事实上,采矿权转让合同只是尚未履行行政法规所规定的批准手续,既不代表其不能通过审批管理机关的批准,亦不代表其违反了该行政法规的强制性规定,如不存在其他导致合同无效之情形,该采矿权转让合同的效力处于待定状态,缺乏对其作出是否有效或无效判断的事实基础或依据,不能当然认定其为无效。

最后,未办理批准手续的采矿权转让合同成立而未生效应进一步分析。通过分析采矿权转让合同条款或内容可知:采矿权转让合同的内容可分为两大部分:一部分是直接涉及采矿权转让相关内容的条款,如转让的条件、资质、转让价款、交付方式等内容,这部分合同条款需要获得审批管理机关的批准,在批准之前只成立而不生效;另一部分内容是不涉及采矿权具体转让的事宜,诸如纠纷解决、履行报批义务等条款,这部分合同条款无须审批管理机关的审查批准,故在合同成立时即已经发生法律效力。也就是说,采矿权转让合同条款具有相对的独立性,其中须报批准的合同条款未生效,无须报经批准的合同条款已生效。

二、未生效合同在合同效力体系中的地位

准确地理解未生效合同的效力,应当将其置于整个合同的效力体系之中,把握其与无效、效力待定、可撤销等制度的联系与区别。

(一)合同未生效应严格区别于合同无效

未生效合同,即合同已成立但未生效。未生效合同是基于法律所规定的“合同经批准后生效”所产生的。未生效合同是独立的合同效力类型,未经批准导致的结果是不生效,还未生效。无效合同,是指合同虽然已经成立,但由于其在内容和形式上违反了法律、行政法规的强制性规定或社会公共利益而被确认为无效的合同。无效合同是相对于有效合同而言的。无效合同已经具备成立的要件,但欠缺一定的生效要件,因而自始确定、当然地不发生法律效力。无效合同的特征可用“自始、当然、确定、永久”八个字来概括。[②]

---

① 最高人民法院原副院长奚晓明在全国民商事审判工作会议上的讲话——《充分发挥民商事审判职能作用为构建社会主义和谐社会提供司法保障》(2007 年 5 月 30 日)。

② 王利明:《合同无效制度若干思考》,载《合同法评论》2004 年第 4 辑。

实践中，将未生效与无效相混淆并不妥当。合同无效的机理在于：合同违反了法律、行政法规效力性的强制性规范，[①]导致合同无效；而未经批准而使合同未生效的机理则在于：当事人报批后，审批机关认为合同违反了法律、行政法规的管理性的强制性规范，作出不予批准，导致合同不生效。[②] 二者的区别具体表现在以下方面：首先，合同无效是因为合同违反了法律、行政法规的效力性的强制性规范，是法律对当事人意思表示所作的否定性评价。在合同无效之外，还可能构成公法责任问题。在因未经审批而使合同未生效的情形下，违反的则是行政法规有关审批的规范，此种规范属于典型的管理性的强制性规范，不涉及对当事人意思表示的否定性评价问题。合同不生效，一般不涉及公法责任何题。[③] 其次，合同无效对应的引致规范是《合同法》第52条第4项，而未生效合同对应的引致规范则是《合同法》第44条，该条是有关合同法定生效要件的规定。合同有效性审查的主体是人民法院，在人民法院已经受理的纠纷中，人民法院可以依职权主动审查并确定合同的效力；而行政审批的主体则是作为行政主管部门的审批机关，审批机关本身无权对合同效力作出评价，宣告合同无效。虽然不生效力在结果上与无效往往并无区别，但不生效力并不包含法律的否定性评价，而无效则包含有法律否定性评价的内容。[④] 最

---

① 关于效力性规定和管理性规定的上位概念，《合同法司法解释（二）》采用的是“强制性规范”的提法，但我们认为，更准确的提法应是“禁止性规范”，因为任何一项强制性规范背后同时都隐藏着一项禁止性规范，即“当事人不得排除积极规范的适用”。如此，则在判断合同效力场合，应认为是违反了禁止性规范，而非强制性规范。应当看到，禁止性规范本身可作此二分自不待言，但强制性规范并非禁止人们为一定行为，因而其本身可能与合同效力无关。因而，违反强制性规范，有时可能根本不会影响法律行为的效力。例如，违反合同法上的具有强行性的告知、保密等诚信义务，行为人虽然要承担相应的违约责任，但却不会影响合同本身的效力。违反强制性规范，有时虽然影响合同的效力，但根本不会导致法律行为无效。例如，法律法规规定应当办理批准、登记手续合同才生效的，未经批准登记合同虽然不生效，但不生效并不意味着无效。且此时不生效，彼时可因为作出了补救而生效，与无效的“自始、绝对、当然、永久、确定无效”完全不同。但鉴于我国《合同法》及其司法解释仍沿用了“强制性规范”的提法，产生不必要的混淆，本文虽在采用“强制性规范”的提法，但实则指的是“禁止性规范”（本段“关于效力性规定和管理性规定的上位概念”的分析，参见万鄂湘、刘贵祥副主编：《最高人民法院关于审理外商投资企业纠纷案件若干问题的规定（一）条文理解与适用》，中国法制出版社2011年版，第19页）。

② 万鄂湘、刘贵祥副主编：《最高人民法院关于审理外商投资企业纠纷案件若干问题的规定（一）条文理解与适用》，中国法制出版社2011年版，第19页。

③ 万鄂湘、刘贵祥副主编：《最高人民法院关于审理外商投资企业纠纷案件若干问题的规定（一）条文理解与适用》，中国法制出版社2011年版，第97页。

④ 万鄂湘、刘贵祥副主编：《最高人民法院关于审理外商投资企业纠纷案件若干问题的规定（一）条文理解与适用》，中国法制出版社2011年版，第21页。

后，在是否允许补正的问题上，合同无效因其违反了社会公共利益，所以无效是自始无效、绝对无效、当然无效，不存在补正的可能。而未生效合同在获得批准前效力处于不确定状态：最终的结果是可能有效，也可能无效。

在《合同法司法解释（一）》施行以前，对未办理批准手续的采矿权转让合同，实务中多依当事人之诉请而宣告转让合同无效。在《合同法司法解释（一）》施行以后，明确规定在一审法庭辩论终结前仍未办理批准、登记手续的，人民法院依法应当认定该合同未生效。因此，合同未生效并不当然等同于合同无效，且合同部分条款具有相对独立性，部分条款已成立未生效，部分条款已成立并生效。故，如不存在其他导致合同无效之情形，不能仅凭未获行政机关的批准手续而对整个合同是否无效作出法律判断，此时人民法院认定矿业权转让合同无效欠缺事实依据和法律依据，不宜判决宣告转让合同无效。

（二）未生效合同与效力待定合同

未生效合同与效力待定合同的关系极为密切。未生效合同在获得批准前，其效力处于不确定状态。未生效合同违反的是"积极生效要件"，仍有补正的可能，不像无效合同永远无法"治愈"。从这一意义上说，未生效与效力待定具有同质性，且二者的相似性不限于此。在效力待定合同中，以无权代理为例，为尽快结束效力的不确定状态，法律赋予相对人催告权，在相对人善意情况下还享有撤销权，同时又科予被代理人在一个月内积极表示的义务。究其制度设计目的，无非是为了尽快确定合同的效力，消除不确定状态。在未生效合同中，效力的最终确定取决于国家是否批准，而这又以当事人的报批为前提。当事人不报批，审批机关就不存在批准与否的问题，从而合同效力就永远处在不确定状态。为尽快结束合同效力的不确定状态，有必要科予当事人以报批义务，从而促成审批机关作出批准或不予批准的决定。从这一意义上说，报批义务是法律为了消除未生效合同的不确定性而设定的义务，属于法定义务的范畴（在法律对此并未作出明确规定的情况下，不妨认为其系源于诚实信用原则）。[①] 只不过在效力待定合同中，为尽快确定效力状态，法律既有赋权性规定，又有义务性规定；而在未生效合同中，则主要表现为义务性的规定，即报批义务。

实践中，很多人认为合同未生效就是合同的效力待定，此种观点也获得了苏永

① 万鄂湘、刘贵祥副主编：《最高人民法院关于审理外商投资企业纠纷案件若干问题的规定（一）条文理解与适用》，中国法制出版社2011年版，第21页。

钦教授等的大力支持,成为极为有力的一种学说。① 事实上,未生效与效力待定也具有很多的共同点,如在最终效力确定前,二者的效力均处于不确定状态,从而均有补正的可能。在法律对效力待定合同的效力有明确规定,而对未生效合同却缺乏规定的情况下,类推适用效力待定合同的有关规定,可以解决实践中因未经审批而导致的合同效力上的难题问题。但是,将未经审批的合同界定为未生效较之于效力待定更为准确,理由如下:首先,判断未经审批合同的效力的依据是《合同法》第44条,而有关效力待定的条文则是第47~51条。中间隔了第45条、46条,而这两条是有关合同约定条件与约定期限的规定。从体系的角度将第44条理解为法定条件,从而与第45条、46条共同构成条件、期限对合同效力的影响,显然更为合理。其次,《合同法》所规定的效力待定都与欠缺一定的能力与资格相关,而合同审批并不涉及资格与能力问题。将未经审批合同的效力界定为未生效,既有利于突出法定生效条件欠缺的效力,也有利于纯化效力待定合同的类型。最后,在效力待定合同中,决定合同最终效力的仍是特定民事主体的追认或同意,本身并不涉及社会公共利益的违反问题,本质上仍落在私法自治的范围之内;而在未生效合同中,审批机关考察的是合同是否违反了法律法规的管理性的强制性规定,就审批机关的批准行为而言,对应的则是国家管制。

(三)未生效合同与可撤销合同

未生效合同与可撤销合同的区别主要表现在:一方面,合同之所以未生效,是因为欠缺生效条件,而合同之所以可撤销,乃是因为当事人的意思表示存在瑕疵,包括不真实或不自愿;另一方面,从合同效力的角度来看,未生效合同在法定条件成就前,其效力处于不确定状态,而可撤销合同在撤销人行使撤销权前,则属于有效合同。

三、合同不生效产生与合同无效同样的法律效果

合同不生效与无效均意味着合同没有发生当事人预期有效的法律效果,就此而言,《合同法》有关合同无效后果的规定也适用于合同不生效的情形。具体来说,包括如下几个方面:

第一,关于给付返还问题。"合同无效或者被撤销后,因该合同取得的财产,应当予以返还;不能返还或者没有必要返还的,应当折价补偿。"在矿业权转让合同不生效的情况下,如果转让人已经受领了受让人的转让款,则应当根据不当得利规则

① 苏永钦:《走人新世纪的私法自治》,中国政法大学出版社2002年版,第25页。

返还受让人该笔款项。

第二,关于损害赔偿责任。合同无效或者被撤销后,有过错的一方应当赔偿对方因此所受到的损失,双方都有过错的,应当各自承担相应的责任。该责任性质上属于缔约过失责任,故只能由过错方承担。因此,当受让人向转让人请求赔偿时,应当以转让人存在过错为必要之前提。具体来说,应当区分如下几种情形:一是因受让人未履行协助义务导致合同不能获得审批的,此时转让人不仅不承担责任,还可在一定条件下追究受让人的违约责任。当然,实践中,此种情形较为少见。二是因转让人的原因导致合同未能获得批准的,此时,转让人应当为其过错行为向受让人承担缔约过失责任。三是双方均无过错的,此时,相互间不发生任何责任问题,只能根据风险分担原则,各自承担相应的风险。四是各自都有一定责任的,此时应当由各自承担相应的责任,并且存在债权抵销规则的适用。

四、关于本案的处理问题

本案中,甲矿业公司与乙开发公司所签订的《转让合同》及《补充协议》包括铅锌矿探矿权转让和钨矿采矿权转让两个部分。对于探矿权转让的部分,已经审批管理机关批准转让,该部分的合同业已生效。对于采矿权转让的部分,应自审批管理机关批准转让之日起生效,由于在办理审批手续的过程中,双方向审批管理机关递交了终止转让的申请,且审批管理机关已作了退件处理,而此后双方未能就是否继续采矿权的转让达成一致意见,并未向审批管理机关重新递交转让申请,故该部分合同尚未生效。虽然当事双方向审批管理机关递交了终止采矿权转让的申请,但根据该终止申请的内容和递交对象,双方申请终止的是审批管理机关对于采矿权转让的审批行为,而非双方当事人对于采矿权转让合同的终止,双方并未就终止采矿权转让或终止后的相关事宜签订过协议。因此,甲矿业公司可要求乙开发公司继续履行钨矿采矿权转让合同的报批义务,使未生效合同的效力状态得以最终确定。

22. 法院是否有权审查采矿权转让的条件和受让主体的资格?

——甲石英制品公司与陈某一、陈某二采矿权转让纠纷上诉案①

【案情介绍】

上诉人(原审被告):甲石英制品公司。

---

① 南阳市富明石英制品有限责任公司与陈晓兵、陈志成采矿权转让纠纷上诉案(南阳市中级人民法院(2008)南民商终字第247号,2009年3月16日)。

被上诉人(原审原告):陈某一。

被上诉人(原审原告):陈某二。

2007年5月29日,陈某一以"乙石英制品公司"的名义与甲石英制品公司订立了《甲石英制品公司矿权转让协议》。双方约定,甲石英制品公司同意将其所持有的某石英采矿权转让给"乙石英制品公司","乙石英制品公司"同意以15万元作为转让价款,独立享有甲石英制品公司某石英采矿证的所有权,双方还就款项支付、矿山文书交付、违约责任和其他权利义务等进行了约定。当日,陈某一、陈某二合伙向甲石英制品公司交付了10万元现金,甲石英制品公司出具了收条,收条上注明收到"乙石英制品公司"采矿权5万元定金、5万元价款。甲石英制品公司向陈某一和陈某二交付了甲石英制品公司的采矿许可证(副本)。后,陈某一和陈某二拟设的"乙石英制品公司"没有设立,该石英矿采矿权转让手续没有办理。

2008年9月,陈某向法院起诉,要求确认陈某一和陈某二与甲石英制品公司订立的采矿权转让协议无效,甲石英制品公司依法返还陈某一和陈某二现金10万元。

【法院审判】

一审法院认为,原告陈某一与被告甲石英制品公司于2007年5月29日订立的"甲石英制品公司矿权转让协议"虽然自愿,但该协议不符合我国《矿产资源法》关于"勘查、开采矿产资源,必须依法分别申请、经批准取得探矿权、采矿权,并办理登记"的规定,且违反了我国《矿产资源法》"除按下列规定可以转让外,探矿权、采矿权不得转让:已取得采矿权的矿山企业,因企业合并、分立、与他人合资、合作经营,或者因企业资产出售以及有其他变更企业资产产权的情形而需要变更采矿权主体的,经依法批准可以将采矿权转让给他人采矿"的规定。作为接受采矿权一方的"乙石英制品公司"至今也没有成立。故此,采矿权转让的协议违背有关法律规定,应当确认无效。原被告均属明知或应知被告不符合出让采矿权主体资格及受让方"乙石英制品公司"没有设立却订立采矿权转让协议,故对造成无效合同的后果双方均有过错。原告依法诉请被告返还10万元理由正当,本院予以支持。被告辩称原告不办理年检及采矿许可证延续手续,被告不应返还定金及价款的主张,既与协议约定相悖(被告应交付原告全部矿山文书、解决附属补偿费、协助配合原告过户等约定)又与法律相悖,不予支持。被告取得的10万元应返还原告。依照《合同法》第52条第5项、58条的规定,判决如下:(1)原告陈某一与被告甲石英制品公司于2007年5月29日订立的矿权转让协议无效。(2)被告甲石英制品公司于判决生效后10日内返还原告陈某一、陈某二现金10万元(人民币)。如果未按照本判决指定的期间履行给付金钱义务,应当依照《民事诉讼法》第229条之规定,加倍支付迟延履行期间的债务利息。案件受理费2400元,由被告负担。

甲石英制品公司不服原判上诉称:(1)双方订立的采矿权转让协议有效。转让行为符合国务院《探矿权采矿权转让管理办法》的相关规定,不存在上诉人从中牟利,且因采矿许可证将临期延续、年检、协议对此及批准也做了约定,无规避法律之嫌,故协议无疑为有效合同。(2)导致采矿权手续最终未能完全办理完全是因为被上诉人违约所致。合同订立后,上诉人将采矿手续交与被上诉人,因其从中转卖牟利的目的一时无法达到,故置被上诉人的多次催促于不顾,不办理采矿权手续的延续,导致采矿期限到期,也最终导致无从办理年检及批准等手续,这与上诉人没有任何联系,不能让上诉人对此后果承担任何责任。(3)按照合同约定,被上诉人无权要求退还价款。合同第8条约定:乙方不得无故违约,否则不予退还10万元,现被上诉人的行为符合合同约定的违约条件,不应由上诉人退款。

被上诉人陈某一、陈某二辩称:(1)双方所签采矿权转让协议无效。上诉人甲石英制品公司不符合我国《矿产资源法》第6条规定的可以转让采矿权的条件,其转让采矿权不具备该法条规定的企业合并、分立,与他人合资、合作经营或者企业资产出售以及有其他变更企业资产产权的情形,其转让采矿权的实质是倒卖牟利。违反了该法条:"禁止将探矿权、采矿权倒卖牟利"的强制性规定。被上诉人是以拟设立的上诉人的子公司乙石英制品有限公司的名义与上诉人签订协议的,而该公司至今也没有成立,因该公司没有成立,不符合采矿权申请人的条件,因而也就不能作为采矿权受让方签订相关合同。公民个人作为采矿权人,依据我国《矿产资源法》第35条的规定,只能采挖零星分散资源和只能用作普通建筑材料的砂、石、黏土以及为生活自用采挖少量矿产。而本案上诉人转让的是由矿山企业开采的矿产资源,依据《矿产资源法》的规定:"个人不得开采"。因此,从主体上讲,仍然属于违反了法律,行政法规的强制性规定。依据我国《合同法》第52条规定,本案争议的合同(协议)显然是无效合同。(2)上诉人上诉称"导致采矿权手续未能最终办理完全系被上诉人违约所致"违背事实和法律。依据双方签订的《矿权转让协议》,甲方(上诉方)应将矿权年检延续后交给乙方,但上诉人并没有履行义务,甚至连作为其子公司的相关注册手续都没有办理,且也没有依约将矿山文书全部交乙方,现采矿许可证正本至今仍在上诉人处。虽然该协议第3条注明了矿权年检及延续由乙方负责,甲方必须分担协助,但真正的含义是指相关费用由乙方承担。办理相关的义务仍是由甲方即上诉人承担。因为依据国务院发布的《矿产资源开采登记管理办法》第15条"有下列情形之一的,采矿权人应当在采矿许可证有效期内,向登记管理机关申请变更登记:……(四)变更矿山企业名称的;(五)经依法批准转让采矿权的"之规定,办理转让手续和相关义务就是由上诉人承担的。(3)其上诉称"按合同约定,被上诉人无权要求退还合同价款"的理由同样不能成立。双方签订的协议(合同)属无效协议。无效协议自始无效,对当事人没有法律约束力。我国《合同法》第58条规定:"合同无效或者被撤诉后,因该合同取得的财产,应当予以返还……"因此一审法院判决上诉人返还被上诉人交付的10万元完全符合法律规定。

二审经审理查明的事实与原审相同。

二审法院认为:《矿产资源法》明确规定:禁止将采矿权倒卖牟利。采矿权除因企业合并、分立,与他人合资、合作经营,或者因企业资产出售以及有其他变更企业资产产权的情形需要变更采矿权主体,并经合法批准的,采矿权不得转让,国务院《探矿权采矿权转让管理办法》也对采矿权转让的主体、情形和程序,确定了指导性条款,甲石英制品公司与陈某一订立的《矿权转让协议》因陈某一不符合采矿权申请人的主体条件,不符合采矿权转让的特定条件,约定的内容违背了法律和行政法规的禁止性规定而应确认为无效。合同确认无效后,双方应返还财产,赔偿损失,由于甲石英制品公司在原审中未主张陈某一、陈某二赔偿损失,本院对此不予直接作处理,可由其另行主张。综上,原审适用法律正确,根据《民事诉讼法》第153条第1款第1项之规定,判决如下:驳回上诉,维持原判。

【律师评析】

本案主要涉及两个方面的问题:一是人民法院是否有权审查采矿权转让的条件和受让主体的资格;二是未经批准的采矿权转让合同的性质是否属于无效合同的问题。

一、对采矿权转让审查是国土资源部门的专属职能

在我国,矿业权是矿产资源的使用权,矿产资源的所有权属于国家。我国《物权法》首次在法律上确立了探矿权、采矿权的用益物权法律地位。除国家所有权因素外,基于保护矿产资源的不可再生性、稀有性、对国民经济与国防的战略性,为实现资源的集约开发、合理利用、规范管理,推动矿业走节约、清洁、安全和可持续的发展道路,我国《矿产资源法》及相关法规均明确规定国土资源主管部门拥有对采矿权转让审查的专属行政职能。

在采矿权转让中,国土资源主管部门对于采矿权转让条件和受让主体资格的审查是极其重要的两个方面。我国《矿产资源法》第6条和《探矿权采矿权转让管

理办法》第3条均规定:"已经取得采矿权的矿山企业,因企业合并、分立、与他人合资、合作经营或者因企业资产出售以及有其他变更企业资产产权的情形,需要变更采矿权主体的,经依法批准,可以将采矿权转让他人采矿。"可见,采矿权转让必须符合法定的情形和条件。国土资源主管部门只有经过审查,认为符合法定的情形和条件,才会予以批准。在采矿权转让审查中,对于采矿权转让受让人资质的审查是重要的因素。根据《矿产资源法》的规定,国土资源主管部门对于采矿权的取得具有审查权,采矿权取得的审查主要是进行采矿资质条件的审查。我国《矿产资源法》第3条规定,勘查、开采矿产资源,必须依法分别申请、经批准取得探矿权、采矿权,并办理登记;从事矿产资源勘查和开采的,必须符合规定的资质条件。国务院制定的《矿产资源法实施细则》第5条规定,国家对矿产资源的勘查、开采实行许可证制度。开采矿产资源,必须依法申请登记,领取采矿许可证,取得采矿权。第29条指出,单位或者个人开采矿产资源前,应当委托持有相应矿山设计证书的单位进行可行性研究和设计。以上法律规定可见,采矿权不是任何一个主体天然享有的权利,必须具备法定的条件才能取得。在采矿权转让中,受让人必须符合取得初始采矿权人的资质条件。而究竟如何判断、辨明受让人是否符合取得采矿权的资质条件,唯有国土资源主管部门进行审查后才能得知。

司法权与行政权的社会功能不同。司法权的设立与行使的主要功能是为各种各样的权利提供一种最终的救济渠道,并对各种各样的国家权力施加一种特殊的审查和控制机制,以便为个人提供一种表达冤情、诉诸法律的基本途径,使那些为宪法所确立的公民权利能够得到现实的保护。[①] 而行政权的功能是通过行政主体的行政管理活动,促使行政相对人自觉遵守和维护行政管理法律法规,从而实现行政机关管理社会事务、公共事务的目的。司法权与行政权的划分,决定了司法权不能干涉行政权,司法机关不应替代行政机关作出行政行为。

二、未经批准的采矿权转让合同不属于无效合同

(一)未经批准的采矿权转让合同未生效

我国《合同法》第44条规定:"依法成立的合同,自成立时生效。法律、行政法规规定应当办理批准、登记等手续生效的,依照其规定。"《探矿权采矿权转让管理办法》第10条规定:"(矿业权)批准转让的,转让合同自批准之日起生效。"《合同法

---

① 吴鸿鑫、张正孝:《论司法权与行政权的关系及司法审查的有限性》,载中国法院网:http://old.chinacourt.org/html/article/200806/02/305167.shtml,最后访问日期:2012年4月16日。

司法解释(一)》第9条规定:"依照合同法第四十四条第二款的规定,法律、行政法规规定合同应当办理批准手续,或者办理批准、登记等手续才生效,在一审法庭辩论终结前当事人仍未办理批准手续的,或者仍未办理批准、登记等手续的,人民法院应当认定该合同未生效。"规范与采矿权转让合同具有同质性的外商投资企业股权转让合同的《最高人民法院关于审理外商投资企业纠纷案件若干问题的规定(一)》第1条规定:"当事人在外商投资企业设立、变更等过程中订立的合同,依法律、行政法规的规定应当经外商投资企业审批机关批准后才生效的,自批准之日起生效;未经批准的,人民法院应当认定该合同未生效。当事人请求确认该合同无效的,人民法院不予支持。"根据上述规定可见,未经批准的合同未生效而非无效。既然审批是合同的法定生效条件,欠缺该条件的,合同不生效。在当事人未予报批场合,该条件是否成就处于未决状态,故其效力属于未生效。① 采矿权转让合同自转让申请被审批机关批准之日起生效,具有法律效力,未经审批机关批准的采矿权转让合同属于未生效合同。

(二)未生效的采矿权转让合同并非无效

鼓励交易是《合同法》的重要精神,应谨慎地认定合同无效,人民法院审理合同纠纷案件不应产生阻碍合法交易的后果。首先,人民法院只能依据全国人大及其常委会制定的法律和国务院制定的行政法规认定合同无效,而不能直接援引地方性法规和行政规章作为判断合同无效的依据。如果违反地方性法规或者行政规章将导致损害社会公共利益,则可以根据《合同法》第52条第4项的规定,以损害公共利益为由确认合同无效。其次,只有违反法律和行政法规的强制性规范中的效力性规定才能确认合同无效。强制性规定包括管理性规范和效力性规范。管理性规范旨在管理和处罚违反规定的行为,但并不否认该行为在民商法上的效力。效力性规范不仅旨在处罚违反之行为,而且意在否定其在民商法上的效力。因此,只有违反了效力性的强制规范的,才应当认定合同无效。实践中的难点在于法律适用时的识别,一般而言,效力性强制规定着重违反行为的法律行为价值,以否认其法律效力为目的;而管理性(取缔性)强制规定着重违反行为的事实行为价值,以禁止其行为为目的。②

合同的不(未)生效是与生效相对应的概念,而不是与无效相对应的概念,故

---

① 万鄂湘、刘贵祥副主编:《最高人民法院关于审理外商投资企业纠纷案件若干问题的规定(一)条文理解与适用》,中国法制出版社2011年版,第28页。

② 史尚宽:《民法总论》,正大印书馆1980年版,第296页。

不生效不等于无效。合同未生效仅表明已经成立的合同在当事人之间尚未产生法律约束力或法律效力，亦不能得出已成立的合同不会或永远不会产生法律约束力且已经得到了法律的否定性评价即合同无效的结论。事实上，未经批准的采矿权转让合同只是尚未履行行政法规规定的批准手续，既不代表其不能通过行政机关的批准，亦不代表其违反了该行政法规的强制性规定，如不存在其他导致合同无效之情形，该采矿权转让合同的效力处于待定状态，缺乏对其作出是否有效或者无效判断的事实基础或依据，不能当然地认定其为无效。

三、关于本案的处理问题

本案中，陈某一、陈某二与甲石英制品公司所签订的采矿权转让协议依法成立，但尚未履行《矿产资源法》所规定的审批程序。对于采矿权转让进行审查是国土资源主管部门的专属行政职能。在采矿权转让中，国土资源主管部门审查包括采矿权转让是否符合法定的情形和条件，以及采矿权转让受让人是否符合采矿权申请人资质等方面的内容。采矿权转让协议未经国土资源主管部门批准，只是不具备合同的法定生效要件而使其处于未生效的合同状态，并非违背了法律和行政法规强制性规范中的效力性规定，不应被认定为无效合同。在未生效合同的效力状态下，当事双方应当予以报批，履行法定的审批程序使未生效的合同状态予以最终确定。如果被批准，则合同生效，双方按照合同约定履行各自的权利和义务，完成采矿权转让；如果未获批准，则双方可以协商解除合同并就解除后的相关事宜作出处理。

（四）矿业权租赁纠纷

23. 如何判定采矿权租赁合同的效力?

——甲锰业公司与邓某、乙锰业公司采矿权租赁纠纷上诉案①

【案情介绍】

原告：甲锰业公司。

---

① 重庆市秀山敞口河锰业有限责任公司与邓光忠、秀山县欣鑫锰业有限公司采矿权租赁纠纷上诉案（重庆市高级人民法院2005年12月23日）。

被告:邓某。

第三人:乙锰业公司。

2001 年 11 月 10 日,某市某锰矿(甲锰业公司前身)与邓某签订《租赁经营合同》。该协议约定:某锰矿将其所有的开采权、经营权出租给邓某,租赁期限为 20 年,并约定了租金的支付等相关权利义务。2001 年 11 月 28 日,某锰矿的法定代表人严某与邓某签订《补充协议》,就租金的增加及支付期限作出约定。2002 年 8 月 9 日,邓某、李某、刘某分别出资 20 万、15 万、15 万成立了乙锰业公司,法定代表人为邓某。2003 年 9 月 25 日,某锰矿重新办理了公司改制后的《采矿许可证》,该权证的采矿权人仍为甲锰业公司;有效期限 3 年,自 2003 年 9 月至 2006 年 9 月。2003 年 10 月 18 日,甲锰业公司与邓某(该协议抬头乙方为第三人乙锰业公司,但甲锰业公司提供的原件上只有甲锰业公司的印章,并未盖有乙锰业公司的印章,仍是邓某签字,而邓某提供的原件上则盖有乙锰业公司的印章)签订了《补充协议》,对前合同作了补充。从 2002 年开始,邓某及乙锰业公司已交租金 144 万元。

另,邓某、乙锰业公司未另行办理《采矿许可证》,一直使用甲锰业公司的《采矿许可证》进行锰矿开采。

2005 年 2 月 28 日,甲锰业公司提起诉讼,请求法院:(1)判令解除双方订立的租赁合同,返还锰矿开采权和经营权;(2)判令邓某赔偿违约期间的锰矿经营收益直至收回为止(2005 年 1 月 1 日至起诉时止为 100 万元人民币);(3)本案诉讼费用由邓某承担。在诉讼中,甲锰业公司又变更诉讼请求,要求:(1)确认双方之间订立的矿山租赁合同无效;(2)判令邓某返还租赁期间开采的锰矿并赔偿其可得利益损失;(3)本案诉讼费用由邓某承担。

二审法院审理过程中,县国土资源局于 2005 年 8 月 11 日下发了《关于同意乙锰业公司承租甲锰业公司采矿权的批复》,并于 2005 年 10 月 10 日办理了采矿权租赁审批登记。同日,县国土资源局就该锰矿采矿权租赁一事书面报告市国土资源局备案。

【法院审判】

一审时,根据各方当事人的诉辩主张,对于争议焦点,法院根据事实及证据进行分析、认定。

(一)诉讼主体问题

被告认为:与原告签订《租赁经营合同》后,为了经营需要,自己与他人共同成立了乙锰业公司,后双方订立《补充协议》时乙方已经转换为乙锰业公司,自己仅是乙锰业公司的代表人签字;原告收取租金也是向乙锰业公司收取,有 2003 年 10 月 18 日《补充协议》及原告收取租金的《领据》、《收款收据》为证。

原告认为:《补充协议》本身已经明确是“根据前合同”所作的补充,并未提及合同主体的变更问题,而且原告手中的《补充协议》并没加盖乙锰业公司的印章,被告所持《补充协议》上的乙锰业公司印章是被告事后加盖的;而收取租金的凭据上注明收取乙锰业公司租金是应被告邓某的要求所写,并不代表原告承认合同主体变更。

法院认为:《租赁经营合同》系原被告双方所签,《补充协议》是“根据前合同”所作的补充和原告手中的《补充协议》没加盖乙锰业公司印章而被告所持《补充协议》上加盖有乙锰业公司的印章的事实均属实,从各自持有的《补充协议》来看,除是否加盖乙锰业公司印章外其余内容是一致的,其中乙方标明为“乙锰业公司”,“乙方代表:邓某”,且从原告所开的租金《领据》、《收款收据》等凭证看均注明是收到乙锰业公司的租金。所以,虽然补充合同内容上双方没有就合同主体的变更作出明确约定,但从协议的文字表述及实际履行情况看,乙锰业公司与邓某均是本案适格的诉讼主体。

(二)原告所收取的租金总额问题

被告认为:自己所办乙锰业公司所交租金方式均是采取原告股东先借款后年底统一结账的方式进行,原告股东所借款已经大大超过了自己所应交纳的租金,并提供了原告所出具的 2003 年 12 月 31 日和 2004 年 12 月 30 日收款收据两份、2003 年 4 月 30 日领据、2005 年 1 月 20 日结算清单及原告股东出具的 7 张借据、5 张借条、1 张借款单、包某的领款单、收条、在诉讼中的 2005 年 6 月 1 日领条等加以证明。

原告认为:被告提供的证据均是复印件,其真实性无法确定;且股东所借款项为私人借款,各属不同的法律关系,不能视为交纳租金。2005 年被告未按约定交纳租金的事实成立。

法院认为:被告所交证据复印件经本院与原件核对无异,其真实性应确定。从 2005 年 1 月 20 日原告所出具的结算清单看,“2002 年至 2004 年 12 月 31 日止,所有的应付租金已付完”,即已付租金 101 万元。而 2005 年 1 月 18 日原告法定代表人严某为原告公司发工资向乙锰业公司借款 23 万元;2005 年 6 月 1 日原告领款 20 万元,且该《领条》注明“预付 2005 年租金,年底结算”。通过以上证据可以确认:(1)被告及第三人已交租金 144 万元;(2)对原告先借款、领款后年底结算的方式双方认可。

(三)财产的返还问题

为此原告提供了 2001 年 11 月 27 日的《某锰矿财产移交清单》,该清单记载原告移交给邓某的财产有:某锰矿矿洞一个,100KVA 变压器一台,4KW 抽水机一台,700m 长抽水管(40mm),水泥砖瓦房 4 间,炸药库房一间。而被告称在出矿前代原告支付有前期费用 59.5 万元。对上述事实双方认可。

(四)被告及第三人租赁期间采矿所得问题

对此,原告未提供证据证明,也未申请司法鉴定,法院无法确定。

一审法院认为:本案所涉法律关系系矿山租赁的法律关系,双方争议的焦点为诉讼主体、双方所签订的矿山租赁合同的效力、原告所收取的租金金额、财产的返还及被告及第三人租赁期间内采矿所得应否返还的问题。综合上述事实及证据分析,本案的合同主体为原被告所签订,虽然双方之后未就合同的主体变更达成书面协议,但在履行中原告已经认可第三人,因此,被告和第三人均是本案适格的当事人。根据《矿产资源法》第 42 条:"买卖、出租或者以其他形式转让矿产资源的,没收违法所得,处以罚款。违反本法第六条的规定将探矿权、采矿权倒卖牟利的,吊销勘查许可证、采矿许可证,没收违法所得,处以罚款。"在本案中,原告通过签订合同的方式将采矿权出租给被告和第三人是违法的,违反了采矿权必须依法申请取得并且不得买卖、出租的强制性规定;且从《租赁经营合同》的内容看双方约定租赁期限为 20 年,而原告《采矿许可证》有效期为 3 年,双方的约定亦违反法律规定。本案所涉《租赁经营合同》及《补充协议》为无效合同。双方所交合法财产应返还,而违法所得则应依法收缴。在本案中,虽然原告向被告交付财产属实,但其在诉讼中并未主张,本院不作审理。被告在租赁期间开采锰矿所得及原告所收取的租金均为违法所得,应依法由相关部门追缴。而被告及第三人开采锰矿的合法收入因其未主张,本案不作审理。据此,一审法院于 2005 年 8 月 12 日作出如下判决:(1)原告甲锰业公司与被告邓某所签《租赁经营合同》及《补充协议》无效;(2)驳回原告甲锰业公司的其他诉讼请求。

邓某和乙锰业公司不服一审判决,提起上诉。

二审法院对原审法院已查明事实部分予以确认。此外,结合二审中提交的新证据,本院补充确认以下事实:2000 年 9 月 5 日严某为采矿权人办理 001 号《采矿许可证》,有效期自 2000 年 9 月 5 日至 2003 年 9 月 5 日。2003 年 9 月 25 日甲锰业公司又续办 017 号《采矿许可证》,有效期延续至 2006 年 9 月,该采矿许可证发证机关为县国土资源局。2005 年 8 月 11 日县国土资源和房屋管理局下发《关于同意乙锰业公司承租甲锰业公司采矿权的批复》,并于 2005 年 10 月 10 日办理采矿权租赁审批登记。同日,县国土资源和房屋管理局就采矿权租赁一事书面报告市国土局备案。

二审法院经审理后认为：甲锰业公司与邓某之间签订《某锰矿租赁合同》后，邓某作为法定代表人，与他人成立了乙锰业公司，2003 年至 2004 年，甲锰业公司收到乙锰业公司支付的租金，甲锰业公司未提出异议，结合补充协议，应认为在履行中甲锰业公司已经认可乙锰业公司，邓某与乙锰业公司均作为本案合格的当事人，对一审法院的这一认定，本院予以支持。其次关于本案合同效力问题。甲锰业公司与邓某之间的《某锰矿租赁合同》是双方在平等协商基础上订立的合同。该合同签订中并无胁迫和欺诈行为，该合同签订后，双方履行协议已达 4 年，甲锰业公司收取了邓某及乙锰业公司交付的租金，并与邓某签订了补充协议。双方间采矿权租赁合同一经订立即已成立。而采矿权租赁合同成立并不等同于承租人已完全合法享有采矿权。根据我国《矿产资源法》的规定，矿产资源属国家所有。国家是矿产资源的所有权人，而矿产资源开采权是依据行政许可而取得的具有物权性质的权利，作为一种他物权，可以由国有企业、集体企业或个人行使。我国采矿权实行许可证制度，国家以社会公共事务管理者的身份进行采矿权的许可。2000 年 9 月，甲锰业公司经县矿业主管部门批准取得采矿权许可证，应当认为甲锰业公司已取得采矿权。本案中甲锰业公司与邓某于 2001 年 11 月订立《某锰矿租赁经营合同》，其标的为采矿权租赁权，一审法院将案由确定为矿山租赁纠纷有所不妥，应予纠正。我国《矿产资源法》规定：从事矿产资源勘查和开采的，必须符合规定的资质条件。除按下列规定可以转让外，探矿权、采矿权不得转让：(1)探矿权人有权在划定的勘查作业区内进行规定的勘查作业，有权优先取得勘查作业区内矿产资源的采矿权。(2)已取得采矿权的矿山企业，因企业合并、分立，与他人合资、合作经营，或者因企业资产出售以及有其他变更企业资产产权的情形而需要变更采矿权主体的，经依法批准可以将采矿权转让他人采矿。禁止将探矿权、采矿权倒卖牟利。《探矿权采矿权转让管理办法》也规定，转让采矿权，应当具备下列条件：(1)矿山企业投入采矿生产满 1 年；(2)采矿权属无争议；(3)按照国家有关规定已经缴纳采矿权使用费、采矿权价款、矿产资源补偿费和资源税；(4)国务院地质矿产主管部门规定的其他条件。而针对以上法律法规，国土资源部 2000 年《矿业权出让转让管理暂行规定》第 6 条又进一步细化规定，矿业权人可以依照本办法的规定出租、抵押矿业权。从以上规定可以看出，我国现行矿产管理法允许采矿权有条件地进行租赁。在本案中，甲锰业公司采矿权界限分明，已报县国土资源局审批。邓某和乙锰业公司租赁期间，按时缴纳了有关矿产资源管理费用，并投入了相应资金开采生产。该矿开采生产至今已逾四年。就采矿权租赁审批权，国务院 1998 年第 241 号令规定，开采包括锰矿在内的矿产资源，由国务院地质矿产主管部门审批登记，颁发采矿许可证。同年国家地质矿产部以(1998)48号通知又授予重庆市矿产资源管理部门锰矿采矿权的审批发证权。国土资源部2000年《矿业权出让转让管理暂行规定》规定,矿业权转让双方应按规定到原登记发证机关办理矿业权变更登记手续。2002年12月重庆市一届人大常委会批准《秀山土家族苗族自治县锰矿资源管理条例》,其中第10条规定:"转让、出租、买卖锰矿开采权必须报自治县地质矿产行政主管批准,报市地质矿产行政主管部门备案。属国务院地质矿产主管部门发证的,应报国务院地质矿产主管部门审批。禁止任何单位和个人擅自转让、倒卖采矿权。"邓某与甲锰业公司订立采矿权租赁合同时,未办理相关审批手续,双方合同虽然成立,但因采矿权租赁未得到有权国家机关审批,双方采矿权租赁效力尚未报经国家确认。但在本案二审过程中,原采矿权审批机关某县矿产管理部门作出关于同意乙锰业公司租赁某锰矿的审批决定,乙锰业公司采矿权租赁得到了县矿产管理部门认可。至此,乙锰业公司租赁某锰矿的效力得到了国家有关管理机关授权补正和认可,合法有效。乙锰业公司与甲锰业公司订立租赁合同期为20年,而采矿权有一定的期限,甲锰业公司当前采矿权许可证期限为3年。当2006年9月采矿许可证有效期届满,需要继续采矿的,采矿权人应当在采矿许可证有效期届满30日前,到登记机关办理延续登记手续。届时采矿权能否取得还取决于当事人以及国家有关主管部门批准等多方面因素,目前不宜对今后采矿权租赁效力作出评判,届时采矿权租赁效力也不足以影响当前采矿权租赁的效力。终审判决:

1. 撤销某市中级人民法院(2005)某四中法民二初字第5号民事判决;

2. 甲锰业公司与邓某、乙锰业公司的《租赁经营合同》和《补充协议》有效,继续履行;

3. 驳回甲锰业公司的诉讼请求。

【律师评析】

本案主要涉及采矿权出租的条件以及采矿权租赁合同的效力认定问题。

一、采矿权出租必须符合法定的条件

《矿业权出让转让管理暂行规定》规定,采矿权出租是指采矿权人作为出租人将采矿权租赁给承租人,并向承租人收取租金的行为。探矿权、采矿权出租应当符合国务院规定的探矿权、采矿权转让的条件。采矿权人在采矿权出租期间继续履行采矿权人的法定义务并承担法律责任。出租国家出资勘查形成的采矿权,应按照采矿权转让的规定进行评估、确认,采矿权价款按有关规定进行处置。已出租的

采矿权不得出售、合资、合作、上市和设定抵押。

根据《矿业权出让转让管理暂行规定》及相关法律法规的规定，采矿权人出租采矿权必须具备以下条件：(1)出租人在其所取得采矿权的矿区内已经完成了一定的工作量；(2)承租人必须具备法定资质条件，即具有实际行使采矿权的能力；(3)双方经协商一致签订租赁合同，并报审批登记；(4)承租人应当向采矿权人缴纳租赁费用，及时按照约定或规定进行采矿活动，并按照施工方案进行施工；(5)承租人不得擅自将采矿权再行转租。实践中，采矿权的出租不但需要具备以上条件，还需要满足以下前提：(1)属于有权行政主管机关审批的采矿权出租；(2)矿山企业投入生产满1年；(3)采矿权属无争议；(4)按照国家有关规定已经缴纳采矿权使用费、采矿权价款、矿产资源补偿费和资源税；(5)国有矿山企业采矿权出租，应当征得矿山企业主管部门的同意；(6)矿产部门规定的其他条件。

二、采矿权租赁与一般租赁的区别

矿产资源具有不可再生性，一旦有开采活动就会对其形成消耗。① 虽然从法理上看，采矿权租赁合同的标的物是采矿权而不是矿产资源，采矿权出租合同终止后承租人向出租人返还的也是采矿权，但是采矿权的价值和它所对应的可开采的矿产资源的价值是无法分开的。矿产资源开采完毕后，采矿权自然也就没有了价值和存在的必要了。正因如此，有学者认为采矿权实质上是以使用权的名义取得了对矿产资源的所有权，因而是自物权。② 矿产资源价值和采矿权价值的不可分割性，决定了采矿权租赁合同终止后，采矿权承租人是不可能"完璧归赵"的。因此，就租赁合同终止后承租人须向出租人返还原物的法律特征而言，采矿权租赁合同与一般的租赁合同确实存在明显的差异。

一般租赁合同的租赁物在出租以后，出租人仍然可以将租赁物转让和抵押，并且出租以后发生的转让和抵押不影响租赁合同的效力。③ 在一般租赁合同中，承租

---

① 对于矿泉水和某些地热资源的载体如温泉等的不可再生性可能存有不同的看法，本书对此暂不作讨论。

② 王世军：《我国矿业权问题的制度及分析》，载《中国矿业》2005年第4期。

③ 我国《合同法》第229条规定："租赁物在租赁期间发生所有权变动的，不影响租赁合同的效力。"我国《物权法》第190条规定："订立抵押合同前抵押财产已出租的，原租赁关系不受该抵押权的影响。"

人经出租人同意,还可以将租赁物转租。[①] 而根据国土资源部《矿业权出让转让管理暂行规定》第 53 条和第 54 条的规定,签订采矿权租赁合同时,租赁双方应当注意以下事项:(1)采矿权承租人不得再行转租采矿权;(2)已出租的采矿权不得出售、合资、合作、上市和设定抵押。也就是说,出租后的采矿权不得再行转让或抵押;(3)采矿权的承租人在开采过程中,需要改变开采方式和主矿种的,必须由出租人报经矿业权登记管理机关批准并办理变更登记手续;(4)采矿权人被依法吊销采矿许可证时,由此产生的后果由责任方承担;(5)采矿权租赁关系终止后的 20 日内,出租人应当向矿业权登记管理机关申请办理注销出租手续。

三、采矿权出租合同自原发证机关批准后生效

我国《合同法》第 44 条规定:"依法成立的合同,自成立时生效。法律、行政法规规定应当办理批准、登记等手续生效的,依照其规定。"《探矿权采矿权转让管理办法》第 10 条规定,探矿权、采矿权转让合同自批准之日生效。据此,采矿权转让合同应当在具有相应审批权限的国土资源主管部门批准后生效。在批准之前,采矿权转让合同对交易双方均不具有法律约束力。由于《矿业权出让转让管理暂行规定》第 36 条第 2 款规定:"矿业权的出租、抵押,按照矿业权转让的条件和程序进行管理,由原发证机关审查批准。"故采矿权租赁合同应自原发证机关批准后生效。实践中,矿业权租赁双方往往不重视租赁合同的报批。在合同双方未履行租赁合同审查报批手续的情况下,一旦双方发生争议,法院很可能将采矿权租赁合同认定为尚未依法生效的合同。在此情况下,租赁合同中约定的违约赔偿条款将不具有法律约束力,任何一方将无权依据该无约束力的违约条款向对方主张赔偿。合同不生效并不意味着合同当事人不承担任何法律责任。在合同不生效的情况下,受损失的一方有权要求过错方向其承担相应的赔偿责任,但受损失方对合同不生效有过错的,也应承担相应的责任。不过,因合同不生效而应承担的责任不是违约责任,而属于缔约过失责任。此外,矿业权人在出租矿业权后,未依法向原发证机关申请办理审批手续的,将很可能被矿业主管部门认为构成了非法出租矿业权的行政违法行为,并因此受到相应的行政处罚。

需要注意的是,我国《矿产资源法实施细则》明文禁止采矿权出租,而国土资源

---

① 我国《合同法》第 224 条规定:"承租人经出租人同意,可以将租赁物转租给第三人。承租人转租的,承租人与出租人之间的租赁合同继续有效,第三人对租赁物造成损失的,承租人应当赔偿损失。承租人未经出租人同意转租的,出租人可以解除合同。"

部发布的《矿业权出让转让管理暂行规定》首次确认了采矿权出租的合法性。因此,采矿权出租的合法性不是由法律和行政法规确立的,而是由层级较低的部门规章所确立的。按照《立法法》的原则,下位法不能作出与上位法相冲突的规定。虽然《矿产资源法》和《矿产资源法实施细则》的规定明显滞后,而《矿业权出让转让管理暂行规定》更具有合理性,但在作为行政法规的《矿产资源法实施细则》禁止矿业权出租的规定依然有效的情况下,依据《矿业权出让转让管理暂行规定》所签订的采矿权租赁合同的法律效力是不无疑问的。根据《合同法》第52条的规定,违反法律、行政法规的强制性规定的合同无效。《合同法》的这一规定给采矿权租赁合同的双方都提供了随时主张合同无效的法律依据。① 对此,应特别予以注意。

四、关于本案的处理问题

《合同法司法解释(一)》第9条规定:"依照合同法第四十四条第二款的规定,法律、行政法规规定合同应当办理批准手续,或者办理批准、登记等手续才生效,在一审法庭辩论终结前当事人仍未办理批准手续的,或者仍未办理批准、登记等手续的,人民法院应当认定该合同未生效。"《合同法司法解释(二)》第8条规定:"依照法律、行政法规的规定经批准或者登记才能生效的合同成立后,有义务办理申请批准或者申请登记等手续的一方当事人未按照法律规定或者合同约定办理申请批准或者未申请登记的,属于合同法第四十二条第(三)项规定的'其他违背诚实信用原则的行为',人民法院可以根据案件的具体情况和相对人的请求,判决相对人自己办理有关手续;对方当事人对由此产生的费用和给相对人造成的实际损失,应当承担损害赔偿责任。"本案所涉的采矿权租赁合同虽然是甲锰业公司和邓某与乙锰业公司在平等自愿基础上的真实意思表示,但是,该采矿权租赁合同在一审法庭辩论终结前仍未办理批准手续,根据上述规定,应当认定该合同未生效,应依照未生效合同的相关规定予以处理。虽然在二审过程中,原采矿权审批机关作出同意乙锰业公司租赁某锰矿的审批决定,乙锰业公司的采矿权租赁得到了县矿产管理部门的认可,但是,此时的"审批决定"显然已经超过了《合同法司法解释(一)》关于"批准手续"最迟不能超过"一审法庭辩论终结前"的规定,因此,并不能以此认为涉案合同满足了法定生效要件,已经成为生效合同。

---

① 蒋文军主编:《矿业权交易法律实务操作指南》,中国法制出版社2009年版,第243页。

24. 未经批准的采矿权租赁合同能否解除?

——颜某与某矿业公司企业租赁经营纠纷案[①]

【案情介绍】

原告(反诉被告):颜某。

被告(反诉原告):某矿业公司。

2006年7月11日,颜某与某矿业公司签订《某石矿洞企业租赁经营合同》(以下简称《合同》),并于2007年3月27日签订《补充协议》。双方约定从2006年7月18日起至2010年9月17日止,某矿业公司将某石灰洞租赁给颜某经营,租赁以对外销售的片石的吨位数为计算依据,颜某每吨向某矿业公司支付人民币3元;同时约定如年销售量达不到15万吨,则按15万吨计算租金。某矿业公司将矿洞、房屋及现有的设备提供给颜某使用,并派刘某负责协助颜某协调矿洞周围村民的关系,确保颜某生产经营有一个良好的环境。矿洞场地的建设、设备的添置等由颜某负责,合同期满后,颜某添置的设备由颜某自行处理,颜某在合同生效后3日内向某矿业公司支付保证金10万元。双方还约定了违约责任等其他事项。

合同签订后,某矿业公司按约定将矿洞及房屋等移交给了颜某,颜某按约向某矿业公司支付了保证金,进行了场地设施护坡、地磅、深水井、变压器等建设,共支出248,262元,同时添置了设备进行生产经营,到2008年11月30日颜某按约向某矿业公司交纳了租金。

2008年11月22日开始,该矿所在甲村、A组、B组和C组部分村民以土地权属等问题进行阻工,致使矿洞停止生产。经过颜某与某矿业公司及当地政府的协调未能妥善解决。2008年12月2日,颜某将部分设备拖走,后与某矿业公司协商未果,故颜某提起诉讼,请求确认双方之间所签订的合同无效,并判令某矿业公司返还保证金10万元,赔偿损失2,717,601.25元,赔偿停工损失255,953.72元,承担本案诉讼费。某矿业公司提起反诉,请求判令解除双方签订的《合同》及《补充协议》,并支付租金312,672.06元及滞纳金223,858.27元,支付修路款8万元,支付违约金100万元及本诉反诉的全部诉讼费用,驳回颜某的诉讼请求。

---

① 颜冬波与湘潭中明矿业有限公司企业租赁经营纠纷案(湘潭县人民法院(2009)潭民二初字第122号,2010年5月24日)。

【法院审判】

法院认为:原告(反诉被告)与被告(反诉原告)所签订的《合同》及补充协议,虽未按有关法律提交相关部门进行审批,违反了法律管理性强制规定。但根据《最高人民法院关于当前形势下审理民商事合同纠纷案件若干问题的指导意见》的通知的第5条之规定,违反管理性强制规定的,人民法院应当根据具体情形认定其有效,且该合同是双方的真实意思的表示,并已实际履行,故该《合同》及《补充协议》有效。该《合同》及《补充协议》反诉原告请求解除,现双方在履行中发生纠纷,也已无法继续履行,故本院对反诉原告的该项请求予以支持。原告在签订合同后所交纳的履约保证金10万元,该合同已解除,被告应退还给原告。原告按合同要求和生产需要投入的场地设施护坡、地磅、深水井、变压器等基础建设,原告无法搬走,现被告提出解除合同,被告应折价补偿给原告。但所添置的可以搬走的设备可自行拖回。根据合同约定,被告具有协助原告处理周边矿群关系的义务,且在处理该纠纷上双方均有一定的责任,原告请求赔偿停工损失本院不予支持。反诉被告已将租金支付到2008年11月,2008年11月22日起因周边环境使该租赁企业无法生产经营,该事项没妥善处理,双方均有一定的责任,故反诉原告要求反诉被告支付企业停产以后的租金理由不充分,该请求不予支持。反诉原告请求反诉被告支付修路款与本案无关联亦不予支持。在合同履行过程中,反诉被告没有违约行为,反诉原告请求判令反诉被告支付违约金的请求亦不予支持。根据《合同法》第212条、226条、107条、124条、115条之规定,判决如下:

1. 解除反诉原告某矿业公司与反诉被告颜某签订的《某石灰矿洞租赁经营合同》及《补充协议》;

2. 判令被告某矿业公司在本判决生效后10日内返还原告颜某履约保证金10万元;

3. 由被告某矿业公司补偿原告颜某场地、护坡、地磅、深水井、变压器等建设安装费用损失合计248,620元;

4. 原告颜某在租赁经营某石灰矿洞期间添置的可以搬走的设备自行拖回;

5. 驳回原告颜某的其他诉讼请求;

6. 驳回反诉原告某矿业公司的其他诉讼请求。

【律师评析】

本案主要涉及两个方面的问题:一是未经批准的采矿权租赁合同的效力认定,

二是未生效的采矿权租赁合同能否解除。

一、未经批准的采矿权租赁合同未生效

我国《合同法》第44条规定："依法成立的合同，自成立时生效。法律、行政法规规定应当办理批准、登记等手续生效的，依照其规定。"《探矿权采矿权转让管理办法》第10条规定，探矿权、采矿权转让合同自批准之日生效。据此，采矿权转让合同应当在具有相应审批权限的国土资源主管部门批准后生效。由于《矿业权出让转让管理暂行规定》第36条第2款规定："矿业权的出租、抵押，按照矿业权转让的条件和程序进行管理，由原发证机关审查批准。"故采矿权出租合同应自原发证机关批准后生效。

《合同法司法解释(一)》第9条规定："依照合同法第四十四条第二款的规定，法律、行政法规规定合同应当办理批准手续，或者办理批准、登记等手续才生效，在一审法庭辩论终结前当事人仍未办理批准手续的，或者仍未办理批准、登记等手续的，人民法院应当认定该合同未生效。"规范与采矿权转让合同具有同质性的外商投资企业股权转让合同的《最高人民法院关于审理外商投资企业纠纷案件若干问题的规定(一)》(以下简称《外商投资企业规定(一)》)第1条规定："当事人在外商投资企业设立、变更等过程中订立的合同，依法律、行政法规的规定应当经外商投资企业审批机关批准后才生效的，自批准之日起生效；未经批准的，人民法院应当认定该合同未生效。当事人请求确认该合同无效的，人民法院不予支持。"显然，上述两个司法解释均同样认为未经批准的合同未生效而非无效。既然审批是合同的法定生效条件，欠缺该条件的，合同不生效。在当事人未予报批场合，该条件是否成就处于未决状态，故其效力属于未生效；在当事人报批获得批准时，法定生效条件成就，合同发生效力；在合同未获得批准时，合同因条件不成就而不生效力。[①] 因此，采矿权租赁合同自转让申请被原发证机关批准之日生效，具有法律效力，未经原发证机关批准则属于未生效合同。

二、采矿权承租方可以要求出租方履行相应的报批义务

《合同法司法解释(二)》第8条规定："依照法律、行政法规的规定经批准或者登记才能生效的合同成立后，有义务办理申请批准或者申请登记等手续的一方当

---

① 万鄂湘、刘贵祥副主编：《最高人民法院关于审理外商投资企业纠纷案件若干问题的规定(一)条文理解与适用》，中国法制出版社2011年版，第28页。

事人未按照法律规定或者合同约定办理申请批准或者未申请登记的，属于合同法第四十二条第（三）项规定的‘其他违背诚实信用原则的行为’，人民法院可以根据案件的具体情况和相对人的请求，判决相对人自己办理有关手续；对方当事人对由此产生的费用和给相对人造成的实际损失，应当承担损害赔偿责任。”显然，《合同法司法解释（二）》在缔约过失责任的基础上将报批义务纳入了先合同义务的范畴，当事人可以请求继续履行。而规范与采矿权转让合同具有同质性的外商投资企业股权转让合同的《外商投资企业规定（一）》，则在《合同法司法解释（二）》规定报批义务属于先合同义务的基础上又向前迈出了一步，即不仅承担报批义务的可履行性，而且在此基础上认为其系合同义务，具有独立性，并不因主合同的未生效而未生效。

《外商投资企业规定（一）》第 1 条第 2 款规定：“前款所述合同因未经批准而被认定未生效的，不影响合同中当事人履行报批义务条款及因该报批义务而设定的相关条款的效力。”该司法解释认为报批义务属于基于诚实信用原则产生的默示合同义务，此种义务相对于主合同义务同样具有独立性。报批义务人怠于履行报批义务的，另一方当事人可以请求报批义务人继续履行报批义务。对于“法律、行政法规应当经批准、登记手续生效的合同”，报批义务既是启动审批程序，令国家意志介入合同关系的前提条件，也是促使合同由成立转为生效的必要条件。当事人的缔约目的是通过获取批准、登记手续，从事法律、行政法规许可的交易行为，因此，当事人关于履行报批义务的合意与国家意志是完全一致的。报批义务本身不属于须具备特别生效要件才能生效的法律行为，故报批义务于合同成立时生效，是一项独立的合同义务，同时又是一项促使合同生效的先决义务。[①] 之所以作此种规定，是因为认定此类合同无效会造成巨大的不公：合同无效，当事人自然不负有报批义务，从而导致实践中当事人怠于履行报批义务。负有报批义务的当事人完全可以待价而沽，视行情作出是否报批的决定——报批对自己有利的，就去报批；反之，则不去报批。就其结果而言，只能使不诚信的当事人因其不诚信行为而获得了利益，不符合法律精神。[②] 但应注意的是，《外商投资企业规定（一）》是最高人民法院民四庭（该庭负责涉外民事案件审判）专为解决涉外审判实务中外商投资企业股权转让相关问题而起草的，具有较浓厚的“部门”色彩。法院在审理矿业权交易纠

---

① 万鄂湘、刘贵祥副主编：《最高人民法院关于审理外商投资企业纠纷案件若干问题的规定（一）条文理解与适用》，中国法制出版社 2011 年版，第 107 页。

② 万鄂湘、刘贵祥副主编：《最高人民法院关于审理外商投资企业纠纷案件若干问题的规定（一）条文理解与适用》，中国法制出版社 2011 年版，第 28 页。

纷案件时,仍有可能以其仅适用于外商投资企业股权转让纠纷为由,而拒绝适用。

关于报批义务问题,最高人民法院刘贵祥认为,就合同条款的内容而言,其核心内容是有关当事人间的权利义务关系的规定,但于此之外,还有两类合同条款,这两类条款自身的性质决定了其独立于合同的权利义务条款:一是促成合同生效的条款。在合同的生效以某一条件的成就为前提时,此种前提性的条款将独立于合同条款而事先生效;否则,就会陷入悖论,最终既无助于缔约目的的实现,也不利于诚实信用原则的维护。二是在合同无效、被撤销或者终止时,有关争议解决的条款。《合同法》第57条仅规定了后者,并未对前者作出规定。事实上,二者一个针对合同的"生前",一个针对合同的"死后";一个促成合同有效,一个解决无效、被撤销或者终止后所生的争议,均具有手段性特点,不同于当事人意欲通过合同实现交易目的、享受权利承担义务的其他合同条款,当然具有独立性。因此,合同未生效当然不影响报批义务条款的效力。故在当事人就报批义务作出明确约定的情况下,应认为此种约定具有独立性,不受未生效合同的影响。此时,报批义务为合同的约定义务。①

笔者认为,对于与外商投资企业股权转让合同具有同质性的采矿权租赁合同而言,其虽然未经批准而未生效,但是并不影响其报批义务条款的效力,采矿权承租方完全可以请求出租方履行其相应的报批义务,以使未生效合同的状态得以最终确定。

三、未生效的采矿权租赁合同可以解除

学理认为,合同效力有形式拘束力与实质效力之分。形式拘束力意指当事人不能任意撤销、变更甚至解除合同的效力,实质效力则是指基于合同本身而在当事人间发生的权利义务关系。② 合同的形式拘束力源于合同的成立,而实质效力则源于合同的生效。《合同法》第8条规定:"依法成立的合同,对当事人具有法律约束力。当事人应当按照约定履行自己的义务,不得擅自变更或者解除合同。依法成立的合同,受法律保护。"该条是关于合同成立后具有形式拘束力的规定。在法律、行政法规规定合同应当办理批准手续才生效的合同中,因为审批是法定生效要件,而

---

① 刘贵祥:《关于股权转让纠纷的若干问题》,载中外民商裁判网:http://www.zwmscp.com/a/minshangfazonglun/gongsiyuzhongzu/2010/0709/7668.html,最后访问日期:2012年1月10日。

② 王泽鉴:《债法原理:基本理论、债之发生》(第一册),中国政法大学出版社2002年版,第193页。

非特别成立要件,因此未经审批并不影响合同的成立,只是影响合同的生效。[①] 合同解除的本质在于解除合同的形式拘束力。尽管合同成立与生效在大多数情况下是同步的,给人以合同解除仅与有效合同相关的假象,但在未生效合同场合,合同成立而未生效,尽管此时合同已经具有形式拘束力,尚未具备实质效力,但仍不妨碍当事人解除合同。

解除合同的前提条件是存在已经成立的合同,如合同尚未成立,则缺乏解除合同之前提条件。未办理批准手续的采矿权租赁合同是已成立的合同,故具备解除合同的前提条件。根据《合同法》原理,合同解除分为约定解除和法定解除两类。在采矿权租赁合同中,如出租方与承租方合意解除未办理批准手续之采矿权租赁合同,不违反法律规定,自无争议。但采矿权租赁合同由双方合意解除的情形鲜于见到,实务中较为常见的往往是一方当事人诉请法院解除合同。此时,法院是否支持解除合同之诉请,实质上是判断当事人是否享有合同解除权。当事人享有解除权的,予以支持,否则,予以驳回。在一方当事人签订采矿权租赁合同之后,拒绝办理或协助相对方办理批准登记手续且要求解除合同的情形,如非基于合同事先约定或事后约定,其并不享有约定解除权。同时,因其本身是违反合同及诚实信用原则的行为,应受法律之否定性评价,根据《合同法》第 8 条规定,其亦不能基于法律规定而享有法定解除权。概言之,其不享有合同解除权。与之相对,一方违反合同及诚实信用原则的行为导致相对方合同目的不能实现的,租赁合同的承租方可依《合同法》之规定享有法定解除权。此时,法院可基于承租方的诉请,在查清案件事实的基础上判决支持承租方解除合同的请求。

四、关于本案的处理问题

本案中,当事双方所签订的《合同》由于没有履行《矿产资源法》所规定的审批程序而使其效力处于未生效合同状态,颜某不能请求人民法院确认双方之间所签订的合同无效。虽然未生效合同尚未具备实质效力,但此时合同已经具有形式拘束力。颜某可以选择要求某矿业公司按照法定的审批程序履行报批义务,使未生效合同的状态予以最终确定,也可以在人民法院主持下与某矿业公司协商解除双方之间的合同关系。但双方发生纠纷,已无法继续合作,故解除双方之间的合同关系不失为本案最佳的处理方法。

---

① 万鄂湘、刘贵祥副主编:《最高人民法院关于审理外商投资企业纠纷案件若干问题的规定(一)条文理解与适用》,中国法制出版社 2011 年版,第 23 页。

四、矿业购销类

(一)非煤矿产品购销纠纷

25. 本案是买卖合同，还是承揽合同?
——甲矿业公司与乙发展公司矿石购销合同纠纷上诉案①

【案情介绍】

上诉人(原审被告、反诉原告):甲矿业公司。

被上诉人(原审原告、反诉被告):乙发展公司。

2007 年 6 月 3 日，乙发展公司与甲矿业公司签订铅、锌精粉购销合同。合同约定:乙发展公司向甲矿业公司预付铅、锌精粉订购款 200 万 ~300 万元；从乙发展公司向甲矿业公司付款之日起，甲矿业公司所生产的所有铅、锌精粉均由乙发展公司收购，甲矿业公司无权转卖给其他客户；甲矿业公司在收到乙发展公司的预付款之后，每天必须保证下选矿厂矿石 100 吨，铅锌品位不能低于 50%。价格方面，双方在合同中约定:铅精粉品位大于 50% 的，按上海有色金属网 67% 系数；锌精粉品位大于 43% 的，按上海有色金属网 57% 系数；以上产品按当日提货的 5 个工作日平均价结算；在上海有色金属网的锌价如低于 2.8 万元、甲矿业公司无利润保本的情况下，则乙发展公司在贸易利润中提取 50% 作为甲矿业公司的利润补偿。

合同签订后，乙发展公司于 2007 年 6 月 4 日给甲矿业公司的业务主办人李某的账户上转款 200 万元，2007 年 7 月 11 日由乙发展公司的会计王某给李某账户转款 65 万元，2007 年 9 月 20 日由乙发展公司的业务员胡某在农行某支行用戴某的农行卡，将戴某账户上的 100 万元转到李某的账户上，至此，乙发展公司共计预付给甲

① 乌兰县天盛矿业有限责任公司与格尔木市金鑫发展有限责任公司矿石购销合同纠纷上诉案(青海省高级人民法院(2009)青民二终字第 12 号，2009 年 5 月 4 日)。

矿业公司货款计365万元。甲矿业公司给乙发展公司先后供应铅、锌精粉,共计价值187万元。2007年10月11日甲矿业公司给乙发展公司最后一次供货,此后,乙发展公司多次联系甲矿业公司供货,甲矿业公司既不供货,也不退还乙发展公司剩余的预付款项,双方遂发生纠纷。

2008年3月,乙发展公司向人民法院起诉,请求甲矿业公司归还乙发展公司的剩余预付货款并支付相应利息。甲矿业公司以双方所签订的是加工承揽合同而非购销合同,且双方从未以任何形式及程序要求解除合同为由,提起反诉,请求继续履行合同。

【法院审判】

一审法院认为,乙发展公司与甲矿业公司于2007年6月3日签订的供销合同是双方当事人真实意思表示,该合同的签订不违反法律法规的禁止性规定,合同合法有效。合同签订后,乙发展公司按照约定履行了付款义务,按双方合同的约定,生产乙发展公司所预付款项的矿粉,最长时间尚不足两个月,但甲矿业公司在2007年10月11日供货共计187万元,致使双方无法实现合同的目的。对于甲矿业公司供货价值共计187万元,双方当事人在庭审均予以认可。庭审中,乙发展公司称在2007年8月、9月,为了尽快履行本合同,在甲矿业公司业务主办人李某的要求下,乙发展公司的法定代表人戴某给甲矿业公司的业务员李某10万元现金,李某未出具任何书面收据,甲矿业公司又不予认可,因该行为只有乙发展公司业务员胡某的证言,无其他证据予以佐证,所以不予认定。甲矿业公司未能履行的货款理应归还给乙发展公司,且致使合同不能履行的主要责任在甲矿业公司,乙发展公司要求甲矿业公司支付相应利息的诉求于法有据,予以支持。合同签订后即发生法律约束力,在商业活动中利润和风险是共存的,甲矿业公司作为供货方在履行合同时肯定要产生一定的费用,其作为企业应为明知。甲矿业公司在反诉中提供的为履行合同而产生的费用应为合理支出,其证明因履行合同而产生的损失让对方承担,于法无据,不予支持。甲矿业公司反诉乙发展公司因履行本案所涉合同而应得的利润至少10万元,庭审中未提供相应的证据证明其诉讼请求,不予支持。鉴于目前的实际情况,继续履行本合同已不可能,双方已无法实现合同的目的,该合同实际上已解除。根据《合同法》第44条、60条,《民法通则》第111条之规定,判决:(1)甲矿业公司归还乙发展公司剩余预付货款178万元,支付利息2万元;(2)驳回甲矿业公司的全部反诉请求;本案诉讼费2.2万元、反诉费14,250元全部由甲矿业公司承担。宣判后,甲矿业公司不服,在法定上诉期间提出上诉。

甲矿业公司上诉称，本案所涉合同是兼有供销合同与加工承揽合同性质的复合合同，该合同明确约定自乙发展公司预付货款之日起，甲矿业公司所有生产的铅、锌精粉由乙发展公司收购，甲矿业公司无权将所涉产品转卖给其他客户，根据合同关于产品价格、保本、保底条款的约定，该合同有加工承揽的法律特征，且双方至今从未以任何形式及程序要求解除合同。所以一审判决无论在法律上还是事实上都不能成立，基于合同的性质，乙发展公司理应支付利润补偿、弥补亏损。甲矿业公司请求撤销(2008)某民二初字第13号民事判决；依法支持甲矿业公司在一审中的全部反诉请求，即由乙发展公司补偿甲矿业公司因履行合同而造成的直接亏损943,310元及乙发展公司补偿甲矿业公司因履行合同而应得的利润10万元；并判令继续履行合同，驳回乙发展公司的全部本诉请求；由乙发展公司承担本案全部诉讼费用。

乙发展公司未作书面答辩。在二审庭审中辩称，原审判决认定事实清楚，证据确凿，适用法律正确，甲矿业公司的上诉请求缺乏事实及法律的支持；双方签订的供销合同的性质是买卖合同，甲矿业公司要求乙发展公司承担利润补偿及弥补亏损没有事实依据，由于甲矿业公司违约导致合同目的无法实现，合同已实际解除。请求驳回上诉，维持原判。

经二审审理查明，2007年6月3日乙发展公司与甲矿业公司签订《购销合同》，约定由乙发展公司预付订购款200万～300万元；从乙发展公司付款之日起，甲矿业公司所有生产的铅、锌精粉由乙发展公司收购，甲矿业公司无权转卖给其他客户；销售价格为铅精粉品位大于50%，按上海有色金属网67%系数；锌精粉品位大于43%，按上海有色金属网57%系数……以上产品按当日提货的5个工作日平均价结算……甲矿业公司在收到预付款之后，每天必须保证下选矿厂矿石100吨，铅锌品位不能低于50%；如果上海有色金属网锌价低于2.8万元，甲矿业公司生产时无利润保本的情况下，甲矿业公司利润由乙发展公司贸易利润中提取50%作为补偿。合同签订后，乙发展公司预付给甲矿业公司货款计365万元；甲矿业公司给乙发展公司先后供铅、锌精粉，共计价值187万元；后因甲矿业公司不能供货，双方发生纠纷。

二审法院认为：根据双方当事人的诉辩主张及甲矿业公司的上诉理由和诉讼请求，对争议的问题分别予以认定。

1. 对购销合同性质的认定。甲矿业公司认为，购销合同是兼有供销合同与加工承揽合同性质的复合合同，因为合同约定自乙发展公司预付货款之日起，甲矿业公司所有生产的铅、锌精粉由乙发展公司收购，甲矿业公司无权将所涉产品转卖给其他客户。上述合同内容将甲矿业公司生产的相关产品在交付前就全部特定化于乙发展公司名下,同时合同关于产品价格、保本、保底条款的内容有加工承揽合同的法律特征,所以本案的合同性质是复合合同。乙发展公司认为,该合同是买卖合同,此种合同的形式是近年来矿产品买卖交易的习惯做法,合同内容不具有加工承揽合同的特征,双方之间设立的是买卖合同关系。本院认为,承揽合同与买卖合同性质的主要区别在于合同标的物所有权关系及标的物是否特定物,买卖合同的标的物可以是种类物也可以是特定物,而承揽合同的标的物只能是特定物。本案合同的标的物是通用产品,不具有特定物的特征;买卖合同的目的在于移转标的物的所有权,而承揽合同的目的在于完成一定的工作行为。从双方签订的合同内容来看,双方当事人约定乙发展公司预付货款,甲矿业公司将其生产的铅、锌精粉转移给乙发展公司,这种约定是对铅、锌精粉所有权发生转移的约定,明显具有买卖合同的特征。合同中关于自乙发展公司预付货款之日起,甲矿业公司所有生产的铅、锌精粉由乙发展公司收购,甲矿业公司无权将所涉产品转卖给其他客户的内容,从双方签订合同的自有意思上可以确认为是对乙发展公司支付预付贷款行为的保护性约定,所以应确定双方签订的购销合同为买卖合同,而不具备复合合同的性质,甲矿业公司对此的上诉理由不能成立,不予支持。

2. 甲矿业公司请求判令继续履行合同的问题。甲矿业公司认为,在合同履行期间,乙发展公司从未以任何合法形式或程序要求解除合同,双方之间的合同应当继续履行。乙发展公司认为,甲矿业公司没有依约全面履行自己的义务,致使合同已不能履行,乙发展公司索要剩余的预付款的行为已经表明并实际解除了双方所签订的合同,双方之间的合同已经解除,不再继续履行。本院认为,乙发展公司与甲矿业公司签订购销合同后,甲矿业公司只履行了 187 万元的合同义务;甲矿业公司长期迟延履行合同的行为,致使本案合同不能继续履行,诉讼中甲矿业公司请求继续履行合同的理由不符合本案的实际情况,对甲矿业公司的该项诉求不予支持,本案合同应终止履行。

3. 关于甲矿业公司诉求驳回乙发展公司的全部诉讼请求的问题。甲矿业公司认为,双方签订的购销合同兼有供销合同与加工承揽合同性质的复合合同,合同应继续履行,应驳回乙发展公司以买卖合同所进行的全部诉讼请求。乙发展公司认为,双方签订的合同性质是买卖合同,甲矿业公司以加工承揽合同为由进行的反诉请求不当,其理由不能成立,应驳回其上诉请求,维护一审判决。本院认为,2007 年 6 月 3 日,乙发展公司与甲矿业公司在平等、自愿、协商一致的基础上签订的购销合同,未违反法律法规的规定,为有效合同。由于甲矿业公司的原因,导致合同不能再继续履行,其应当返还乙发展公司所支付的剩余预付款项,并承担对乙发展公司造成的损失。一审法院认定本案合同为买卖合同关系,并判决甲矿业公司返还剩余预付货款178万元,并根据甲矿业公司迟延履行合同的事实,判决其承担2万元利息,并无不当。甲矿业公司以加工承揽合同为基础所进行的反诉请求,无事实依据,其上诉理由不能成立,不予支持。

4. 关于甲矿业公司诉求乙发展公司补偿其因履行合同而造成的直接亏损943,310元的问题。甲矿业公司认为,双方签订的合同具有加工承揽合同的性质,其为履行合同产生直接亏损计943,310元,其中购买矿石225万元,运费26万元,选矿费每吨70元。上述费用及本案上诉费应当由乙发展公司承担。乙发展公司认为,该费用是甲矿业公司为履行买卖合同应支出的合理费用,不应由乙发展公司承担。本院认为,买卖合同成立后,双方当事人应当按照合同约定履行各自的义务,乙发展公司作为买受人按约支付了价款,履行了买卖合同约定的义务,出卖人甲矿业公司有义务按约定的价格及时交付标的物。双方当事人在合同中对标的物的结算价格已经有明确约定,本案的事实表明双方对甲矿业公司所供货物也是按约定的上海网价进行了结算。在确定本案合同不是加工承揽合同的前提下,甲矿业公司以加工承揽合同为基础,要求乙发展公司承担上述所列费用没有合同依据和事实根据,其上诉理由不能采信,其诉讼请求不当,不予支持。

5. 关于甲矿业公司诉求乙发展公司补偿因履行合同而应得的利润10万元的问题。甲矿业公司认为,双方约定其在履行合同过程中亏损,在没有利润的情况下,乙发展公司应从其所供货物2000吨中最少取得利润20万元。依合同第6条约定的内容,乙发展公司应从中分给甲矿业公司10万元利润。乙发展公司认为,双方约定的上述合同条件没有成就,其并未产生利润,所以不应向甲矿业公司支付利润款。本院认为,双方签订的合同第6条约定如果上海有色金属网锌价低于2.8万元,甲矿业公司生产时无利润保本的情况下,甲矿业公司利润由乙发展公司在贸易利润中提取50%作为补偿。在一审中甲矿业公司提供上海金属网价格指数,可以证明2007年9月10日锌价低于2.8万元,对此事实乙发展公司亦认可,但乙发展公司在二审中声称其没有获得利润,在没有利润的情况下,不能按合同要求支付给甲矿业公司50%的利润款。对此甲矿业公司不能进一步提供证据证明其供货的数量、乙发展公司盈利与否及产生了多少利润的问题,因此,无法从事实上确定乙发展公司是否产生利润以及贸易利润额,甲矿业公司应承担举证不能的后果,对甲矿业公司的该项诉求因证据不足,不予支持。

综上所述,本案合同是买卖合同关系,甲矿业公司迟延履行合同义务,直接导致合同不能履行的后果，乙发展公司请求返还预付款项等诉求合理，予以支持。甲矿业公司以加工承揽合同为基础所进行的上诉，其理由不当，不予采信，虽然乙发展公司在一审中自认有利润，其在二审中不认可在一审中的自认行为，由于甲矿业公司不能进一步提供证据证明乙发展公司产生的利润及利润额，对甲矿业公司的该项诉求，因证据不足，不予支持。一审判决认定事实清楚，适用法律正确。依照《民事诉讼法》第153条第1款第1项之规定，判决如下：驳回上诉，维持原判。

【律师评析】

本案主要涉及买卖合同与承揽合同的区别问题。

一、买卖合同与承揽合同的概念和特征

我国《合同法》第130条规定："买卖合同是出卖人转移标的物的所有权于买受人，买受人支付价款的合同。"据此看来，买卖合同有两大主要特征：一是出卖人须转移标的物的所有权；二是买受人须支付价款。买卖合同的出卖人以取得价款为目的，买受人以取得标的物的所有权为目的。如果缺乏买卖合同当事人的目的，买卖合同也就不能成立。需要说明的是，买卖合同对于买卖标的物不单独作明确规定，并不特别要求是特定物。买卖合同是转移标的物所有权的合同，合同当事人的基本权利义务和最主要的特征是转移标的物的所有权和支付价款。买卖合同在理论上属于"转移标的物所有权的合同"这一合同类型。

我国《合同法》第251条规定："承揽合同是承揽人按照定作人的要求完成工作，交付工作成果，定作人给付报酬的合同。承揽包括加工、修理、复制、测试、检验等工作。"通过这一条规定，不难看出承揽合同是以完成工作为目的的合同。承揽的标的具有特殊性，承揽标的是承揽人完成并交付的工作成果，是按照定作人的特定要求为满足定作人的特殊要求而完成的。承揽合同中承揽人以自己的风险独立完成工作。承揽合同的标的物只能通过承揽人完成工作来取得的。定作人是根据承揽人的条件认定承揽人能够完成工作来选择承揽人的，定作人注重的是承揽人的技术能力。尽管在完成工作中承揽人必须接受定作人的监督检验，但是承揽人需要以自己的人力、设备和技术力量等条件独立完成工作。承揽合同的标的是交付特定的工作成果，当事人的基本权利义务所指向的是一定的行为，转移标的物的所有权是合同的附属义务。承揽合同在理论上属于"完成工作的合同"这一合同类型。

二、买卖合同与承揽合同法律特征之比较

承揽合同与买卖合同相比，有一定的相似之处，如都是双务合同，且都需要将合同标的物交付给支付对价的一方。在买卖合同中，出卖人须将出卖的标的物交付给买受人；在承揽合同中，承揽人必须将完成的定作物交付给定作人。虽然二者具有一定的相同之处，但是承揽合同与买卖合同毕竟属于不同的两类合同，因此，二者也存在明显的区别：

（一）合同目的不同

买卖合同的目的在于转移标的物的所有权，而承揽合同的目的在于获得一定的工作成果。虽然在承揽合同中，也存在涉及转移标的物所有权，但这只是承揽合同的从属义务，而在买卖合同中却是最基本的义务。买卖合同的标的物既可能在合同成立时存在，也可能根本不存在；而承揽合同的标的物在合同成立时绝对不存在，只能在承揽人完成工作后方可能存在。买卖合同的标的物一般来说并不附着出卖方的劳务，只是单纯的物品或者其他财产权；而承揽合同要交付的工作成果中则凝聚着承揽人一定程度上的劳务，承揽人是利用自己的技术、设备和劳力独立完成承揽工作，生产出工作成果，这是承揽合同特定的表现。

（二）对标的物的特定性要求不同

买卖合同的标的物是双方当事人共同约定或者指定的特定标的物。而承揽合同标的物的特定性则在于，承揽合同中承揽人只能以自己的设备、技术，更主要的是自己的工作，对特定的材料进行加工，承揽人的工作成果本身并不一定具有特定性，其特定性在于工作成果中融入了承揽人所特有的技能等。

（三）价款构成不同

承揽合同的性质决定了定作人给付的报酬中包含了工作报酬和原材料成本两项基本内容；而买卖合同中的价款则只针对标的物所有权的转移对价，即便有其他内容，也只是履行交付义务中产生的必要费用（如运费、过户手续费等），并不是出卖人履约的工作报酬。

（四）是否存在监督和检查不同

承揽合同的定作人有权监督和检查承揽人的工作，而买卖合同的买受人则无此权利。定作人对承揽人工作监督和检查的主要目的在于使定作人对承揽人的生产进行控制。在承揽合同中，为了保证承揽人以自己的工作完成承揽任务，在不对承揽人工作构成影响和妨碍的情况下，定作人有权对其工作情况进行检查和监督，承揽人对此不能拒绝。同时，定作人如发现承揽人未按约进行工作的，可以要求其

停止违约行为并请求损害赔偿。而买卖合同的交付一般都是同时履行,买受人不存在事先对出卖人的生产能力等情况进行监督和检查。

(五)对标的物的风险和责任承担不同

在承揽合同中,承揽人在将工作成果交付给定作人之前,对于工作过程中标的物意外毁损灭失的风险要由自己负担。而在买卖合同中,虽然一般情况下标的物的风险和责任在交付给买受人之前,由出卖人承担,但是,当事人也可以约定自合同成立之日起,就标的物所发生的风险负担和责任由买受人负担,如采取指示交付等方式的情况。

三、区分买卖合同和承揽合同的方法

司法实践中的案件事实多种多样,关键是要根据买卖合同和承揽合同的法律特征之不同处理具体案件。一般情况下,在实务中应针对不同情况做如下处理:

第一,在审查一份合同时,应当首先审查该合同有无意在强调标的物的接受人(具体合同中可能写作购买人或承揽人)对生产过程进行控制的内容。例如,审查合同中有没有约定标的物的接受人享有选材或者生产过程的监督检查权、是不是享有单方面设计变更权或终止定作权。这些约定不一定全部具备,但是必须能显示出定作人对生产过程的必要控制,如果没有上述这些内容,应当认定为买卖合同,反之则应认定为承揽合同。

第二,标的物的特定性一般不应作为两类合同的实质区分标准,只能作为辅助参考标准。但需要指出的是,即使标的物是特定的,但如果合同没有体现定作方的任何生产控制权(如合同虽然约定由定作人提供图纸,但没有约定或明确排斥了定作人的监督权和随意解除权,则可以视为双方只有买卖特定物的合意,并无承揽的合意),也不能认定是承揽合同。

第三,在前述两种方法仍不能确定合同性质时,就需要根据合同的性质和内容,并加以区别对待。买卖合同更具有一般性,而承揽合同相对来说属于一种"特殊"的合同。买卖合同的规定基本上都适用于承揽合同,而承揽合同的规定则不一定适用于买卖合同。既然合同不具备承揽合同的特殊要件,那就应当按照买卖合同予以处理。

第四,交易习惯。依据我国《合同法》第 61 条的规定,在双方约定不明并且不能达成补充协议的情况下,可以参照双方以往的交易习惯来作出认定。在某些情况下,依据标的物的特定性与流通性仍不能作出判断,可以依据双方以往的交易习惯来综合加以认定。

第五，依据制作物供给合同本身的特点。在某些情况下，合同关系介于承揽与买卖之间，在实践中难以认定。笔者认为，此时宜认定为买卖合同，理由是承揽合同中的定作方享有单方解除权、监督检查权等特殊权利，在双方的意思表示没有明确体现为承揽关系时，不宜赋予合同一方此种特殊的权利。而此类合同在不能体现承揽合同关系特性的情况下，完全符合买卖合同的成立要件，因此，宜认定为买卖合同。

四、关于本案的处理问题

本案中，涉案合同的标的物是通用产品，不具有承揽合同标的物只能是特定物的特征；从双方签订的合同内容来看，双方当事人约定乙发展公司预付货款，甲矿业公司将其生产的铅、锌精粉转移给乙发展公司，这种约定明显具有买卖合同目的在于移转标的物所有权的特征，不符合承揽合同在于完成一定工作行为的目的。涉案合同中虽有关于自乙发展公司预付货款之日起，甲矿业公司所有生产的铅、锌精粉由乙发展公司收购，甲矿业公司无权将所涉产品转卖给其他客户的内容，但是从双方签订合同的自有意思上可以确认为是对乙发展公司支付预付贷款行为的保护性约定，并不能否定其买卖合同的本质。甲矿业公司迟延履行合同义务，直接导致合同不能履行的后果，在此情形下，乙发展公司依法有权追究甲矿业公司的违约责任，要求其承担返还剩余预付款项、并赔偿损失的法律责任。

（二）煤炭购销纠纷

26. 煤炭购销价格约定不明时如何处理？

——甲工贸公司与乙煤矿、肖某煤炭买卖纠纷案[①]

【案情介绍】

原告：甲工贸公司。

被告：乙煤矿。

被告：肖某。

① 重庆云泉工贸有限公司与杉木沟煤矿、肖中华煤炭买卖纠纷案（重庆市彭水苗族土家族自治县法院（2006）彭法民初字第316号，2006年8月15日）。

甲工贸公司于2005年7月与乙煤矿建立了煤炭购销业务关系。由肖某作为甲工贸公司的业务代理人在A地代为具体联系、处理相关事务，约定原煤由乙煤矿发往A地码头中转起运。

截至2006年2月17日，甲工贸公司与乙煤矿对购进的煤炭数量进行了核对，共购进煤炭1765.13吨。甲工贸公司以向乙煤矿购进煤炭价格为出厂价180元/吨为标准，计算共计货款应为317,723.4元。在此之前，甲工贸公司先后预付货款计40万元，则甲工贸公司在乙煤矿除去所购煤炭余下的预付货款为82,276.6元。此后，双方再未发生业务往来。

后，甲工贸公司多次找乙煤矿要求退还余款82,276.6元，乙煤矿均提出煤炭的价格应以出厂价250元/吨为标准计算，故双方协商未果。甲工贸公司遂向法院起诉，请求判令：(1)由乙煤矿承担清偿甲公司购煤余款82,276.6元的责任，并由乙煤矿支付自2006年2月20日起按银行同期贷款利率计算利息作为违约金至兑现之日止；(2)由肖某与乙煤矿共同承担清偿原告购煤余款的连带责任；(3)由肖某与乙煤矿承担本案的诉讼费用。

【法院审判】

法院认为，原告甲工贸公司与被告乙煤矿在煤炭购销中的总量为1765.13吨以及原告甲工贸公司先后向被告乙煤矿预付货款计40万元的事实，双方均无争议。双方争议的焦点是煤炭的价格，原告甲工贸公司提出煤炭的价格为出厂价180元/吨，被告乙煤矿提出煤炭的价格为出厂价250元/吨。原告甲工贸公司列举了被告乙煤矿原矿向原告的发煤单据8份及原告甲工贸公司与某实业公司的煤炭买卖协议复印件2份及煤炭价格构成情况表，原告甲工贸公司认为，发煤单据8份反映原告在与乙煤矿到A地码头的运输车辆结运费时，除按60元/吨结算运费外，对升溢部分煤炭按180元/吨计费作为车方的收益，以此价格结合原告与某实业公司的煤炭买卖协议，原告除去所有成本费用后大约每吨有15元的经营利润。被告乙煤矿列举了其销往B地码头的煤炭购销合同及煤炭销售单据，证明其煤炭出厂价为长期供货的客户230元/吨，因此，不可能低于此价格向原告发煤。针对原告甲工贸公司及被告乙煤矿争议的焦点，本院认为，原告甲工贸公司主张的煤炭价格有相应的证据予以佐证，且符合客观事实，被告乙煤矿主张的煤炭价格如果为本案中原告甲工贸公司与被告乙煤矿的交易价格，则原告势必亏损经营，这不符合原告经商盈利的目的事实，且被告乙煤矿列举的支持该主张的证据均是证明其他地方的煤炭市场的价格，并不能反映A地的煤炭市场的价格，因此，本院对原告甲工贸公司主张的煤炭价格予以确认,对被告乙煤矿主张的煤炭价格不予采信。故被告乙煤矿应将原告甲工贸公司的预付货款82,276.6元返还给原告。对于原告甲工贸公司提出由被告肖某在本案中承担责任的请求,与本案查明的事实不符,本院不予采纳。对于原告提出由被告乙煤矿支付自2006年2月20日起按银行同期贷款利率计算利息的请求,由于双方以前没有约定利息,因此利息的起算时间只能以本案起诉之日即2006年6月7日起算。依照《合同法》第97条、《民法通则》第106条第1款、《民事诉讼法》第130条的规定,判决如下:

1.由被告乙煤矿返还原告甲工贸公司的预付货款82,276.6元,并支付自2006年6月7日起按银行同期贷款利率计算利息至兑现之日止。限本判决生效后10日内履行;

2.驳回原告甲工贸公司的其他诉讼请求。

【律师评析】

本案主要涉及煤炭购销交易中价格约定不明时的处理问题。

一、买卖合同中货物作价的通常方法

货物价格是货物买卖的主要交易条件,价格条款的确定直接关系到买卖双方的利益,是买卖合同中必不可缺的合同条款。货物买卖的作价方法一般采用固定作价,有时也采用暂不固定价格、暂定价格和滑动价格等作价方法。

(一)固定价格

所谓固定价格作价是指买卖双方在货物买卖合同中,把货物价格明确约定在合同中,并约定事后不论发生什么情况(即使订约后市价有重大变化)均按合同确定的价格结算货款的作价方法。采用固定价格作价方法有三个特点:一是价格的确定性,合同标的物的价格在订立合同时就明确地约定在合同里;二是价格的不可变更性,订约后不论发生什么情况(即使订约后市价有重大变化)均按合同确定的价格结算货款,不允许变更合同的价格;三是价格不可变更的明示性,买卖双方必须在合同中明确约定订约后价格是不能变更的,如在合同中约定"合同成立后,不得提高价格"、"合同成立后,不得调整价格"等。采用该作价方法的,合同价格一经确定,双方就必须严格执行,任何一方都不得擅自更改原定价格,意味着买卖双方要承担从订约到交货付款时价格剧烈变动的风险。

对于固定价格的约定是否违反法律对不可抗力和情势变更原则规定的问题,一般认为:固定价格的约定并不违反法律对不可抗力的规定。各国对不可抗力法

律后果的规定均为强制性的，当事人不能以约定的方式排除不可抗力法律后果的适用。但是，不可抗力引起的直接的法律后果是受不可抗力影响的一方可以部分或全部免除履约责任，而无须承担违约责任。所以不可抗力所导致的是部分或全部履约不能或不能按时履约，当事人只能要求解除合同或者变更合同，并且变更合同也仅限于迟延履行或变更交货数量，而不会涉及变更价格的问题。所以当采用固定作价时，如果买卖双方在订约后遭遇了不可抗力，当事人不能以不可抗力为理由请求变更合同价格，只能要求解除合同或迟延履行或变更交货数量。关于情势变更的问题，大多数国家的法律都强调情势变更原则具有补充性，也就是说作为一种在当事人自由约定之外对合同关系进行干预的措施，情势变更原则的适用不能在本质上违背当事人的自由约定。也即，如果合同当事人已经对有关情况的发生及其处理方法作了明确约定，就不能适用情势变更原则得出相反或不同的结论。因此，在涉外货物买卖合同中采用固定价格方法作价时，当事人实际上已经用约定的方式排除了情势变更原则的适用。① 但是，对于我国国内的货物买卖，笔者认为，仍应当遵循我国法律关于情势变更的相关规定予以处理。

（二）暂不固定价格

在国际货物买卖中，某些货物因其国际市场价格变动频繁，幅度较大，或交货期较远，买卖双方对市场趋势难以预测，但又确有订约的意旨，则可对价格暂不固定，而约定将来如何确定价格的方法。例如，约定以某年某月某日某地的有关商品交易所该商品的收盘价为准。按照此作价方法，买卖双方都不承担市价变动的风险。

（三）暂定价格

为了避免价格风险，买卖双方在洽谈某些市价变化较大的货物的远期交易时，可先在合同中规定一个暂定价格，待日后交货期前的一定时间，再由双方按照当时的市价商定最后的价格。例如，每件 5000 港元 CIF 香港，以上价格为暂定价，于装运月份 15 天前由买卖双方另行协商确定价格。

（四）滑动价格

是指先在合同中规定一个基础价格，交货时或交货前一定时间，按工资、原材料价格变动的指数作相应调整，以确定最后价格。此法一般适用于大型机械、成套设备的交易。例如，以上基础价格按下列调整公式根据 × × 机构公布的某年某月

① 尹梦霞、任跃斌：《涉外货物买卖合同中固定价格的法律效力探析》，载《商场现代化》2008 年第 32 期。

工资指数和物价指数予以调整。

二、买卖合同交易价格约定不明时的处理

支付价款是买卖合同中买受人的基本义务,是出卖人交付标的物并转移其所有权的对等条件。一般情况下,买卖合同中都对标的物的价款作出了约定,买受人应当依照约定履行支付合同价款的义务。但是,在现实生活中,确实存在买卖合同当事人未就价款作出约定或者约定不明确的情形,这并不必然导致合同不成立,但需要法律规定相应的解决方法。

我国《合同法》第 61 条规定:"合同生效后,当事人就质量、价款或者报酬、履行地点等内容没有约定或者约定不明确的,可以协议补充;不能达成补充协议的,按照合同有关条款或者交易习惯确定。"根据该条规定:首先,双方就价款的问题协议补充。不能达成补充协议的,按照合同有关条款或者交易习惯确定。如果此时仍然不能确定价款如何处理的问题,各个国家的法律规定存在一定的差异,如德国法律规定,如果未约定价款则依市场价格确定,市场价格为清偿时清偿地的市场价格。英美等国的法律也规定应当按照交货时的合理价格来确定。而《国际货物销售合同公约》第 54 条则规定,如果合同已有效地订立,但没有明示或暗示地规定价格或规定如何确定价格,在没有任何相反表示的情况下,双方当事人应视为已默示地引用"订立合同时"此种货物在有关贸易的类似情况下销售的通常价格。我国《合同法》借鉴公约的规定在其第 62 条第 2 项规定:价款不明确的,除依法由政府定价的以外,按照订立合同时履行地的市场价格履行。由法律确定合同价款是为了弥补当事人订立合同时考虑的不足,而依订立合同时的市场价格确定则是合理地反映当事人心理状态的方法。

对于"订立合同时履行地"的确定以及"标的物价款依照合同法第六十二条第(二)项的规定仍不能确定"的问题,笔者认为,则可以参照北京市高级人民法院的相关规定。《北京市高级人民法院审理买卖合同纠纷案件若干问题的指导意见(试行)》(2008 年 12 月 15 日北京市高级人民法院审判委员会第 23 次会议通过)第 11 条规定:"标的物价款依照合同法第六十二条第(二)项规定确定的,订立合同时履行地应为县(县级市、区)级行政区域。标的物市场价格无法在前款规定的行政区域范围内确定的,在上一级行政区域范围内确定。"第 12 条第 1 款规定:"标的物价款依照合同法第六十二条第(二)项的规定仍不能确定的,可以参考订立合同时履行地的标的物成本价格及平均利润率确定。"根据该规定,如果标的物不在市场上流通,就不存在市场价格问题;而且并不是所有的标的物都有政府定价或者市场指

导价。在这种情况下,可以参考订立合同时履行地的标的物成本价格及平均利润率予以确定。

三、欠缺合理性的交易事实不应得到法律的确认

真实意思表示是民事法律行为的核心要素,如价格、付款方式等与真实的约定不一致时,应以双方当事人的真实意思表示为准,非真实意思表示的条款对于双方当事人没有法律约束力。正如《最高人民法院民事案例解析》一书中所言:商品的真实成交价格应当按照买卖合同双方当事人的真实意思来认定,而逃避税收并不是双方订立商品买卖合同的目的。据此,应当以真实交易价格作为认定同等条件的依据。[①] 本案中,被告乙煤矿所主张的交易事实显然不符合一般的交易习惯。所谓习惯,是指平等民事主体在民事往来中反复使用,长期形成的行为规则。一般认为,交易习惯应符合以下条件才能作为判案依据:(1)须查明的确有交易习惯的存在,此为援用习惯判案的客观依据;(2)该习惯得到社会一般人的确信和遵守,此为援用习惯判案的主观条件;(3)该原则必须不违反民法的基本原则,此为评判习惯而选择适用的价值标准;(4)需制定法对习惯无明文规定。本案中,原告所主张的煤炭价格有相应的证据予以佐证,符合客观事实,不违反民法的基本原则和公序良俗,被告乙煤矿主张的煤炭价格如果为本案中原告与被告的交易价格,则原告势必亏损经营,这不符合原告经商盈利的目的事实,且被告乙煤矿列举的支持其主张的证据均是证明其他地方煤炭市场的价格,并不能反映当地煤炭市场的价格,其欠缺合理性的交易事实不应得到法律的确认。

四、关于本案的处理问题

本案中,甲工贸公司与乙煤矿均确认双方在煤炭购销交易中的总量为1765.13吨以及甲工贸公司先后向乙煤矿预付货款共计40万元的事实,双方所争议的焦点仅是煤炭购销的交易价格。甲工贸公司所主张的煤炭价格有相应的证据予以佐证,符合客观事实,不违反民法的基本原则和公序良俗。但如果按照乙煤矿所主张的煤炭价格为本案中甲工贸公司与乙煤矿的交易价格,则甲工贸公司势必亏损经营,这不符合甲工贸公司经商盈利的目的事实,且乙煤矿所列举的支持其主张的证

---

① 最高人民法院民一庭王林清:《当实际交易价格与备案合同价格不一致时,承租人不能要求以备案合同价格作为同等条件主张优先购买权——李某与高某优先购买权纠纷上诉案》,载《最高人民法院民事案例解析》(4),第414页。

据均是证明其他地方煤炭市场的价格，并不能客观地反映当地煤炭市场的价格，其欠缺合理性的交易事实不应得到法律的确认。因此，就本案而言，当事双方应当按照原告甲工贸公司所主张的煤炭价格进行最终的结算处理。

（三）煤炭运输纠纷

27. 承运人能否依据收货人的提货介绍信履行交付义务？
——甲经贸公司与A铁路分局、B铁路分局煤炭货物运输合同纠纷案①

【案情介绍】

原告：甲经贸公司。

被告：A铁路分局。

被告：B铁路分局。

1999年8月，托运人某煤业股份公司向A铁路分局某县火车站托运煤炭48车，2922吨。收货人为甲经贸公司，到站为B铁路分局某站。A铁路分局某县火车站于同年8月13日将该批煤炭发出，于次日到达B铁路分局某站，卸于某物资储运公司专用线（以下简称煤炭专用线），并由煤炭专用线进行交付。煤炭专用线在铁路货票收货人栏内加盖了专用线的章。煤炭专用线以甲经贸公司出具的169号介绍信的意思表示交付给了苏州某公司。后，甲经贸公司以没有领到托运货物为由向人民法院起诉，请求A铁路分局和B铁路分局交付相应货物。

另，在1999年7月，同样由某煤业股份公司托运的，以甲经贸公司为收货人的48车煤炭由煤炭专用线根据甲经贸公司出具的168号介绍信的意思表示向苏州某公司进行了交付，甲经贸公司认可这种交付方式并承认已经收到了此批煤炭。

【法院审判】

法院认为，本案是货物运输合同纠纷。由某煤业股份公司与铁路运输企业签订的运输合同合法有效，甲经贸公司作为收货人，有权向本院提起诉讼。A铁路分局作为发站，已经安全将货物发出并已运到目的地，已经完全履行了自己的义务。

---

① 济宁市库宝经贸有限责任公司与济南铁路局济南铁路分局、上海铁路局上海铁路分局煤炭货物运输合同纠纷案（济南铁路运输中级法院（2001）济铁中经初字第14号，2001年10月30日）。

货物到达后,B铁路分局某站根据《铁路货物运输规程》第34条的规定,在甲经贸公司不能提供领货凭证的情况下,依据甲经贸公司出具的提货介绍信的意思表示将货物交付给了苏州某公司,也正确履行了交付义务。按照《铁路货物运输规程》的规定,托运人或者收货人出具的证明文件与领货凭证有同等的效力。这些证明文件一般是单位的介绍信等。铁道部的第602号电报要求在收货人以证明文件领取货物时必须具备的几个要件,是铁道部针对当时犯罪分子伪造证明文件,冒领货物,致使承运人面临承担赔偿责任而采取的对承运人的保护措施。如果将货物交付给货物运单上记载的收货人,交付手续的不完备,不应构成承运人承担赔偿责任的条件,应认定为正当交付。因此,原告提出的被告B铁路分局某站在提货人未提供车号、身份证等证明的情况下,仅依据两封介绍信便进行了交付,违背了铁道部第602号电报的要求,应承担误交付责任的抗辩理由不能成立。在本案中,被告B铁路分局将货物交付给苏州某公司应视为向甲公司进行了交付。综上,原告的诉讼理由不能成立,本院不予支持。经本院审判委员会讨论决定,依据《民事诉讼法》第64条、第71条之规定,判决如下:驳回原告甲经贸公司的诉讼请求。

【律师评析】

本案主要涉及两个方面的问题:一是铁路货物运输合同中收货人的法律地位问题;二是铁路运输企业作为承运人能否依据收货人的提货介绍信履行货物交付义务的问题。

一、收货人在铁路货物运输合同中具有原告的主体资格

铁路货物运输是指我国铁道部公布的营业铁路货物运输。根据托运人托运货物的数量、体积、形状等条件,结合铁路的车辆和设备等情况,铁路货物运输的形式可分为整车、零担和集装箱三种情形。根据我国《铁路法》(1990年9月7日,中华人民共和国主席令七届第32号)第11条"铁路运输合同是明确铁路运输企业与旅客、托运人之间权利义务关系的协议"的规定,可见,铁路货物运输合同是托运人利用铁路运输货物,与铁路承运人确定有关货物运输权利、义务和经济责任关系的协议。合同当事人是合同的主体,托运人和承运人作为铁路货运合同的当事人毋庸置疑,但对于收货人的法律地位问题则是需要探讨的。

我国《海商法》规定,"收货人,是指有权提取货物的人。"《铁路法》虽无此规定,但一般认为,收货人有提取货物的权利。由于收货人的领货凭证与海事运输中的提单不同,并不是物权凭证,不能背书转让,所以在铁路货物运输中,收货人应仅

指在货物运单上记明的收货人。[1]《铁路法》第16条规定："铁路运输企业应当按照合同约定的期限或者国务院铁路主管部门规定的期限，将货物、包裹、行李运到目的站；逾期运到的，铁路运输企业应当支付违约金。铁路运输企业逾期三十日仍未将货物、包裹、行李交付收货人或者旅客的，托运人、收货人或者旅客有权按货物、包裹、行李灭失向铁路运输企业要求赔偿。"《最高人民法院关于审理铁路运输损害赔偿案件若干问题的解释》（法发〔1994〕25号）第4条第2款、9条的相关规定[2]也认可了托运人、收货人均有权向铁路运输企业要求赔偿。也就是说，收货人可以要求承运人就运输货物的灭失、损毁、误交付、逾期交付等承担赔偿责任。

我国《合同法》第288条规定："运输合同是承运人将旅客或者货物从起运地点运输到约定地点，旅客、托运人或者收货人支付票款或者运输费用的合同。"从该规定来看，运输合同所涉及的关系人中虽然有收货人，但是并未明确其地位如何，甚至整个《合同法》第十七章"运输合同"的所有条文都没有明确运输合同的当事人有哪些，是否包括收货人。[3] 最高人民法院于1992年7月25日致甘肃省高级人民法院《关于货物运输合同连带责任问题的复函》中，明确指出收货人是铁路货物运输合同的当事人。在《人民法院案例》（2002年第2辑）所选编的"燕南化工公司诉宁波北站向铁路货物运输合同的非收货人交付货物造成损失赔偿案"中，承办法官在案例随后所附的"评析"中对于铁路运输合同的主体问题分析时这样写道："……托运人与收货人相对于承运人在合同中的权利、义务虽有不同，但《铁路法》规定三方均是铁路运输合同的当事人，合同当事人作为该合同的诉讼主体，其主体资格应无异议……"但在随后的"责任编辑按"中该书的责任编辑对法官的这一意见明显持保留态度，原文为"……本案原告是托运人在货物运单中填写的收货人，按照铁路法第十六条的规定，收货人在逾期未收到货物时，有权按照货物灭失向铁路运输企业要求赔偿。据此，即使不认收货人为铁路运输合同的一方当事人，也不妨碍收货人向铁路运输企业索赔货物灭失损失的赔偿关系及其诉讼主体资格的成立……"就此

---

① 犹建川：《铁路货物运输合同中收货人法律地位研究》，载新浪网：http://news.sina.com.cn/o/2005-10-17/10347185999s.shtml，最后访问日期：2012年4月26日。

② 《最高人民法院关于审理铁路运输损害赔偿纠纷案件若干问题的解释》第4条第2款规定："保险公司按照保险合同的约定向托运人或收货人先行赔付后，对于铁路运输企业应按货物实际损失承担赔偿责任的，保险公司按照支付的保险金额向铁路运输企业追偿，因不足额保险产生的实际损失与保险金的差额部分，由铁路运输企业赔偿……"第9条规定："铁路运输企业赔付后又找回丢失、被盗、冒领、逾期等按灭失处理的货物、包裹、行李的，在通知托运人，收货人或旅客退还赔款领回原物的期限届满后仍无人领取的……"

③ 为表述方便，本文所指的收货人专指不包括托运人与收货人同一的情形。

可以看出,该案虽然对收货人具有诉讼主体资格这一点是一致的,但在收货人是否是运输合同的当事人问题上态度迥异。[①]

现在比较主流的看法是收货人和托运人不同一的时候,收货人不是运输合同的一方当事人。[②] 该主流看法认为,托运人与承运人订立运输合同是为了收货人的利益,收货人是"运输合同的第三人,也是运输合同中重要的关系人,在运输合同中处于特殊地位"。[③] 从该主流看法来说,认为货物运输合同是一种"为第三人利益合同",收货人即享受利益的第三人,其权利来源于法律规定,如前述案例的"责任编辑按"中即认为收货人求偿的权利直接来源于《铁路法》第16条而不是铁路货物运输合同。因此,有观点认为,铁路货物运输合同中收货人的法律地位应是合同当事人,但有其特殊性。[④] 笔者对此观点表示赞同。运输合同由托运人与承运人订立,但合同内容中有关于收货人及其权利义务的约定。货物运输合同实际包括保管和劳务两个部分,托运人与承运人签订的运输合同涉及收货人最实质的部分就是约定由收货人在货物到达地领取由承运人保管的货物。此时,收货人没有参与合同的订立,还不是运输合同的当事人。在承运人接受托运人交付货物后的运输过程是按照托运人的指示提供劳务,也与收货人无关,且按《合同法》第308条规定,托运人对货物的去向有决定权,收货人对此无法干预。而在货物运抵到达站后,按《合同法》、《铁路法》和部门规章的规定,承运人均应当通知收货人,这一通知可以视为以托运人和承运人订立的运输合同内容向收货人发出的要约。对此要约,收货人可以选择拒绝或承诺。至于收货人承诺的方式,按运输合同的性质,可以是提交领货凭证、支付运费、到铁路货运窗口处要求领货等实际行为,也可以是向承运人书面承诺等形式,并不需要再通知托运人。如果收货人拒绝接收货物,则不成为运输合同的当事人。如果收货人对此要约承诺,则收货人自此成为铁路货物运输合同的当事人,并接受运输合同所约定的权利义务约束。自收货人承诺并成为运输合同当事人起,收货人取得要求交付货物的权利,那么请求承运人赔偿货物损失、给付逾期违约金的权利也应一并由收货人取得。

---

① 犹建川:《铁路货物运输合同中收货人法律地位研究》,载新浪网:http://news.sina.com.cn/o/2005-10-17/10347185999s.shtml,最后访问日期:2012年4月26日。

② 犹建川:《铁路货物运输合同中收货人法律地位研究》,载新浪网:http://news.sina.com.cn/o/2005-10-17/10347185999s.shtml,最后访问日期:2012年4月26日。

③ 李国光主编:《中国合同法条文释解》,新华出版社1999年出版,第488、489页。

④ 犹建川:《铁路货物运输合同中收货人法律地位研究》,载新浪网:http://news.sina.com.cn/o/2005-10-17/10347185999s.shtml,最后访问日期:2012年4月26日。

我国《铁路法》和司法解释只是笼统地规定托运人和收货人均可向承运人要求赔偿货物损失，而没有明确承运人向托运人承担赔偿责任和向收货人承担赔偿责任的分界点，造成了司法实践的困惑。在这一点上，我国《航空法》规定甚为合理，该法第120条、119条规定：收货人于货物到达目的地，并在缴付应付款项和履行航空货运单上所列运输条件后，有权要求承运人移交航空货运单并交付货物。收货人的权利依此规定开始后，托运人的权利即告终止。建议铁路货物运输方面的法律法规和司法解释参照《航空法》作出明确规定。①

二、承运人误交付应当承担相应的法律责任

从实践来看，引起铁路货物运输合同纠纷的原因主要有逾期交付，误交付和货物的灭失、损坏等三种常见情形。其中，误交付是指承运人没有按照合同的约定或者承运人后来指定将承运的货物交付给收货人，而是将货物错误地交付给了合同以外的第三人，致使收货人没有收到货物的情形。我国《合同法》第304条规定，托运人办理货物运输，应准确表明收货人和收货地点。第309条规定，货物运输到达后，承运人知道收货人的，应当及时通知收货人。这说明承运人不仅有将货物运到约定地点的义务，而且有将货物正确交付给收货人的义务。《铁路货物运输合同实施细则》（1986年11月8日国务院批准，1986年12月1日铁道部发布）第9条也规定，承运人应承担将承运的货物按照合同规定的期限运送到站，完整无损地交给收货人。由上可见，将承运货物正确交付给收货人是承运人法定的合同义务。

我国《铁路法》第11条第2款规定："旅客车票、行李票、包裹票和货物运单是合同或者合同的组成部分。"在现实生活中，有的车站往往不审查领货人是否是收货人，只要其持有领货凭证，就将货物交付给领货凭证持有人，以致误交付造成纠纷。从我国《铁路法》、《铁路货物运输合同实施细则》等法律的规定来看，领货凭证不是所有权凭证，持有凭证人并不一定就是货物的所有权人。因此，领货凭证不能背书转让，也不能到人民法院申请公示催告，它只是铁路货物运输合同的一部分，其作用在于保证承运人顺利正确地将货物交付给收货人。因此，承运人有义务审查提货人是否是承运人所指定的收货人，而人民法院则应审查承运人是否正确履行该义务来判定承运人是否按照承运人的指定交付了货物，是否构成误交付。参

① 犹建川：《铁路货物运输合同中收货人法律地位研究》，载新浪网：http://news.sina.com.cn/o/2005-10-17/10347185999s.shtml，最后访问日期：2012年4月26日。

照我国《铁路货物运输规程》(1991 年 3 月 18 日,铁道部)第 8 条、34 条的规定以及铁道部有关电传、电报的精神,承运人在交付货物时,应当做到以下几点:(1)收货人为单位时,提货人员应提交领货凭证,然后在货票丁联上盖上收货人的公章,并由领货人员签字。如领货人员未带公章,则其应当提供收货人委托其提货的证明文件和本人身份证明(包括身份证、户口簿或者工作证),然后在货票丁联上签字。如果是单位委托单位领取货物的,领货人员还应当提供收货人的委托证明和受托单位的公章,没有公章的,则应当提供受托单位委托其提货的证明文件和本人身份证明。(2)如果收货人是个人时,领货人员应首先提交领货凭证,再提交本人(即领货人)的身份证明,然后在货票丁联上签字。如果收货人委托他人领取货物时,领货人不仅要提交本人身份证明,还要提交收货人的身份证明及收货人的授权委托书。(3)如果领货凭证未到或者丢失的,领货人员不仅要提供上述(1)、(2)项所需的证明外,还应当提交收货人或者托运人关于领货凭证的证明。如果是个人委托他人领取货物的,领货人员还应当提供相应的担保。这是因为,个人的证明文件比较容易伪造。承运人只有尽到以上义务,才能够最大限度地避免误交付的发生。当然,有时承运人也尽到了审查注意义务,但由于第三人伪造的证明文件十分逼真,导致承运人没有发现破绽,货物被冒领的,也构成误交付,承运人也应当承担责任,但其可在承担责任后向第三人追偿。

误交付既然是一种违约行为,承运人就应当承担民事责任。首先,承运人应追回误交付的货物,将其交给收货人。如果该交付超过合同约定的期限的,承运人还应承担逾期交付的责任。其次,承运人由于误交付导致不能交付承运货物的,对收货人来说就是货物灭失,承运人应当承担赔偿责任。最高人民法院在对广西壮族自治区高级人民法院经济审判庭《关于运输货物误交付法律责任问题的复函》(1993 年 9 月 6 日,法交〔1993〕14 号)中指出,“因承运人的过错造成运输货物误交付的(含被第三者冒领),承运人应在发现误交付时编制货运记录交给收货人,以便收货人及时行使民事权利。收货人要求赔偿的,承运人应承担赔偿责任,赔付后,若收货人声明保留领取原物权利的,承运人应负责追查,原物全部或部分被追回后,应抵销全部或部分赔款;承运人应编制而未编制货运记录交给收货人的,依据《中华人民共和国民法通则》第一百三十七条规定,诉讼时效从收货人知道和应当知道权利被侵害时起算”。另外,依据我国《铁路法》第 16 条第 2 款的规定,铁路运输企业逾期 30 日仍未将货物交付收货人的,托运人、收货人有权按货物灭失向铁路运输企业要求赔偿。因此,无论铁路运输企业逾期运到,还是误交付,只要是承运人逾期 30 日未将货物交付给收货人的,托运人、收货人以货物灭失为由要求赔偿的,承运人均应承担货物灭失的赔偿责任。

三、承运人依据提货介绍信履行货物交付义务符合法律规定

铁道部《铁路货物运输规程》第 34 条规定："货物在到站应向货物运单内所记载的收货人交付。收货人在到站领取货物时，须提出领货凭证，并在货票丁联上盖章或签字。如领货凭证未到或丢失时，机关、企业、团体应提出本单位的证明文件；个人应提出本人居民身份证、工作证(或户口簿)或服务所在单位(或居住所在单位)出具的证明文件。用本人的居民身份证、工作证或户口簿作证件时，车站应将姓名、工作单位名称、住址及证件号码详细记载在货票丁联上；用证明文件时，应将领取货物的证明文件粘贴在货票丁联上。"按照该条规定，托运人或者收货人出具的证明文件与领货凭证具有同等的效力。这些证明文件一般是单位的介绍信等。但如果由于收货人的过错，足以使承运人误认为领货人员就是收货人指定的领货人员，导致承运人将货物交付给第三人的，则不属于误交付，承运人不承担责任。例如，收货人公章保管使用不善，致使他人冒用其名义领取货物的，应当视为承运人将货物交付给了收货人，不承担责任。本案中，货物到达后，B 铁路分局某西站根据《铁路货物运输规程》第 34 条的规定，在甲经贸公司不能提供领货凭证的情况下，依据甲经贸公司出具的提货介绍信的意思表示将货物交付给了苏州某公司，正确履行了交付义务。至于铁道部的第 602 号电报要求在收货人以证明文件领取货物时必须具备的几个要件，是铁道部针对当时犯罪分子伪造证明文件、冒领货物，致使承运人面临承担赔偿责任而采取的对承运人的保护措施。因此，如果根据《铁路货物运输规程》的规定，将货物交付给了货物运单上记载的收货人，交付手续的不完备，不应构成承运人承担赔偿责任的条件，应认定为正当交付。

四、关于本案的处理问题

本案属于铁路货物运输合同纠纷。由某煤业股份公司与铁路运输企业签订的运输合同合法有效，甲经贸公司作为收货人，享有合法地提起诉讼的权利。A 铁路分局作为发站，已经安全将货物发出并已运到目的地，完全履行了自己的义务。按照《铁路货物运输规程》的规定，托运人或者收货人出具的证明文件与领货凭证具有同等的效力。这些证明文件一般是单位的介绍信等。货物到达后，B 铁路分局某站根据《铁路货物运输规程》第 34 条的规定，在甲经贸公司不能提供领货凭证的情况下，依据甲经贸公司出具的提货介绍信的意思表示将货物交付给了苏州某公司，应视为向甲经贸公司进行了交付，正确履行了交付义务。

五、矿业侵权类

（一）财产侵权纠纷

28. 符合安全规定的爆破开采造成他人财产损害是否需要承担赔偿责任?

——杨某等 214 户村民及某镇政府等 22 个单位等与某矿业公司及第三人某市政府损害赔偿纠纷上诉案①

【案情介绍】

上诉人（原审被告）：某矿业公司。

被上诉人（原审原告）：杨某等 214 户村民及某镇政府等 22 个单位（以下简称杨某等）。

原审第三人：某市政府。

1991 年，某矿业公司动工筹建某露天煤矿（以下简称露天煤矿），以爆破生产方式采煤。1992 年，该矿邻近单位、村民向政府有关部门反映露天煤矿的爆破造成邻近建筑物的坏损，要求立即停止侵害和赔偿经济损失。

露天煤矿于 1993 年 2 月委托某地震局对该矿剥离爆破震动进行测试，结论称：爆破观测结果与国家规定的爆破安全规程所确定的安全值对比可知，煤矿的爆破在安全规定的范围内，不会造成邻近建筑物的损害。由于受损单位、村民不断向有关部门反映和群众上访，引起自治区政府有关领导的重视。1993 年 4 月 28 日，自治区政府主管领导召集州、市政府及自治区政府有关厅、局和镇人民政府负责人到现场协调解决，并形成“会议纪要”，内容是：露天煤矿爆破施工虽符合国家安全爆

---

① 新疆维吾尔自治区米泉市铁厂沟村杨生虎等 214 户村民及铁厂沟镇人民政府等 22 个单位等与新疆乌鲁木齐矿业（集团）有限责任公司及第三人新疆维吾尔自治区米泉市人民政府损害赔偿纠纷上诉案（最高人民法院（2001）民一终字第 20 号，2001 年 9 月 5 日）。

破规程，但在施工过程中毕竟对村民等的房屋造成了一定的破坏，同意给予一次性补助；补助额待指挥部（指露天煤矿）向国家有关部门申请资金落实后再定；补助款由县人民政府统一掌握分配。

同年9月25日，某矿业公司的露天煤矿与县政府达成关于解决露天煤矿基建（剥离工程）生产爆破对县境邻近单位建筑物影响给予适量经济补助的《协议书》，协议约定：由露天煤矿给予县政府一次性经济补助200万元，由县政府统一支配、抽调、妥善处理危房搬迁和住房的加固及环境污染等问题，以确保建筑物和人身安全；今后不得以此为由再提出经济补助的要求，此后引起的不安全因素与煤矿无关；煤矿施工要坚决执行国家爆破安全规程和专家组提出的爆破方案. 并采取减震安全措施。协议签订后，露天煤矿向市煤炭局拨款200万元，该局根据市政府的分配方案，支付给某县煤矿60万元，某A村10万元，经市政府同意拨给一非补偿范围内的煤矿建新井资金60万元，其余70万元拨给镇政府，该镇政府付给某A村20万元、某B村20万元、自留30万元。某B村的20万元用于清真寺维修加固10.5万元，其余9.5万元按村民住房损失的情况分给57户村民。

协议履行后，露天煤矿继续以爆破作业采煤，邻近的单位、村民以露天煤矿继续放大炮，造成建筑物的损坏面的扩大、损害程度的加重、严重危及人身安全等为由，向市政府反映，市政府于1995年10月11日致函露天煤矿，要求其尽快解决放炮作业造成的严重损失问题。1995年11月自治区党委主管领导在自治区党委办公厅第152期信息快报上将此案批转某州党委、政府由其会同煤炭厅协调解决，不能因此而引发纠纷。1996年2月16日，州政府以某州政发（1996）7号文，向自治区政府汇报，希望自治区政府出面协调解决因露天煤矿以大剂量炸药爆破施工，造成邻近建筑物损坏的经济损失问题，自治区政府经协调未果。1997年12月8日，杨某等向人民法院提起起诉，请求某矿业公司赔偿因露天煤矿爆破施工. 造成其房屋破损的经济损失16,500,781元。

另，镇人民政府委托自治区防御自然灾害研究所对露天煤矿爆破能否给邻近建筑物带来损害进行鉴定，该所于1997年7月22日作出鉴定结论：造成房屋破坏是综合因素影响的结果，村民的住房坐落于黄土层，地形分布呈阶梯形，这对抗震不利，在长期爆破荷载作用和振动的累积效应的情况下，导致房屋损坏；振动是造成房屋破坏的主要外因。此后，市政府委托该市房地产管理所对受损单位及杨某等的房屋损害情况、经济损失进行了评估，该所于2000年2月15日作出评估结论：危房翻建、维修加固所需费用共计9,716,147元。因某矿业公司对上述评估结论提出质疑，要求重新鉴定，故一审法院委托市政府组织双方当事人根据受损房屋结构、损坏程度抽样鉴定,并提出维修方案。2000 年 11 月 8 日,市房地产所重新鉴定结论为:杨某等房屋受损的经济损失计 15,843,597 元。此次评估对附属设施的具体面积、房屋结构仍未搞清,某矿业公司对此仍有异议。

【法院审判】

一审法院审理认为,露天煤矿是自治区的重点建设项目,各行各业均应支持其建设,保证其正常施工。但该建设单位在施工过程中不得滥用权利,即应承担不得损害他人权益的义务。由于露天煤矿长期使用爆破施工方式,其爆破振动的累积效应导致邻近单位和村民房屋损坏的客观事实、露天煤矿虽经自治区政府会同有关部门进行协调处理,给予一次性补偿,但其并未从中引以为戒,在继续以爆破方式施工生产中未采取安全防范措施,给邻近的村民、单位的房屋损坏面扩大、损坏程度加深,因而其赔偿责任不能免除。露天煤矿在自治区政府的协调处理中,与市政府达成补偿协议,但市政府未受杨某等 214 户村民及 5 个清真寺的委托,协议约定的义务对村民不具有约束力。某矿业公司以对邻近建筑物的损害已经作出一次性补偿,杨某等按协议约定不得以此为由再请求补偿,要求驳回杨某等村民的诉讼请求的理由不能成立,应予驳回。但市政府与镇人民政府的职能部门之间存在行政隶属关系,故市政府作为镇政府及其职能部门的上级领导部门,有权代表其向某矿业公司索赔,并达成补偿协议。市政府的行为属行政行为.与露天煤矿达成的一次性补偿协议约定的权利义务对镇人民政府及所属单位具有约束力。因此,按照协议约定,经一次性补偿后,不得再以此为由主张补偿。镇人民政府及所属单位在本案中的诉讼主张不予支持。因市政府在分配补偿费中,将其中 60 万元支付给非受损单位作为建矿的资金,显属挪用行为,该款应由市政府收回,补偿给受损单位。由于市政府对补偿费挪用,使受损单位未能及时得到补偿,受损房屋不能及时维修和加固,造成损失扩大的责任应由市政府承担。关于村民房屋损坏的经济损失的认定问题,由于杨某等诉讼主张赔偿 16,500,781 元没有科学依据,一审法院委托市政府组织有关部门进行鉴定,结论为 15,843,597 元,某矿业公司对此鉴定结论的维修加固方案、附属设施的系数的计算方法的依据提出异议。经审查,此次评估结果与杨某等申请,市政府指令鉴定部门作出的结论,经济损失为 9,716,147 元,基于同一事实,而两次评估的差距明显,且又不能说明差异的原因,故法院委托鉴定单位作出的结论不宜认定,应以杨某等提供并认可的 9,716,147 元作为受损房屋的经济损失加以认定。因 9,716,147 元中包含 22 个单位的损失,但 22 个单位中有 5 个清真寺,清真寺属于宗教组织的财产,其损失应属赔偿的范围,其余 17 个单位的经济损失已由其上级主管部门代为取得，故其主张赔偿的2,502,844元，应从总额9,716,147元中扣除，余额属杨某等村民和5个清真寺的损失（9,716,147元－2,502,844元＝7,213,303元）。由于房屋损坏的原因经技术鉴定为综合因素所致，除了露天煤矿的外因外，还有村民的房屋结构、坐落的地层，以及地形分布状况等内在因素：露天煤矿的爆破不违反国家爆破操作的安全规程；鉴定部门对房屋的附属设施的损失缺乏具体的面积和依据，附属设施的损失应该扣除。杨某等214户村民和5个清真寺的经济损失为（7,213,303元－7,213,303元×0.4＝4,327,981.80元）4,327,981.80元，由某矿业公司承担赔偿责任。据此判决：（1）某矿业公司赔偿杨某等214户村民及5个清真寺经济损失4,327,981.80元，该赔偿数额由某B村委会根据起诉名单，依照市房地产管理所1999年9月2日的鉴定结论分配给村民；（2）驳回镇人民政府等17个单位的诉讼请求。一审案件受理费92,514元，由杨某等负担68,248.55元，某矿业公司负担24,265.45元。

某矿业公司不服一审判决，提起上诉，请求撤销一审法院（1997）某民初字第7号民事判决第1项；驳回杨某等214户村民和5个清真寺的诉讼请求；市政府挪用补助款，造成村民的房屋损坏面扩大，增加了经济损失，应由市政府承担赔偿责任。主要理由是：第一，某矿业公司的露天煤矿爆破作业完全符合国家安全规定，不存在违法违规的行为，某地震局对该矿爆破震动测试结论能证实不会造成邻近建筑物的损坏，故杨某等的房屋破损与露天煤矿的爆破施工没有因果关系，一审判决某矿业公司赔偿杨某等214户村民及5个清真寺的经济损失4,327,981.80元缺乏依据，应予撤销。第二，1993年9月25日，在自治区政府协调会议纪要的基础上，露天煤矿与县政府达成一次性补助《协议书》，该协议明确露天煤矿的爆破施工虽没有违规行为，但毕竟给邻近建筑物带来影响，同意给县政府一次性经济补助200万元，并约定今后不得以此为由再提出任何补助的请求，此后引起的不安全因素与露天煤矿无关。协议已履行完毕，杨某等于1997年12月8日，向法院起诉，请求法院依法判令矿业集团赔偿损失。一审法院认为补偿协议约定"今后不得以此为由主张补偿"对杨某等214户村民及5个清真寺不具有约束力与事实不符。杨某等从1992年起不断向县、市政府有关领导反映和上访，要求政府部门予以解决经济补偿问题，这足以证明杨某等村民委托上级领导部门帮助解决纠纷，且签订协议其是明知的，协议签订后部分村民已领取补助款，其对此并未提出异议，充分证明杨某等村民对县政府代理行为的认可。因此，杨某等214户村民及5个清真寺的诉讼请求违反合同约定，应予驳回。第三，杨某等214户村民及5个清真寺的房屋出现新的损坏是因为市政府挪用补偿款，使受损的村民住房不能及时搬迁，加固和维修造成的，应由市政府赔偿。第四，经杨某等申请，市政府指定市房地产管理所对受损房屋损失评估作出的结论不科学，已被一审法院否定的评估结论，后又采用，在程序上不合法。

杨某等答辩称：露天煤矿的爆破施工造成杨某等的房屋部分墙体断裂，部分地基下沉、开裂，部分房屋坍塌是客观事实，经技术鉴定部门科学鉴定，露天煤矿长期爆破是导致邻近建筑物坏损的主要外因，某矿业公司应承担赔偿责任；杨某等214户村民及5个清真寺长期向有关政府部门反映房屋受损情况，其目的是请求政府部门作出行政处理，并非委托政府部门代为签订补偿协议，故《协议书》所约定的义务对其不具有约束力。综上，某矿业公司的上诉理由不能成立，要求驳回上诉，维持原判。市政府对一审判决认定其拨给国营煤矿的70万元系挪用补助款，判决由其承担17个单位的房屋损失有异议，但未提起上诉，也未提交书面陈述意见及证据。

二审法院认为，露天煤矿与县政府于1993年9月25日签订的补助《协议书》是在自治区政府会同有关部门协调会形成的"会议纪要"基础上达成的。协调会没有杨某等214户村民及5个清真寺的代表参加，县政府也未接受其委托，故县政府与露天煤矿签订的《协议书》所约定的权利义务对杨生虎等214户村民及5个清真寺不具有约束力。尽管部分村民接受了补助，但房屋经过维修、加固、翻建后，由于露天煤矿继续爆破作业，使房屋损坏的面加大、破坏的程度加重，杨某等为维护其权益向法院提起诉讼，请求某矿业公司赔偿损失，因此，本案并非经济补偿协议纠纷，而是侵权损害赔偿纠纷，人民法院依法应予受理。某矿业公司以其与县政府已达成一次性补助协议，杨某等不得以露天煤矿长期爆破施工，使邻近建筑物受到损害，再次请求赔偿的主张缺乏依据，不予支持。露天煤矿爆破震动经技术鉴定部门进行技术鉴定，结论是：露天煤矿的爆破施工在国家安全规定范围内，不会造成邻近建筑物的损坏。但某B村的地理环境特殊，加之村民的房屋结构不够牢固、房屋基础坐落在黄土层，地形分布呈阶梯状等内在因素，对抗震不利。在长期爆破荷载作用下，振动累积效应，导致房屋损坏的后果。露天煤矿的爆破施工是邻近建筑物损坏的主要外因，某矿业公司应承担赔偿责任。某矿业公司以露天煤矿爆破作业符合国家安全规定，对邻近建筑物不会造成损害，杨某等214户村民及5个清真寺的房屋受损与露天煤矿的爆破不存在因果关系为由，不予赔偿的理由不能成立，本院不予支持。

关于赔偿数额的问题是本案双方当事人争议的焦点。一审期间，经两次评估，但评估结论确定的损失数额相差很大，经杨某等申请，市政府指定市房地产管理所所属危房鉴定部门对杨某等的房屋进行评估，分别计算出危房翻建、维修加固等所需费用,总计9,716,147元。因某矿业公司对此评估结论有异议,提出重新鉴定的申请,一审法院委托市政府组织双方当事人和当地鉴定部门共同对杨某等房屋受损的经济损失作出评估,结论为15,843,597元。两次评估基于同一事实,评估结论确定的损失额虽有不同,但一审法院将两次评估均涵盖的部分确认为赔偿数额,超出部分未予支持,证据充分,同时也体现了尊重杨某等的请求权。一审判决后,杨某等214户村民及5个清真寺并未提起上诉,可视为其行使了处分权。某矿业公司只是对一审判决确认依据提出异议,在本院二审期间并未提出重新鉴定的申请,且确认依据系法院依职权针对当事人的诉讼请求及双方当事人的责任综合考虑确定的,因此某矿业公司的请求缺乏事实依据,本院不予支持。综上,一审判决认定事实清楚,适用法律正确。某矿业公司上诉请求缺乏事实依据和法律依据,应予驳回。依据《民事诉讼法》第153条第1款第1项之规定,判决如下:驳回上诉,维持原判。

【律师评析】

本案主要涉及高度危险作业造成他人财产损害的认定和责任承担问题。

一、露天煤矿爆破开采属于高度危险作业

高度危险作业是危险性工业的法律用语,是指在现有的技术条件下人们还不能完全控制自然力量和某些虽然以极其缓慢的谨慎态度经营,但仍有很大的可能造成人们生命、健康以及财产损害的危险性作业。高度危险作业中的"作业",是指完成某项既定任务,通常是生产经营活动,包括科研活动和自然资源勘探等活动,但不包括国家机关执行公务的活动以及军队的军事活动。[①] 该作业具有一定专业性和目的性,法律对作业人注意义务要求比一般公民高。[②] 同时该作业对周围环境具有严重的危险性,且这种危险性变为现实损害的概率很大。高度危险作业应当具备以下构成要件:首先,必须是对周围环境有危险的作业;其次,必须是在活动过程中产生危险性的作业;最后,必须是需要采取一定安全方法才能进行活动的作业。

根据我国《民法通则》第123条之规定,高度危险作业的危险性是针对"周围环境"而言的。所谓"周围环境",是指危险作业人和作业物以外的,处于该危险作业

---

① 张新宝:《侵权责任法原理》,中国人民大学出版社2005年版,第327页。

② 王蜀黔、张林鸿:《论高度危险作业的特殊侵权责任》,载《贵阳师专学报》(社会科学版)1999年第4期。

及其所发生事故可能危及范围内的一切人和财产,其不同于《环境保护法》上的"环境"。[①] 通常认为,"周围环境"有广义和狭义的区别,即非特定和特定的区别。广义的"周围环境"是非特定的,不是指某一具体的人和财产,而是泛指某作业可能涉及的所有范围。对于爆破作业来说,是指爆破产生的碎石、气流、噪音等可能致害物能够到达的一切范围;对于放射性作业来说,包括其生产、存储场地的四周、运输路线沿途等。狭义的"周围环境"是特定的,是指某一高度危险作业致人损害的侵权行为中,以事故发生地为中心、以一定长度和宽度向外辐射的损害的实际波及地,只有在损害发生后,这一范围才能被特定化。因此,高度危险作业概念中的"周围环境"是广义的、抽象的,它不同于司法实践上某一具体、确定的"周围环境"。

我国《民法通则》第123条规定:"从事高空、高压、易燃、易爆、剧毒、放射性、高速运输工具等对周围环境高度危险的作业造成他人损害的,应当承担民事责任;如果能证明损害是由受害人故意造成的,不承担民事责任。"其他法律法规如《民用爆炸物品安全管理条例》[②]则对此作了进一步的细化。由此可见,"煤矿爆破开采"属于高度危险作业,造成他人损害应当承担侵权法律责任。侵权责任是指民事主体因违反法定义务实施侵权行为而应承担的民事法律后果。根据我国法律规定,侵权责任包括"一般侵权责任"和"特殊侵权责任"。"煤矿爆破开采"致人损害属于我国法律所明确规定的特殊侵权行为,应当承担特殊侵权责任。通说认为,构成高度危险作业侵权责任须具备以下条件:有高度危险作业行为;有损害结果或严重危险的存在;高度危险作业行为与损害结果之间存在因果关系;无免责事由存在。

二、高度危险作业侵权适用无过错责任原则

高度危险作业是随着现代化工业的发展而产生的,由于它对周围环境具有高度危险,且常人即使对它给予合理注意,有时也难免损害的发生。相对于高度危险作业所有人或管理人而言,其受害人往往处于弱势地位。世界多数国家的法律为保护这些处于弱势地位的受害人利益,通过不同形式确立了高度危险作业致人损害负无过错责任或严格责任的原则。

关于高度危险作业赔偿责任的归责原则,我国民法学界素有争议。占主导地位的观点认为,高度危险作业致人损害应当适用无过错责任。[③] 而有的学者则认

---

① 张新宝:《侵权责任法原理》,中国人民大学出版社2005年版,第327页。

② 《民用爆炸物品安全管理条例》(国务院令第466号)分别对民用爆炸物品的生产、销售购买、运输、存储、爆破作业等方面进行了规定。

③ 王家福主编:《中国民法学·民法债权》,法律出版社1991年版,第512页。

为,对于高度危险作业侵权应当具体情况具体分析,不能笼统认为都适用无过错责任。[①] 我国《民法通则》第 123 条规定:"从事高空、高压、易燃、易爆、剧毒、放射性、高速运输工具等对周围环境有高度危险的作业造成他人损害的,应当承担民事责任;如果能够证明损害是由受害人故意造成的,不承担民事责任。"由此可见,我国《民法通则》确认高度危险作业侵权责任是一种典型的无过错责任。"所谓无过错责任,又称危险责任,是指无论行为人主管上有无过错,都须依照法律特别规定承担责任的一种责任。"[②]其不以过错为归责原则。换言之,不管行为人主管上是否有过错,只要其行为与损害结果之间存在因果关系,就应承担民事责任。我国《民法通则》第 106 条第 3 款规定:"没有过错,但法律规定应当承担民事责任的,应当承担民事责任。"这是我国关于无过错责任原则的规定。无过错责任原则具有三个特点:第一,在确定侵权责任时,不考虑侵害人有无过错。侵害人有无过错,对侵权责任的构成不产生影响。第二,损害事实和加害行为之间具有因果关系是归责的最终要件。第三,适用范围必须有法律特别规定。在没有法律的特别规定的情况下不能适用。"高度危险作业适用无过错责任的目的在于督促从事高度危险作业者加强安全防范意识,最大限度地保护周围人群的人身、财产安全,这样一来,有利于消除或减少社会危险因素,保障社会安定,及时、妥善地救济受害者。"[③]

三、高度危险作业侵权的举证转移和因果关系推定

举证责任是指民事诉讼中一方当事人提出主张,对这种主张应由谁来提供证据加以证明的责任。我国 1991 年《民事诉讼法》第 64 条规定:"当事人对自己提出的主张,有责任提供证据。"但是最高人民法院于 1992 年发布的《关于适用〈中华人民共和国民事诉讼法〉若干问题的意见》(以下简称意见)第 74 点规定:"在诉讼中,当事人对自己提出的主张有责任提供证据。但在下列侵权诉讼中,对原告提出的侵权事实,被告否认的,由被告负责举证:……(2)高度危险作业致人损害的侵权诉讼;……"这是典型的关于举证责任转移的规定。2001 年《最高人民法院关于民事诉讼证据的若干规定》第 4 条进一步补充指出:"高度危险作业致人损害的侵权诉讼,由加害人就受害人故意造成损害的事实承担举证责任。"因此,在高度危险作业侵权方面,只要原告提供了初步证据,证明自己受到的损害是由被告造成的,这时

---

① 王利明:《论无过失责任》,载中国民商法网:http://www.civillaw.com.cn,最后访问日期:2001 年 6 月 13 日。

② 郭明瑞:《民法》,高等教育出版社 2003 年版,第 642 页。

③ 王利明、张文显:《民事诉讼证据实证分析》,法律出版社 2006 年版,第 252 页。

举证责任就转移到被告一边，这就是举证责任转移原则。如果被告不能证明损害不是其造成的，那么就可以推定被告的侵害和原告所受损害之间具有因果关系，被告应当承担民事责任。

关于高度危险作业侵权举证责任转移与举证责任倒置的关系。举证责任倒置原则，是指在侵权案件中，原由原告承担的举证责任，改由被告举证，或者原告只需要提出受到损害的证据，如果被告否认应承担民事责任，则必须提出反证。有观点认为，举证责任倒置是指一方当事人对提出的诉讼请求所依据的事实或者反驳对方的诉讼请求所依据的事实不由其提供证据加以证明，而是由否认的当事人从相反的事实加以证明的一种证明责任分配方式。① 举证责任转移或倒置的目的或者说基本出发点都在于减轻原告的举证责任负担，加重被告的举证责任，从而提高原告请求损害赔偿的成功率。但也有不同观点认为，高度危险作业致人损害侵权诉讼不实行证明责任倒置，被告对损害为原告故意造成进行证明正是按照法律要件分类说分担证明责任的体现，因果关系的证明并未由被告负担。② 原因在于，高度危险作业侵权责任实行的是特殊侵权责任中的无过错责任。"奉行无过错责任原则的侵权行为，虽不以加害人的过错作为侵权责任要件，但法律也允许加害人通过证明受害人有过错、第三人有过错来免责，在此情况下加害人关于受害人或第三人过错的证明是其就免责事由或抗辩事由负证明责任的表现，并没有减轻受害人所固有的证明责任，因此不构成证明责任倒置。"③

与举证责任分配紧密联系的就是因果关系推定的问题。侵权行为中的因果关系是违法行为与损害后果之间的客观联系，即特定的损害事实是否是行为人的行为引起的结果。只有当二者间存在因果关系时，行为人才应承担相应的民事责任。侵权行为法上的因果关系分为责任成立的因果关系和责任范围的因果关系。④ 所谓因果关系推定，是指对于某种表见事实发生损害，推定损害与该事实的因果关系存在，受害人无须证明其间的因果关系，即可对表见事实行为请求损害赔偿，而行为人则唯于以反证证明损害与该事实无关时始可免责的法则。⑤ 通常受害人提起

---

① 方利军：《论环境侵权民事诉讼中的举证责任倒置》，载中国法院网：http://old.chinacourt.org/public/Detail.php? id=140279，最后访问日期：2012 年 2 月 12 日。

② 张明、孙连朋：《论高度危险作业致人损害侵权诉讼的证明责任》，载《燕山大学学报》（哲学社会科学版）第 11 卷第 3 期。

③ 邵明：《民事诉讼法理研究》，中国人民大学出版社 2004 年版，第 295 页。

④ 王泽鉴：《侵权行为法》，中国政法大学出版社 2001 年版，第 189 页。

⑤ 邱聪智：《民法研究》，中国人民大学出版社 2002 年版，第 225 页。

损害赔偿时,应对损害行为与其损害结果之间的因果关系进行举证。对于高度危险作业行为明显直接造成的损害,受害人举证较为容易。但较为复杂的高度危险作业侵权案件中,由于受害人客观现实情况的限制,难以举证直接证据证明侵权行为与损害结果之间因果关系。此时,法律不应对受害人苛以过高的要求,而应从社会公平的角度,将举证责任在当事人之间进行合理分配,当受害人举证证明侵权行为与损害结果存在一定程度的因果关系的可能性时,法律就应推定因果关系存在,除非被告举证证明此种因果关系不存在。

对于因果关系推定,日本学者在研究公害法时所提出的盖然性因果关系理论具有一定的道理。盖然性理论要求:第一,因果关系的举证责任形式上仍由原告即受害人负担;第二,实质上采取转换举证责任的法理,只要被告不能证明因果关系不存在,则因果关系应被认定;第三,盖然性说要求有相当程度的盖然性的证明。盖然性因果关系理论只要求原告证明公害侵权行为与损害后果之间存在一定程度的因果关系的可能性,对保护缺乏专业技术知识、处于弱势地位的受害人起到了重要的作用。在高度危险作业侵权责任中因果关系的认定采取盖然性理论实质上是法律天平在政策上向受害人的倾斜,它有利于更好地保护处于弱势地位受害人的利益。这一理论的应用是为了维护社会的实质公平,是法律社会化的表现。

四、爆破开采符合安全规定造成损害仍应承担民事侵权责任

司法实践中,经常需要对高度危险作业的情况进行鉴定,但对于高度危险作业的鉴定意见应当予以正确解读。虽然采矿爆破作业所形成的爆破振动,对地面村民住房的影响在国家标准《爆破安全规程》的许可范围之内,表明矿区爆破作业符合国家安全生产的基本要求,国家矿山安全管理等相关部门和矿山企业之间安全生产管理的行政法律关系在法律法规的框架范围内。或者说,国家矿山安全管理等相关部门不能依据法律法规对矿山企业的采矿爆破作业进行处理,即矿山企业不承担行政法上的责任。但是,不表明爆破作业所形成的爆破振动对地面村民住房没有影响,也不表明矿山企业不承担相应的民事责任。《爆破安全规程》是爆破作业应予遵守的基本标准,而非最高标准;基本标准是建立在保护对象的最大可接受容忍基础上。由于地面建筑结构、质量的差异性,个别房屋可承受的振动影响未必在标准范围内。虽然单次爆破作业的结果可能对建筑物无明显震害,但频繁的爆破作业无疑会使影响产生叠加效应。实际上,在类似的爆破作业过程中均会涉及两个不同的法律关系,即行政法律关系和民事法律关系,两种不同法律

关系的主体、客体和内容均不相同,既不能混淆,也不能相互替代。在行政法律关系中,矿山企业的爆破作业所形成的爆破振动对地面村民住房的影响在国家标准许可范围内,可以获得有关部门的爆破生产许可,保证采矿作业行为在行政法律关系上的合法性。而在民事法律关系上,由于爆破作业引发频繁的爆破震动,使地面建筑物产生振动破坏,则可能构成了民事法律关系上的侵权,应承担民法上的相应责任。

本案中,对于"露天煤矿爆破开采"的鉴定结论指出:造成房屋破坏是综合因素影响的结果,村民的住房坐落于黄土层,地形分布呈阶梯形,这对抗震不利,在长期爆破荷载作用和振动的累积效应的情况下,导致房屋损坏;振动是造成房屋破坏的主要外因。这个证据证明,尽管露天煤矿的爆破施工在国家安全规定范围内,但在事实上构成了房屋破坏的主要外因,这样仍须承担损害赔偿之责任。从法理上理解,尽管一方的行为符合相关法律要求,但在客观上已造成他人财产损失,仍须承担损害赔偿责任。在民事法律范围内,行为人的行为后果致人身或财产损害的,已构成民事侵权,当然应依据民事法律制度规则承担民事责任。

五、关于本案的处理问题

根据我国法律规定,爆破开采作业属于高度危险作业,对于由其造成的侵权应当适用无过错责任原则承担特殊侵权责任。本案中,在爆破作业过程中涉及两个不同的法律关系,即行政法律关系和民事法律关系,两种不同法律关系的主体、客体和内容均不相同,既不能混淆,也不能相互替代。某矿业公司露天煤矿的爆破开采作业虽然符合国家的相关安全规定,表明某矿业公司爆破作业所形成的爆破振动对地面村民住房的影响在国家标准许可范围之内,可以获得有关部门的爆破生产许可,不需要承担行政法上的责任。但是,在民事法律关系上,由于爆破作业引发频繁的爆破震动,使地面建筑物产生振动破坏,则构成了民事侵权,因此,某矿业公司应当依据民事法律制度规则承担民法上的侵权赔偿责任。

(二)人身侵权纠纷

29. 未在危险部位设置安全警示标志致人损害是否需要承担赔偿责任?

——某矿业公司与刘某、罗某人身损害赔偿纠纷上诉案①

【案情介绍】

上诉人(原审被告):某矿业公司。

被上诉人(原审原告):刘某。

被上诉人(原审原告):罗某,女,系刘某之妻。

2004年7月27日下午3时许,刘某和罗某之子刘甲(1990年12月31日出生)与兄长刘乙(15岁)及其他几个少年,在某矿业公司位于某工业园区二万吨超细锌粉项目的建设工地内玩耍时,因到某矿业公司所挖的5000吨超细铝粉项目的一个因下雨而积满水的水塘中洗澡游泳溺水死亡。后,刘某、罗某夫妇与某矿业公司协商未果,向法院起诉,要求某矿业公司承担责任并赔偿刘甲死亡的丧葬费、死亡赔偿金共计158,411.5元。

另,事故发生地点项目工程已于2003年8月停工,某矿业公司派有留守人员看管工地,但未设置安全警示标志和采取防护措施,刘甲溺水后被工地留守人员捞起。

【法院审判】

一审法院认为,本案造成侵权后果的一个重要原因,是被告的临时性构筑物基坑未设置安全警示标志所致。《建设工程安全生产管理条例》规定,施工单位应当在施工现场入口沿……基坑边沿……等危险部位,设置明显的安全警示标志。为此,该基坑工程施工人员应设置警示标志。被告亦应依法督促施工人员履行法定义务。工程停工后被告应对整个工地现场的管理及安全负责。事实上,被告也派员留守工地,看管整个工程工地,但却未能尽到职责,且忽视了原挖基坑因降雨而变成水塘,可能对他人造成损害的客观事实,未在已变成水塘的基坑边设置警示标志

---

① 湖南金石矿业集团有限公司与刘旭建、罗兴禅人身损害赔偿纠纷上诉案(湖南省湘西土家族苗族自治州中级人民法院(2005)州民一终字第22号,2005年1月25日)。

或采取其他安全防范措施，致使发生刘甲溺水死亡的后果。故被告具有过错责任，应依法承担相应的民事法律责任。原告刘某、罗某夫妇作为刘甲的法定监护人，未能尽到监护人的职责，也有过错责任。受害人刘甲轻信不会发生危险而在塘中游泳造成本事故。对本案的损害后果，原告及受害人应承担主要责任，被告某矿业公司承担次要责任。由此判决，限被告某矿业公司在判决生效后10日内，将刘甲死亡赔偿金及丧葬费共计人民币63,364.4元给付原告刘某、罗某。一审判决后，某矿业公司不服，提起上诉。

某矿业公司上诉提出："原审法院适用国务院《建设工程安全生产管理条例》来认定上诉人的民事过错责任是错误的。上诉人的施工行为没有违反法定的义务，不应承担责任。"

刘某、罗某答辩称："原审法院适用法律并无不当。上诉人应承担次要责任。"

经二审审理查明的事实和证据与一审相同，本院予以确认。

二审法院认为，本案涉及上诉人某矿业公司在建设工程安全生产管理方面的职责问题，原审法院依照国务院《建设工程安全生产管理条例》的规定来确定上诉人是否尽了责，是否存在过错，适用法律是恰当的。因而，上诉人提出的"原审法院适用国务院《建设工程安全生产管理条例》来认定上诉人的民事过错责任是错误的"的理由不能成立。根据《建设工程安全生产管理条例》的有关规定，上诉人有在基坑边沿等危险部位设置安全警示标志的义务，上诉人违反这一义务，存在过错，应对刘甲溺水身亡的损害后果承担一定的民事责任。故而本院对上诉人提出的其"没有违反法定的义务，不应承担责任"的意见不予支持。原判认定事实清楚，处理恰当，审判程序合法，应予维持。依照《民事诉讼法》第153条第1款第1项之规定，判决如下：驳回上诉，维持原判。

【律师评析】

本案主要涉及建设工程施工侵权和未成年人监护责任的问题。

一、建设工程施工应当履行安全注意的法定义务

民事义务分为法定义务和约定义务。法定义务是通过法律的强制性规范、禁止性规范设定的义务。法定义务对于每个自然人、法人具有普遍的适用性，违反此种义务，即构成侵权行为责任。而约定义务则是特定当事人之间设定的某种义务，违反约定义务，构成违约责任。侵权责任是民事主体因违反法律规定的义务而应当承担的法律后果。我国《民法通则》第106条规定："公民、法人违反合同或者不

履行其他义务的,应当承担民事责任。公民、法人由于过错侵害国家的、集体的财产,侵害他人财产、人身的,应当承担民事责任。没有过错,但法律规定应当承担民事责任的,应当承担民事责任。”该法第125条规定:“在公共场所、道旁或者通道上挖坑、修缮安装地下设施等,没有设置明显标志和采取安全措施造成他人损害的,施工人应当承担民事责任。”由此可见,建设工程施工应当履行法定的安全注意义务。

所谓“注意义务”,是指行为人作为时应当注意有无侵害某种合法利益,不作为时应当注意有无违反某种特定法律义务的责任。在疏忽过失中,注意义务是指结果预见义务,即对于构成要件的结果所具有的预见义务。违反法定注意义务应当承担侵权责任。侵权责任是民事主体因实施侵权行为而应承担的民事法律后果。侵权责任是任何人都对他人承担这样一种义务,即不因自己的错误(过错)行为而侵害他人的合法权益,否则即构成侵权行为,应对受害方承担责任。侵权行为是指行为人由于过错侵害他人的财产、人身,依法应承担民事责任的行为,以及由法律特别规定应对受害人承担民事责任的其他致害行为。根据侵权行为的构成要件,分为一般侵权行为与特殊侵权行为。一般侵权行为由过错、损害事实、过错与损害事实间的因果关系以及违法行为构成。当事人基于与自己有关的行为、事件或其他特别原因致人损害,依照民法上特别责任条款或者民事特别法的规定而应负民事责任的,称为特殊侵权行为。根据实施侵害的行为性质,可分为积极侵权行为和消极侵权行为。以一定的作为致人损害,称为积极侵权行为,通常表现为对他人负有不作为义务的人,以不法作为加害于他人的情形,如伤害、侵占财产等。以一定的不作为致人损害,称为消极侵权行为,通常表现为负有某种作为义务者,因未实施或者未正确实施义务所要求的行为而致损害发生的情形。

根据我国《安全生产法》和《建筑工程安全生产管理条例》的有关规定,施工单位应当在施工现场入口处、出入通道口、基坑边沿等危险部位,设置明显的安全警示标志。而本案造成侵权后果的一个重要原因,是被告的临时性构筑物基坑未按照规定设置安全警示标志所致。本案的施工方存在如下严重违法行为:第一,违反了《建筑法》第39条的强制性规定未对施工现场进行封闭管理;第二,未依据《建设工程安全生产管理条例》第28条规定设立符合国家标准的、明显的安全警示标志;第三,未依据《建筑法》和《建设工程安全生产管理条例》的相关规定配备经过考核培训合格的专职安全生产管理人员。因此,本案的施工方显然未尽到施工安全管理法定的注意义务,存在过错,依法应当承担相应的民事责任。

二、未尽到对未成年人的监护责任应当承担责任

监护是为无民事行为能力和限制民事行为能力人设立保护人的一项重要法律制度,其目的是保护无民事行为能力人和限制民事行为人的合法权益,维护正常的社会经济、生活秩序。监护人是指依法对无民事行为能力人或者限制民事行为能力人的人身、财产及其他合法权益进行监督和保护的人。我国《民法通则》第16条规定,未成年人的父母是未成年人的监护人。监护人的职责,主要是保护被监护人的身体健康、照顾被监护人的生活、对被监护人进行管教、保护和管理被监护人的财产、代理被监护人进行民事活动、代理被监护人进行诉讼以及承担监护之民事责任。我国《民法通则》第133条规定,无民事行为能力人、限制民事行为能力人造成他人损害的,由监护人承担民事责任。监护人尽了监护责任的,可以适当减轻他的民事责任。在承担赔偿责任时,被监护人有财产的,从本人财产中支付赔偿费用。不足部分,由监护人适当赔偿,但单位担任监护人的除外。根据最高人民法院民事审判庭《关于单位担任监护人是否承担赔偿责任的电话答复》(1989年8月30日,〔89〕法民字第23号)的意见,单位尽到监护责任时,不承担责任。也就是说,由单位担任法定监护人并尽到监护职责时,对被监护人造成他人损害的,单位可以免除责任。本案刘某、罗某夫妇作为刘甲的法定监护人,未尽到监护人的职责,显然存在过错,依法应当承担相应的民事责任。

三、建设工程施工侵权与未成年人监护责任的混合

本案中,作为建设工程施工单位应当依照《建设工程安全生产管理条例》的相关规定,在危险部位设置明显的安全警示标志,履行其法定的安全管理注意义务。施工单位不按照规定设置安全警示标志,应当预见到可能会发生安全事故,但却没有采取必要措施防止安全危险事故的发生,主观上存在过错,未尽到法定义务。毋庸置疑,施工单位因其主观上的过错,以及其消极不作为的违法事实与受害者所受到的伤害有因果关系,应当承担民事赔偿责任,但其承担民事赔偿责任的大小应与造成本案结果的多种原因一并衡量。施工单位的过错与不作为行为对于本案结果只是间接原因,不是直接原因。直接原因一般是直接作用于损害结果,在损害发生、发展过程中,表现出某种必然、一定的趋向。而间接原因对损害的发生不起直接作用,往往是因为偶然介入了其他因素,与这些因素相结合,才产生了损害后果。一般来说,直接原因作用于结果的力量要强于间接原因作用于结果的力量,而间接原因往往是行为人的行为介入了自然因素和受害人自身的因素,才引起了损害结果的

发生。

根据我国《民法通则》第131条的规定，受害人对于损害的发生也有过错的，可以减轻侵害人的民事责任。作为未成年人监护人的家长应当履行保护未成年人的身体健康、照顾被监护人的生活、对被监护人进行管教、保护和管理，注意培养孩子的安全意识，履行相应的监护责任。而本案中，二原告未能尽到监护人的职责，显然存在过错，依法也应承担相应的民事责任。本案中的刘甲溺水时为15岁，虽然属于限制民事行为能力人，但是对水的危险性应当有一定的认识，因此受害人本身对于损害的发生有一定过错，应承担相应的责任。

四、关于本案的处理问题

本案中，作为施工单位某矿业公司未尽到安全管理的法定义务，不按照规定设置安全警示标志，应当预见到可能会发生安全事故，但却没有采取必要措施防止安全危险事故的发生，致使发生受害人刘甲溺水死亡的后果，主观上存在过错。具有过错责任，应当依法承担一定的民事法律责任。公民的生命健康权受法律保护，未成年人的监护人应当履行监护职责。受害人在事故发生时系限制民事行为能力人，其父母负有监护义务。由于原告未尽到监护职责，也有过错责任。受害人刘甲轻信不会发生危险而在水塘中游泳造成本事故。故对于本案的损害后果，原告及受害人应承担主要责任，被告某矿业公司应承担次要责任。

（三）环境损害赔偿纠纷

30. 勘探石油污染环境造成他人损害如何予以赔偿？

——冯某与某勘探大队四〇一井队、某勘探大队、某地质勘察分公司、某地质勘察公司、某石油公司分公司、某石油公司等环境污染损害赔偿再审案[①]

【案情介绍】

申请再审人（一审原告、二审被上诉人）：冯某。

---

① 冯灶与勘探大队四〇二一井队、勘探大队、地质勘察三水分公司、地质勘察公司、石油公司三水分公司、石油公司等环境污染损害赔偿再审案（广东省佛山市中级人民法院（2005）佛中法民一再字第3号，2005年6月6日）。

被申请再审人(一审被告):某勘探大队四○一井队。

被申请再审人(一审被告、二审上诉人):某勘探大队。

被申请再审人(一审被告):某地质勘察分公司。

被申请再审人(一审被告):某地质勘察公司。

被申请再审人(一审被告):某石油公司分公司。

被申请再审人(一审被告):某石油公司。

冯某分别于2000年12月25日、2001年1月1日与某农场签订了《合同书》,约定由冯某承包某农场鱼塘144.46亩,期限至2008年12月31日。

2001年6月12日,某石油公司与某勘探大队签订《某盆地H3井的钻井工程施工合同》一份,约定由某石油公司开发的H3井的钻井施工工程总承包给某勘探大队。2001年8月8日,某地质勘察分公司与某勘探大队签订《设备租赁合同》,约定由某勘探大队租用该公司的钻探设备,用于H3号井钻探施工。后某勘探大队的内设机构勘探大队四○一井队开始施工。

2001年9月初,冯某承包的上述144.46亩鱼塘中一个面积5亩正在养殖桂花鱼的鱼塘在从相邻的水涌(位于鱼塘的南面)中注入涌水后开始出现大量死鱼,至同年9月中旬该鱼塘内养殖的桂花鱼全部死亡。受冯某委托,农业部渔业环境监测中心珠江流域监测部在对H3号井排出物质及原告的塘鱼、塘水等相关水质进行采样分析后于2001年9月14日作出如下鉴定结果:(1)鳜鱼经检查无虫,鳃部有泥附着,呈中毒状。委托者送检的水样,分析结果表明水体中石油类物质大大超过渔业水质标准。(2)监测站采样分析结果表明钻探盐矿的主要污染物是石油类,其次是碱、铵,河水已受到上述物质的污染,鳜鱼塘水中石油类超出渔业水质标准,pH值也接近允许的最大限值。(3)鳜鱼死亡原因的鉴定,鱼塘主要抽入大量受石油类、碱等物质污染的河水引起鳜鱼死亡。冯某遂依法起诉,要求各涉案单位予以赔偿。

另,某价格事务所有限公司对桂花鱼价格作出如下评估结论:某农场等地每亩约可投放桂花鱼苗1500~2000条,一直到上市;正常情况下养殖桂花鱼77天体重约0.6~0.7市斤/条,养殖77天的时段里每100斤桂花鱼的养殖成本为519.93元;按2001年的气候和正常管理的情况下,桂花鱼从投放鱼苗到养成成品鱼上市约需5~6个月的时间,上市时重量约0.8~1.5市斤;2001年6月投放的桂花鱼苗到同年11月便可达上市规格;2001年11月桂花鱼的市场平均价为每市斤15.02元;从2001年9月中旬到11月底这一时段桂花鱼每100市斤的养殖成本为635.46元;养殖桂花鱼的鱼塘如受到石油类、碱类等物质的污染是需要进行清理的,清除塘泥所需的机费和运泥费两项合计每亩为2480元。

再,某勘探大队四〇一井队钻探施工的 H3 号井在冯某发生桂花鱼死亡的鱼塘的西南面。H3 号井西面有一个小水涌,该小水涌与冯某的鱼塘旁的水涌相通连。

法院再审过程中,曾向某市农业技术推广中心渔业站高级工程师咨询有关桂花鱼的养殖技术,该高级工程师答复:标准化养殖桂花鱼每亩放养 1500 ~ 1800 条,养殖 77 天每条体重可达 0.5 市斤左右;实践中渔农高密度养殖最多可放养至每亩 5000 条,但不可超过每亩 5000 条,养殖 77 天体重可达 0.2 ~ 0.3 市斤。

【法院审判】

一审法院经审理认为:被告某地质勘察分公司将钻探设备出租给某勘探大队,某地质勘察分公司主要的权利是收取租金,主要义务是将符合要求的租赁物交给承租人。至于承租人在使用租赁物过程中发生租赁物质量问题以外的侵害行为,出租人不须承担法律责任。现原告认为某勘探大队下属单位某勘探大队四〇一井队在使用租赁物过程中致其受到损害,请求某地质勘察公司及某地质勘察分公司承担赔偿责任,无合法依据,本院不予支持。从我国《民法通则》第 124 条:"……环境污染造成他人损害的,应当依法承担民事责任。"的规定可以看出,环境污染损害赔偿的归责原则是排污行为与损害结果有因果关系。加害人的污染物质与损害结果之间的因果关系,应建立在科学证明的鉴定结论基础上加以认定,同时具备下列条件,即可认定加害人的排污行为与现存污染损害结果之间具有因果关系:(1)加害人的排污行为能造成该种污染损害结果;(2)受害人确实遭受了该种污染损害;(3)受害人遭受的该种污染损害与其他对照点有显著不同。"另外,在考察渔业水污染损害的因果关系时,应对污染源的物质成分、渔业水体的水化学指标、鱼体的症状和病状进行科学的分析鉴定,只有三者的特征相互印证,具有内在联系,才可认定污染物质与损害结果之间具有因果关系。现原告主要的证据 1 即监测报告,该报告的鉴定单位无鉴定资格(即 MA 资格),鉴定人无注明身份,无得出结论的具体数据,且取样送检是原告自己一方进行,后来珠江流域监测站虽然亲自取样一次,但取样地点不明,可见监测报告不科学。所以,原告无充分证据证明被告排污行为与损害结果有因果关系。原告的诉讼请求没有充分的事实依据,本院不予支持。根据《民事诉讼法》第 64 条第 1 款的规定,经审判委员会讨论决定,判决:驳回原告冯某对被告某地质勘察分公司、某地质勘察公司、某石油公司分公司、某石油公司、某勘探大队的诉讼请求。案件受理费 17,571 元,由原告负担。

一审判决后,冯某不服,提出上诉。法院经二审审理认为:原审法院认定事实不清,证据不足。依照《民事诉讼法》第 153 条第 1 款第 4 项的规定,裁定:(1)撤销某市人民法院(2001)三法民壹初字第365号民事判决;(2)发回重审。

原一审法院经重审审理认为:原告在从相邻的水涌中给鱼塘注入涌水后,塘内养殖的桂花鱼在十几天时间内连续大量死亡,造成了原告的经济损失。而在此期间,被告某勘探大队四〇一井队正在对H3号井进行钻井施工,井内所排出的物质有石油类、碱、铵等。农业部渔业环境监测中心珠江流域监测站在桂花鱼死亡事件发生后经过对原告的塘鱼及H3号井排出的物质、涌水水质等进行采样分析,作出了桂花鱼死亡原因的鉴定,认为鱼塘主要抽入大量受石油类、碱等物质污染的水必然引起桂花鱼死亡。农业部渔业环境监测中心珠江流域监测站有国家渔政渔港监督局颁发的调查鉴定资格证书,鉴定人有上岗证,取样有原告的取样送检也有鉴定单位亲自取样,且取样地点明确,程序无违反法律规定,故本院对原告鱼塘内的桂花鱼因受到石油类、碱等物质污染而造成死亡的事实予以确认。《最高人民法院关于民事诉讼证据的若干规定》第4条规定,因环境污染引起的损害赔偿诉讼,由加害人就法律规定的免责事由及其行为与损害结果之间不存在因果关系承担举证责任。本案H3号井的勘探单位有将井内物质石油类、碱、铵等排出地面水池的行为,却未能举证证明其行为与损害结果之间不存在因果关系,也无举证证明发生死鱼的鱼塘附近除H3号井外有其他污染源,因此本院认为,H3号井的勘探单位某勘探大队四〇一井队的行为与原告桂花鱼的死亡有因果关系,其对原告因死鱼事件造成的经济损失应承担赔偿责任。由于某勘探大队四〇一井队是某勘探大队的内设机构,不能独立承担民事责任,故某勘探大队四〇一井队应承担的赔偿责任应由某勘探大队承担。原告请求被告某勘探大队四〇一井队承担赔偿责任于法无据,不能支持。环境污染损害赔偿纠纷属于侵权纠纷范畴,某石油公司只是H3号井的业主,并无进行钻井施工,其将该井钻井工程发包给有地质工程施工资格的被告某勘探大队施工没有违反法律规定。原告也无提供证据证明被告某石油公司、某石油公司分公司有侵权行为且对其造成损害,故其请求某石油公司、某石油公司分公司承担赔偿责任亦于法无据,不予支持。被告某地质勘察分公司与某勘探大队之间只是租赁关系,与该死鱼事件没有直接因果关系,不应负赔偿责任。原告请求某地质勘察分公司及某地质勘察公司承担赔偿责任无合法依据,不予支持。原告请求被告某勘探大队赔偿其桂花鱼销售利润并偿付清理被污染鱼塘费用有理,应予支持,但损失数额不能以原告提出的方法计算,而应以某价格事务所所作出的价格评估结论为标准按公平原则酌情进行赔偿,即桂花鱼每亩养殖1500~2000条计2000条,五亩共10,000条;养殖桂花鱼77天每条体重0.6~0.7市斤计0.65市斤,五亩共6500市斤;上市规格每条重0.8~1.5市斤计1.15市斤,五亩共11,500市斤;上市按每市斤售价 15.02 元计算 11,500 市斤得款 172,730 元,减除该批桂花鱼 2001 年 9 月中旬至同年 11 月底的养殖成本 31,773 元(按每 100 市斤桂花鱼养殖成本 635.46 元计 5000 市斤),原告的桂花鱼收入为 140,957 元;鱼塘清理费用按每亩 2480 元计,五亩共 12,400 元。两项合计,原告的经济损失为 153,357 元。原告请求被告赔偿其抽水水电费、杂费 500 元和清理被污染水渠费 1 万元等损失,缺乏证据,本院不予支持。根据《民事诉讼法》第 130 条,《民法通则》第 124 条、134 条第 1 款第 7 项,《环境保护法》第 41 条第 1 款的规定,经本院审判委员会讨论决定,判决:(1)被告某勘探大队一次性赔偿原告冯某桂花鱼死亡损失、鱼塘清理费共计人民币 153,357 元。该款在判决生效之日起 10 日内清付完毕,逾期支付,则按中国人民银行同期贷款利率加倍支付迟延履行期间的债务利息;(2)驳回原告的其他诉讼请求;(3)驳回原告对其他被告的诉讼请求,案件受理费 13,037 元,诉讼保全费 4534 元,评估费 3500 元,合共 21,071 元,由原告负担 17,045 元,被告负担 4026 元。

某勘探大队不服,提出上诉。

法院经二审审理认为:上诉人钻井作业中的废水,排入相邻的水涌,被上诉人抽取含有废水的水注入鱼塘,导致其养殖的桂花鱼死亡,这一事实是清楚的。在这一过程中,被上诉人抽水入鱼塘并无过错,由于被上诉人抽水的水涌来水情况的特殊性,只有在水涌有水时才可以抽水,被上诉人在下雨时依然抽水注入水塘并不反常,上诉人上诉认为下雨天抽水行为反常,污染损害不可能发生,其上诉观点依据不足。被上诉人抽取的水是否含有上诉人排出的废水,废水是否导致桂花鱼死亡,由于桂花鱼死亡的原因亦已经有关部门鉴定为石油类、碱等物质污染引起,而附近作业的只有上诉人作业的废水中含有上述物质,且有暴雨冲溢、水涌相连等合理原因和途径可能引起损害的发生,上诉人不能就其免责事由及其行为与损害结果之间不存在因果关系举证,应承担相应的赔偿责任。对于桂花鱼死亡的损害鉴定,上诉人上诉提出送检样品及鉴定结论错误。在送检样品上,虽然某农场要求双方共同送检,但由于双方在如何取样上争执不下,被上诉人单方送检并无不当;在鉴定取样上,鉴定机构取样中的污水池取样点、过滤后污水取样点两项符合污水排放口取样,河水的取样点符合渔业用水进口处取样,参考点没有可取样处,采用了渔业水质标准,鉴定机构的处理并无不当。上诉人认为鉴定机构没有按《污染死鱼调查方法》中规定的取样点取样因此鉴定结论错误,依据不足,本院不予采纳。至于赔偿的计算方法,原审计算不当,应予纠正。根据某价格事务所作出的价格评估结论,在养殖到 2001 年 9 月中旬即 77 天时桂花鱼每 100 市斤养殖成本是 519.93 元即每市斤 5.1993 元,而养殖到 2001 年 11 月底时,桂花鱼每市斤成本是 11.55 元,即养殖时间越长，后期的养殖成本越大，鱼较大价也较高，报告中所指“这一时段的桂花鱼每100市斤的养殖成本为635.46元”即指同样100市斤桂花鱼增加的成本（即6.3546+5.1993=11.53元）。因此不能简单按鱼增长的重量5000市斤（即11,500-6500=5000市斤）和增加的成本6.3546元/市斤来作成本减除，而应以实际损失加预期利润的计算方法来计算被上诉人的损失，即实际损失33,795.45元（6500市斤×5.1993元/市斤）加预期利润39,905元[11,500市斤×（15.02元/市斤-11.55元/市斤）]两项合计73,700.45元。上诉人上诉提出鱼的损失的计算方法合理，应予采纳。由于污染，被上诉人还须清理鱼塘，所需费用12,400元合理，上诉人上诉认为没有必要支付上述费用，没有提供合理依据，不予采纳，上诉人应赔偿的数额为86,100.45元（73,700.45元+12,400元）。至于被上诉人认为死亡的鱼不止按评估报告的1万尾（5亩×2000尾/亩），但没有证据证实，不予采纳。原审判决认定事实清楚，适用法律适当，应予维持；但计算损失方法不对，应予纠正。依照《民事诉讼法》第153条第1款第3项的规定，判决：（1）维持某区人民法院（2002）某法民壹重字第3号民事判决第2项、3项；（2）变更某区人民法院（2002）某法民壹重字第3号民事判决第1项为：上诉人某勘探大队一次性赔偿被上诉人冯某桂花鱼死亡损失、鱼塘清理费共计人民币86,100.45元。该款在判决生效之日起10日内清付完毕，逾期支付，则按中国人民银行同期贷款利率加倍支付迟延履行期间的债务利息。一审案件受理费13,037元，诉讼保全费4534元，评估费3500元，由上诉人勘探大队负担4000元，被上诉人冯某负担17,071元；二审案件受理费13,037元，由上诉人负担3037元，被上诉人负担1万元。

冯某申请再审认为：（1）申请再审人的鱼塘受污染，桂花鱼死亡26,159条。由受被申请再审人指派参与死亡数量清点工作的工人的签字确认，并在客观上可和本案的其他证据相互印证。而某价格事务所关于算鱼数量的结论，违反相关法律法规，明显超出该所的业务范围，依法不予采信。（2）对申请再审人所受损失，应以案发时的市场价为计算标准，原审以成本价为标准来计算，不仅缺乏相应的法律依据，而且和司法实践不符。此外，申请再审人委托的农业部渔业环境监测中心珠江流域监测部对鱼塘水质进行鉴定的鉴定费用2200元应列入被申请再审人的赔偿范围。（3）被申请再审人某地质勘察分公司作为专业机构，将不合格的钻探设备出租给某勘探大队四〇一井队使用，放任了损害结果的最终发生，其和某勘察大队具有主观过错，应对因此给申请再审人造成的损失承担连带清偿责任。某地质勘察公司作为某地质勘察分公司的总公司，依法应对其分支公司某地质勘察分公司应承担责任的范围内承担补充赔偿责任。

法院再审认为:某勘探大队四〇一井队的行为致环境污染而造成冯某养殖的鱼死亡的侵害事实清楚,应承担赔偿责任。本案中,污染事件虽由某勘探大队四〇一井队的行为造成的,但某勘探大队四〇一井队是某勘探大队的内设机构,因此,某勘探大队四〇一井队承担的赔偿责任应由某勘探大队承担。某地质勘察分公司将设备租赁给某勘探大队并无违反法律规定,且无证据证明出租的设备是不合格设备,因此,某地质勘察分公司的租赁行为对污染事件客观上无直接因果关系,主观上不存在过错,某地质勘察分公司、某地质勘察公司不应对污染造成的损失承担赔偿责任。受污染死鱼的数量,因某勘探大队的职工不是每天清点死鱼的数量及每天签名确认,冯某提供的清点死鱼证据不能真实反映死鱼的数量,且该证据记载冯某死鱼总数超过了五亩鱼塘密集化养鱼的数量极限,故该证据记载死鱼数量不能采信。每亩养殖桂花鱼的数量虽不属于价格事务所业务范围,但价格事务所在进行成本价和上市价的评估时需要确定每亩养殖桂花鱼的数据,该评估报告中每亩标准化养殖桂花鱼的数据,是通过向桂花鱼养殖专业户及相关专业人士调查的数据综合评定而确定的,且与本院再审期间通过咨询专家而得到的标准化养殖的数据较为吻合。因此,该数据是可信的。桂花鱼的成本价和在当地市场平均价的评定,属于价格事务所的业务范围,价格事务所对这两个价格所做的评估,客观真实,程序合法,应予采信。冯某委托农业部渔业环境监测中心珠江流域监测部对水质进行鉴定的鉴定费用,冯某在原一审、二审均无主张该费用,且至今未提供支付该费用的正式单据,故对冯某现要求将此费用列入赔偿范围的主张不予支持。综上,冯某申请再审理由不能成立,原二审认定事实清楚,适用法律正确,处理恰当,应予维持,依照《民事诉讼法》第130条、184条规定,判决如下:维持本院(2003)某中法民一终字第3080号民事判决。

【律师评析】

本案主要涉及石油勘探导致水环境污染侵权的认定和损害赔偿问题。

一、环境污染民事侵权责任的概念和特点

我国《环境保护法》第2条规定,“本法所称环境,是指影响人类生存和发展的各种天然的和经过人工改造的自然因素的总体,包括大气、水、海洋、土地、矿藏、森林、草原、野生生物、自然遗迹、人文遗迹、自然保护区、风景名胜区、城市和乡村等”。环境侵权行为便是影响上述环境因素的平衡与协调,直接或间接损及他人生命健康或财产利益的行为。环境侵权是现代社会的一种新型侵权行为,它不仅侵

害了财产权，还使公众的健康和生活环境遭受到严重破坏。环境侵权包括环境破坏和环境污染。其中，环境污染行为是指通过向土地、大气、水体倾倒、排放、释放废气、废水、废渣、噪声等有害物质，损害他人人身财产的行为。

环境污染侵权行为迥异于一般的侵权行为，具有以下几个方面的特征：第一，侵害范围的广泛性。环境侵权侵害的往往是不特定的对象，其影响范围大、地域广，受害的生命个体数量多。第二，侵权方式的间接性。环境损害发生的过程很复杂，具有间接性。污染物质往往并不直接发生损害，而常在经过转化、代谢、富集等各种反应和作用后，才造成损害结果；加害人的行为往往表现为先作用于环境，然后再由环境作用于人。在环境损害形成的过程中，有时单一的排污行为或环境开发行为并不会造成环境损害，往往是众多的侵权行为掺合在一起才能最终形成环境损害。第三，侵害时间的长期性。在环境侵权行为中由于侵害是经过多种因素的复合累积后，逐渐形成并显现出来的，因而其造成的损害并不会因侵权行为的中止而立即结束，而是要在环境中持续作用一定的时间，从而使环境损害具有长期性，被害人往往在毫无察觉中遭受损害。第四，加害行为的利益性。由于环境民事侵权始终与经济发展相伴随，诸如排放烟尘、倾倒废物等污染环境的行为往往是各种创造社会财富，从事公共福利活动中的衍生行为，在侵害他人合法权益的同时，还带有相当程度的价值正当性。

环境污染民事责任是指因人（公民、法人）的活动，致使生活环境或生态环境受到污染，从而损害一定区域人们的生活权益、环境权益或其他权益的行为人所应承受的民事上的法律后果。我国《民法通则》“第三节侵权民事责任”第124条规定：“违反国家保护环境防治污染的规定，污染环境造成他人损害的，应当依法承担民事责任。”由此可见，环境污染民事责任属于侵权责任的一种，但与一般民事责任相比较，它又属于特殊侵权民事责任。在民法视野下，侵权行为是一种民事不法行为，是指行为人由于过错侵害他人的人身和财产并造成损害，违反法定义务，依法应当承担民事责任的行为。① 在我国环境立法和司法实践中，这种环境责任主要是违反环境法律法规所规定的法定义务的法律后果。例如，《环境保护法》第6条规定：“一切单位和个人都有保护环境的义务，并且有权对污染和破坏环境的单位和个人进行检举和控告。”第30条规定：“禁止引进不符合中国环境保护规定要求的技术和设备。”第33条规定：“生产、储存、运输、销售、使用有毒化学物品和含有放射性物质的物品，必须遵守有关规定，防止污染环境。”。可以认为，这些规定对于环境

① 王利明：《侵权行为概念之研究》，载《法学家》2003年第3期。

法律关系主体赋予了不得污染和破坏环境，不得侵犯他人合法权益的义务。违反了这种义务，就构成了环境侵权的民事责任。

二、环境污染侵权民事责任的归责原则

归责的含义，是指行为人因其污染行为致人损害的事实发生之后，应依据何种标准确认和追究污染行为人的民事责任。环境侵权民事责任的归责原则，是指以何种根据确认和追究环境侵权行为人的民事责任，解决的是环境侵权民事责任的基础问题。归责原则是确定行为人的侵权民事责任根据和标准，是侵权责任的核心，决定着侵权行为的分类、构成要件、举证责任的负担、免责条件、损害赔偿的原则和方法、减轻责任的根据等，可以说，侵权行为法的全部规范都基于归责原则之上。① 环境污染民事责任以环境侵权行为为前提，而这种侵权行为是一种特殊的侵权行为。在民法上，侵权行为有一般侵权行为与特殊侵权行为之分。一般侵权行为是指行为人因过错实施某种行为致人损害时，适用民法上的一般责任条款，主要是过错责任原则；在举证责任上，通常采用"谁主张，谁举证"的方式。② 而特殊侵权行为是指当事人基于与自己有关的行为、事件或其他特殊原因致人损害，依据民法上的特别规定或特别法的规定而应负的民事责任，特殊侵权行为适用民法上特别的责任条款或特别法的规定，主要是无过失责任原则：在举证责任上，采取"举证责任倒置"方式。③

我国《民法通则》第 124 条规定："违反国家保护环境防止污染的规定，污染环境造成他人损害的，应当依法承担民事责任。"《环境保护法》第 41 条第 1 款规定："造成环境污染危害的，有责任排除危害，并对直接受到损害的单位或者个人赔偿损失。"《侵权责任法》第 65 条规定："因污染环境造成损害的，污染者应当承担侵权责任。"这些规定明确统一了环境污染侵权实行无过错责任的归责原则。即环境污染责任的认定不以排污者主观是否存在故意与过失为条件，即使排放污染物没有超过国家或地方规定的污染物排放标准，但只要是向自然环境中，直接或间接地排放超过环境自净能力的污染物质，造成环境污染并因此危害到他人合法的人身权、财产权益，排污者就应当担负起污染环境的损害赔偿责任。无过失责任之所以能很快被引入环境污染侵权赔偿中，其原因在于：一是现代工业生产的排污使生产活

---

① 王利明：《侵权行为法归责原则研究》，中国政法大学出版社 1992 年版，第 19 页。

② 王利明：《民法 · 侵权行为法》，中国人民大学出版社 1993 年版，第 24 页。

③ 吕忠梅：《环境法新视野》，中国政法大学出版社 2000 年版，第 155 页。

动本身具有高度危险性，即使企业采取各种安全措施，也不能完全消除使他人遭受污染损害的意外危险，而且即使企业无过错，也可能造成环境污染及他人巨大的财产和人身损害。二是由于环境污染案件十分复杂，涉及科学技术问题，作为普通公众的受害人要证明加害人主观上有过错是十分困难的。如果坚持过错责任原则，必然使受害人陷于不利的境地。三是无过错责任原则也是民法公平合理原则的客观要求。环境污染侵权中的加害人多是营利者，它们既然由此获得利益，就应当为其获取利益过程中所造成的损害承担责任。因此，现代各国绝大多数都将无过错责任原则作为环境污染侵权民事责任的归责原则予以适用。

三、环境污染侵权民事责任的构成要件

环境污染民事责任的构成要件，也就是承担环境污染民事责任所应当具备的条件。环境侵权是一种特殊的民事侵权行为，虽然其民事责任的构成要件与一般民事侵权的构成要件有着密切的关系，但也存在一定的区别。综合多种学说和观点，关于侵权责任要件主要有三种主张：一是四要件说，即行为的不法性；损害；不法行为与损害之间的因果联系；行为的过错。二是三要件说，即(1)污染环境的行为具有违法性；(2)有污染环境造成的损害事实；(3)污染环境的违法行为与污染损害事实之间有因果关系。[①] 三是二要件说，即(1)须有污染环境造成损害的事实；(2)须损害与污染环境行为之间有因果关系。[②] 虽然目前四要件说为我国民法理论界的通说，[③]但在笔者看来，环境污染侵权责任以二要件说较为合理。

(一)违法性不应作为环境侵权民事责任的构成要件

对此问题，传统民法与环境法的规定并不一致，因而，导致学术界出现了不同的看法，支持者认为，“污染环境而未违反国家有关规定(指上述规定)者，不负民事责任。”[④]否定者认为，“不能一般地把行为的‘违法性’作为承担(环境)民事责任的要件，而只能提‘从事了致他人损害的行为’。环境损害行为不一定具有违法性，包括民法学上解释的‘广义’的违法性，即加害他人的故意和对公共道德或善良风俗的违反。”[⑤]“如果一味强调行为的‘违法性’，实质上是忽视了环境侵权行为的特殊

---

① 曹明德：《环境侵权法》，法律出版社 2000 年版，第 164 页。

② 王利明：《民法·侵权行为法》，中国人民大学出版社 1993 年版，第 455 页。

③ 张新宝：《中国侵权行为法》，中国社会科学出版社 1998 年版，第 14 页。

④ 王家福、梁慧星主编：《民法债权》，法律出版社 1991 年版，第 515 页。

⑤ 张坤民、金瑞林主编：《环境保护法讲话》，清华大学出版社 1990 年版，第 164 页。

性,更重要的是不利于切实有效地保护受害者的利益。”①笔者赞同环境污染侵权行为承担民事责任不应以违法为要件,理由如下:

虽然我国《民法通则》第124条规定:“违反国家保护环境防止污染的规定,污染环境造成他人损害的,应当依法承担民事责任。”但该规定并未否定合法排污致人损害的民事责任。作为特别法的《环境保护法》第41条规定:“造成环境污染危害的,有责任排除危害,并对直接受到损害的单位或个人赔偿损失。”此处并未把违法性作为环境侵权行为承担民事责任的构成要件予以规定。虽然在我国《水法》、《矿产资源法》、《刑法》等法律中规定,行为人应承担相关环境法律责任时有“违反本法规定”或类似的要求,但这些规定的是行为人应承担的对国家的行政责任或刑事责任,当然要以其违反体现国家意志的法律为要件。而民事责任则是当事人一方对另一方承担的责任,以损害之填补为基本目的。环境致害行为的特殊性亦决定了违法性不应作为其承担民事责任的构成要件。世界各国为推动本国经济发展,参与国际竞争大力发展生产,在目前的科学技术条件下完全排除由此对环境造成的损害尚属不能。这就使各国不得不承认一定限度内的环境致害行为的合法性。但即使是法定限度内的排污行为,由于各种因素的综合作用,也有可能造成对他人合法利益的损害。“即使加害人的排污没有违反环境保护方面的法律规定,但是其排污行为污染环境造成他人损害,也违反了保护他人生命健康权的法律规定。”②有观点认为,“行为人实施污染或破坏环境的行为”包括违反国家保护环境防止污染、破坏相关规定的行为,或者虽然没有违反有关环境法的规定,但行为后果已造成他人合法权益损害的行为。在实践中,排污行为此时此刻不超标,绝不意味着排污的累积效应不会造成污染损害结果;达标污染行为对承受限度较强的对象尚不足以致害,绝不意味着对承受限度较弱的另一对象不会造成污染损害结果。有时,数个合法排污行为各自产生的污染物单独不足以致害,但其“合力”却导致了损害的发生。因此,环境侵权行为承担民事责任不应以违法性为要件的观点符合“有损害就有赔偿”的社会正义的要求。③

(二)对于污染环境的损害事实应有正确的认识

污染环境的损害事实主要是指污染或危害环境的行为致使国家的、集体的财产或公民的财产、人身受到损害的客观事实。国内很多的学者都把污染环境的损

① 蔡守秋:《环境法教程》,法律出版社1995年版,第251页。

② 张新宝:《中国侵权行为法》,中国社会科学出版社1998年版,第532页。

③ 钱水苗:《污染环境侵权行为民事责任的特点》,载《杭州大学学报》第23卷第2期。

害事实作为环境污染民事责任的构成要件之一。这是因为:损害事实是侵权行为损害赔偿法律关系赖以发生的根据,是构成侵权行为的前提和必要条件。环境污染侵权适用于无过失责任原则,不以过错为其构成要件,但也必须遵循“无损害,无赔偿”的准则,必须以损害事实的存在为基础。笔者认为,鉴于环境污染的损害事实具有复杂性、潜伏性、广泛性等特点,应当把损害事实分为潜在的危险和已然的损害事实两类,既包括已经造成的污染环境的损害事实,也包括污染行为发生但尚未造成严重后果之前的潜伏危险。如果仅以“损害事实”作为环境污染侵权行为的构成要件,则只能在损害事实发生后采取补救性的损害赔偿或恢复原状等救济措施,或对正在继续、反复发生的环境侵权行为采取除去侵害等防范性措施,而不能在尚未造成实际损害结果之前就采取防止侵害的预防性措施,不仅无法从根本上消除环境危害,而且往往会使危害后果严重化、扩大化,对公众的生命、健康、财产、环境资源等造成严重的损害。

潜在的危险适用于民事责任中的停止侵害、排除妨碍、消除危险。发达国家对环境的治理已逐渐从“末端治理”转移为以“预防为主”,这也是保护全球环境,实现可持续发展的总体要求。排除潜在的危险应该成为环境污染防治法的研究方向,以防止走发达国家“先污染,后治理”的老路。正如我国国务院制定的《中国21世纪议程——中国21世纪人口、环境与发展白皮书》中所述,中国过去所采用的不可持续发展的生产方式,目前正在由污染物的“末端处理”政策向预防性环境政策转变。因此,有观点认为,不应以“污染环境造成的损害事实”而应以“污染环境的危害”作为环境污染民事侵权责任的构成要件。

(三)环境侵权民事责任的因果关系具有特殊性

行为与损害结果之间的因果关系是侵权行为承担民事责任的必备要件之一。在环境侵权领域中,因果关系是指污染环境的损害事实与环境污染的结果之间具有因果关系。但由于环境侵权行为自身的特殊性,故其承担民事责任时对于因果关系要件的认定更为复杂。

首先,因果关系推定和举证责任倒置。因果关系推定即依据一定的事实,推定损害结果与行为人的行为之间存在因果关系,认定污染行为就是受害人受损害的原因。在一般侵权行为中,原告要求被告承担损害赔偿责任,需要证明被告的行为与损害结果之间有因果关系。而根据因果关系推定原则,在环境污染侵权案件中,原告只需证明被告的环境损害行为及于特定区域,自己的人身或财产利益于此后在该区域内受到损害,便可推定被告行为与损害结果间有因果关系。遗憾的是,目前我国有关法律并未明确规定在环境侵权案件中实行因果关系推定。但在司法实践中，这一原则得到承认。我国最早运用这一原则的是1980年青岛市中级人民法院审理的王娟诉青岛化工厂氯气污染案。在该案中王娟因吸入青岛市化工厂泄漏的氯气而患病，就此损害事实王娟诉讼到法院要求青岛化工厂赔偿损失。法院审理查明：大量医学旁证证明了吸入大量氯气，可以引起支气管哮喘病，而且有的可持续多年；职业病医院认为"过敏性支气管哮喘"既可能是由氯气中毒引起的，也可能由其他原因引起，调查表明王娟在此之前没有患过支气管哮喘病，且其近亲属中亦未发现此种疾病。据此，法院推断青岛化工厂的氯气外溢是王娟患"过敏性支气管哮喘"病的原因，两者具有因果关系。

与因果关系推定相联系的是举证责倒置原则，即不是由原告承担证明因果关系存在的举证责任，而是由被告承担证明因果关系不存在的举证责任。因果关系推定毕竟只是对某种可能性的推定，而非对事实的认定，故应允许被告举出充分的证据，证明前述推定不能成立，以维护自身的合法权利。《最高人民法院关于适用〈中华人民共和国民事诉讼法〉若干问题的意见》第74条对此具有相应的规定。只要证明企业已排放了可能危及人身健康或造成财产损害的物质，而公众的人身或财产已在排污后受到或正在受到危害，就可以推定其中的因果关系，无须受害人举证证明。排污企业主张该排污行为不是造成该损害事实的原因，则应当举出科学鉴定，予以否定的证据。如果不能举证或举证不足，则环境污染侵权责任即构成；证明属实的，即推翻因果关系推定，确认排污单位不构成此项侵权责任。

其次，被告举出反证反驳已经作出的因果关系推定时，必须符合特定的要求。在我国理论界，关于因果关系的学说主要有三种，即必然因果关系说、相当因果关系说和条件说。笔者认为，必然因果关系说和相当因果关系说均有致命的缺陷，而条件说应当作为认定环境侵权民事责任中因果关系的依据。必然因果说认为只有当行为必然地、不可避免地导致损害发生时，才能认定两者之间存在因果关系。该说未认识到现实世界中因果关系的复杂多样性。现实生活中特别是环境侵权案件中多因一果的现象很多，必然原因是原因，偶然原因亦为原因。只让与损害有必然因果关系的行为人承担责任，显然缩小了因果关系的范围，使受害人在很多情况下得不到赔偿。相当因果关系说认为当某一行为依社会一般观念会导致损害结果发生时，二者间便具有因果关系。该说认识到了必然因果关说的不足，扩大了因果关系的范围，但仍有严重缺陷。其一，该说认为条件说在认定因果关系时主观随意性较大，而事实上，条件说恰是以客观事实为依据，而相当因果关系说所谓的社会一般观念之标准却是主观随意性较大，无法客观度量的，其运用常使法官自由裁量权过大，有可能导致司法擅断。其二，许多情形下，特别是在环境侵权案件中，某一行为或事实必然会导致一定损害的发生,但囿于科技发展的程度,一般社会成员,甚至是专家也难以认识到二者之间的因果关系。此种情形下,显然无法运用相当因果关系说。条件说的合理之处便在于它是从客观事实出发,只要某一行为或事实是造成或加重损害的条件之一,便可认为二者之间具有因果关系。该说在因果关系问题上坚持了辩证唯物主义的立场。许多学者之所以批评该说,主要是认为该说会拉长因果关系的链条,无限扩大责任人的范围。孰不知,因果关系并非承担民事责任的唯一要件,过错等要件和法定免责条件均可对条件说加以限制。在以过错为归责原则的侵权案件中,某一行为或事实虽是造成或加重损害的条件,但如行为人对该损害结果无过错,便不必承担民事责任。在承担无过错责任的案件中,当事人亦可主张法定的免责事由而予以免责。

基于上述原因,在环境污染侵权案件中,被告举证反驳已做出的因果关系推定,必须证明自己的行为不是损害发生的条件。如何证明自己的行为不是损害发生的条件呢?这就涉及如何界定条件的问题。在确定某行为是否是造成一定损害结果的条件时,西方有学者提出了盖然性说(或称"But - for"公式)。[①] 该说认为,若无某一行为,一定的损害就不会发生时,便认为前者是后者的条件,进而认定二者间具有因果关系。该说只看到了问题的一个方面。我们认为,当没有某一行为,一定的损害虽然仍会发生,但会相应减轻时,该行为也是造成特定损害的条件,二者之间具有因果关系。只不过该行为的原因力较弱,行为人承担的责任也应当相应地减轻。此外,如某一损害是由数个行为共同导致,无其中某一行为损害仍会发生,有了该行为损害也未加重,只要该行为足以单独导致损害发生或足以加重损害,只是由于客观原因未能加重损害,仍应认定该行为是造成特定损害的条件,二者具有因果关系,因为此时损害结果是由该行为和其他行为共同造成的。因此,环境污染侵权案件中被告如欲证明自己的行为不是损害发生的条件,与损害结果无因果关系,必须同时证明:(1)若没有自己的行为,损害仍会发生;(2)若没有自己的行为,损害亦不会减轻;(3)自己的行为不足以导致损害的发生,且不足以加重损害的程度。至于学术界谈论较多的关于认定环境侵权责任中因果关系的经验法则、比例认定说和疫学因果说等学说,[②]均是在未实行因果关系推定和举证责任倒置的情况下认定因果关系的相关学说,目前在司法实践中实用价值不大。

最后,环境污染侵权案件中的因果关系不应局限于直接因果关系,应承认间接

---

① 许洪臣:《论侵权行为的因果关系》,载《当代法学》1998 年第 2 期。

② 李薇:《日本侵权行为法的因果关系论》,载《外国法评》1995 年第 4 期。

因果关系也能成为环境致害行为承担民事责任的要件。直接因果关系是指一定的行为或事实未经其他行为或事实的介入,直接导致损害结果发生的情形。间接因果关系则是指一定的行为或事实经由一些中间环节最终导致损害结果发生的情形。很多学者认为,只有直接因果关系才能成为侵权责任的构成要件,如承认间接因果关系在侵权行为法上的意义将意味着会无限扩大责任人的范围。此种观点的不足之处仍是未看到因果关系不是侵权行为承担民事责任的唯一要件,当事人可根据过错等要件及法定免责事由主张免责。我国有的学者已认识到此点,主张有条件地承认间接因果关系可成为侵权责任的构成要件。① 笔者认为,在环境侵权案件中,应承认间接因果关系可成为责任要件。这是因为:(1)在环境侵权案件中,被告所从事的生产经营活动本身具有损害环境的危险性,基于此种危险性,其承担的责任应重于一般侵权行为人,表现之一便是可能要对环境致害行为间接造成的损害承担责任。(2)承认间接因果关系可成为环境侵权责任的构成要件,绝不意味着环境侵权案件中的被告须对所有的间接损害负责,他可以举证证明原告或第三人有故意、过失而全部或部分免责。(3)现实中很多环境致害行为所导致的损害均为间接造成,如不承认间接因果关系可成为环境侵权责任要件,很多受害人的损失将难获赔偿,这不符合法律设定环境侵权民事责任制度的立法目的。

四、环境污染侵权民事责任的损失赔偿

侵权行为的民事责任根据损害客体的不同,表现为不同的承担方式。在环境侵权民事责任的承担方式中,最常用的方式就是赔偿损失即支付赔偿金。我国《环境保护法》第 41 条规定了排除危害和赔偿损失两种责任形式,但在《民法通则》所规定十种民事责任承担方式中的停止侵害、排除妨害、消除危险、恢复原状等都能适用于环境民事责任。环境污染民事责任是以消除污染危险、排除污染行为,对污染受害人进行补偿为目的。为了预防和防止污染行为,消除潜在的危险或已然的危害,应该更多地适用停止侵害、排除妨碍、消除危险这几种民事责任方式,将污染行为防患于未然,促进社会的可持续和谐发展。

(一)环境损害的赔偿范围

民事责任的主要目的在于填补受害人的损失,在本质上是一种财产责任。环境侵权行为大多给他人或社会的财产造成了一定的损害,为此,行为人要以自己的财产来对自身的侵权行为负责。赔偿损失是加害人因自己的污染、破坏环境行为,

① 王利明主编:《民法·侵权行为法》,中国人民大学出版社 1993 年版,第 149 页。

给他人造成人身、财产和环境权益损害时，加害人依法以其财产赔偿受害人经济损失的一种责任方式。赔偿损失的范围，既包括财产损失的赔偿，也包括对人身损害的赔偿；既包括直接损失，也包括间接损失。

财产损害是指由于侵权行为侵害了受害人的财产权或人身权而致其经济利益之损失。既要对现有的财产的直接减损进行赔偿，也要对正常情况下实际可得的利益进行赔偿。人身损害是指侵权行为对受害人的人身权、健康权等的侵害。对人身损害赔偿一般依据人身损害的程度确立赔偿范围。具体的赔偿范围包括必要的医药费、因误工减少的收入，残疾后的生活补助费等。直接损失是指受害人因环境污染或破坏而导致现有财产的减少或丧失；间接损失是指受害人在正常情况下应当得到，但因受环境污染或破坏而未能得到的那部分利益。由于环境侵害行为具有危险性，环境侵权应当以危害事实作为承担民事责任的构成要件，即行为人不仅要对已经造成的实际损害承担责任，还应当对虽未造成损害，但已对他人合法权益存在现实危险性的后果承担责任。鉴于环境侵权行为造成的损害具有复杂法、潜伏性的特点，有些损害可能在相当长的时间内才会逐渐显现出来。在此种情形下计算损失赔偿额不仅要考虑最终的损害结果，也应将损害过程中给他人造成的损失计算在内。有些环境侵权行为造成的损害（如污染土地导致地力下降）需要大量人力、财力的投入方能恢复，这就要求在计算环境污染侵权损失赔偿额时应当全面，不仅要计算直接损失，而且要计算间接损失；在计算间接损失时，既要计算可得利益的损失，也要计算治理恢复费用的支出。

在许多情况下，环境侵权行为还会造成他人身体痛苦，影响他人的生活安宁和精神状态，有的甚至会通过遗传因素影响他人子孙后代的健康。根据《最高人民法院关于确定民事侵权精神损害赔偿责任若干问题的解释》（法释〔2001〕7号）的规定，环境侵权行为人还应当对他人承担精神损害赔偿责任。精神损害是指侵权行为侵害了受害人的人身权或财产权而致受害人精神损害的痛苦和折磨。精神损害虽然具有无形性，不能以金钱来计算和衡量，但损害事实是可以确定的，抚慰受害人精神痛苦的物质条件是可以用金钱来衡量和支付的。

（二）环境侵权赔偿的原则

一般情况下，侵权损害赔偿的数额以受害人的损失为准，不允许惩罚性措施的运用，也就是说，环境侵权民事责任的承担遵循的是传统民法的同质赔偿原则。但是，在环境侵权民事责任的承担上，同质赔偿原则显现出了很大的局限性。首先，环境侵权的加害人与受害人地位不平等。这种不平衡导致受害人与加害人形成对抗之时的弱势地位，其结果是受害人实际获得赔偿较少，甚至得不到赔偿。其次，受害人获得赔偿的范围狭窄。从现有的法律规定来看,受害人获得赔偿的范围仅仅涉及生命、健康或财产权利受到的损害,而其他方面的损害则得不到赔偿。最后,在环境侵权案件中,因为受害人生活在环境之中,因此,受到的损害是不可避免的。然而,加害者可以采取必要的措施来避免损害的发生,这样才能实现《侵权行为法》的功能。由此可见,同质赔偿原则不能够对当代人的环境民事权益予以充分的救济,更不能够维护后代人生存和发展的基础,不利于可持续发展的实现。

为弥补同质赔偿原则的缺陷和不足,在确定环境侵权赔偿中,笔者有两点建议可供参考:第一,坚持全部赔偿与限制赔偿相结合的原则。在环境侵权行为中,由于很多情况下企业生产行为本身具有合法性和价值性,因而造成损害适用的是无过错责任原则,在此种情况下,让他们承担全部的赔偿责任,对企业来讲会大伤元气,甚至导致破产,其结果不利于经济的发展和社会的稳定。但是,不予以全部的赔偿又不足以填补受害人的损失。对此,可采用致害者限制赔偿与受害者全部索赔相结合的原则,对于限制赔偿与全部索赔数额之间的缺口,可通过建立环境污染损害风险赔偿基金和社会保险制度等社会性的救济方式来弥补。第二,有限度地适用惩罚性赔偿原则。惩罚性赔偿是指超过补偿性赔偿范围之外的损害赔偿,即对受害人给予超过实际损害数额的赔偿。适用惩罚性赔偿原则包括以下几种情况:一是主观上具有恶意的环境侵权案件;二是由于侵害人的污染开发行为导致受害人的人身权利受到损害,应给予精神赔偿;三是环境侵权行为给受害者造成的环境权益的损害也应当予以赔偿。环境权益的损害是无法用金钱来衡量的,对这种损害给予赔偿,是对于同质赔偿原则的扩大,具有明显的惩罚性质。只有遵循以上赔偿的基本原则,才能有效地弥补环境侵权民事责任同质赔偿原则所存在的缺陷,使法律责任制度实现遏制与赔偿的功能,彰显社会正义。

(三)环境损害赔偿数额的鉴定

我国《民法通则》第124条规定:“违反国家保护环境防止污染的规定,污染环境造成他人损害的,应当依法承担民事责任。”《水污染防治法》(2008年修订)第85条规定:“因水污染受到损害的当事人,有权要求排污方排除危害和赔偿损失。”对于环境损害赔偿损失的数额界定通常情况下需要进行鉴定。鉴定结论作为诉讼法上重要的证据种类之一,在环境污染侵权诉讼中发挥着重大的作用,是审理该类案件所不可缺少的证明手段。这主要因为环境污染的污染程度、损害程度等问题,都需要有科学的权威依据。而鉴定结论是由具有专业知识的专家运用先进科学技术手段,对某些专门性问题进行分析,并作出的结论性意见,具有很强的权威性和可信性,故其证明力极高。另外,在环境污染侵权诉讼中,除了污染程度和损害程度的鉴定外，还有医学鉴定，以确定受害人的身体状况及与加害行为之间的因果关系。鉴定结论的广泛使用，是环境污染侵权诉讼中证明活动的重要特点。

五、关于本案的处理问题

本案中，作为鱼塘承包人冯某在下雨时抽水注入水塘属于正常的行为，对于其养殖的桂花鱼死亡的事实应当采用举证责任倒置和因果关系推定的法律适用。虽然某勘探大队认为存在暴雨冲溢、水涌相连等合理原因和途径可能引起损害的发生，但由于桂花鱼死亡的原因亦已经有关部门鉴定为石油类、碱等物质污染引起，而附近作业的只有某勘探大队作业的废水中含有上述物质。某勘探大队既不能证明其污染行为不会导致桂花鱼死亡，也不能证明导致桂花鱼非正常死亡的结果确系其他原因所致，不能就其免责事由及其行为与损害结果之间不存在因果关系举证。因此，某勘探大队四〇一井队的行为致环境污染而造成冯某养殖的鱼死亡的侵害事实清楚，应当承担赔偿责任。由于某勘探大队四〇一井队是某勘探大队的内设机构，因此，某勘探大队四〇一井队承担的赔偿责任应由某勘探大队承担。某地质勘察分公司的租赁行为对污染事件客观上无直接因果关系，主观上不存在过错，某地质勘察分公司、某地质勘察公司不应对污染造成的损失承担赔偿责任。对于本案造成冯某的损失赔偿问题，不仅包括对现有财产的直接减损进行赔偿，也应对正常情况下实际可得的利益予以赔偿。

六、矿业行政及其他类

（一）探矿权转让审批纠纷

31. 探矿权转让及变更登记案件是否属于行政复议前置案件？
——王某不服某省国土资源厅地矿行政许可案①

【案情介绍】

原告：王某。

被告：某省国土资源厅（以下简称省国土厅）。

第三人：某矿业公司。

2002 年 9 月，王某依法取得某铜矿普查的探矿权，勘查面积为 4.29 平方公里，图幅号为：149E01×××5。王某先后委托某有色地质勘查局某总队、某有色地质勘查局物化探总队进行勘查。王某的探矿权有效期限经合法延续到 2007 年 4 月 1 日。2006 年 3 月 26 日，王某以某铜矿（未在工商行政管理机关办理企业注册登记）的名义作为甲方，与乙方陕西某公司签订《联合开发经营“某铜矿”合同书》，约定甲方以某铜矿的探、采权（探矿证号：6100××××30309 号，面积 4.29 平方公里），及前期探矿工作中的有形、无形资产与乙方动态投资人民币约壹仟伍佰万元联合开发经营该矿；合同签订后成立“某矿业公司”组建董事会，统一管理该矿的一切事务，乙方任法人代表董事长，甲方任总经理、监事；甲方负责依法办理新公司矿山探采工作所需国家规定的相关批文批件和证明，提供一整套盖有铜矿红印章的营业执照、法人组织机构代码证、探矿证复印件；双方的风险及分成比例为：按照风险共担（甲方不承担乙方投资风险），利润共享的原则，税后纯利润，甲方 30%、乙方 70%。

---

① 王兴祥不服省国土厅地矿行政许可案（陕西省柞水县人民法院（2008）柞行初字第 3 号，2008 年 9 月 25 日）。

随后,陕西某公司取得了某铜矿的公章、王某的私章及6100××××30309号勘查许可证等。2006年6月12日,陕西某公司出资人民币100万元设立某矿业公司,由马某任董事长,邢某为董事。2007年2月25日,第三人某矿业公司以王某的名义,出具委托书:“某省国土资源厅:兹委托邢某同志,全权办理某铜矿普查项目转让给某矿业公司等事宜”及申请书、转让合同书等文件。次日,第三人某矿业公司填写《探矿权转让申请书》,邢某在上述材料中以王某的名义签字,并加盖了王某的印章。

2007年2月12日,县国土资源局向市国土资源局呈报某国土函(2007)18号《关于某铜矿普查项目申请办理探矿权延续的函》称:“社会自然人王某于2005年4月1日经某省国土资源厅批准,依法取得了某铜矿普查项目探矿权,勘查许可证号为6100××××30309,矿区面积为4.29平方公里,有效期自2005年4月1日至2007年4月1日。经调查审查,该探矿权人自取得某铜矿普查项目探矿权以来,能够严格按照设计方案施工,工程投放达到法定最低勘查投入,按期年检,无超界勘查、以采代探等违法行为,无矿权纠纷。经研究决定,同意某铜矿普查项目办理探矿权延续登记手续。”市国土资源局据此于2007年3月19日向省国土厅勘查处呈报某政国土矿函〔2007〕66号《关于某铜矿普查项目办理相关手续的函》。

2007年4月18日,省国土厅下发某(07)探转33号《探矿权转让审批通知书》,称:“王某、某矿业公司:经审查,你们提交的某铜矿普查项目(勘查许可证号6100××××30309号)的探矿权转让申请,符合国家有关探矿权转让的法规要求,准予转让。请自收到批准转让通知之日起60日内,一并到某省国土资源厅办理探矿权变更延续登记手续,到期不办者,本次转让视为失效。”2007年4月25日,第三人某矿业公司以王某的名义出具委托书,并加盖王某的印章,委托邢某全权办理有关某铜矿普查项目转让给某矿业公司等事宜(包括变更、延续)。2007年3月19日,某矿业公司填写、呈送探矿权变更延续申请登记书及相关材料。某矿业公司在申请登记书中将项目名称由某铜矿普查变更为某铜矿详查。

2007年6月8日,省国土厅向第三人某矿业公司发出《领取矿产资源勘查许可证通知》,称某矿业公司于2007年4月27日提交的某铜矿详查项目勘查登记申请,经审查,符合《矿产资源勘查区块登记管理办法》的有关规定,准予登记。并要求第三人某矿业公司领取勘查许可证,在交纳相关费用后,向第三人颁发6100××××30269号矿产资源勘查许可证。

2008年3月15日,王某致函省国土厅,称第三人某矿业公司未经其授权,变更了探矿权人,要求恢复其探矿权人资格。未果后,王某遂提起行政诉讼。

【法院审判】

法院认为,本案的争议焦点主要有两个:一是本案是否属于《行政复议法》第30条第1款所规定的行政复议前置案件;二是被告省国土厅在审查批准探矿权转让及办理变更登记中是否存在违法问题。

关于本案是否属于行政复议前置案件,法院认为,《行政复议法》第30条第1款所列举的具体行政行为是因自然资源确权引起的行政复议,对此,最高人民法院在法释〔2003〕5号《关于适用〈行政复议法〉第30条第1款有关问题的批复》中明确指出:"根据《行政复议法》第三十条第一款的规定,公民、法人或者其他组织认为行政机关确认土地、矿藏、水流、森林、山岭、草原、荒地、滩涂、海域等自然资源的所有权或者使用权的具体行政行为,侵犯其已经依法取得的自然资源所有权或者使用权的,经行政复议后,才可以向人民法院提起行政诉讼,但法律另有规定的除外;对涉及自然资源所有权或者使用权的行政处罚、行政强制措施等其他具体行政行为提起行政诉讼的,不适用《行政复议法》第三十条第一款的规定。"根据上述司法解释,自然资源行政复议前置案件必须是自然资源确权案件。所谓自然资源确权是指确认土地、矿藏、水流、森林、山岭、草原、荒地、滩涂、海域等自然资源的所有权或使用权的具体行政行为,也就是说,只有行政相对人对自然资源的所有权和使用权的权属发生争议,行政机关对权属争议作出确权决定的这一类案件,当事人先经行政复议,方可向人民法院起诉,否则人民法院不予受理。在本案中,被告省国土厅在授予原告王某探矿权时的具体行政行为,依据我国《行政许可法》第12条第2项及国务院《矿产资源勘查区块登记管理办法》的相关规定,是一种行政许可行为。其对探矿权转让的审查、变更及延续登记,依据《行政许可法》第49条、50条及《探矿权采矿权转让管理办法》、《矿产资源勘查区块登记管理办法》第22条第3项等相关规定,上述行为应属对行政许可的变更、延续,仍然是一种行政许可行为。依据最高人民法院法发〔2004〕2号《关于规范行政案件案由的通知》规定,行政确认与行政许可是两种不同种类的行政行为。所以,被告省国土厅对探矿权转让的审查批准及变更登记行为,是对有限自然资源开发利用的行政许可行为,而不是自然资源确权行为,本案不属于行政复议前置案件,被告及第三人认为应当依据《行政复议法》第30条第1款及《最高人民法院关于执行〈中华人民共和国行政诉讼法〉若干问题的解释》第44条第7项的规定,要求驳回原告王某起诉的辩解理由属于理解法律错误,不能成立。

关于被告在审查探矿权转让及办理变更登记手续中"是否存在违法"的问题,法院认为,首先,原告王某依法取得矿产资源勘查许可证,享有合法的探矿权。依据

《矿产资源法实施细则》第5条、6条第1款及《矿产资源勘查区块登记管理办法》的相关规定，勘查矿产资源，必须依法申请登记，领取勘查许可证，取得探矿权。所谓探矿权，是指在依法取得的勘查许可证规定的范围内，勘查矿产资源的权利。取得勘查许可证的单位或者个人称为探矿权人。如探矿权人改变名称，应向登记管理部门申请变更登记，即使是合作勘查，也须按照法律规定签订《合作勘查矿产资源合同书》，并向原勘查登记管理机关备案同意后，方可开展合作勘查工作。也就是说，只有依法申请登记，被载入勘查许可证探矿权人栏目，领取勘查许可证的单位或个人才是法律意义上的探矿权人，因某铜矿等既未申请变更登记，其名称又未被载入勘查许可证探矿权人一栏，故第三人关于某铜矿普查项目的探矿权人为某铜矿所有及与其他合伙人共有的理由，缺乏法律依据，本院不予支持。其次，关于原告王某是否委托第三人的股东办理探矿权转让、变更登记手续，被告所提供的委托书中虽盖有王某的印章，但签名并非王某所签，且委托书的印章与邢某所述情况相矛盾，被告及第三人对此不能作出合理解释，第三人提供的落款为2007年1月25日的委托书，因无王某的签名、印章，且多处重大内容包括落款日期系他人添加所为，故此委托书缺乏法律效力。据此，被告及第三人提供的委托书不能证明原告王某的真实意思表示。最后，被告省国土厅在审查批准本案探矿权转让和变更登记过程中，未尽到谨慎审查之义务，存在重大失误。第一，没有依照该厅某国土资发〔2006〕109号《关于进一步规范探矿权管理有关问题的通知》第2条第4项的规定，要求原告与第三人对提交的材料的真实性作出承诺，对第三人提供的委托书的真实性未进行核实，致使原告王某的真实意思表示无法确定。第二，依照该《通知》第3条第4项第1目的规定，在转让申请登记书中，转让申请人和受让申请人栏，必须是双方法定代表人签字并加盖印章。同样，在被告提供的转让申请登记书的填表说明第2条、4条要求：转让人是自然人的，填自然人名称，"法定代表人"由法定代表人填写并盖印章。从这些规定要求可见，转让申请人栏应当由探矿权人亲自填写签字并加盖印章。签字与加盖印章缺一不可，均须探矿权人本人为之。被告对转让申请登记书中的原告签字的真实性未进行审查，违反了上述规定要求。第三，转让人与受让人签订的探矿权转让合同，是办理探矿权转让审批手续中必不可缺的一份文件材料。本案中，虽有原告王某以某铜矿的名义与陕西某公司签订的联合开发经营合同，约定原告王某以某铜矿的探矿权，前期所投入全部费用及资产作为入股投资，与陕西某公司联合开发经营该矿，但该合同中并无王某以上述资产投资入股某矿业公司，并将探矿权转让给某矿业公司的文字记载。所以联合开发经营合同与探矿权转让合同有着各自不同的作用，不能以联合开发经营合同来代替探矿权转让合同。在本案中，第三人虽然辩称，原告委托邢某到被告处办理探矿权转让手续，但却从未宣称也无证据表明原告曾委托邢某签订探矿权转让合同，故邢某于2007年2月25日以王某名义签订的《转让合同书》的真实性与合法性均存在疑问，也与第三人向被告提交的委托书的授权范围相矛盾，被告未进行认真审查，排除疑点、矛盾，其履行职责显然存在瑕疵。第四，根据该《通知》第3条第4项第3目的规定，市、县两级国土资源管理部门出具的探矿权权属无争议证明，也是探矿权转让审批中必备的资料。但是，在本次转让审批时，被告依据的县国土资源局的证明文件内容，却是同意某铜矿普查项目申请办理探矿权延续登记手续，也就是说，被告是依据探矿权延续登记的证明材料进行了转让审批和变更登记，这一证据印证了原告委托第三人办理探矿权延续登记的说法，却明显地不能支持被告的具体行政行为，二者之间存在明显的矛盾，被告未能排除这一矛盾，显属审查失误，导致对探矿权转让的审批与变更登记事实依据不足。

综上所述，法院认为，本案不属行政复议前置案件，人民法院可以依法直接受理，对具体行政行为的合法性进行审查。被告省国土厅在某铜矿普查项目探矿权转让的审批与变更登记中，未严格执行操作规范，未尽到谨慎审查的职责要求，存在审查不严的重大过失，致使作出批准转让与变更登记所依据的事实不清，证据不足。故依据《行政诉讼法》第54条第2项第1目的规定，判决如下：撤销被告某省国土资源厅于2007年4月18日作出的某(07)探转33号探矿权转让审批通知及证号为6100××××30269号矿产资源勘查许可证。

【律师评析】

本案主要涉及三个方面的问题：一是自然资源行政复议前置案件的范围界定问题；二是国土资源行政主管部门对探矿权转让审批及变更登记行为的案件是否属于行政复议前置案件的问题；三是国土资源行政主管部门在行政许可行为中的审慎审查义务问题。

一、矿产资源行政复议前置必须是矿产资源行政裁决案件

（一）关于矿产资源行政复议前置案件的规定

1999年颁布实施的《行政复议法》第30条第1款规定："公民、法人或者其他组织认为行政机关的具体行政行为侵犯其已经依法取得的土地、矿藏、水流、森林、山岭、草原、荒地、滩涂、海域等自然资源的所有权或者使用权的，应当先申请行政复议，对行政复议决定不服的，可以依法向人民法院提起行政诉讼。"2003年2月25

日,《最高人民法院就山西省高级人民法院关于适用〈行政复议法〉第30条第1款有关问题的批复》(法释〔2003〕5号)指出:“根据《行政复议法》第三十条第一款的规定,公民、法人或其他组织认为行政机关确认土地、矿藏、水流、森林、山岭、草原、荒地、滩涂、海域等自然资源的所有权或使用权的具体行政行为,侵犯其已经依法取得的自然资源所有权或者使用权的,经行政复议后,才可以向人民法院提起行政诉讼,但法律另有规定的除外;对涉及自然资源所有权或者使用权的行政处罚、行政强制措施等其他具体行政行为提起行政诉讼的,不适用《行政复议法》第三十条第一款的规定。”根据上述相关法律的规定,确认矿产资源所有权和使用权的案件应当复议前置,只有经行政复议后,才可以向人民法院提起行政诉讼。

针对何为“确认”的含义,2005年2月24日,《最高人民法院行政审判庭关于行政机关颁发自然资源所有权或者使用权证的行为是否属于确认行政行为问题的答复》(〔2005〕行他字第4号)称:“最高人民法院法释〔2003〕5号批复中的‘确认’,是指当事人对自然资源的权属发生争议后,行政机关对争议的自然资源的所有权或者使用权所作的确权决定。有关土地等自然资源所有权或者使用权的初始登记,属于行政许可性质,不应包括在行政确认范畴之内。据此,行政机关颁发自然资源所有权或者使用权证书的行为不属于复议前置的情形。”由此可见,行政复议前置案件的适用范围进一步被限定,只适用于当事人因自然资源权属发生争议,行政机关对争议的自然资源的所有权或者使用权所作的确权决定。

(二)“确认……的具体行政行为”是指行政确认还是行政裁决的分析

对于“确认……具体行政行为”是行政确认还是行政裁决或者二者兼而有之,学界存在三种观点。第一种观点认为,最高院法释〔2003〕5号已经将《行政复议法》第30条第1款的具体行政行为限定为确认具体行政行为,即行政确认侵犯了行政相对人已经依法取得权属的行为,具有侵权性质;而行政裁决属于居间裁判行为,没有侵权性质。第二种观点认为,依据《最高人民法院行政审判庭关于行政机关颁发自然资源所有权或者使用权证的行为是否属于确认行政行为问题的答复》(〔2005〕行他字第4号),最高院法释〔2003〕5号批复中的“确认”是指当事人对自然资源的权属发生争议后,行政机关对争议的自然资源的所有权或者使用权所作的确权决定,属于行政裁决。[①] 第二种观点认为,即全国高等学校法学专业核心课

---

① 樊文立、王永涛:《土地权属争议行政诉讼案件复议前置问题思考》,载中国政府法制信息网:http://www.chinalaw.gov.cn/article/dfxx/zffzyj/200906/20090600135537.shtml,最后访问日期:2012年4月16日。

程教材《行政法与行政诉讼法》将行政复议法第 6 条第 4 项解释为“行政确权行为”。① 如河南省高院关于新乡农机产品经销中心清算组诉新乡县人民政府土地行政决定纠纷一案的行政裁定书(〔2008〕豫法行再字第 00012 号)认为,最高院法释〔2003〕5 号批复中应当适用复议前置程序的具体行政行为,主要针对的是对所列自然资源的行政确权行为,除此之外的非行政确权行为,不适用复议前置程序。行政确权既包括行政确认行为又包含行政裁决行为,因此,法释〔2003〕5 号批复中的“确认……具体行政行为”,“既包括行政确认又包括行政裁决”。②

笔者赞同最高人民法院法释〔2003〕5 号批复中的“确认……具体行政行为”应指行政裁决的观点。行政确认是指行政主体依法对相对人法律地位、法律关系和法律事实进行甄别,给予确认、认可、证明并予以宣告的具体行政行为。③ 行政裁决是指行政主体依照法律授权,对平等主体之间发生的、与行政管理活动密切相关的、特定的民事纠纷(争议)进行审查并作出裁决的具体行政行为。④ 行政确认是行政裁决的前提,没有行政确认就无法进行行政裁决。行政确认和行政裁决的区别在于行政确认是确认法律地位、法律关系和法律事实,不创设权利,也不增加义务;而行政裁决主要是由行政机关通过确认解决当事人的争议,直接涉及甚至设定、增减、免除当事人的权利义务。譬如,我国《土地管理法》第 16 条第 1 款规定:“土地所有权和使用权争议,由当事人协商解决;协商不成的,由人民政府处理。”这里所说的处理,就是行政裁决中的权属纠纷裁决,即双方当事人因某一财产的所有权或使用权的归属产生争议(包括土地、草原、水流、滩涂、矿产等自然资源的权属争议),双方当事人可依法向行政机关请求确认,并作出裁决。这一规定也“是强制性的行政裁决”。⑤ 作为对我国《土地管理法》和《行政复议法》中关于土地所有权和使用权争议复议前置问题的进一步明确,最高人民法院法释〔2003〕5 号批复中“公民、法人或者其他组织认为行政机关确认土地、矿藏……自然资源的所有权或者使用权的具体行政行为侵犯其已经依法取得的自然资源的所有权或者使用权”应当理解为当事人对自然资源的权属发生争议,通过具有法定职权的行政机关对争议

---

① 姜明安主编:《行政法与行政诉讼法》,北京大学出版社 · 高等教育出版社 2007 年版,第 425 ~ 426 页。

② 李媛辉:《林地确权行政案件复议前置分析》,载《北京林业大学学报》(社会科学版)第 7 卷第 2 期。

③ 罗豪才主编:《行政法学》,北京大学出版社 1998 年版,第 184 页。

④ 罗豪才主编:《行政法学》,北京大学出版社 1998 年版,第 249 页。

⑤ 姬亚平:《行政裁决问题研究》,载《理论导刊》2008 年第 10 期。

自然资源的所有权或者使用权进行裁决而作出确权决定。由上述分析可见,"确认……具体行政行为"应指行政裁决,而非行政确认,也不完全是指行政确权。

(三)对于"已经取得"的理解

对"侵犯其已经依法取得的自然资源的所有权或者使用权的,经行政复议后,才可以向人民法院提起行政诉讼"中的"已经依法取得"应如何理解?对此存在两种不同的观点。一种观点认为,这里的"已经依法取得"应理解为公民、法人或其他组织主观认定已经依法取得自然资源的权属即可,而不应单纯地理解为公民、法人或其他组织已经依法取得行政机关颁发的自然资源所有权或使用权权属法律证书。至于公民、法人或其他组织是否实际"已依法取得"自然资源所有权或使用权权属,则属于实体审理中需要确认的问题。① 另一种观点认为,这里所指的"已经取得"应"以当事人已经取得自然资源的所有权或者使用权法律证书为标准"。② 行政机关侵犯该项"已依法取得"的权利时,复议才是行政诉讼的前置条件。

笔者认为,第二种观点比较科学。自然资源所有权和使用权行政诉讼案件是否适用复议前置,应以当事人客观上是否依法取得权属为依据。③《矿产资源法》第3条第3款规定:"勘查、开采矿产资源,必须依法分别申请、经批准取得探矿权、采矿权,并办理登记。"即只有依法办理登记手续,取得权利证书,才从法律上取得了该项自然资源的权利。这种不动产登记行为是行政主体应申请人的申请,在政府有关登记簿册中记载行政相对人的某种情况或事实,并依法予以正式确认的行为,属于行政确认,是作出行政裁决行为的前提。该规定同时说明,公民、法人和其他组织的权利应当是一种既得权利,而非期待权利。这个定义是符合实际和易于操作的。而且,最高人民法院法释〔2003〕5号是对《行政复议法》第30条第1款的限制解释,即《行政复议法》第30条第1款的字面含义显然比立法的原意要宽广,从这个角度来说,对"已经取得"应按字面解释,既不应作扩充解释,也不应作限制解释。因此,当事人认为行政机关确认自然资源所有权和使用权的具体行政行为侵害其已经取得的自然资源所有权或使用权而直接向人民法院提起诉讼,人民法院应先认定其权属依据是否已经依法取得,如果经审查认定为"已依法取得",那么当事人

---

① 王冠春:《土地行政复议案件中几个问题的探讨》,载《政府法制·半月刊》(上)2006年第9期。

② 国家法官学院·中国人民大学法学院编:《中国审判案例要览》,中国人民大学出版社·人民法院出版社2004年版,第34页。

③ 樊文立、王永涛:《土地权属争议行政诉讼案件复议前置问题思考》,载中国政府法制信息网:http://www.chinalaw.gov.cn/article/dfxx/zffzyj/200906/20090600135537.shtml,最后访问日期:2012年4月16日。

必须先申请行政复议，否则人民法院不予受理；反之，人民法院在认定为“非依法取得”的情况下，可以直接予以受理。

二、探矿权转让审查批准及变更登记属于行政许可行为

我国《行政许可法》第 12 条第 2 项规定：“下列事项可以设定行政许可：……（二）有限自然资源开发利用、公共资源配置以及直接关系公共利益的特定行业的市场准入等，需要赋予特定权利的事项；……”国务院《矿产资源勘查区块登记管理办法》第 4 条规定：“勘查下列矿产资源，由国务院地质矿产主管部门审批登记，颁发勘查许可证：……勘查石油、天然气矿产的，经国务院指定的机关审查同意后，由国务院地质矿产主管部门登记，颁发勘查许可证。勘查下列矿产资源，由省、自治区、直辖市人民政府地质矿产主管部门审批登记，颁发勘查许可证，并应当自发证之日起 10 日内，向国务院地质矿产主管部门备案：……”以上规定可见，国土资源主管机关授予探矿权的具体行政行为是一种行政许可行为。依据《行政许可法》第 49 条、50 条及国务院《探矿权采矿权转让管理办法》、《矿产资源勘查区块登记管理办法》第 22 条第 3 项等相关规定，国土资源主管机关对探矿权转让的审查、变更及延续登记行为应属于对行政许可的变更、延续，仍然是一种行政许可行为。

《最高人民法院关于规范行政案件案由的通知》（法发〔2004〕2 号）规定，行政确认与行政许可是两种不同种类的行政行为。行政确认是指行政主体依法对相对人法律地位、法律关系和法律事实进行甄别，给予确认、认可、证明并予以宣告的具体行政行为。[①] 我国《行政许可法》第 2 条规定，行政许可是指是指行政机关根据公民、法人或者其他组织的申请，经依法审查，准予其从事特定活动的行为。行政许可与行政确认常常是同一行政行为的两个步骤，确认是许可的前提，许可是确认的结果。但是行政确认与行政许可又存在明显的区别，行政确认是对行政相对人业已存在的既有法律地位、权利义务的确定和认可，具有前溯性，对今后仅是一种预决作用；行政许可的行为对象是许可行政相对人获得为某种行为的权利或资格，许可之前不得为之，其法律效果具有后及性。因此，国土资源主管机关对探矿权转让的审查批准及变更登记行为，是对有限自然资源开发利用的行政许可行为，而不是对自然资源的确权行为，不属于行政复议前置案件，人民法院对于此类案件可以直接予以受理。

---

① 罗豪才主编：《行政法学》，北京大学出版社 1998 年版，第 184 页。

三、登记管理机关对申请材料应尽到审慎审查义务

所谓“审慎审查”，就是对申请材料进行认真、慎重地审查，在法定审查期限内，通过一般方法和手段（如考查申请材料的语言文字和前后逻辑联系，核对申请人的笔迹、印章，就有关疑点询问申请人或其他有关人员），而非通过特别方法和手段（如鉴定、勘验），发现相应申请材料实质内容可能存在的真实性问题。对登记申请人所提交的申请材料进行审查是登记机关的法定职责。通说认为，审查方式有实质审查与形式审查之分。前者是指行政机关对申请人所提交材料的审查，不仅要审查其是否完整齐全并符合法定形式，而且要对材料内容的真实性进行审查。后者是指行政机关只对申请人提交材料是否完整齐全并符合法定形式进行审查，而由申请人本人对材料内容的真实性负责。我国《物权法》第 12 条规定登记机关应当履行“查验申请人提供的权属证明和其他必要材料”的职责。“从《物权法》本条规定登记机构的审查职责来看，采用的应当是实质审查模式。这实际上已经表明《物权法》规定的登记审查不仅仅是形式上对提交材料的审查，还要查验这些材料的真实合法性。我国《物权法》第 21 条第 2 款规定了因登记错误造成他人损害的，登记机构应当承担赔偿责任。这也是与物权法采实质审查模式相适应的。”[①]笔者认为，即使在行政机关进行“形式审查”的场合，虽然不要求登记机关对材料实质内容的真实性负责，但仍然要求其按照工作人员的业务知识范围和实际工作经验履行审慎合理的审查义务，即仍然具有“审慎审查”的义务。

目前，对审慎审查义务并没有明确的法律规定。那么其产生及适用的法律依据又是什么呢？有观点认为，应以行政法一般原则中的合理行政原则作为其法律依据。[②] 合理行政，即行政机关做出的行政行为内容要客观、适度、符合理性。其中一项重要内容就是行政行为应建立在正当考虑的基础之上。该原则要求行政机关在依法作为的同时应尽到应有的、合理的注意义务以防止有可能损害行政相对人或其他利害关系人合法权益的危害结果的发生，否则可以认为是行政机关怠于履行必要的行政义务，应当承担相应的法律责任。因此，审慎审查义务的法律依据应来源于合理行政原则。根据行政法权责统一原则，既然享有核实材料真实性的权力就应承担审慎审查的义务。审慎审查义务对登记机关提出了较高的要求，如果

---

① 黄松有主编：《中华人民共和国物权法条文理解与适用》，人民法院出版社 2007 年版，第 80 页。

② 谢彦：《公司登记审慎审查义务的几点思考》，载 http://www.szsgsj.gov.cn/suzhoubaweb/show/sj/bawebFile/99241.html，最后访问日期：2012 年 4 月 19 日。

因为怠于履行审慎义务而损害了利害关系人的合法权益,登记机关应当承担相应的法律责任。

四、关于本案的处理问题

本案中,被告省国土资源厅对探矿权转让的审批及变更登记行为是对有限自然资源开发利用的行政许可行为,而不是自然资源确权行为,本案不属于行政复议前置案件,人民法院可以直接受理。被告省国土资源厅在探矿权转让的审批及变更登记过程中,未尽到谨慎审查的义务,存在重大失误,导致对探矿权转让的审批与变更登记事实不清,证据不足。故法院依法作出撤销被告省国土资源厅具体行政行为的判决是正确的。

(二)不服限期停止采矿处罚

32. 乡政府是否有权作出限期停止采矿通知?

——李某等不服某乡政府限期停止采矿处罚上诉案①

【案情介绍】

上诉人(原审被告):某乡政府。

被上诉人(原审原告):李某等五人。

李某等五人采矿组于1986年间在某乡猪某岭开采锰矿,李某和莫某采矿组当时均办理有采矿证,李某采矿组的00179号采矿证,自1986年11月15日起至1988年11月15日止有效,莫某采矿组的第00203号采矿证,自1987午6月18日起至1989年6月18日止有效。莫某一、银某、莫某二等人在实行联产承包责任制后,承包有罗某岭、麦某岭、猪某岭的稀疏林地和部分耕地,与李某签订了承包采矿用地协议及合伙开矿协议书。原告李某等五人的采矿证分别于1988年11月16日和1989年6月19日失效后,未办得新的采矿证,但仍继续在某村猪某岭、罗某岭和麦某岭开采锰矿。

某乡人民政府1992年6月29日作出《关于某矿场限期停止开采通知书》,分别发给李某、莫某。该通知书指出,根据县矿产资源管理局(1992)年1号文件《关于

---

① 李英才等不服武宜县金鸡乡人民政府限期停止采矿处罚案。

一九九一年乡镇集体矿山和个体采矿年度检查的通报》的精神，依照《矿产资源法》、《广西壮族自治区乡镇集体矿山企业和个体开采矿产资源管理条例》的有关规定，让李某等五人在某矿场开采的笼口，限于1992年7月1日前立即停止开采，其开采设备和原已采出的矿石，于7月5日前拆除。如不按该通知规定执行者，除没收所有设备和所采得的矿石外，还要追缴其开采的各项管理费和税款。通知自下达之日起，如不执行者，一切后果自负。李某、莫某采矿组(包括银某、莫某一、莫某二)于1992年6月30日收到限期停止采矿的通知书，向某乡政府申请复议未获解决，于1993年3月18日向法院起诉称：(1)请求依法判令撤销被告限期停止开采通知书，要求将原告猪某岭、罗某岭、麦某岭两个冶金锰矿笼口归还原告；(2)请求判令被告恢复给原告的开采证；(3)请求判令被告赔偿原告经济损失14.9万元。

【法院审判】

一审法院认为：(1)被告某乡人民政府的限期停止开采通知书是具体行政行为。某乡人民政府作为一级行政机关，在行使管理国家矿产资源活动中，针对特定的人(李某、莫某)、特定的事(李某等人的采矿)作出的具体强制力的措施。(2)某人民政府的限期停止开采通知书属于超越职权。根据《矿产资源法》第39条、45条的规定，责令停止开采的由市、县人民政府决定。某乡人民政府越权行使了按规定应由市、县人民政府行使的职权。(3)某乡人民政府的限期停止开采通知书只笼统适用县矿产局(1992)1号文件和《矿产资源法》、广西壮族自治区矿管条例有关规定，没有具体适用法律条款。一审法院依据《行政诉讼法》第54条第2项第4目的规定，作出如下判决：撤销被告某乡人民政府1992年6月29日对原告李某、莫某采矿组作出的限期停止开采通知书。本案案件受理费100元由被告某乡人民政府负担。

上诉人某乡人民政府上诉称：其对李某、莫某采矿组无证采矿发出限期停止开采通知书是执行《矿产资源法》有关规定，符合县矿委、矿产局的通知、指示和会议精神，是依法行使职权，没有超越职权范围；一审法院已查明被上诉人无证开采，但对被上诉人的违法行为却不了了之，显然是袒护被上诉人的违法行为。为此，请求二审法院作出公正判决，同时对被上诉人的违法行为也作出相应的处理。

被上诉人李某等五人辩称：上诉人对其作出限期停止开采的通知，是违反《矿产资源法》第45条及《广西壮族自治区乡镇集体矿山企业和个体开采矿产资源管理条例》第33条规定的，是越权行为，不仅如此，上诉人还强占被上诉人因故未领取采矿许可证的两个笼口。为此，请求维持原审判决。

二审法院确认了一审法院查明的事实和证据。

二审法院认为,被上诉人在未领得新的采矿许可证的情况下,仍继续采矿,是违法行为。上诉人某乡人民政府负有保护国家矿产资源的职责。但向被上诉人发出限期停止开采的通知,实际上是责令被上诉人停产停业的具体行政行为。根据《矿产资源法》第45条及《广西壮族自治区乡镇集体矿山企业和个体开采矿产资源管理条例》第33条的规定,对违反《矿产资源法》,进行无证采矿,责令停止开采的,由市、县人民政府或市、县地质矿产部门决定。因此,上诉人向被上诉人发出限期停止开采的通知,超越了乡政府的职权范围,本院依法不予支持。对被上诉人在未取得新的采矿许可证的情况下,仍继续采矿活动的违法行为,应由有权的机关处理。一审判决认定事实清楚,证据充分,适用法律正确,本院应予支持。依据《中华人民共和国矿产资源法》第45条、《中华人民共和国行政诉讼法》第61条第1项的规定,判决如下:驳回上诉,维持原判。

【律师评析】

本案主要涉及两个方面的问题:一是乡政府的限期停止开采通知是否属于具体行政行为;二是超越职权行政行为的效力问题。

一、限期停止开采属于具体行政行为

具体行政行为是指国家行政机关和行政机关工作人员、法律法规授权的组织、行政机关委托的组织或者个人在行政管理活动中行使行政职权,针对特定的公民、法人或者其他组织,就特定的具体事项作出的有关该公民、法人或者其他组织权利义务的单方行为。具体行政行为的表现形式包括:行政命令、行政征收、行政许可、行政确认、行政监督检查、行政处罚、行政强制、行政给付、行政奖励、行政裁决、行政合同、行政指导、行政赔偿等。按行为性质划分,可以将具体行政行为分为:设定权利或者义务的行为;剥夺、限制权利或撤销义务的行为;变更权利或义务的行为;不行为,或称不作为等。

我国行政诉讼的客体是具体行政行为,而非抽象行政行为,因此,对抽象行政行为与具体行政行为的区分对行政诉讼的实践有重大意义,它不仅关系到人民法院对行政机关的监督范围与幅度,也涉及对行政管理相对人合法权益的保护力度。《行政诉讼法》第12条规定:"人民法院受理公民、法人和其他组织对下列具体行政行为不服提起的诉讼:(一)对拘留、罚款、吊销许可证和执照、责令停产停业、没收财物等行政处罚不服的;……"第13条规定:"人民法院不受理公民、法人或者其他

组织对下列事项提起的诉讼:(一)国防、外交等国家行为;(二)行政法规、规章或者行政机关制定、发布的具有普遍约束力的决定、命令;(三)行政机关对行政机关工作人员的奖惩、任免等决定;(四)法律规定由行政机关最终裁决的具体行政行为。"《最高人民法院关于执行〈中华人民共和国行政诉讼法〉若干问题的解释》第1条规定:"公民、法人或者其他组织对具有国家行政职权的机关和组织及其工作人员的行政行为不服,依法提起诉讼的,属于人民法院行政诉讼的受案范围。公民、法人或者其他组织对下列行为不服提起诉讼的,不属于人民法院行政诉讼的受案范围:(一)行政诉讼法第12条规定的行为;(二)公安、国家安全等机关依照刑事诉讼法的明确授权实施的行为;(三)调解行为以及法律规定的仲裁行为;(四)不具有强制力的行政指导行为;(五)驳回当事人对行政行为提起申诉的重复处理行为;(六)对公民、法人或者其他组织权利义务不产生实际影响的行为。"第3条规定:"行政诉讼法第12条第2项规定的'具有普遍约束力的决定、命令',是指行政机关针对不特定对象发布的能反复适用的行政规范性文件。"由以上规定可见,限期停止开采属于责令停产停业限制当事人权利的具有可诉性的具体行政行为。

二、具体行政行为超越职权的认定

依法行政原则是行政法的基本原则之一,是法治国家原则在行政领域的体现。依法行政原则的首要目标是确立职权法定。职权法定的含义系指行使行政职权的行政主体由法律规定,其职权不是固有的,而是法律授予的,执法活动必须限定在法律规定的范围内进行。行政主体的职权法定化是通过两种途径实现的:一是由行政机关组织法规定,概括划定各机关的职责权限范围;二是由单行的实体法规定某一具体事项由哪一级或者哪一个行政机关管辖,行政主体在其权限范围内作出的行政行为方符合行政合法性的要求。我国《矿产资源法》第3条第2款规定:"国家保护矿产资源的合理开发利用。禁止任何组织或者个人用任何手段侵占或者破坏矿产资源。各级人民政府必须加强矿产资源的保护工作。"《矿产资源法》第45条及《广西壮族自治区乡镇集体矿山企业和个体开采矿产资源管理条例》第33条均规定,对违反《矿产资源法》,进行无证采矿,责令停止开采的,由市、县人民政府或市、县地质矿产部门决定。因此,乡人民政府作出限期停止开采的行为,超越了乡政府的职权范围。

(一)超越职权的概念和特点

要认定行政机关超越职权,必须首先弄清什么是行政职权?行政职权是行政机关实施国家行政管理活动的资格及其权能。行政职权具有强制性、单方性、优先性等特点。行政职权分为两大类:一类是固有职权,它以行政机关的依法设立而产生,并随行政机关的撤销而消失。另一类是授予职权,它来自有权机关的授权行为,授予职权既可因授权机关的撤回授权而消灭,也可因该组织的撤销而消灭。总之,行政职权主要有制定法律规范、行政决策、行政命令、行政处罚、行政决定、行政制裁、行政复议、行政强制等。

所谓超越职权,是指行政执法主体及其工作人员所作出的具体行政行为,超越了法律、法规规定的权限范围,或者实施了根本无权实施的行政行为。行政超越职权是行政主体在行政管理活动中,超越其法定行政职权的违法具体行政行为。从超越职权的定义可以看出,超越职权具有以下含义和特点:(1)行政执法主体既可以是行使行政职权并对其行为承担责任的行政机关及其工作人员,也可以是经法律、法规直接授权行使行政职能并承担责任的其他组织或个人。(2)主观上出于故意或过失。超越职权虽然是一种外在形式违法的行政行为,但在行政执法主体的主观上可能是由于故意造成,也可能是由于工作马虎,不负责任的过失行为所造成。(3)客观上实施了超越职权的行政行为。(4)这种行政行为超越了法律法规规定的权限范围,或者实施了根本无权实施的行政行为。行政机关的行政职权是为了履行国家的行政管理职能而由法律授予行政机关的职责和权限。各行政机关只能在法律法规的授权范围内进行管理。"越权无效"是行政法的基本原则,因此,超越职权行为是一种非法的、无效的、依法应当被撤销的行政行为。

(二)超越职权的表现形式

根据我国法律、法规规定和行政管理具体现状以及行政审判的实践,行政超越职权主要表现在以下几个方面:

1. 纵向上的行政超越职权。一是下级行政主体行使了属于上级行政主体的职权。二是上级行政主体行使了属于下级行政主体的职权。上级行政机关根据行政监督权和组织原则,原则上有权变更、撤销下级行政机关的行为或者指示下级行政机关作出一定的行为。在必要情况下,上级行政机关可以直接代行下级行政机关的职权。但是如果法律、法规已明确规定某项行政职权应由下级行政机关行使,则上级行政机关不得代替下级机关作出。

2. 横向上的行政超越职权。一是事务管辖权超越,即行政主体管辖了不属于其法定业务范围的业务。二是地域管辖权超越,即行政主体的具体行政行为超越了法定的空间范围。三是行政主体的内部管理机构行使外部管理机关的职权。

3. 内容上的行政超越职权。一是超过法定范围,使用了法律、法规没有规定的执法手段。我国法律、法规对违反行政法的行为范围和处罚手段一般都作了比较严格的规定,行政主体在行政管理中必须严格遵守;不能超越法律规定的范围和使用法律没有规定的处罚手段,对行政相对人设定法律规定以外的义务。二是超越了法律、法规规定的处罚幅度。

4. 程序上的行政超越职权。一是超出了法律、法规规定的行使职权的有效时间。二是采用法律没有规定的方式、形式,未遵守法律规定的必经程序。

(三)对行政超越职权的司法审查

我国《行政诉讼法》第6条规定:“人民法院审理行政案件,对具体行政行为是否合法进行审查。”行政主体是否超越职权是人民法院合法性审查的重要内容。

其一,要对实施具体行政行为的主体资格实施审查,看其是否属于合法成立、能独立对外行使职权的行政机关或经法律法规授权或经行政机关委托的组织或个人。凡已被撤销或合并的行政机关,任职前或免职后的行政机关工作人员,未被授权或委托的行政机关的派出机构,行政机关的内部职能机构以及其他未被授权或委托,或授权、委托已经过期的组织或个人,均属于不具备行政主体资格,其所作出的行政行为无效,依法应予撤销。

其二,审查作出具体行政行为的内容是否越权应从行政主体行使行政职权的性质、范围、种类等方面进行审查。审查是否超过法律、法规规定的权限范围;是否使用了法律、法规没有明文规定的执法手段;是否超越法律规定的处罚幅度。凡实施上述纵向越权、横向越权、超越其他国家机关权限、超过授权或委托范围的行为,均属无效,依法应予撤销。

三、对具体行政行为超越职权的处理

“越权无效”是世界各国行政法和行政诉讼制度所确认的共同原则,也是我国《行政诉讼法》和《行政复议法》所规定的适用撤销判决或决定的法定条件。根据我国《行政诉讼法》的规定,人民法院有权对具体行政行为的合法性进行审查,对超越职权的具体行政行为,人民法院可以撤销或部分撤销,并可以判决被告重新作出具体行政行为。

1. 判决全部撤销。如果因超越职权使被诉具体行政行为全部处于非法状态,或虽部分违法部分合法但合法部分不能独立存在时,依照《行政诉讼法》第54条第2项之规定应当判决全部撤销。该类行为严重侵害了行政相对人的合法权益,损害了行政执法权威,应当全面客观审查后依法判决全部撤销。

2. 判决部分撤销。对具体行政行为具有可分性,又部分合法部分违法的情形,人民法院可以判决部分撤销。有的具体行政行为,根据不同的法规有多项处理决定,或一项处理决定中合并有几项独立的内容,而超越职权只是其中的部分可以独立分离的情况。在这种情况下,人民法院应当维持正确合法的部分,而仅对超越职权的违法部分予以撤销。

3. 判决全部或部分撤销,并责令被告重新作出具体行政行为。有些超越职权的行政行为被全部或部分撤销后,人民法院在判决撤销的同时可责令被告重新作出具体行政行为。这类判决主要适用于被撤销的越权行政行为所要解决的问题仍有待解决,而该行政主体又有权并能够重新作出具体行政行为的情况。

4. 判决确认违法,并责令被告采取补救措施。被诉具体行政行为违法,但撤销该具体行政行为将会给国家利益或公共利益造成重大损失的,人民法院应当作出确认被诉具体行政行为违法的判决,并责令被告采取相应的补救措施,造成损害的,依法判决承担赔偿责任。

四、关于本案的处理问题

本案中,某乡人民政府作出限期停止开采通知的行为属于责令停产停业限制当事人权利的具有可诉性的具体行政行为。该具体行政行为违反了我国《矿产资源法》及《广西壮族自治区乡镇集体矿山企业和个体开采矿产资源管理条例》中关于"对违反矿产资源法,进行无证采矿,责令停止开采的,由市、县人民政府或市、县地质矿产部门决定"的规定,显然超越了乡政府的职权范围。虽然本案原告在未取得新的采矿许可证的情况下,仍继续采矿活动的行为属于违法行为,但该违法行为依法应当由有权的国家机关予以处理。因此,人民法院以超越职权为由依法撤销某乡人民政府作出的限期停止开采通知是正确的。

(三)不履行采矿权延续职责

33. 法院是否有权责令国土资源部门限期审查采矿许可证延续登记?

——某公司不服某县国土资源局不履行法定职责上诉案①

【案情介绍】

上诉人(原审原告):某公司。

---

① 西安市聚鑫路桥材料有限公司不服户县国土资源局不履行法定职责上诉案(西安市中级人民法院(2009)西行终字第74号判决,2009年9月1日)。

被上诉人(原审被告):某县国土资源局。

2005 年 5 月 17 日,某县国土资源局向某公司颁发了证号 6101××××30016 号《中华人民共和国采矿许可证》(以下简称采矿许可证),该证载明:有效期限 3 年,自 2005 年 1 月至 2008 年 1 月。2007 年 12 月 12 日,某公司向某县国土资源局书面申请采矿许可证延续登记,某县国土资源局在法定期限内未答复亦未办理。某公司向有关机关投诉无果。

2008 年 6 月 10 日,某县国土资源局作出县政国土发〔2008〕88 号"关于某县某水泥石矿等 13 户非煤矿山企业采矿许可证到期不予办理延续登记手续的决定",含某公司。某公司遂提请行政复议。2008 年 9 月 12 日,某市国土资源局作出市国土复字(2008)7 号行政复议决定书,撤销某县国土资源局县政国土发〔2008〕88 号"关于某县某水泥石矿等 13 户非煤矿山企业采矿许可证到期不予办理延续登记手续的决定"。该行政复议决定生效后,某公司再次向某县国土资源局申请办理延续登记的采矿许可证,并请求赔偿。但某县国土资源局一直未作出任何具体行政行为。2009 年 2 月 18 日,某公司提起行政诉讼,请求判令某县国土资源局履行法定职责,向某公司颁发已依法延续登记的采矿许可证。

【法院审判】

一审法院认为,原、被告均承认原告在法定期限内向被告申请办理采矿许可证延续登记手续,被告在法定期限内未作出是否决定办理延期许可的决定,而《行政许可法》第 50 条第 2 款规定:行政机关应当根据被许可人的申请,在该行政许可有效期届满前作出是否准予延续的决定;逾期未作决定的,视为准予延续。依此法律规定,原告的采矿许可证已依法延续,现原告起诉要求被告履行法定职责,对其颁发已延续登记的采矿许可证已无必要。依照最高人民法院《关于执行〈中华人民共和国行政诉讼法〉若干问题的解释》第 56 条第 1 款第 4 项之规定,判决驳回原告某公司之诉讼请求。

一审宣判后,原告不服,上诉于某市中级人民法院。上诉人某公司上诉称:(1)采矿许可证是依法需要颁发证件的行政许可,上诉人的采矿许可已依法延续后,被上诉人应依法履行给上诉人颁发已依法延续登记的采矿许可证的法定职责。(2)原审既已依法认为上诉人的采矿许可已依法延续,上诉人又系颁发采矿许可证件的法定机关,原审也查明了被上诉人拒不履行颁发许可证件的法定职责的违法事实,就应当用《行政诉讼法》第 54 条第 1 款第 3 项,《行政许可法》第 15 条第 2 款、39 条、44 条之规定,支持上诉人的诉讼请求,判令被上诉人立即履行给上诉人颁发已依法延续登记的采矿许可证的法定职责，而不应驳回上诉人符合法律规定的诉讼请求。综上所述，请求二审法院依法撤销原判，判令被上诉人立即履行给上诉人颁发已依法延续登记的采矿许可证的法定职责。

被上诉人某县国土资源局辩称，根据某县人民政府2008年8月8日第25次常务会议纪要精神，原告一直没有办理林地用地手续，故不能向其颁发延续的采矿许可证。请求二审法院维持原判。

二审法院经审理查明，原审法院查明的事实属实，并予以确认。

另查明，某县国土资源局作出的县政国土发〔2008〕88号《关于某县某水泥石矿等13户非煤矿山企业采矿许可证到期不予办理延续登记手续的决定》内容是“按照《西安市矿产资源管理办法》第十一条第四款的规定，决定对没有用地手续的某县某水泥石矿13户非煤矿矿山企业不予办理采矿延续登记手续，你们原持有的采矿许可证自行废止。”市国土资源局行政复议认为，《西安市矿产资源管理办法》是1993根据《矿产资源法》、《陕西省集体矿山企业和个体采矿管理条例》制定颁发的，而《陕西省集体矿山企业和个体采矿管理条例》早已废止，但《办法》一直未作修改。1994年3月26日，国务院发布了《矿产资源法实施条例》（国务院第152号令），《陕西省矿产资源管理条例》（2004年修正）规定办理采矿许可的前提条件中，均未规定要办理用地手续。据此，根据“后法优于前法，上位法优于下位法”的法律原则，认为依据《西安市矿产资源管理办法》第11条第4项而不予办理采矿延续登记的行为是不合适的。经审查认定，某县国土资源局不按照法律规定，以行政行为代替法律程序，不符合国家的相关法律、法规，且被申请人作出的《决定》同时涉及13家单位，程序和方式不符合规定。决定：撤销某县国土资源局《关于某县某水泥石矿等13户非煤矿山企业采矿许可证到期不予办理延续登记手续的决定》。

二审法院认为，行政许可行为是一种依据申请而作出的行政行为，主要的特点是依据相对人的申请而作出的行政行为，在形式上是通过向相对人颁发许可证、执照，是要式行政行为。根据《土地管理法》、《矿产资源法》的规定，矿产资源属于国家所有，各地区人民政府的地质矿产主管部门依法主管辖区内的矿产资源勘查、开发的监督管理工作。某县国土资源局是负责本行政区域内非煤矿山采矿许可管理工作的行政主管部门，某公司依法申请延续有效期，某县国土资源局应当依法及时审查。审查后，认为某公司仍然符合取得采矿行政许可条件的，可以作出准予其延展行政许可的决定；认为某公司不再具备取得行政许可条件的，可以作出不予延展行政许可的决定。某县国土资源局收到某公司延续申请后，在规定期限内未作决定，在程序上违反法律规定。某县国土资源局作出的县政国土发〔2008〕88号《关于某县某水泥石矿等13户非煤矿山企业采矿许可证到期不予办理延续登记手续的决定》中虽含某公司,但该决定已被其上级机关撤销,某公司仍然有要求延续采矿行政许可的权利,故某公司的诉讼请求依法应予部分支持。原审判决与事实认定矛盾,适用法律错误,依法应予改判。依照《行政诉讼法》第54条第3项、61条第2项,《最高人民法院关于执行〈中华人民共和国行政诉讼法〉若干问题的解释》第57条第2款第2项之规定,判决如下:

1. 撤销某县人民法院(2009)某行初字第1号行政判决;

2. 确认某县国土资源局未按法律规定的期限作出具体行政行为程序违法;

3. 责令被上诉人某县国土资源局在本判决书送达之日起30日内依法作出书面答复。

【律师评析】

本案主要涉及国土资源主管部门不履行采矿权延续登记法定职责的问题。

一、不履行法定职责的含义和表现形式

(一)不履行法定职责的含义

所谓不履行法定职责,是指行政机关对法律、法规、规章明确规定应当履行的某种义务明确拒绝履行、拖延履行或者不予答复的行为。行政主体不履行法定职责,本质上体现为一种实体行政法律关系。由于它主要反映行政主体对行政相对人权利义务的调整,这种调整必须通过行政主体实施一定的行为来实现。行政机关担当着社会管理者的角色,在公共社会管理领域有对公民合法权益的照料义务,行政机关履行职责的方式通常是主动的。但实际上行政机关主动管理不能处处到位,故立法赋予行政相对人可申请行政机关履行特定职责的权利。行政机关不依法履行职责,不仅违反公法上应履行法定职责的作为义务,还有悖于公权不可处分原则。换句话说,行政机关不履行法定职责的可责难性在于行政机关怠于履行职责,既违反了公法上的作为义务以及公权不可处分原则,也实际上造成了公民合法权益的损害。

(二)不履行法定职责的表现形式

我国《行政诉讼法》第11条第5项规定,申请行政机关履行保护人身权、财产权的法定职责,行政机关拒绝履行或者不予答复的,属于行政诉讼的受案范围。根据该规定,可将行政机关不履行法定职责分为拒绝履行、不恰当履行和不予答复三种情形。

1. 拒绝履行。即行政机关无正当理由明确表示不履行，或行政机关内部相互之间对行政相对人的申请推来推去，无人办理。拒绝履行是一种明示的否定性的作为行为，即行政机关以程序上的行为明确拒绝行政相对人的请求。

2. 不当履行。主要表现为未按要求履行或履行不到位。此类情形最常出现在行政相对人要求行政机关履行某项监督、管理职责无果而起诉的案件中。对于行政相对人要求履行某项监督、管理职责的请求，通常情况下，行政机关极少完全不回复，较为常见的表现方式大致可分为两种：一是以发批复的方式，答复行政相对人称该行政机关已将行政相对人投诉、反映的事项转由某某机关处理，但不表明该行政机关的态度，也不告知"某某机关"的处理结果；二是同样也以发批复的方式，对行政相对人反映的情况和该局查明的事实描述一番，但不作结论，不表态。两种方式都是不正面回应行政相对人的问题，不作实质性的答复。

3. 不予答复、拖延履行。即无正当理由在法定期限内不履行职责或者在法律、法规、规章没有明确规定履行期限的情况下，经行政相对人一方多次申请，仍不予答复，或者虽然表示愿意履行，但事实上拖延履行。不予答复是一种在形式上和实质上都不作为的情形。在形式上，行政机关并未对行政相对人作出任何有意思表示的行为；在实质上，行政机关没有作出任何具有法律约束力的行政行为。

二、不履行法定职责案件的审查要件

相对于行政机关（主动）行使职权，赋予、限制或者剥夺行政相对人的某项权利，直接影响行政相对人现有的权利状态而言，行政机关不履行法定职责的结果通常并不会改变行政相对人现有的权利状态。行政机关不履行法定职责的行为本身具有消极性、隐蔽性和非强制性的特点，因此，司法实务中对于该类案件的审查标准较难把握。笔者认为，对于行政机关不履行法定职责案件应当从以下几个方面进行审查：

（一）职权依据的前提存在

不履行法定职责案件中，行政机关必定存在法律的授权，如果没有相应的法律授权，行政主体连职责都没有，更何谈不履行法定职责。依照行政法定原则，行政职权来源于法，其行使也受法的约束，在满足法律规定的条件下，行政主体必须作出特定的具体行政行为，行政主体不得放弃法定职权。其中，对于"法定"的理解应作广义解释，即不仅包括法律、法规的规定，还应当包括规章规定，甚至包括法规、规范性文件的规定。对于"法定职责"的理解应当是保护人身权、财产权的法定职责。对此，无论是行政诉讼法，还是《最高人民法院关于执行〈中华人民共和国行政诉讼法〉若干问题的解释》均有明确的规定。

（二）行政相对人提出申请

这是构成不履行法定职责案件的前提条件，没有行政相对人的申请就无所谓不履行法定职责。行政主体在社会公共管理过程中，无法做到面面俱到，有的时候是由相对人提出相应申请而履行特定的职责。《最高人民法院关于行政诉讼证据若干问题的规定》第4条第2款规定："在起诉被告不作为的案件中，原告应当提供其在行政程序中曾经提出申请的证据材料。但有以下的情形除外：（一）被告应当依职权主动履行法定职责的；（二）原告因被告受理申请的登记制度不完备等正当理由不能提供相关证据材料并能够作出合理说明的。"由此可见，行政相对人提出申请是启动不履行法定职责审查的重要步骤。此外，应当注意的是，实践中行政相对人要求行政机关对他人采取行政处罚，而行政机关没有处罚，行政机关是否构成不履行法定职责，似有疑问。有观点认为，相对人之申请应以维护自身合法权益为必要，行政机关行使处罚权系其依职权而为，与申请人并无直接利害关系，申请人不因此而取得诉讼资格。①

（三）具有履行的可能性

行政机关能够履行相应的职责，是指行政主体于行政相对人提出申请时，能够作出相应的具体行政行为，而不具备不可抗力以及事实履行不能的情况。由于不可抗力等客观因素阻碍履行或使职责不能完全履行，则不构成不履行法定职责。此外，如果行政相对人申请时尚可以履行法定职责，但是因未及时履行造成履行已无实际意义，对此，《最高人民法院关于执行〈中华人民共和国行政诉讼法〉若干问题的解释》第57条作出了明确规定，即应当构成不履行法定职责，可以判决确认违法。

（四）有不履行的表现

未履行法定职责是一种义务未履行的法律状态，而非不作为的行为状态。行政相对人向行政机关申请，要求其履行法定职责，行政机关不予答复或者拒绝履行，且在法定期间内未履行职责本属常见，构成不履行法定职责，亦为通说所认可。然而需要着重强调的是履行不到位的情形，对于履行不到位也应当属于不履行法定职责的情形。审查行政机关是否履行法定职责应当坚持双重标准，一是从行政相对人的诉求着手，查究行政机关是否存在公法上的作为义务，审查行政机关履行

---

① 于谦：《不履行法定职责违法性探析》，载江苏政府法制网：http://www.jsfzb.gov.cn/art/2011/7/13/art_76_15981.html，最后访问日期：2012年4月12日。

措施是否适合履行作为义务；二是以行政相对人受损利益是否得到填补，作为考察行政机关履行措施是否到位的尺度和标准。

另外，从司法审查的角度来讲，人民法院无须审查行政相对人向行政机关提出的请求是否合法有据、应否支持，审查重点应牢牢放在行政机关所开展的工作、所从事的行为是否足以构成其不履行法定职责的事实认定方面。

三、不履行法定职责案件的举证责任

（一）关于当事人举证责任的承担

举证责任是指法律规定由特定的当事人对特定的事项所承担的提供证据证明其诉讼主张的责任，负有举证责任的一方不能提供证据时，则对自己的主张承担不利法律后果的制度。《行政诉讼法》第 32 条规定："被告对作出的具体行政行为负有举证责任。"但是，由于行政机关不履行法定职责案件在行政案件中具有一定的特殊性，即争议通常是由申请人的主动申请开始的。因此，有观点认为，不履行法定职责案件应当由原告负举证责任，其理由是，"不作为"意味着行政机关没有作出实质性的具体行政行为，所以行政机关无须证实其"不作为"合法与否。在依申请行政不作为案件中，行政机关无证据可举，原告提出申请必须提供证明其申请符合法定条件的证据材料，因此，证据必然在原告一方。按照谁主张谁举证的原则，原告应当承担举证责任。另有观点认为，诉行政机关不履行法定职责案件的举证责任，应按《行政诉讼法》第 32 条的规定，由被告负举证责任，但原告也应承担一定的举证责任。

笔者同意第二种观点。其理由为，第一，《行政诉讼法》第 32 条的规定，应当适用于所有的行政案件，法律没有作例外的规定，不作为行政案件也不能例外。第二，被告负举证责任是由行政诉讼案件审查行政机关行政行为是否合法的核心原则所决定的。虽然行政机关不履行法定职责案件有其自身的特殊性，也即由原告的申请引起行政争议，但被告仍有责任举证，证实其"不履行法定职责"行为的合法性。第三，之所以说原告也应当承担一定的举证责任，是因为行政诉讼法并没有排除原告的举证责任。我国《行政诉讼法》第 43 条仅仅对被诉具体行政行为合法性问题规定了举证责任，对除此之外的其他情况下当事人的举证责任并没有作出具体规定。而且，如果否认原告的举证责任则会给人民法院的审判活动带来困难。故《最高人民法院关于执行〈中华人民共和国行政诉讼法〉若干问题的解释》第 27 条规定，在起诉被告不作为的案件中，证明向行政机关提出申请的事实的举证责任应当由原告承担。

（二）关于当事人举证责任的范围

关于原告举证责任的范围，最高人民法院司法解释规定得很明确。《最高人民

法院关于行政诉讼证据若干问题的规定》第 4 条第 2 款规定:“在起诉被告不作为的案件中,原告应当提供其在行政程序中曾经提出申请的证据材料。但有下列情形的除外:(一)被告应当依职权主动履行法定职责的,(二)原告因被告受理申请的登记制度不完备等正当事由不能提供相关证据材料并能够作出合理说明的。”该条在规定原告举证责任范围的同时,还列举了原告不承担举证责任的两种例外情况。即非依申请的行政不作为案件,免除原告的举证责任;依申请的行政不作为案件,被告不能举证证明其有严格登记制度的,推定原告完成了举证责任。

关于被告举证责任的范围,大致有以下内容:第一,对行政机关已受理且履行期限已届满仍不予答复或拖延履行的行政不作为案件,被告应当提供收到原告申请的时间或者延长办理时间的证据材料;第二,对诉行政机关拒绝履行法定职责和义务的案件,被告应当提供其认定不符合法定条件和要求的证据材料;第三,行政机关认为申请人申请的事项不属于其职权范围,即其不作为行为不违反法律规定的,应当提供其不具有该行政职权的事实根据和法律依据;第四,在司法实践中,对于被告提供的证据材料已经证明其实施了相应的法定职责行为,只是未达到原告的要求的,应当认定被告已经完成了举证责任。

四、诉行政机关不履行法定职责案件的裁判

根据我国《行政诉讼法》和有关司法解释的规定,审理行政机关不履行法定职责案件的判决方式主要有:驳回诉讼请求、确认违法判决、履行判决和行政赔偿判决。

(一)驳回诉讼请求

驳回诉讼请求是《最高人民法院关于执行〈中华人民共和国行政诉讼法〉若干问题的解释》中新增设的判决形式。有学者将行政驳回诉讼请求判决界定为“人民法院对行政案件经过审理以后,依法作出的对原告的实体诉讼请求予以否定(或不予满足)的一种判决。”它具有两个法律特征:一是驳回诉讼请求判决与其他判决形式一样,具有强制性、权威性、终结性、实体性和合法性的特点;二是驳回诉讼请求判决具有否定性。行政驳回诉讼请求判决是对当事人实体诉讼请求从正面直接予以否定的一种判决,不同于其他的判决形式。

(二)确认违法判决

《最高人民法院关于执行〈中华人民共和国行政诉讼法〉若干问题的解释》第 57 条第 2 款规定:“有下列情形之一的,人民法院应当作出确认被诉具体行政行为违法或者无效的判决:(一)被告不履行法定职责,但判决责令其履行法定职责已无实际意义的;……”由此可见,确认违法判决的方式适用于行政主体及其行政公务

人员所负有的作为义务已无履行的必要或可能的情形。当作为义务的履行已失去其实现的具体环境而使义务的履行成为不必要或不可能时,再责令履行义务就会失去意义,甚至会因此而给行政相对人带来更大的损失。

(三)履行判决

我国《行政诉讼法》第54条第3项规定:"被告不履行或者拖延履行法定职责的,判决其在一定期限内履行。"履行判决,即法院作出的要求被告履行某种职责的判决,其实质是对被告不履行法定职责行为的一种强制。对于行政主体不履行法定职责案件,履行判决无疑是最具实效的救济方式。一般而言,履行判决应当同时具备以下适用条件:第一,必须存在行政不作为;第二,该作为义务有履行的可能和必要;第三,必须符合当事人的诉讼请求。而且,《最高人民法院关于执行〈中华人民共和国行政诉讼法〉若干问题的解释》第60条第2款规定:"人民法院判决被告履行法定职责,应当指定履行的期限,因情况特殊难于确定期限的除外。"最高人民法院根据《行政诉讼法》第54条的规定作出的该条司法解释,再次强调对于履行判决中期限的确定,是为充分保护行政相对人的合法权益,防止行政主体再次不作为,同时也是人民法院的判决明确、具体、具有可执行性的要求。

(四)行政赔偿判决

在行政不作为案件中,行政赔偿判决是指人民法院针对当事人一并提起或单独提起的行政赔偿之诉进行审查,确认不履行法定职责违法行为已经构成,且给特定当事人造成了损失,责令行政主体履行赔偿义务的判决。

另外,在诉讼过程中,对于被告表示其履行法定职责,原告申请撤诉的,应当具体情况具体对待。一是被告已履行其法定职责并依法作出具体行政行为,原告同意并申请撤诉的,应予准许。二是被告只是口头答复或表示而未实际作出具体行政行为的,为避免因被告反悔或失信,导致案结事不了的局面,应不准予原告撤诉。三是被告履行法定职责需以调查取证为前提的,法院可中止诉讼,待被告履行其法定职责后,再恢复诉讼。在诉讼中,被告作出具体行政行为后,原告不同意撤诉时,应当依照《最高人民法院关于执行〈中华人民共和国行政诉讼法〉若干问题的解释》第50条第3款的规定予以处理。

五、行政许可要式行为与采矿许可证延续

我国《行政许可法》第2条规定,行政许可是指行政机关根据公民、法人或者其他组织的申请,经依法审查,准予其从事特定活动的行为。行政许可是一种要式行政行为,要求行政许可必须遵循一定的法定形式,即应以正式的行政许可文书予以

证明,该文书在格式、日期、印章等方面都必须具备相应的形式要件。行政许可要式行政行为的特点决定了许可证被依法准予延续后,行政机关应当向行政相对人颁发许可证。我国《行政许可法》第50条明确规定:“被许可人需要延续依法取得的行政许可的有效期的,应当在该行政许可有效期届满三十日前向作出行政许可决定的行政机关提出申请。行政机关应当根据被许可人的申请,在该行政许可有效期届满前作出是否延续的决定,逾期未作决定的,视为准予延续。”

本案中,某公司提出延续许可申请,某县国土资源局是否准予延续,应当采用书面形式告之某公司,因某县国土资源局逾期未作决定,依法某公司的采矿许可证已视为准予延续。行政许可具有要式行政行为的特点,既然采矿许可证已依法延续,某县国土资源局对于原告提出的颁发采矿许可证的申请即应积极作为,颁发许可证,履行法定职责。司法权与行政权的划分,决定了司法权不能干涉行政权,司法机关不应替代行政机关作出行政行为。在该案的处理上,法院只能要求某县国土局资源局在法律规定的期限内履行职责,而不能对其如何履行提出实体义务上的要求。司法实务中,人民法院只有在撤销现存法律文书的基础上,才能判决行政机关履行其法定职责。故法院应当先行撤销某县国土资源局县政国土发〔2008〕88号行政决定书,然后判决其履行。本案中,由于县政国土发〔2008〕88号行政决定书已在行政复议程序中被市国土资源局依法予以撤销,本案已无可撤销内容。依据《最高人民法院关于执行〈中华人民共和国行政诉讼法〉若干问题的解释》第57条第2款第2项关于“被诉具体行政行为违法,但不具有可撤销内容的,人民法院应当作出确认被诉具体行政行为违法的判决”之规定,人民法院只需依法确认行政主体不履行法定职责的行为违法即可。

由于我国《行政许可法》对于行政许可准予延续后行政相对人如何取得许可证及行政机关应当履行的相应法定义务没有明确的规定,因此,本案判决生效后如果某县国土资源局拒绝履行该判决,某公司提出强制执行申请,依据《行政诉讼法》关于判决执行的规定,人民法院仍无法实现某公司要求某县国土资源局颁发已依法延续采矿许可证的诉求。因此,有必要从立法的层面细化我国《行政许可法》第50条第2款中关于准予延续后行政相对人如何取得许可证及行政机关应当履行的相应法定义务的法律规定,以解决这一现实问题。

六、关于本案的处理问题

本案中,某公司依法申请采矿许可证延续有效期,作为负责本行政区域内非煤矿山采矿许可管理工作的某县国土资源局应当依法及时审查。经审查后,如认为某公司仍然符合取得采矿许可条件的,应依法作出准予其延展行政许可决定;如认为某公司不再具备取得行政许可条件的,可以作出不予延展行政许可的决定。但是,某县国土资源局收到某公司延续申请后,不履行法定职责,在规定期限内未作决定,在程序上违反了法律规定。由于某县国土资源局作出的县政国土发〔2008〕88号《关于某县某水泥石矿等13户非煤矿山企业采矿许可证到期不予办理延续登记手续的决定》已在行政复议程序中被市国土资源局依法撤销,因此,某公司仍然有要求延续采矿行政许可的权利,但本案已无可撤销内容,故人民法院依据《最高人民法院关于执行〈中华人民共和国行政诉讼法〉若干问题的解释》第57条第2款第2项"被诉具体行政行为违法,但不具有可撤销内容的,法院应当作出确认被诉具体行政行为违法的判决"的规定,依法确认某县国土资源局不履行法定职责的行为违法,并责令某县国土资源局限期依法作出书面答复是正确的。

(四)不予延续采矿许可证纠纷

34. 行政诉讼超过起诉期限人民法院是否应予受理?

——张某不服某市矿产资源管理办公室颁发采矿许可证于他人并请求赔偿和要求履行法定职责上诉案①

【案情介绍】

上诉人(原审原告):张某,系某沙石场业主。

被上诉人(原审被告):某市矿产资源管理办公室。

1996年12月4日,某市矿产资源管理办公室向张某经营的个体企业A砂石厂颁发了某采证建字(96)第031号《采矿许可证》,准许该厂在某河床中么滩子至鸭棚岩规定的范围内开采砂石矿,开采有效期为2年。1998年2月12日,国务院发布《矿产资源开采登记管理办法》,该办法第30条规定:本办法施行前已经取得采矿许可证的,由国务院地质矿产主管部门统一组织换领新采矿许可证。1998年6月26日,国土资源部以国土资发〔1998〕79号文件作出《关于开展勘查许可证、采矿许可证换证工作有关规定的通知》规定,换证工作是对原探矿权、采矿权的重新核定和确认,全国的换证截止日期为1999年12月31日,未在此期限内申请办理换证手

① 张玉兴不服简阳市矿产资源管理办公室颁发采矿许可证于他人并请求赔偿和要求履行法定职责上诉案(四川省资阳市中级人民法院(2001)资行终字第40号,2001年12月7日)。

续的矿山,原勘查许可证,采矿许可证自行废止。1998 年 7 月,某市矿产资源管理办公室根据新颁布的行政法规和相关规定,通知辖区内各开采矿产资源的单位在某宾馆召开换证工作会议。张某经营的 A 砂石厂接通知后未派人到会,亦未换领新证。

1998 年 8 月换证期间,某市矿产资源管理办公室对某河床中么滩子至鸭棚岩(7.3 公里长)的采矿范围作了调整,将其中的河心岛规划给 B 砂石厂开采,并颁发了采矿许可证。1998 年年底,张某在其持有的采矿许可证到期后,曾多次到某市矿产资源管理办公室处,要求办理采矿许可证的延续登记,某市矿产资源管理办公室以其不具备延续登记条件和不属其职权范围而未予办理。

另,1999 年 7 月 6 日,原甲地区地质矿产局以某地矿发(1999)19 号文件明确了某河中么滩子至鸭棚岩段为甲市(现甲市雁江区)和某市共管河段,并明确了具体范围和坐标,还明确了该河段颁发矿产资源开采的许可证由甲地区(现甲市)矿产资源管理局颁发。文件要求甲市(现甲市雁江区)和某市限期收回共管河段范围内颁发给采矿单位的许可证。1999 年 7 月 29 日,某市矿产资源管理办公室收回了颁发给 B 砂石厂(业主李某)的采矿许可证。

2000 年 4 月 13 日,张某提起行政诉讼,要求撤销某市矿产资源管理办公室向甲市 B 砂石厂颁发的许可证,并赔偿经济损失 15 万元,还要求判令某市矿产资源管理办公室履行为张某办理采矿许可证延续登记的法定职责。

【法院审判】

一审法院认定,根据国务院发布的《矿产资源开采登记管理办法》第 30 条以及国土资源部国土资发〔1998〕79 号文件的规定,在登记管理办法实施前已经取得采矿许可证的,由地质矿产主管部门统一组织换领新采矿许可证,换证工作是对原探矿权、采矿权的重新核定和确认,并非对采矿许可证的延续登记。原告在未换领新证的情况下要求被告履行办理采矿许可证延续登记手续法定职责的理由不成立,且原告开采的河段矿床跨两个以上行政区域,根据《四川省矿产资源管理条例》第 18 条第 3 款的规定,也不属被告颁证的职责范围。被告颁发采矿许可证于 B 砂石厂(业主李某)的时间是 1998 年 8 月,而原告认为该行为侵犯其合法权益而向人民法院提起诉讼的时间 2000 年 4 月 13 日,已超过起诉期限,故对原告起诉要求撤销被告颁发给 B 砂石厂的采矿许可证并赔偿经济损失的请求应予驳回。原审法院遂依照《最高人民法院关于执行〈中华人民共和国行政诉讼法〉若干问题的解释》第 56 条第 1 款第 1 项、4 项之规定,判决驳回了张某的诉讼请求,诉讼费用 6420 元,由原告负担。

一审判决后，原审原告张某不服上诉称，被上诉人某市矿产资源管理办公室系办理采矿延续登记的法定机关，上诉人多次依法向被上诉人申请要求办理采矿权的延续登记，而被上诉人拒不办理，其行为就是不履行法定职责。探矿权人、采矿权人的合法权益受法律保护，被上诉人在上诉人依法取得的采矿许可证未达到法定期限的有效期限内，将上诉人依法享有的矿区划归他人，在客观上导致上诉人无法换证，无法办理延续登记。被上诉人的行为侵犯了上诉人的合法权益，应赔偿上诉人的经济损失15万元。一审法院以上诉人要求撤销被上诉人颁发给B砂石厂（业主李某）的采矿许可证已过起诉期限和办理采矿许可证的延续登记不是被上诉人的法定职责为由驳回上诉人的诉讼请求认定事实不清，适用法律错误。请求二审法院查明事实，依法改判，支持上诉人的诉讼主张。

被上诉人答辩认为，根据国务院1998年2月12日制定并颁布的《矿产资源开采登记管理办法》的规定，在该办法实施前已经取得采矿许可证的，应由国务院地质矿产主管部门统一组织，换领新的采矿许可证，按照相关规定，这次换证登记工作是对原探矿权、采矿权的重新核定和确认。上诉人所持有的采矿许可证是1996年颁发的，期限为2年，在新的法规实施时还未到期，被上诉人在1998年7月依法通知上诉人换领新证，但上诉人置之不理，应视主动放弃权利，其采矿许可证到期无效。上诉人要求对已失效的采矿许可证办理延续登记，不符合法律规定。换领新证后从新划定各开采单位的矿区范围，以达到统一规划、合理布局、合理开采和综合利用的目的，这是被上诉人在依法行使管理权，且被上诉人1998年8月颁发给B砂石厂的采矿许可证已被上级矿产管理部门收回作废，故上诉人超过起诉期限对被上诉人向B砂石厂的颁证行为提出异议并要求赔偿没有法律依据。原审法院的判决认定事实清楚，证据充分，适用法律正确，请求二审法院予以维持。

二审法院认为，《最高人民法院关于贯彻执行〈中华人民共和国行政诉讼法〉若干问题的意见（试行）》第35条规定的公民、法人或者其他组织的起诉期限，在《最高人民法院关于执行〈中华人民共和国行政诉讼法〉若干问题的解释》实施之日即2000年3月10日之前已经届满，其在起诉期限届满之后提起行政诉讼的，人民法院不予受理。本案中被上诉人向B砂石厂（业主李某）颁发采矿许可证的时间是1998年8月，而上诉人向原审人民法院提起诉讼要求撤销该颁证行为的时间是2000年4月，其起诉已超过法定期限，原审人民法院依法应予驳回；同时，在上诉人持有采矿许可证的有效期限内，因国家颁布新的行政法规和相关配套规定，要求对原矿产资源管理机关颁发的采矿许可证进行换证登记并重新确认探矿权和采矿权,但上诉人在被上诉人依法通知后未换领新证,即要求被上诉人履行办理采矿许可证延续登记的法定职责没有法律依据。原判驳回张某的诉讼请求认定事实清楚,证据充分,适用法律正确,审判程序合法,依法应予维持。上诉人张某上诉的理由不能成立,本院不予支持。依照《行政诉讼法》第61条第1项之规定,判决如下:驳回上诉,维持原判。

【律师评析】

本案主要涉及行政诉讼中超过起诉期限后起诉的法律后果问题。

一、行政诉讼起诉期限的含义

行政诉讼的起诉期限,是指公民、法人或者其他组织不服行政机关作出的具体行政行为,而向人民法院提起行政诉讼,其起诉可由人民法院立案受理的法定期限。[①] 我国《行政诉讼法》第39条规定,公民、法人或者其他组织直接向人民法院提起诉讼的,应当在知道作出具体行政行为之日起3个月内提出。虽然《行政诉讼法》并没有把起诉期限作为提起行政诉讼的一般条件规定在第41条"提起诉讼应当符合下列条件"之中,但在《最高人民法院关于执行〈中华人民共和国行政诉讼法〉若干问题的解释》第44条规定中,明确将原告超过起诉期限作为法院裁定不予受理或驳回原告起诉的理由之一。这就意味着,我国《行政诉讼法》对于起诉期限在行政诉讼中是作为起诉的条件而不是作为胜诉条件来规定的。

行政诉讼起诉期限是法律设定的起诉条件之一,解决的是行政起诉能否进入司法实体审查的问题。在德国、日本和我国台湾地区,起诉期限通常是作为一项诉的合法性要件(实体裁判要件)规定在特定的诉讼类型(如撤销诉讼和课予义务诉讼)下,相对人若逾期起诉,法院将会以其诉为不合法而直接予以驳回,而无须再进行实体审理、作出本案判决。最高人民法院在1991年和1999年司法解释中都作了确认和补充,将起诉期限作为诉的合法性要件。[②] 行政相对人只有在法定期间内提起诉讼,才有可能获得司法救济。《行政诉讼法》规定起诉期限的目的不是要限制公民、法人和其他组织依法享有的诉讼权利,而是促使其及时行使权利。[③] 法律设

---

① 姜怀友:《浅谈行政诉讼起诉期限的不变性》,载江苏法院网:http://www.jsfy.gov.cn/llyj/gdjc/2009/01/13/43474.html,最后访问日期:2012年5月1日。

② 时见业:《我国行政诉讼起诉期限应当进行完善》,载河南法院网:http://hnfy.chinacourt.org/public/detail.php? id=69684,最后访问日期:2012年5月1日。

③ 屠振宇:《行政诉讼法实务指导》,中国法制出版社2007年版,第235页。

定行政诉讼起诉期限制度,既有从维护法的安定性原则角度的秩序价值,也有最大限度保护行政相对人合法权益的法的自由价值,两种目的价值交混在一起,需要综合加以衡量。[①] 行政诉讼的起诉期限是一个不变的期间,它的不变性源于法律的明确规定。即使符合《最高人民法院关于执行〈中华人民共和国行政诉讼法〉若干问题的解释》第41条规定的情形,其法定起诉期限仍然没有改变,该规定只是明确了起诉期限的计算起点和起诉期限的长度。[②]

行政诉讼起诉期限与民事诉讼时效存在明显的区别:第一,性质不同。起诉期限是诉之合法的要件,属于程序性规定,原告超过起诉期限丧失的是"起诉权";诉讼时效是诉之有理由的要件,属于实体性规定,超过诉讼时效,权利人丧失的是"胜诉权"。第二,立法目的不同。行政诉讼法中设立起诉期限,在于督促相对人尽快行使权利,提高行政机关的执法效率,维护行政管理秩序的稳定。民事实体法中规定诉讼时效,其目的在于经过法定期间使原权利人丧失权利,使长期存在的事实状态合法化,有利于经济秩序和法律秩序的稳定。第三,起算时间不同。起诉期限从相对人知道具体行政行为之日起计算,采取的是客观行为的标准,强调"行为";而诉讼时效的起算时间从当事人知道或应当知道权利被侵害之日起,以当事人主观感知权利被侵害为标准,强调"权利"。第四,期间有无变化不同。起诉期限是一个固定期间,不存在中止、中断的情形。除非有正当事由,并由人民法院决定,才可以对被耽误的法定期限予以延长。而诉讼时效属于可变期间,只要具有法定事由,便可将其中止、中断和延长。虽然《最高人民法院关于执行〈中华人民共和国行政诉讼法〉若干问题的解释》第97条规定:"人民法院审理行政案件,除依照行政诉讼法和本解释外,可以参照民事诉讼的有关规定。"但是,对于起诉期限在《行政诉讼法》及其解释没有规定中止与中断问题的情况下并不能参照诉讼时效的相关规定,因为,虽然诉讼时效在民事诉讼中经常使用,但它并不是《民事诉讼法》的规定,而是《民法通则》及其司法解释所规定的。第五,超过的法律后果不同。人民法院可以依职权审查起诉期限。相对人超过起诉期限起诉的,人民法院将裁定不予受理;受理后发现超过起诉期限的,裁定驳回起诉。通常情况下,人民法院不主动审查诉讼时效问题。而且,它不是民事诉讼起诉的法定条件,当事人并不丧失起诉权。经人民法院审理超过诉讼时效的,判决驳回原告的诉讼请求,即当事人丧失的是胜诉权。

---

① 吴宏文:《行政诉讼中法院应当主动对起诉期限进行审查——何建兵与泰兴市横垛镇人民政府婚姻登记行政纠纷案》,载《判例与研究》2011年第1期。

② 姜怀友:《浅谈行政诉讼起诉期限的不变性》,载江苏法院网:http://www.jsfy.gov.cn/llyj/gdjc/2009/01/13/43474.html,最后访问日期:2012年5月1日。

二、行政诉讼起诉期限的确定

(一)对“知道”的理解

《行政诉讼法》第39条规定,起诉期限应当从公民、法人或者其他组织知道作出具体行政行为之日起计算。由此可见,《行政诉讼法》把原告是否“知道”具体行政行为的内容作为起诉期限的起算点。对于“知道”这个概念的理解,笔者认为应当包括以下方面:

其一,关于“知道”的主体。《行政诉讼法》第39条规定“知道”的主体,是公民、法人或者其他组织,也就是向法院提起行政诉讼的起诉人,即无论是被诉行政行为相对人还是其他利害关系人,只要是起诉人,都属于“知道”的主体。但对于《最高人民法院关于执行〈中华人民共和国行政诉讼法〉若干问题的解释》第41条和第42条中规定的“知道”,对其主体的确定则可能存在不同的理解。行政诉讼起诉期限制度的价值取向,应该在起诉人及其权利救济方面。[①] 从起诉人权利救济角度来看,无论是相对人还是其他利害关系人,都应当适用相同的起诉期限。所以,《最高人民法院关于执行〈中华人民共和国行政诉讼法〉若干问题的解释》第41条和第42条中的“知道”或“应当知道”的主体应当均为相对人和其他利害关系人。

其二,关于“知道”的内容。《行政诉讼法》第39条规定的知道内容是“作出具体行政行为”,《最高人民法院关于执行〈中华人民共和国行政诉讼法〉若干问题的解释》第41条规定的知道内容是“诉权或者起诉期限”,第42条规定的知道内容是“具体行政行为内容”。可以说,我国《行政诉讼法》第39条所规定的起诉人知道的内容包含《最高人民法院关于执行〈中华人民共和国行政诉讼法〉若干问题的解释》第41条和第42条规定的两个方面的内容:一是诉权,二是具体行政行为的内容。诉权容易理解,实践中也没有什么问题,关键是具体行政行为内容比较复杂。从最低限度的知道内容来讲,具体行政行为的结果、具体行政行为的主体、具体行政行为的对象、具体行政行为对事实和行为的定性这四个内容,应当属于起诉人行使诉权应当知道的内容。《最高人民法院关于执行〈中华人民共和国行政诉讼法〉若干问题的解释》第42条所规定的起诉人知道“行政行为内容”,就应当包括这四项内容,只有知道了这四项内容,才是知道“行政行为内容”,才能起算起诉期限。[②]

---

① 陈新明、张琨:《试议法律规定行政起诉期限的理解与运用》,载 http://www.qidong.gov.cn/art/2010/6/1/art_1685_70921.html,最后访问日期:2012年5月1日。

② 陈新明、张琨:《试议法律规定行政起诉期限的理解与运用》,载 http://www.qidong.gov.cn/art/2010/6/1/art_1685_70921.html,最后访问日期:2012年5月1日。

其三,关于“知道”的形式。法律上作为起诉期限起点的“知道”,不是也不应当仅仅只是一个事实上的结果,而应当是起诉人通过一定的合法形式或者途径对具体行政行为内容的了解,即法律上的“知道”。有观点认为,法律上的“知道”,是指按照法定形式和途径的告知、送达,只要符合这些法定形式要求,起诉人是否实际知道无所谓,但属于“应当知道”的范畴。① 如果不是法定形式和法定途径的告知、送达,就需要从事实上来判断起诉人是否“知道”。对此,应当实行严格的标准,也就是根据人们的日常生活常识和确信习惯,足以得出起诉人确实是实际知道具体行政行为的结论。

(二)起诉期限的耽误

我国《行政诉讼法》第40条规定:“公民、法人或者其他组织因不可抗力或者其他特殊情况耽误法定期限的,在障碍消除后的十日内,可以申请延长期限,由人民法院决定。”《最高人民法院关于执行〈中华人民共和国行政诉讼法〉若干问题的解释》第43条规定:“由于不属于起诉人自身的原因超过起诉期限的,被耽误的时间不计算在起诉期间内。因人身自由受到限制而不能提起诉讼的,被限制人身自由的时间不计算在起诉期间内。”由此可见,如果起诉期间的耽误没有法定事由,将会产生对当事人不利的后果,导致当事人起诉期限的消灭。行政诉讼在起诉期限届满后,若存在法定的事由则可以申请延长,但必须符合法定的构成要件:

1. 起诉期限耽误的原因。起诉期限耽误的原因需是不可抗力的事由或其他特殊情况。当事人在法定期限内不提起诉讼,即意味着放弃了自己的诉讼权利,因而必须按照法定的期限提起诉讼。但是,客观事物是千变万化的,对因客观原因致使公民、法人或者其他组织不能按时提起诉讼的,法院就应当考虑延长起诉期限。因此,当事人必须是因客观的不可抗力或其他特殊情况而并非当事人的主观过错导致了期间的耽误才可能适用起诉期限的延长。

2. 由当事人申请延长期限。由于法定事由耽误起诉期限的,在障碍消除后10日内,可以申请延长期限。即这种延长是顺延,把因法定事由耽误的期限补足,而不是重新计算起诉期限。并且这种申请应当是书面的申请,由当事人以书面形式向人民法院提出。

3. 由人民法院决定是否延长期限。当事人申请延长期限应由人民法院决定。当事人延长起诉期限的申请应当在障碍消除后10日内向人民法院提出。人民法院

---

① 陈新明、张琨:《试议法律规定行政起诉期限的理解与运用》,载 http://www.qidong.gov.cn/art/2010/6/1/art_1685_70921.html,最后访问日期:2012年5月1日。

收到申请后，经过审查，如果认为延长起诉期限的申请有道理，就应当顺延当事人的起诉期限。

三、人民法院可依职权主动审查起诉期限

我国《行政诉讼法》第1条规定，为保证人民法院正确、及时审理行政案件，保护公民、法人或者其他组织的合法权益，维护和监督行政机关依法行使行政职权，根据宪法制定本法。该条规定表明我国行政诉讼制度设立的目的是通过行政诉讼维护和监督行政机关依法行使行政职权，但司法对行政的维护与监督必须严格遵循时效的界限。国家通过行政诉讼法创设行政诉讼制度，是国家有意识地、自觉地对行政权力的维护与制约，同时对行政权力的运行对他人产生的影响进行评判和选择，以进一步规范行政权力的运行。①

行政诉讼起诉期限关系到行政相对人的起诉能否获得有效司法救济的问题，因而成为行政诉讼当事各方争执的焦点。虽然有观点认为，从保护相对人诉权的角度讲，人民法院对起诉期限没有依职权主动审查权。但该观点是对法律和司法解释规定的片面理解。因为，起诉期限是人民法院受理行政案件审查的必要内容。起诉期限不同于民法中的诉讼时效。民事诉讼原告超过诉讼时效起诉并不丧失起诉权，人民法院不宜主动审查。而起诉期限是行政诉讼起诉的一个法定条件，人民法院应当依职权予以审查。如果人民法院不能审查行政诉讼的起诉期限，将超过法定期限的起诉予以受理，这势必会影响行政法律关系的稳定，也会引起行政管理秩序的紊乱。② 一切行政诉讼活动都必须依法进行，通过司法程序否定行政行为的公定力，不能没有期限限制。我国《宪法》对人民法院与行政机关的职权做出了明确划分，基于行政诉讼的设立目的和司法与行政的分工，对超过起诉期限的起诉，法院不能对被诉具体行政行为启动司法审查程序，否则将是超越法律规定行使司法审查权，这种权利也并不能因为行政机关没有提出抗辩或放弃抗辩而重新获得。③ 具体行政行为是国家强制力保证实施的，体现的是国家意志，实现的是公共行政管理的职能。对于超过起诉期限的起诉，即使行政机关不提出起诉期限抗辩，

---

① 吴宏文：《行政诉讼中法院应当主动对起诉期限进行审查——何建兵与泰兴市横垛镇人民政府婚姻登记行政纠纷案》，载《判例与研究》2011年第1期。

② 赵光喜：《浅议行政诉讼的起诉期限》，载云南法院网：http://www.gy.yn.gov.cn/Article/spyf/lqds/fglt/200910/15735.html，最后访问日期：2012年5月1日。

③ 吴宏文：《行政诉讼中法院应当主动对起诉期限进行审查——何建兵与泰兴市横垛镇人民政府婚姻登记行政纠纷案》，载《判例与研究》2011年第1期。

人民法院在审理中,也不应支持行政相对人的超过起诉期限的诉求。[①] 起诉期限作为行政诉讼的法定起诉条件,人民法院不仅可以在立案受理阶段依职权审查,而且在受理之后的一审、二审诉讼期间可以因被告提出异议而审查,也可以依职权审查。[②]

四、关于本案的处理问题

根据案情,本案行政诉讼的起诉期限应当适用《最高人民法院关于贯彻执行〈中华人民共和国行政诉讼法〉若干问题的意见(试行)》。该意见第35规定:"行政机关作出具体行政行为时,未告知当事人的诉权或者起诉期限,致使当事人逾期向人民法院起诉的,其起诉期限从当事人实际知道诉权或者起诉期限时计算,但逾期的期间最长不得超过一年。"但本案中,《最高人民法院关于贯彻执行〈中华人民共和国行政诉讼法〉若干问题的意见(试行)》第35条所规定的"最长不得超过一年"的起诉期限,在《最高人民法院关于执行〈中华人民共和国行政诉讼法〉若干问题的解释》实施之日即2000年3月10日之前已经届满。本案被上诉人向B砂石厂颁发采矿许可证的时间是1998年8月,而上诉人向人民法院提起诉讼要求撤销该颁证行为的时间是2000年4月,其起诉已经超过法定期限,人民法院依法应予驳回。

根据国务院《矿产资源开采登记管理办法》第30条和国土资源部《关于开展勘查许可证、采矿许可证换证工作有关规定的通知》(国土资发〔1998〕79号)[③]的规定,换证工作是对原探矿权、采矿权的重新核定和确认,并非对采矿许可证的延续登记,且未在法定期限内申请办理换证手续的矿山的原采矿许可证自行废止。上诉人在法定期限内未履行换领新证的义务,其采矿许可证已经自行废止。[④] 另外,

---

① 吴宏文:《行政诉讼中法院应当主动对起诉期限进行审查——何建兵与泰兴市横垛镇人民政府婚姻登记行政纠纷案》,载《判例与研究》2011年第1期。

② 赵光喜:《浅议行政诉讼的起诉期限》,载云南法院网:http://www.gy.yn.gov.cn/Article/spyf/lqds/fglt/200910/15735.html,最后访问日期:2012年5月1日。

③ 国土资源部《关于开展勘查许可证、采矿许可证换证工作有关规定的通知》被2003年2月20日发布的《国土资源部关于停止执行部分规范性文件的通知》(国土资发〔2003〕48号)停止执行。

④ 笔者认为,我国于2007年生效的《物权法》确立了探矿权和采矿权的用益物权的法律属性,因此,对于《物权法》生效后未换领新证的,其采矿许可证是否自行废止的问题应当予以审慎处理,因为自行废止的只能是行政特许的许可证,对于用益物权并不能随着那张证书的废止而同时"废止"。但在《矿产资源法》没有与《物权法》有效衔接,明确矿业权物权属性的情况下,矿业权属性的行政特许权和物权之辩将成为必然。

上诉人所开采的河段矿床跨两个以上行政区域，根据《四川省矿产资源管理条例》的相关规定，被上诉人不享有颁发采矿许可证的职责范围。因此，上诉人要求被上诉人履行办理采矿许可证延续登记手续法定职责的理由不能成立。

（五）越界开采处罚

35. 本案如何认定越界开采的处罚依据？

——甲煤矿不服某市规划和国土资源局矿产行政处罚决定案[①]

【案情介绍】

原告：甲煤矿。

被告：某市规划和国土资源局。

甲煤矿属私营煤矿，井田位于某煤田北段东翼井田范围，南起某乡二煤矿北界，北至保安煤柱南边界线，浅部至煤层露头线，深部至－90米，井田面积为0.0510平方米，已取得采矿许可证，其矿区范围图及井上下对照图经某市矿产资源管理办公室核定。某煤炭工业管理局煤炭生产许可证办公室为该矿颁发编号为×××××02060的煤炭生产许可证标明该矿井口坐标为：x：4585055，y：36687，z：74.7。该井口坐标与上述井上下对照图中标注的井口坐标相同。

2003年1月14日，某市规划和国土资源局受理乙煤矿的举报，以甲煤矿越界采矿为由予以立案，进行调查，并委托某矿产资源勘测管理处进行鉴定，认定甲煤矿井口坐标为：x：4585078，y：38670，z：79.5，并据此测算甲煤矿采煤巷道超越自己井田范围而进入保护煤柱内45米，越界采煤945吨。某市规划和国土资源局于2003年3月10日向甲煤矿告知有申请听证的权利，并根据甲煤矿申请，于2003年5月26日举行了听证会。

2003年5月27日，某市规划和国土资源局作出某规土资法监字〔2003〕001号矿产资源行政处罚决定书，认定甲煤矿在开采煤炭过程中，超越批准的矿区范围采矿，违反了《矿产资源法》第2条第2款的规定，根据《矿产资源法》第40条的规定，作出如下处罚：(1)责令退回本矿区范围内开采；(2)没收违法所得8,505.00元；

---

① 辽宁省灯塔市铧子乡一煤矿不服灯塔市规划和国土资源局矿产行政处罚决定案（辽宁省灯塔市人民法院(2003)灯行初字第21号，2003年9月18日）。

(3)处以违法所得20%罚款1,701.00元。并由甲煤矿承担技术鉴定费5000元。合计15,206.00元。并规定被处罚单位应在接到处罚决定书之日起15日内履行，否则依照《行政处罚法》第51条的规定每日按罚款数额的3%加处罚款。甲煤矿不服该行政处罚决定，向法院起诉，要求撤销某市规划和国土资源局所作出的某规资法监字〔2003〕001号矿产资源行政处罚决定书。

【法院审判】

法院认为：

1. 被告具有作出矿产资源行政处罚决定的法定职权。

我国《矿产资源法》第40条规定："超越批准的矿区范围采矿的，责令返回本矿区范围内开采，赔偿损失，没收越界开采的矿产品和违法所得，可以并处罚款。"该法第45条第1款规定："本法第三十九条、第四十条、第四十二条规定的行政处罚，由县级以上人民政府负责地质矿产管理工作的部门按照国务院地质矿产主管部门规定的权限决定。"被告系某市负责地质矿产管理工作的部门，其具有对超越矿区范围采矿的行为进行处罚的法定职权。

2. 被诉具体行政行为主要证据不足。

有关矿产行政主管机关对原告井上下对照图(含井口坐标)的确认及煤炭生产许可证管理机关对原告井口坐标的认定是一种具体行政行为，一经作出，即具公定力、确定力、拘束力、执行力，非经有权机关依法定程序，不能否定其法律效力。被告委托的鉴定机构是提供技术服务的企业，其所作鉴定结论的效力低于上述具体行政行为的效力，而该鉴定机构在鉴定书中根据自己测量的结果否定了上述有关行政机关对原告井口坐标的核定，并据此推算出原告超越批准的井田范围采矿，由此可见，上述鉴定结论作为认定越界采矿的证据使用，不能予以采信。因为其测算范围即其重新认定的井口坐标与主管机关核定的井口坐标不一致，而后者又具有当然的法律效力，所以其以此为基础而得出的结论也就不能被采信。这样一来，被告认定原告超越批准的井田范围采矿也就失去了证据支持，可以认定被诉具体行政行为证据不足。

3. 被诉具体行政行为适用法律正确。

前面已经提到，《矿产资源法》第45条规定："超越批准的矿区范围采矿的，责令返回本矿区范围内开采，赔偿损失，没收越界开采的矿产品和违法所得，可以并处罚款。"被诉具体行政行为对超越批准的矿区范围采矿的行为责令返回本矿区范围开采，并根据具体情况没收违法所得，处以罚款，符合法律规定。

4. 被诉具体行政行为程序合法。

被告根据《行政处罚法》的规定，告知被处罚人有关权利，并举行了听证会，原告对此并无异议，由此，可以认定被诉具体行政行为程序合法。

综上，被诉具体行政行为主要证据不足，应予撤销。原告要求撤销被诉具体行政行为，应予支持。被告提出有关矿管部门对原告井口坐标的确认不是对其现井口的核定，证据不足，不予支持。依照《行政诉讼法》第54条第2项第1目的规定，判决如下：撤销被告某市规划和国土资源局于2003年5月27日所作某规资法监字〔2003〕001号矿产资源行政处罚决定书。

【律师评析】

本案被诉行政处罚决定得以撤销的主要原因在于具体行政行为的主要证据不足，而主要证据不足的关键在于行政确认行为与中介机构鉴定结论二者的效力比较问题。

一、行政处罚主要证据不足概述

（一）行政处罚主要证据不足的含义

行政处罚是指特定的行政机关或法定授权组织、行政委托组织依法对违反行政管理秩序尚未构成犯罪的个人或组织予以制裁的行政行为。[①] 根据我国《行政诉讼法》第54条的规定，一个合法的具体行政行为必须同时具备三个条件，缺一不可。一是行政机关作出具体行政行为所依赖的事实清楚，证据确实、充分；二是适用法律、法规正确；三是符合法定程序。《行政诉讼法》第54条第2项规定，被诉具体行政行为主要证据不足的，人民法院应当判决撤销。因此，主要证据是否充分是人民法院判断具体行政行为是否合法的要件之一。

所谓主要证据是指这样一种证据，对于一个待证事实来说，如果没有它的话，待证事实就不可能成立。[②] 主要证据对违法事实的认定起主要作用，对案件定性处罚有重要影响。由于案情不同，每起案件主要证据的表现形式也各不相同，但起码对以下三个方面的事实都能够合法有效地予以证明：一是当事人是否构成违法的事实；二是违法情节轻重以及承担怎样法律责任的事实；三是其他有关被处理人权

---

① 应松年：《行政法学新论》，中国方正出版社1999年版，第370页。

② 袁劲屹：《论行政处罚的证明标准》，载内蒙古自治区人民政府法制办公室：《政府与法制》2005年第2期。

利义务的基本事实。行政诉讼中所说的主要证据不足，是指被告（行政机关）向人民法院提供的证据不能证实被诉具体行政行为所认定的事实。这里所说的证实，是指被诉具体行政行为确定的有关定性和处理结果及其他有关被处理人权利义务的基本事实，均有合法有效的证据加以证明，并能够得出与被诉具体行政行为认定的事实相同的结论。如果有关被处理人权利义务的基本事实缺乏合法有效的证据加以证实，或者得不出与被诉具体行政行为认定有关被处理人权利义务的基本事实相同结论的，即属于主要证据不足。但如果具体行政行为中有关定性和处理结果的基本事实清楚，但一些不影响定性和处理结果的事实证据不足，则不能依此确定被诉具体行政行为主要证据不足。

另外，作为行政处罚的证据而言，主要证据与次要证据没有绝对的区别，需要根据个案的具体情况予以判断。通常情况下，判断主要证据是否充足的主要标准有：一是完全没有证据支持行政机关所认定的事实；二是收集的证据不足以支持其所做出的该行政行为；三是收集证据的行为违法，所收集的部分证据不能作为合法证据使用，从而导致合法的主要证据不足；四是行政机关对相互矛盾的证据取舍时出现错误，从而导致认定的事实出现错误等。

（二）行政处罚中主要证据不足的常见情形

一般来讲，行政处罚中的主要证据不足有以下常见情形：

1. 行政处罚认定的违法事实不清。违法事实是指行政相对人违反法律法规的事实，包括行政相对人的具体违法行为，以及违法行为的性质、情节和社会危害程度等方面的重要事实。行政处罚认定的违法事实不清，是指在行政处罚认定的违法事实中，关系到案件定性或者处理结果的主要事实和情节不清楚。

2. 认定违法行为的证据不足或没有证据。它是指据以作出的行政处罚没有相应的证据支持或证据不足，以及证据和证据之间不能相互印证等。

3. 认定被处罚主体错误或证据不足。将非被处罚主体误定为被处罚主体，或者认定的被处罚主体没有相应的证据予以证明。

4. 行为人身份认定错误或责任能力认定错误。行为人身份认定错误是指将不是行政管理相对人认定为行政相对人。责任能力认定错误是指将无责任能力人认定为有责任能力的人。

二、行政处罚程序证据的审查标准

（一）行政程序证据审查标准概述

行政程序证据审查标准，又称行政机关在行政程序中的证明标准，是指行政机关作出行政行为前必须证明其行为的事实基础达到一定程度,否则不可以作出行政行为。行政程序要求行政机关在作出具体行政行为前,按照“先取证、后裁决”的原则要求,在当事人举证或依职权调查获得证据的基础上,根据一定的标准作出事实,这个标准就是行政程序证据审查标准。通常认为,合法性、真实性和关联性是行政处罚案件证据必须具备的基本要求。

当前我国缺乏统一的行政程序法典,许多行政程序散见于法律、法规、规章、规范性文件甚至内部工作文件中,大量的行政行为缺乏程序规定。行政程序的缺乏必然导致行政程序证据制度的缺失。作为规范行政处罚行为的基本法律,《行政处罚法》对行政处罚的事实认定进行了要求和规范,但遗憾的是,《行政处罚法》并未对证明标准这个事实认定的关键问题作出明确的规定。其中对事实认定的要求是:“以事实为依据”(第4条第2款);“必须查明事实,违法事实不清的,不得给予行政处罚”(第30条)。但“以事实为依据”、“查明案件事实”这样的规定,并没有为行政机关提供证明标准这一认定事实的最低限度。因为“以事实为依据”的要求在实践中只能落实为“以认定的事实为依据”;而“查明案件事实”是对行政机关的最高的要求,不是最低的限度。因此,法律应当对“查明案件事实”的标准作出明确规定。总的来讲,我国行政程序缺乏对于证据形式、证据能力与证明力、取证、采证、证据审查标准等的统一规定,实践中行政程序的证据审查标准处于绝对的“自由裁量”状态。

(二)认定案件事实的证据合法、证明过程科学

合法行政处罚行为的构成要件之一是相对人的“违法事实”清楚。我国《行政处罚法》第30条规定:“行政机关必须查明事实;违法事实不清的,不得给予行政处罚。”但是,“违法事实”不同于“法律事实”。作为行政处罚根据的案件事实只能是,同时也必须是行政机关在行政程序中合法收集的证据所证明的法律事实。证据本身并不是案件事实,只是证明案件事实的材料,从合法收集的证据到获得作出行政处罚事实根据的过程是行政机关合理运用证据进行推定的过程。所以,行政案件事实认定的合法性、准确性也就取决于证据本身的合法性和证明过程的科学性。具体而言,可以从以下三个层次予以分析:

1. 证据本身的合法性。所谓证据本身的合法性是指行政机关收集证据行为的合法性,包括主体合法、程序合法及内容合法等要件。《最高人民法院关于行政诉讼证据若干问题的规定》第58条规定:“以违反法律禁止性规定或者侵犯他人合法权益的方法取得的证据,不能作为认定案件事实的依据。”行政机关采取不合法的方法或手段获取的证据,即使能够证明相对人的“违法事实”,也不能作为认定案件

事实的证据使用,这就是所谓的“非法证据排除规则”。

2. 运用证据进行推定的合法性。行政机关认定事实的过程,实际上是从客观证据推出案件事实的过程,这一推定过程必须符合法律的强制性规定、一般性的生活经验法则及普通的证明逻辑规则。行政处罚实施机关认定“违法事实”时,不仅要求其定性,还要求其定量;前者决定是否给予处罚,后者决定应该给予多重的处罚。只有这样,我国《行政处罚法》第 4 条第 2 款所规定的“相当原则”才能得以体现和落实。根据《行政处罚法》“相当原则”的规定,处罚的轻重取决于违法行为的性质、情节以及社会危害性程度。

3. 证明程度的合法性。理论上讲,已经发生的“违法事实”不可能被绝对完整地复原,证据所能证明的案件事实只能是一定程度地逼近客观真实。但是,为了保证作为法律适用基础的法律事实的确定性,法律要求通过证据证明案件事实必须达到法定的程度。法律所要求的证明程度包括证明标准和主要事实清楚两个方面,即通过证据证明的案件事实的可靠性必须符合法定标准,同时,符合法定证明标准已被证明了的事实又应能构成案件的主要事实。

(三)证据确凿与证据充分紧密相连、相互渗透

所谓证据充分,是指作出行政处罚决定时,必须具备据以认定事实的一定的证据量,主要侧重于证据的数量方面。主要表现为:案件所涉及的事实均有必要的证据予以佐证;用来证实案件事实的所有证据构成完整的证明体系,能相互印证,环环相扣,形成“证据链”;在具备足够的证据量的前提下,所证明的案件事实轮廓实在、环节清晰,主要方面不存在模棱两可的因素。证据确凿,是指实施行政处罚的事实依据确实、可靠。证据确凿是从证据的证明效力方面来讲的,侧重于质量。主要表现为:据以定案的各项证据均是真实可靠的,无伪造、诱导之嫌疑,亦无彼此矛盾的现象;据以定案的各项证据均与案件事实具有关联性,不存在以彼事项印证此事项,或虚妄推断的现象;据以定案的各项证据之间相互协调一致,共同指向同一个证明结论。证据确凿与证据充分是紧密相连、相互渗透的。证据确凿需要以一定的证据量作为必要条件,量之不足,确凿便成为空谈;证据充分又必须以其质即证明力为基础,没有证明效力的所谓“证据”,即使再多,也不能证明案件事实的真实情况。

三、本案主要证据不足的关键在于行政确认的效力优于鉴定结论

本案中,有关矿产行政主管机关对原告井上下对照图(含井口坐标)的确认及

煤炭生产许可证[①]管理机关对原告井口坐标的认定是一种行政确认的具体行政行为。所谓行政确认，是指行政主体依法对行政相对人的法律地位、法律关系和法律事实进行甄别，给予确认、认可、证明并予以宣告的具体行政行为。[②] 作为行政行为的一种，行政确认具有行政行为的一般效力。一经作出，即具有公定力、确定力、拘束力、执行力，非经有权机关依照法定程序，不能否定其法律效力。而鉴定机构是提供技术服务的企业，其所作出的鉴定结论在证据性质上一般体现为间接证据。司法鉴定是运用专门知识或经验对案件中所涉及的专门性事实问题进行检验、鉴别和判断的一种证明活动，是一种在科学实验基础上的主观认识活动，所以司法鉴定结论不是对客观事实的直接反映，而是间接通过各种鉴定材料对客观事实的反映，是通过检验、分析后得出的判断结果，而这种判断结果，只是一种拟制事实。由于鉴定对客观事物的认识判断存在一定的局限性，因而在多数情况下，鉴定结论所认定的事实与待证事实之间体现为一种间接证明关系。鉴定结论对待证事实的认定只起到辅助作用，并不具有当然的证据能力和证明力，因而还需要结合其他事实及证据才能确定待证事实。在具体案件中，法庭应当严格适用证据审查制度，运用完善的证据规则来排除其可能的失真性。鉴定结论只有在被查证属实后才能作为定案的根据。显然，鉴定结论的效力低于具体行政行为的效力。

本案中，鉴定机构在鉴定书中根据自己测量的结果否定了有关行政机关对原告井口坐标的核定，并据此推算出原告超越批准的井田范围采矿显然不能成立。因为鉴定机构测算的范围即其重新认定的井口坐标与主管行政机关核定的井口坐标不一致，而后者又具有当然的法律效力，所以鉴定机构以此为基础而得出的结论也就不能被采信。这样一样，矿产行政主管机关认定原告超越批准的井田范围采矿也就失去了证据支持。主要证据不足是撤销判决和决定适用的首要条件。对于主要证据不足的行政案件，行政复议机关可根据《行政复议法》第 28 条第 1 款第 3 项第 1 目的规定，作出撤销、变更或者确认该具体行政行为违法的行政复议决定。在行政诉讼案件中，人民法院可以根据《行政诉讼法》第 54 条第 2 项第 1 目的规定判决撤销或者部分撤销该具体行政行为。

---

① 根据 2013 年 6 月 29 日第十二届全国人民代表大会常务委员会第三次会议通过对《中华人民共和国煤炭法》的修改，决定取消煤炭生产许可证。《国务院关于废止和修改部分行政法规的决定》（2013 年 7 月 18 日，国务院令第 638 号公布，自公布之日起施行）废止《煤炭生产许可证管理办法》。

② 罗豪才主编：《行政法学》，北京大学出版社 1998 年版，第 184 页。

四、关于本案的处理问题

本案中,作出行政处罚的行政机关虽然具有作出矿产资源行政处罚决定的法定职权,适用法律正确,程序合法,但是被诉具体行政行为的主要证据不足。而主要证据不足的关键在于行政确认行为与中介机构鉴定结论二者之间的效力比较。有关矿产行政主管机关对原告井上下对照图(含井口坐标)的确认及煤炭生产管理机关对原告井口坐标的认定是一种具体行政行为,一经作出,即具有公定力、确定力、拘束力、执行力,非经有权机关依法定程序,不能否定其法律效力。而矿产行政主管机关所委托的鉴定机构是提供技术服务的企业,其所作鉴定结论的效力低于具体行政行为的效力。因此,矿产行政主管机关认定原告超越批准的井田范围采矿也就失去了证据支持,应当认定行政处罚证据不足,依法应予撤销。

(六)无证采矿处罚

36. 行政委托应当以谁的名义作出处罚?

——某煤矿不服某市矿产资源管理委员会行政处罚及侵权赔偿案[①]

【案情介绍】

原告:某煤矿。

被告:某市矿产资源管理委员会。

某煤矿系某市某镇集体矿山企业,持有某集采证煤字(94)009 号采矿许可证,开采范围为:东第六勘探线,西第三勘探线,南 FI 断层,北 F3 断层,开采最低标高 333 米。因原有矿井回采全部结束,故某煤矿于 1995 年 5 月 25 日,在拱桥石坂坑 X2792509.362 米,Y39534187.720 米,水平标高 +332.448 米,方位 125 度 04 分 08 秒处采掘新煤硐。该煤硐口位于某煤矿所持有的某集采证煤字(94)009 号的采矿许可证采矿范围之外。

1995 年 6 月 27 日,某市矿产资源管理委员会以某煤矿在采矿范围之外开采煤硐,违反了《福建省开办乡镇集体矿山企业和个体采矿管理办法》第 7 条的规定为

---

① 漳平市拱桥煤矿不服漳平市矿产资源管理委员会行政处罚及侵权赔偿案(福建省漳平市人民法院)。

理由,依据《福建省开办乡镇集体矿山企业和个体采矿管理办法》第27条第1款的规定,作出(95)010号违反矿产资源法规现场处罚决定书,责令某煤矿立即停止开采。同日,某市矿产资源管理委员会将该煤硐炸毁。某煤矿不服某市矿产资源管理委员会的(95)010号行政处罚,向人民法院提起诉讼,请求法院撤销某市矿产资源管理委员会所作出的行政处罚决定。

【法院审判】

法院认为,某市矿产资源管理委员会虽然接受某市人民政府的委托行使《福建省开办乡镇集体矿山企业和个体采矿管理办法》第27条第1款规定的行政处罚职权,但其不是以委托行政机关某市人民政府的名义,而是以自己的名义作出行政处罚决定,违反了代理人必须以被代理人的名义行使行政管理职权的法律规定。某市矿产资源管理委员会的行政处罚属于超越职权。同时,某市矿产资源管理委员会作出的现场处罚决定,违反了《违反矿产资源法规行政处罚办法》的有关程序规定。因此,其请求维持该行政处罚决定的理由不充分,不予支持。某煤矿在其采矿范围之外开采煤硐是违法的,属无证开采。因此,所造成的经济损失应由其自行负责。某市人民法院根据《行政诉讼法》第54条第2项第3目、4目的规定,作出判决如下:

1. 撤销某市矿产资源管理委员会(95)010号违反矿产资源法规现场处罚决定书;

2. 驳回某煤矿赔偿经济损失的诉讼请求。

【律师评析】

本案主要涉及三个方面的问题:一是在行政处罚中行政委托应当以谁的名义作出处罚;二是行政处罚程序违法的问题;三是超越职权对无证开采予以处罚是否应予赔偿的问题。

一、行政处罚必须符合法定的条件

行政处罚是指特定的行政机关或法定授权组织、行政委托组织依法对违反行政管理秩序尚未构成犯罪的个人或组织予以制裁的行政行为。[①] 行政处罚的构成要件,是指行政机关对违反行政管理秩序的行为(以下简称违法行为)依法给予行

① 应松年:《行政法学新论》,中国方正出版社1999年版,第370页。

政处罚所应具备的必不可少的条件。它是确定某种行为应受行政处罚所必须具备的各种条件,是行为人负行政处罚之责的基础和根据。依照相关法律规定,一个有效的行政处罚行为应当同时具备以下四个条件:

1. 行政机关享有此种处罚权。行政机关并不都具有行政处罚权,只有一部分行政机关和法律、法规授权的具有管理公共事务职能的组织以及具有行政处罚权的行政机关依法委托的组织才具有行政处罚权。无行政处罚权的行政机关实施的处罚行为无效,有行政处罚权的行政机关滥用处罚权或者超越自身的处罚权,其处罚行为也无效。

2. 被处罚者有违法行为,且违法事实清楚,证据确凿,无法定免除处罚的情形。在行政处罚的立法和实施中,应受处罚行为(有学者也称为行政违法行为,是指公民、法人和其他组织实施的违反行政法律规范、依法应当受到行政处罚的作为或者不作为)是行为人负处罚之责的基础,占有核心地位。其中,行为人在何种条件下应当承担行政处罚之责,实施处罚的机关或者组织又按什么规则去确定行为人承担处罚之责的根据和标准等问题,则是研究行政处罚行为的关键问题,我们称为应受处罚行为的责任基础。① 目前较为普遍的观点认为,应受处罚行为的构成要件包括四个方面:违法行为主体、违法行为客体、违法行为的客观要件和主观要件。② 另外,还应当考虑到行政管理领域的内容非常广泛且各具特点,因此,应受处罚行为的构成要件必须符合行政管理的实际和特性。

3. 行政处罚必须严格遵守法定程序。行政机关对公民、法人或其他组织的违法行为实施处罚,必须严格按照法定程序。法定程序有简易程序、一般程序和听证程序三种。行政机关在实施处罚时,本应适用一般程序而适用了简易程序,本应适用听证程序而适用了一般程序,或没有按每一法定程序具体操作,剥夺了当事人的有关权利,则其处罚行为无效。

4. 处罚决定适用行政法律、法规正确。行政机关对于公民、法人或其他组织的违法行为实施处罚,必须正确适用国家的行政法律、法规,不能适用已经失效或者尚未生效的法律、法规,也不能适用与此种处罚无关的法律、法规。行政处罚必须有法定依据,没有法定依据或者适用法律、法规错误的行政处罚行为无效。

---

① 汪永清:《行政处罚》,中国政法大学出版社 1994 年版,第 71 ~ 78 页。

② 叶必丰:《行政处罚概论》,武汉大学出版社 1990 年版,第 40 页;姜明安:《行政违法行为与行政处罚》,载《中国法学》1992 年第 6 期。

二、受委托组织应当以委托机关的名义作出处罚

行政委托是指行政机关将其管辖权的一部分交由行政机关之外的组织或者个人,并以行政机关的名义行使行政职能。从行政诉讼的角度讲,《行政诉讼法》第26条第4款规定:"由行政机关委托的组织所作的行政行为,委托的行政机关是被告。"但是,如果受委托组织以自己的名义作出行政行为,应当以谁为被告,本条没有明确。司法实务中,各地法院的做法不一,有以委托机关为被告的,也有以受托组织为被告的。要解决这个问题有必要首先对受托组织以自己的名义而不是以委托机关的名义行使行政权力时的委托关系是否成立作一分析。对此有两种观点,一种观点认为,由于受托组织没有以委托机关的名义行使行政职权,行政委托关系不成立。另一种观点认为,委托关系是否成立,应视委托机关的委托行为是否合法,而不受受托组织行为的影响。笔者赞同第二种观点,并认为,只要行政机关依法对有关组织进行委托,行政委托关系就已成立。它的后续问题是,若委托关系成立,是否应当以委托机关为被告。委托代理人必须在代理权限内以被代理人的名义实施法律行为,由此产生的法律后果由被代理人承担,这是我国《民法通则》对代理制度所作的规定。我国的法律之间是相互补充、相互配套的,《行政诉讼法》第25条之所以对委托代理关系未再作出类似规定,是出于立法技术上的考虑。笔者认为,委托关系是否成立并不必然决定何机关或组织为被告。受托组织以自己的名义行使行政权力,对于相对人来说,行使行政职权的是受托组织,与相对人形成法律关系的是受托组织;对于委托机关来说,受托组织的行为属于超越职权,委托机关对此不应承担责任。只要受托组织有行为能力和责任能力应当以受托组织为被告。

关于行政委托,还有一个需要注意的问题。即委托是否必须是"依法委托",对此,学界仍有不同意见,有学者认为委托不需有法律法规规章之授权;有学者认为行政委托由于委托行政职权这样的重大事项,必须有法律法规之依据,这是法治行政的基本要求。笔者认为,行政委托在某些领域(如行政处罚等)需有法律依据,某些领域(如卫生行政)只要不违背合理行政之目的即可。如《行政处罚法》第19条规定了行政处罚委托组织必须符合以下条件:第一,依法成立的管理公共事务的事业组织;第二,具有熟悉有关法律、法规、规章和业务的工作人员;第三,对违法行为需要进行技术检查或者技术鉴定的,应当有条件组织进行相应的技术检查或者技术鉴定。《最高人民法院关于执行〈中华人民共和国行政诉讼法〉若干问题的解释》第21条的规定基本采纳了第一种观点,规定行政机关在没有法律、法规或者规章规定的情况下,授权其内设机构、派出机构或者其他组织行使行政职权的,应当视为

委托。当事人不服提起诉讼的,应当以该行政机关为被告。但需要注意的是,这一条规定的不是行政委托的典型形式,而是“视为委托”的情形。

三、作出行政处罚必须遵循法定的程序

行政处罚程序,是指由法律规定的行政主体在实施行政处罚行为时所必须遵循的步骤、方法、期限和可采取的手段、措施及其应用范围和对象的总称。行政处罚程序是对行政主体实施行政处罚的规范,是实施行政处罚的合法操作规程。国务院《全面推进依法行政实施纲要》把程序正当原则作为依法行政的基本要求之一予以明确规定。依法行政,必须严格遵循法定程序,依靠程序来维护和保障行政公正。正如马克思所言:“程序和法二者之间的联系如此密切,就像植物的外形和植物的联系,动物的外形和血肉的联系一样,审判程序和法律应该具有同样的精神,因为审判程序只是法律的生命形式,因而也是法律内部生命的表现。”①对政府及其工作人员来说,按照法定程序行使职权,履行职责,这是推进依法行政的题中应有之义,也是贯彻落实科学发展观,构建社会主义和谐社会对政府工作提出的新要求。

行政处罚程序是一项重要的法律制度,属于行政程序法的范畴。我国《行政处罚法》所作出的一系列规定,不仅成为我国行政处罚程序的制度基础,也为行政主体实施行政处罚提供了必要的操作规程。《行政处罚法》有力地推动了政府依法行政的进程,要求政府机关所实施的行政处罚必须遵守法律规定的程序,违背法律程序的行政处罚行为是违法行为,行政处罚行为的效力因行政处罚行为不符合程序规定受到影响,甚至无效。《行政处罚法》第3条规定:“……没有法定依据或者不遵守法定程序的,行政处罚无效。”这一规定体现的法律精神表明:行政执法机关的职权活动都必须有法律上的直接依据,否则即构成违法。同时,即使有法律上明确规定的依据,也必须按照法定程序行使,否则同样构成违法。行政处罚程序作为行政程序的重要内容,彰显了法治的精神和要求。依法行政必须要强调程序正义,因为依法行政本质上是要规范行政行为并保障公民、法人和其他组织的合法权益。所以说,遵循行政处罚程序实施行政处罚,是法治理念和价值的体现,更是依法行政的具体行动。

四、处罚无证采矿造成损失不予承担行政赔偿责任

矿产资源保护制度是为了发展矿业、加强矿产资源的勘查、开发、利用和保护

---

① 《马克思恩格斯全集》(第1卷),人民出版社,第178页。

工作而形成的法律制度。在中华人民共和国领域及管辖海域勘查、开采矿产资源,必须遵守《矿产资源法》的规定,我国的矿产资源专属于国家所有。国家保障依法开采矿产资源的行为,但必须持有许可证书。勘查、开采矿产资源,必须依法分别申请,经批准取得探矿权、采矿权,并办理登记。国家保护探矿权和采矿权不受侵犯,保障矿区和勘查作业区的生产秩序、工作秩序不受影响和破坏。从事矿产资源勘查和开采的,必须符合规定的资质条件。国家实行探矿权、采矿权有偿取得制度。开采矿产资源,必须取得相关行政主管部门颁发的采矿许可证。禁止任何单位和个人进入他人依法设立的国有矿山企业和其他矿山企业矿区范围内采矿。国家对集体矿山企业和个体采矿实行积极扶持;合理规划、正确引导、加强管理的方针,鼓励集体矿山企业开采国家指定范围内的矿产资源,允许个人采挖零星分散资源和只能用做普通建筑材料的砂、石、黏土以及为生活自用采挖少量矿产。我国矿产资源法律法规明确规定,矿山企业变更矿区范围,必须重新申报办理变更登记手续。如果未重新申报办理变更登记手续,就擅自在自己矿界之外掘建新煤硐的行为,则属于无证开采。无证开采属于违反《矿产资源法》的违法行为,理应受到法律的制裁,对于造成的损失,不应受到法律的保护。

五、关于本案的处理问题

《福建省开办乡镇集体矿山企业和个体采矿管理办法》第 27 条规定:"违反本办法,有下列行为之一的,视情节轻重分别予以处罚;触犯刑律的,由司法机关依法追究刑事责任:(一)未领取采矿许可证擅自采矿的,责令停止开采,没收采出的矿产品及违法所得,并处以罚款 500 元至 5000 元;……"第 28 条规定:"本办法第二十七条第一款、第二款、第三款、第七款规定的行政处罚,由县(市)人民政府决定;……"本案中,某市矿产资源管理委员会虽然接受某市人民政府的委托行使《福建省开办乡镇集体矿山企业和个体采矿管理办法》第 27 条第 1 款所规定的行政处罚职权,但其不是以委托机关某市人民政府的名义,而是以自己的名义作出行政处罚决定,属于超越职权,其所作出的行政处罚决定依法应予撤销。根据《矿产资源法》的规定,某煤矿在其原煤硐回采结束后,未经重新办理申报手续,就擅自在自己矿界之外掘建新煤硐的行为,属于无证开采违法行为。某煤矿的损失是由于其无证开采违法行为所引起的,依法不受法律保护。因此,某煤矿应自行负责其所遭受的经济损失。

（七）非法转让采矿权处罚

37. 采矿权非法受让人是否有权起诉吊销矿权的行政行为？

——陈某不服某省国土资源厅吊销采矿许可证行政处罚纠纷案①

【案情介绍】

原告：陈某。

被告：某省国土资源厅。

第三人：某地质公司。

某省国土资源厅于2005年10月28日作出某国土资罚字〔2005〕9号《关于吊销冶金部某实业总公司采矿许可证的处罚决定》，其内容为："被处罚单位：冶金部某实业总公司（现更名为'某地质公司'）……经查实，你公司于2002年11月4日取得某多金属矿采矿许可证（证号：5100××××10488）之后，未进行生产性投入以及采矿活动。2004年7月26日，你公司将采矿权卖给陈某及其合伙人，获取采矿权买卖价款135万元。2004年7月26日以来，陈某及其合伙人在某多金属矿实施了开采及销售矿石活动。同时，你公司还采取签订不同内容的两份《某多金属矿采矿权转让合同》的方式掩盖倒卖采矿权的行为。……你公司的行为违反了《中华人民共和国矿产资源法》第六条第三款的规定，属于将采矿权倒卖牟利的违法行为。根据《中华人民共和国矿产资源法》第四十二条第二款之规定，我厅决定对你公司的上述违法行为作出如下行政处罚：吊销冶金部某实业总公司5100××××10488号采矿许可证。"

陈某认为，某省国土资源厅作出的吊销采矿权的处罚决定事实不清，违反法律程序，适用法律不当，请求法院撤销某省国土资源厅某国土资罚字〔2005〕9号行政处罚决定书。

【法院审判】

一审法院认为，根据《行政诉讼法》第41条、《最高人民法院关于执行〈中华人民共和国行政诉讼法〉若干问题的解释》第12条的规定，行政诉讼的原告必须是与

---

① 陈明高不服四川省国土资源厅吊销采矿权行政处罚案。

具体行政行为之间有法律上的利害关系的公民、法人或者其他组织。同时根据《最高人民法院关于执行〈中华人民共和国行政诉讼法〉若干问题的解释》第 27 条第 1 款第 1 项的规定，原告对证明自己起诉符合法定条件承担举证责任。在本案中，被告某省国土资源厅作出的吊销 5100 × × × ×10488 号采矿许可证是针对第三人所作，并非陈某，陈某不是本案被诉行政处罚的被处罚人。陈某认为其与第三人共同享有采矿权，与被诉行政行为有法律上的利害关系，其具有原告诉讼主体资格，为证实上述主张，陈某向本院提供了《合作探采某多金属矿床协议书》、《联合开发某铅锌多金属矿协议书》、《协议书》、《某多金属矿采矿权转让合同》、《某省国土资源厅受理通知书》等证据材料，但根据《探矿权采矿权转让管理办法》第 10 条"申请转让探矿权、采矿权的，审批管理机关应当自收到转让申请之日起 40 日内，作出准予转让或者不准转让的决定，并通知转让人和受让人。……批准转让的，转让合同自批准之日起生效"的规定，采矿权转让合同尚未生效，且某省某市某区人民法院、某省某市中级人民法院已经以(2006)某中刑初字第 2 号刑事判决书和(2006)某刑终字第 58 号刑事裁定书作出了判决和裁定，认定陈某未经申请批准，未取得采矿许可证擅自采矿，其行为构成非法采矿罪，故陈某向本院提供的证据不能证实其与被告作出的吊销第三人采矿许可证的行政行为之间有法律上的利害关系。综上，陈某既不是行政行为相对人，也与被告作出的吊销第三人的采矿许可证的行为之间没有法律上的利害关系，故其不具有本案原告诉讼主体资格，陈某的起诉，不符合行政诉讼法规定的法定起诉条件。陈某要求撤销被告某省国土资源厅作出某国土资罚字〔2005〕9 号《关于吊销冶金部某实业总公司采矿许可证的处罚决定》的主张，不予支持。据此，依照《行政诉讼法》第 41 条第 1 款第 1 项、《最高人民法院关于执行〈中华人民共和国行政诉讼法〉若干问题的解释》第 12 条、44 条第 1 款第 2 项的规定，裁定驳回陈某的起诉。

宣判后，原告不服，向某市中级人民法院提出上诉。

二审法院经审理认为：被上诉人某省国土资源厅于 2005 年 10 月 28 日对某地质公司作出某国土资罚〔2005〕9 号《关于吊销冶金部某实业总公司采矿许可证的处罚决定》，吊销该公司 5100 × × × ×10488 号采矿许可证。上诉人陈某不服该 9 号处罚决定而提起行政诉讼，根据《最高人民法院关于执行〈中华人民共和国行政诉讼法〉若干问题的解释》第 12 条关于"与具体行政行为有法律上的利害关系的公民、法人或其他组织对该行为不服的，可以依法提起行政诉讼"的规定，规定了可以提起行政诉讼的当事人需与具体行政行为之间具有法律上的利害关系。本案中，9 号处罚决定是被上诉人某省国土资源厅对行政管理相对人某地质公司因违反法律规定而作出的行政处罚，陈某不是9号处罚决定的行政管理相对人，也与9号处罚决定之间不存在法律上的利害关系。因此上诉人陈某不具有本案原告资格，一审裁定驳回上诉人的起诉正确。关于上诉人陈某主张与冶金工业部某地质勘查局某大队等有关单位之间存在合作关系的问题，陈某与某大队等有关单位之间签订的协议，属于平等主体之间的债权债务关系，系民事法律调整范围，不属于本案审理范围。一审裁定认定事实清楚，适用法律正确，应予维持。依照《行政诉讼法》第61条第1项的规定，裁定：驳回上诉，维持原判。

【律师评析】

本案主要涉及采矿权非法转让中的受让人与吊销采矿权处罚行政行为之间是否具有法律上的利害关系，能否作为吊销采矿权行政处罚的原告，即行政诉讼原告的适格问题。

一、行政诉讼原告资格的内涵

所谓行政诉讼原告资格，是指符合法律规定的条件，根据法律的规定，能够向人民法院提起行政诉讼的资格。《行政诉讼法》第2条规定："公民、法人或者其他组织认为行政机关和行政机关工作人员的行政行为侵犯其合法权益，有权依照本法向人民法院提起诉讼。"《最高人民法院关于执行〈中华人民共和国行政诉讼法〉若干问题的解释》第12条规定："与具体行政行为有法律上利害关系的公民、法人或者其他组织对该行为不服的，可以依法提起行政诉讼。"由此可见，我国《行政诉讼法》仅规定原告起诉须与具体行政行为有法律上利害关系为限，而并未直接明确规定原告资格的条件。对此，学术界和实务界存在不同的理解。有学者认为，"具备行政诉讼原告资格必须符合以下条件：(1)所诉行政行为必须是在行政诉讼法的受案范围以内；(2)必须是所诉行政行为的相对人；(3)符合其他法定条件，如未超过诉讼时效、属受诉法院管辖等。"①还有学者认为，根据《行政诉讼法》有关规定，作为行政诉讼原告的主要条件包括：(1)在行政法律关系中，处于行政管理相对人的地位；(2)有明确的被告，具体的诉讼请求、事实和理由；(3)认为具体行政行为侵犯其合法权益；(4)所诉具体行政行为属于法院的受案范围；(5)起诉符合法定起诉期限和其他法定条件。

通说认为，对于《行政诉讼法》中原告资格问题的内涵理解，应当从《行政诉讼

---

① 邹荣：《行政诉讼的原告资格研究学术研讨会综述》，载《法学》1998年第7期。

法》中有关原告资格规定所包含的规范本身去考察，原告资格问题本身就是一系列条件的组合。因此，结合我国《行政诉讼法》的规定而言，原告资格应当具备以下条件：一是起诉人必须具有法定的权利能力和行为能力；二是起诉人必须与被诉的行政行为具有实际的法律上的利害关系。《最高人民法院关于执行〈中华人民共和国行政诉讼法〉若干问题的解释》第12条的规定确立了"法律上的利害关系"的原告资格标准。对此，学者们作出高度评价，认为"法律上利害关系标准拓宽原告资格不仅适应当前的形势要求，符合现代化民主法治发展和应对世贸组织规则需要，使更多公民能通过行政诉讼的途径维护自己的合法权益和社会公益，而且能有效制约政府的行为，防止公权力的肆意滥用，更好地保护社会不同群体的合法利益。"①笔者认为，行政诉讼原告资格标准应当是主观标准和客观标准二者的统一。认为是主观标准，其功能在于确定起诉人与被诉行政主体之间是否存在争议，无争议则无诉讼。"法律上的利害关系"则是客观标准，其功能在于判断起诉人的"认为"是否应当纳入司法审查的范围之内。

二、关于对"法律上的利害关系"的理解

对于何为"法律上的利害关系"，目前为止我国行政法律、法规并没有明确规定。对此，学术界存在以下具有代表性的不同观点：(1)法律上的利害关系是指起诉人与被诉具体行政行为之间仅存在行政法上的权利义务关系。既包括与被诉行政行为之间直接的利害关系，也包括与诉讼结果之间的间接利害关系。(2)将"法律上的利害关系"界定为起诉人的合法权益受到了具体行政行为的"实际影响"，认为"只要个人或者组织受到行政行为的实际的不利影响，不管他是不是行政行为直接针对的对象，或行政行为所直接指名道姓的那个组织或个人，只要这种不利影响通过民事诉讼得不到救济，就应该考虑通过行政诉讼来解决。"②(3)认为"法律上的利害关系"是指：一种起诉人可以期望通过诉讼得到法律保护的、现实存在或必然出现的、切身的、直接的利害关系。③ (4)认为利害关系并不局限于直接利害关系，而是对其进行了扩张性解释，即把与被诉具体行政行为有间接利害关系的公民、法人和其他组织也纳入其中。间接利害关系则包括与具体行政行为所认定的事实有利害关系和与判决结果有利害关系以及与被诉行政主体的相对方有民事法

---

① 杨海坤、章志远主编：《行政判例研究》，中国民主法制出版社2007年版，第97页。

② 江必新：《中国行政诉讼制度之发展——行政诉讼司法解释解读》，金城出版社2001年版，第33页。

③ 杨寅、吴林：《中国行政诉讼制度研究》，人民法院出版社2003年版，第159页。

律关系的公民、法人和其他组织。① (5)从我国的立法本意及现在的行政法理论出发,特指具有行政法上的利害关系,既包括形式上的利害关系也包括实质上的利害关系,但仅指直接的利害关系,不包括间接利害关系。②

笔者认为,对于"法律上利害关系"的理解和把握而言,可从以下三个方面理解:

其一,有法律上的而非有事实上的利害关系,且是特指行政法上的权利义务关系而非其他权利义务关系。"法律上的利害关系"是指有关法律规范所保护的权益可能受到被诉行政行为的不利影响,而在行政主体与受影响人之间产生的行政法律关系。对其内涵而言,应当包含以下方面的内容:(1)该行为与起诉人之间形成行政法上的权利义务关系;(2)该行为对起诉人的合法权益产生实际的影响;(3)该行为与起诉人的合法权益受影响之间有内在关联;(4)起诉人主张的合法权益是法律上保护的权益。起诉人的合法权益客观存在是一个基础性前提,如果所谓的合法权益根本就不存在,则谈不上被影响的问题,也不可能具有法律上的利害关系。关于原告主张的权益必须是与被诉行政行为有关联的,特定法律保护范围内的权益,即包括人身权、财产权以及与人身财产权关系密切或由其派生出来的权利,这一点不难理解,关键在于如何认识"受到被诉行政行为的影响"。对此,根据《行政诉讼法》的规定,可以认为,只有被诉行为属于可诉的具体行政行为,才有进一步确定起诉人是否与该行为具有法律上利害关系的必要。"对公民、法人或者其他组织权利义务不产生实际影响的行为"不属于可诉的具体行政行为。也就是说,可诉的具体行政行为应对起诉人的权利义务产生实际影响。因此,合法权益受到的影响应当解释为受到被诉行政行为的实际影响。

其二,具有法律上的利害关系应当包括形式上的利害关系和实质上的利害关系。形式上的利害关系是指具体行政行为的外在形式上已经明显与相对人形成权利义务关系。实质上的利害关系则是指具体行政行为虽然外在形式上与公民、法人和其他组织没有形成权利义务关系,但实质上却直接涉及和影响了该公民、法人和其他组织的权益,具有法律上的利害关系。那种在形式上明显具有法律上利害关系的情形争议很少,也不是法律调整的主要内容。争议较大的是实质上有法律利害关系的情形,《最高人民法院行政法司法解释》第 12 条对于从实质上确定对其

---

① 马怀德:《行政诉讼制度构建与判例研究》,中国政法大学出版社 2000 年版,第 142 页。

② 李爱伟:《我国行政诉讼原告资格制度评析》,载中国法院网:http://old.chinacourt.org/html/article/200910/23/378629.shtml,最后访问日期:2013 年 2 月 10。

合法权益具有实际影响的当事人的诉讼权利和实体权益具有重要的意义。

其三，起诉人向法院主张其受到侵害的合法权益是被诉的具体行政行为直接造成的，而不是间接造成的。对于直接影响属于"法律上的利害关系"，这一点没有争议。关键在于行政行为对合法权益的间接影响是否属于"法律上的利害关系"？笔者认为，法律上利害关系原则上应限于直接影响。"如果起诉人主张的侵害和影响是由具体行政行为间接造成的，依据我国目前的法律规定，起诉人与被诉的行政行为作出者之间不形成行政法律关系，起诉人不能直接向行政主体主张权利，起诉人当然也就不具有原告资格。"①当然，"间接影响"不属于"法律上利害关系"也存在例外的情形，即起诉人权益受到的虽然是间接影响，但他没有其他合法途径可以维护自己的权益，则该起诉人应有权提起行政诉讼。

三、采矿权非法受让人与吊销采矿权处罚之间不具有法律上利害关系

本案涉及金属矿的开采，我国法律法规针对此类有限自然资源的开发利用设定了行政许可制度，开采矿产资源必须依法申请登记，领取采矿许可证，取得采矿权。《矿产资源法》及其实施细则规定了探矿权、采矿权转让的情形和条件，《探矿权采矿权转让管理办法》第10条也明确规定"申请转让探矿权、采矿权的，审批管理机关应当自收到转让申请之日起40日内，作出准予转让或者不准转让的决定，并通知转让人和受让人……批准转让的，转让合同自批准之日起生效。"由此可见，采矿权的转让除了当事人的合意之外，还必须履行相应的行政审批程序。虽然2004年7月陈某与第三人之间达成了采矿权转让合同，但该转让合同未经审批管理机关批准，未发生法律效力，陈某并未取得合法的采矿权。并且，相关的生效刑事判决已经认定陈某在先期的合作协议解除后，未经申请批准，未取得采矿许可证，擅自采矿，其行为已构成非法采矿罪。因此，陈某是采矿权的非法受让人，其起诉主张的权益不属于被诉行政行为有关的法律规范的保护范围，不享有相应的合法权益，与被诉行政行为无论在形式上还是实质上均没有形成法律上直接的利害关系。何况，就陈某主张的权益而言，受到的是被诉行政行为的间接影响，而其可以通过对采矿权转让人提起民事诉讼达到对自己的权益加以救济的目的，故可以认为陈某与被诉行政行为不具有法律上的利害关系。

---

① 李爱伟：《我国行政诉讼原告资格制度评析》，载中国法院网：http://old.chinacourt.org/html/article/200910/23/378629.shtml，最后访问日期：2013年2月10日。

四、关于本案的处理问题

本案中,吊销采矿许可证的行政处罚决定是某省国土资源厅对行政管理相对人某地质公司因违反矿产资源法律规定而作出的行政处罚。根据《矿产资源法》的规定,我国对矿产资源开采实行许可证制度,依法取得采矿权后将采矿权倒卖属于非法行为。陈某作为采矿权非法受让人请求保护的权益属于非法权益,而且,其不是行政处罚决定的行政管理相对人,与行政处罚决定之间不存在法律上的利害关系,不具有原告的诉讼主体资格,故其无权对国土资源行政主管部门吊销采矿许可证的行为提起行政诉讼,对其起诉,依法应予驳回。

(八)矿产资源补偿费征收处罚

38. 如何界定矿产资源补偿费的缴费主体和征收对象?

——某矿务局不服某矿产资源管理局矿产资源补偿费征收行政处罚上诉案①

【案情介绍】

上诉人(原审被告):某县矿产资源管理局(以下简称某县矿管局)。

被上诉人(原审原告):某煤电公司(原某矿务局)。

原某矿务局是1966年经国家批准投资建设的统配煤矿重点企业。1989年4月原某矿务局进行了企业法人登记,下设月某、火某、山某、老某、土某煤矿五个采矿实体(俗称行政矿)和两个洗煤厂以及运销公司等11个分支机构,主营原煤、洗精煤、焦炭;兼营水泥、汽修、建安、机修等业务。1988年8月16日,原地质矿产部、能源部下发《关于统配煤矿企业补办采矿登记的补充规定》(以下简称《规定》)。该《规定》规定除统配煤矿企业(矿务局)补办登记、补领矿区采矿许可证外,矿务局下属行政矿也需分别进行登记,领取采矿许可证。1990年,原某矿务局下属的五个行政矿在地矿部分别领取了《采矿许可证》。因当地地矿主管部门和地方人民政府尚未划定矿区范围,故原某矿务局至今未领取矿区采矿许可证。

1994年国务院施行《矿产资源补偿费征收管理规定》,规定从1994年4月1日

---

① 贵州省盘江矿务局不服贵州省盘县特区矿产资源管理局矿产资源补偿费征收行政处罚上诉案(最高人民法院(1997)行终字第13号,1997年11月19日)。

起在全国普遍实行征收矿产资源补偿费制度。1994 年 12 月 17 日，贵州省人民政府发布施行《贵州省矿产资源补偿费征收管理实施办法》（以下简称《贵州实施办法》），规定贵州省矿补费征收自该办法公布之日起施行。1999 年 1 月 24 日，贵州省地质矿产局下发《关于限期缴纳矿产资源补偿费的通知》，要求：1994 年的矿产资源补偿费可延迟至 1995 年 4 月 30 日前缴清；1995 年矿产资源补偿费的缴纳期限按国务院（1994）第 150 号令执行。1995 年 3 月 30 日原某矿务局以历年政策性亏损、未调整增支后的承包指标为由，申请免缴 1994 年度、1995 年度矿产资源补偿费，省、市、县三级地矿、财政主管部门认为其申请不符合免缴条件，未予批准。

1995 年 9 月 28 日，某县矿管局以（某矿管）矿补字第 3 号文，指定原某矿务局为矿产资源补偿费的纳费义务人，并以原某矿务局对外销售的矿产品洗精煤为计征对象，向原某矿务局催缴矿产资源补偿费，限原某矿务局在 1995 年 10 月 15 日前，按照规定将 1994 年 4 月 1 日至 1995 年 6 月 30 日之间的应纳矿产资源补偿费及时就地上缴中央金库，同时要求如实提交在此间原某矿务局关于各种计算资源补偿费所需的数据和资料。

1995 年 10 月 11 日，原某矿务局向某县矿管局递交了《关于缴纳矿产资源补偿费的报告》，对纳费义务主体和计征对象提出异议，并称生产资金紧张，汇缴矿补费有实际困难。1995 年 10 月 18 日，某县矿管局给原某矿务局留置送达《限期缴纳矿产资源补偿费通知书》，限 1995 年 11 月 16 日前缴纳应缴矿补费款 6,699,600 元，并从滞纳之日起至缴费之日止，按日计缴应缴矿补费额 2‰的滞纳金；逾期不缴将按《贵州实施办法》第 31 条规定处罚。当日，原某矿务局缴纳了矿补费 300,000.16 元。后，原某矿务局下属 5 个行政矿向某县矿管局递交减免矿补费申请和矿补费申报表，某县矿管局以各行政矿不是纳费义务主体而未予审查和答复。

1995 年 11 月 17 日，某县矿管局作出并送达了《违反矿产资源补偿费征收管理规定行政处罚决定通知书》，该处罚决定认定：按照《贵州实施办法》第 14 条和贵州省地矿局黔地发（1995）13 号《限期缴纳矿产资源补偿费通知书》的规定，原某矿务局应分别于 1995 年 4 月 30 日和 7 月 31 日前，缴清 1994 年 4 月 1 日至 12 月 31 日和 1995 年 1 月 1 日至 6 月 30 日的矿产资源补偿费 4,240,790 元和 2,436,600 元。责令限期缴纳后，原某矿务局仅缴纳 300,000.16 元，尚差 5,377,390 元未依法足额缴纳。某县矿管局依据《贵州实施办法》第 31 条的规定，处罚原某矿务局滞纳金人民币 2,209,420 元；罚款人民币 12,754,780 元。

原某矿务局对处罚决定不服，于 1995 年 12 月 1 日向某省高级人民法院提起诉讼，请求撤销某县矿管局（某）矿补字第 040 号违反矿产资源补偿费征收管理规定行政处罚决定。

另,1997 年 5 月 26 日,原某矿务局变更登记为某煤电公司。

【法院审判】

一审法院认定:1995 年 9 月 28 日,上诉人某县矿管局以(某矿管)矿补字第 3 号文件,指定被上诉人原某矿务局为矿产资源补偿费的缴费义务人,并以被上诉人对外销售的矿产品洗精矿为计征对象,向被上诉人催缴矿产资源补偿费。1995 年 11 月 17 日,上诉人对被上诉人作出(某)矿补字 040 号"违反矿产资源补偿费征收管理规定行政处罚决定通知书",以被上诉人未按时足额缴纳矿产资源补偿费为由,处罚滞纳金人民币 2,209,420 元;罚款人民币 12,754,780 元。按照有关规定,矿产资源补偿费征收管理部门,应当依法向取得采矿许可证的采矿权人征收矿产资源补偿费,以脱离自然赋存状态的原矿为计征对象。本案被上诉人至今未取得采矿许可证,不是采矿权人,且对外销售的矿产品洗精矿也不是原矿。上诉人将被上诉人作为矿产资源补偿费的缴费义务人,并以其销售的矿产品洗精矿作为计征对象,没有法律根据。根据国务院《矿产资源法实施细则》(以下简称《矿法实施细则》)、《矿产资源补偿费征收管理规定》(国务院(1994)第 150 号令,以下简称《矿补费征收管理规定》)的规定和《行政诉讼法》第 54 条第 2 项第 1 目、2 目之规定,作出判决:撤销某县矿管局(某)矿补字第 040 号违反矿产资源补偿费征收管理规定行政处罚决定。案件受理费 116,718 元,由上诉人某县矿管局承担。

某县矿管局对一审判决不服提起上诉,主要理由:被上诉人的采矿主体地位是历史形成和法律认可的,地矿主管部门仍允许他们继续行使采矿权;被上诉人是持有五个采矿许可证的采矿权人,矿务局是企业法人,行政矿只是其内设生产单位,并无法人资格,行政矿不能成为采矿权人;被上诉人一直在行使着完全的采矿权,它不仅始终支配着下属行政矿的采矿活动,还直接掌握着原煤的处置权、销售权并占有全部销售收入,甚至统一纳税;根据国务院(1994)第 150 号令的规定,可作为矿补费计征对象的矿产品是经过开采的产品,即原矿,或者是经过采选后的产品,即经洗矿后得到的精矿。在执收实践中,应以何种矿产品为计征对象,则由矿山企业形成销售收入的矿产品决定。对此,地矿部已多次作过解释。被上诉人一直以洗精煤为主要销售产品,上诉人以其洗精煤销售收入为基数计征补偿费,不仅合情合理,也于法有据。

被上诉人原某矿务局答辩称:本案争议的焦点:一是主体问题。上诉人上诉理由错误,根本在于抛弃了法律明确规定的"取得采矿许可证的单位和个人称为采矿权人”这一法定前提，法律只规定取得了采矿许可证者为采矿权人；被上诉人即使持有总证，也不能认为是采矿权人。而地矿部(1996)298号文超出了解释的权力范围，不具有法律效力；对不同省的批复和解释相互矛盾；被上诉人并非在行使采矿权，而是作力管理者行使经营管理权。二是缴费对象问题。《矿补费征收管理规定》的缴费对象为“矿产品”；根据国家标准，洗精煤不是矿产品，而是对矿产品进行深加工的工业产品；上诉人坚持以洗精煤作为缴费对象，客观上势必造成被上诉人生产精煤再次投入的约3亿元成本进行了一道重复缴费，故一审法院依法确定以原煤为缴费对象是正确的。

二审法院认为：国务院《矿产资源法实施细则》和《矿产资源补偿费征收管理规定》规定，矿产资源补偿费应由采矿权人缴纳；矿产资源补偿费征收管理部门应当依法向取得采矿许可证的采矿权人征收。而国家统配煤矿企业有其特殊性，采矿许可证和征收矿补费制度的实施较晚，有其历史演变和完善过程。尽管目前被上诉人尚未领取矿区采矿许可证，但其事实上一直在行使采矿权，且地矿行政主管部门亦认可其采矿权人资格；被上诉人系企业法人，所属行政矿是其分支机构，煤炭由被上诉人统一对外销售和结算。因此，原审判决否认被上诉人具有采矿权和可以成为矿补费纳费义务主体，缺乏足够的事实根据和理由，据此判决撤销上诉人所作出的具体行政行为，属认定事实不清，证据不足。上诉人计算被上诉人1994年4月至12月矿产品销售收入，以全年煤炭销售收入乘以3/4进行推算，所获数据不够准确，据以对被上诉人征收矿产资源补偿费，作出行政处罚，属认定事实不清。根据《矿产资源补偿费征收管理规定》的有关规定，矿产资源补偿费应以原煤为计征对象。上诉人以被上诉人对外销售的洗精煤计征矿产资源补偿费，缺乏法律法规依据。依据《行政诉讼法》第61条第3项之规定，判决如下：

1. 撤销某省高级人民法院(1996)某行初字第06号行政判决书；

2. 撤销上诉人某县矿管局1995年11月17日(某)矿补字第040号行政处罚决定，判令上诉人某县矿管局重新作出具体行改行为。

【律师评析】

本案主要涉及对矿产资源补偿费的缴纳主体和计征对象的界定问题。

一、矿产资源补偿费的概念

矿产资源补偿费是指国家作为矿产资源所有者，依法向开采矿产资源的单位和个人收取的费用。矿产资源补偿费是矿产资源有偿使用的主要内容，是国家凭借对矿产资源的所有权向矿山企业征收的，是矿业权人因使用（开采）矿产资源向其所有者的付费，是在经济上实现矿产资源国家所有权的基本形式之一。矿产资源补偿费体现国家对矿产资源的财产权益，属于政府非税收入，全额纳入财政预算管理。征收矿产资源补偿费的目的，在于维护国家对矿产资源的财产权益，促进矿产资源的勘查与开发，合理利用资源与保护资源。

目前施行的《矿产资源补偿费征收管理规定》是 1994 年 2 月 27 日国务院令第 150 号发布，根据 1997 年 7 月 3 日国务院第 222 号令发布的《国务院关于修改〈矿产资源补偿费征收管理规定〉的决定》修订的。矿产资源补偿费由国土资源行政主管部门会同同级财政部门负责征收。《矿产资源补偿费征收管理规定》规定，为了保障和促进矿产资源的勘查、保护与合理开发，维护国家对矿产资源的财产权益，凡在我国领域和其他管辖海域开采矿产资源的，都应当依照该规定缴纳矿产资源补偿费，法律、法规另有规定的除外。我国对中外合作开采陆上和海上石油资源征收的矿区使用费，①与矿产资源补偿费属于同一性质。

二、矿产资源补偿费的缴纳主体

《矿产资源法实施细则》第 31 条规定："采矿权人应当履行下列义务：……（三）依法缴纳资源税和矿产资源补偿费；……"《矿产资源补偿费征收管理规定》第 2 条规定："在中华人民共和国领域和其他管辖海域开采矿产资源，应当依照本规定缴纳矿产资源补偿费；法律、行政法规另有规定的，从其规定。"第 4 条规定："矿产资源补偿费由采矿权人缴纳。矿产资源补偿费以矿产品销售时使用的货币结算；采矿权人对矿产品自行加工的，以其销售最终产品时使用的货币结算。"以上规定可见，矿产资源补偿费的应征主体为采矿权人；计征对象为不同矿经过开采或采选后脱离自然赋存状态的矿产品（原油、原煤、原矿或精矿）；费基则是矿产品的销售收入。

《矿产资源补偿费征收管理规定》第 8 条规定："采矿权人应当于每年的 7 月 31

---

① 《国务院关于修改〈中华人民共和国对外合作开采陆上石油资源条例〉的决定》（2011 年 9 月 30 日，国务院令第 606 号）和《国务院关于修改〈中华人民共和国对外合作开采海洋石油资源条例〉的决定》（2011 年 9 月 30 日，国务院令第 607 号），均自 2011 年 11 月 1 日起施行。修改的两个条例删去了其中关于缴纳矿区使用费的规定，明确自修改决定施行之日起，对外合作开采海洋和陆上油气资源不再缴纳矿区使用费，统一依法缴纳资源税。同时，为保持政策连续性，在修改两个条例的决定中明确，在条例修改前已依法订立的对外合作开采合同，在已约定的合同有效期内，继续依照当时的国家有关规定缴纳矿区使用费，不缴纳资源税；合同期满后，依法缴纳资源税。

日前缴纳上半年的矿产资源补偿费；于下一年度1月31日前缴纳上一年度下半年的矿产资源补偿费。采矿权人在中止或者终止采矿活动时，应当结缴矿产资源补偿费。”如果采矿权人未按照规定的期限缴纳矿产资源补偿费，则按照《矿产资源补偿费征收管理规定》第14条的规定处理：“由征收机关责令限期缴纳，并从滞纳之日起按日加收滞纳补偿费2‰的滞纳金。采矿权人未按照前款规定缴纳矿产资源补偿费和滞纳金的，由征收机关处以应当缴纳的矿产资源补偿费3倍以下的罚款；情节严重的，由采矿许可证颁发机关吊销其采矿许可证。”

虽然国务院《矿产资源法实施细则》和《矿产资源补偿费征收管理规定》规定，矿产资源补偿费应由采矿权人缴纳；矿产资源补偿费征收管理部门应当依法向取得采矿许可证的采矿权人征收。但本案中的国家统配煤矿企业有其特殊性，采矿许可证和征收矿补费制度的实施较晚，有其历史演变和完善过程。尽管目前原某矿务局尚未领取矿区采矿许可证，但其事实上一直在行使采矿权，且地矿行政主管部门亦认可其采矿权人资格；原某矿务局系企业法人，所属行政矿是其分支机构，煤炭由原某矿务局统一对外销售和结算。因此，本案原某矿务局具有采矿权和可以成为矿补费纳费义务主体，应依法履行缴纳矿产资源补偿费的义务。

三、对于矿产资源补偿费计征对象的探究

（一）关于矿产资源补偿费计征对象的相关规定

1.《矿产资源补偿费征收管理规定》第3条规定：“矿产资源补偿费按照矿产品销售收入的一定比例计征。企业缴纳的矿产资源补偿费列入管理费用。采矿权人对矿产品自行加工的，按照国家规定价格计算销售收入；国家没有规定价格的，按照征收时矿产品的当地市场平均价格计算销售收入。采矿权人向境外销售矿产品的，按照国际市场销售价格计算销售收入。本规定所称矿产品，是指矿产资源经过开采或者采选后，脱离自然赋存状态的产品。”

2.《地质矿产部对煤炭工业部“关于妥善解决煤炭产品计征矿产资源补偿费有关问题的报告”的复函》（1995年1月10日，地函〔1995〕11号）指出：“对煤炭产品计征矿产资源补偿费遵循以下原则。1.以原煤形式销售的，以销售原煤所形成的销售收入计征。2.以洗筛后精煤形成销售的，以销售精煤所形成的销售收入计征。”

3.《地质矿产部对黑龙江省地质矿产勘查开发局〈关于如何计征开采岩金矿石的矿山企业矿产资源补偿费问题的请示〉的函复》（1995年2月1日，地法函〔1995〕11号）指出：“根据《矿产资源补偿费征收管理规定》第3条规定，只有采出后的原矿或采选后的精矿，才是矿产资源补偿费的征收对象。按照国家规定价格或者市

场平均价格销售原矿的、以原矿形成的销售收入;销售精矿的、以精矿形成的销售收入的一定比例计征矿产资源补偿费。冶炼加工后形成的是工业产品,不能按其销售收入计征补偿费,如按黄金的销售收入计征补偿费时,应扣除冶炼成本。你们对开采岩金矿山企业经选矿处理后的矿产品(金泥或贵液),在无国家规定价格和市场平均价格情况下,采用以采矿成本与选矿成本之和作为征缴矿产资源补偿费的计征依据是可行的。"

4.《地质矿产部关于对平塑安太堡露天煤矿洗选煤如何计征矿产资源补偿费问题的复函》(1995年2月23日,地函〔1995〕50号)指出:"《矿产资源补偿费征收管理规定》中对矿产品已做明确规定。对煤炭产品计征矿产资源补偿费应遵循以下原则:1. 以原煤销售的,按销售原煤所形成的销售收入计征。2. 经洗选,以精煤销售的,按销售精煤所形成的销售收入计征。"

5.《地质矿产部关于〈矿产资源补偿费征收管理规定〉有关条款解释的复函》(1995年2月23日)指出:"国务院第150号令第3条规定,矿产资源补偿费按照矿产品销售收入的一定比例计征。也就是说,只要采矿权人发生了矿产品销售行为,就应依法缴纳矿产资源补偿费。"

6.《地质矿产部关于计征矿产资源补偿费有关问题的复函》(1995年4月19日,地函〔1995〕121号)指出:"国务院《矿产资源补偿费征收管理规定》对矿产资源补偿费的计征对象和纳费人做出明确规定,即'矿产资源补偿费由采矿权人缴纳''矿产资源补偿费按照矿产品销售收入的一定比例计征',同时规定矿产品'是指矿产资源经过开采或者采选后,脱离自然赋存状态的产品。'如何适用'经过开采或者采选',是根据采矿权人的产品方案来确定。对于独立从事矿石开采的采矿权人,以其开采销售原矿所形成的销售收入计征补偿费;对于采选联合的采矿权人,其采矿单位不成为独立的采矿权人,只是采矿权人的一个生产单位,且其原矿未形成销售收入,则应以采矿权人销售采选后精矿所形成的销售收入计征补偿费。你公司所属的矿山均为采选联合矿山企业,因此,应以实际销售的精矿或者原矿所形成的销售收入缴纳矿产资源补偿费。"

7. 地质矿产部下发各省、自治区、直辖市地质矿产主管厅(局)《关于如何计征采、选、冶联合企业矿产资源补偿费的函》(1995年4月26日,地函〔1995〕130号)指出:"对于独立从事矿石开采的采矿权人,以其原矿形成的销售收入计征矿产资源补偿费;对采、选一体化的采矿权人,依其产品方案分别以其销售精矿或者其销售商品原矿的销售收入计征矿产资源补偿费;对采、选、冶一体化的采矿权人,以其提供移交冶炼的精矿数量和当时当地市场该精矿产品的平均价格计算其销售收入,计征矿产资源补偿费。”

8. 地质矿产部对冶金工业部《关于冶金采、选、冶联合企业缴纳矿产资源补偿费标准的通知》(1996年3月5日,地发〔1996〕51号)指出:“一、采矿权人无论是独立从事矿石开采的企业,还是采、选或采、选、冶联合企业,原则上以采出的原矿作为矿产资源补偿费的计征对象。二、采矿权人是采、选或采、选、冰联合企业的,对其开来的原矿按照国家规定价格计算其销售收入;国家没有定价的,按照征收时当地市场相同或相近质量原矿平均价格计算销售收入。三、凡过去发布的有关向冶金矿山采、选或采、选、治联合企业征收的矿产资源补偿费的规定与本通知不一致的,均按本通知执行。在此之前已经征收的矿产资源补偿费不再重新处理;尚未征收的,均按本通知执行。”

9. 国务院法制局办公室对最高人民法院行政审判庭《关于矿产资源补偿费缴费义务主体以及征收对象问题的复函》(1997年1月29日,国法办函〔1997〕18号)指出:“你庭1996年8月30日〔1996〕行他字第16号来函收悉。经研究,函复如下:一、国务院《矿产资料补偿费征收管理规定》第四条第一款规定:‘矿产资源补偿费由采矿权人缴纳’。《中华人民共和国矿产资源法实施细则》第六条第一款第二项规定:‘采矿权,是指在依法取得的采矿许可证规定的范围内,开采矿产资源和获得所开采的矿产品的权利。取得采矿许可证的单位或者个人称为采矿权人。’矿产资源补偿费缴费义务主体,应当依照上述规定确定。二、国务院《矿产资源补偿费征收管理规定》第三条中规定,‘矿产资源补偿费按照矿产品销售收入的一定比例计征’;‘本规定所称矿产品,是指矿产资源经过开采或者采选后,脱离自然赋存状态的产品’。根据上述规定,征收矿产资源补偿费,应当以采出的原矿产为计征对象。”

(二)对《矿产资源补偿费征收管理规定》中计征对象的探究

根据《矿产资源补偿费征收管理规定》的规定可见,矿产资源补偿费的计征对象为不同矿经过开采或采选后脱离自然赋存状态的矿产品。在执收实践中,应以何种矿产品为计征对象,则由矿山企业形成销售收入的矿产品决定,也就是说,矿产资源补偿费的费基是矿产品的销售收入。对此,地矿部已多次作过解释。但是,1996年3月5日地矿部以地发〔1996〕51号文致冶金工业部,同意“原则上以采出的原矿作为矿产资源补偿费的计征对象。”引起了各界对矿产资源补偿费计征对象的较大争议。《矿产资源补偿费征收管理规定》定义矿产资源补偿费征收对象最主要的条款有2条。即第3条“矿产资源补偿费按照矿产品销售收入的一定比例计征……”和第5条“……征收矿产资源补偿费金额 = 矿产品的销售收入 × 补偿费费率 × 开采回采率系数，……"应当说很明确，矿产资源补偿费的征收对象是"矿产品销售收入"；换一种说法，即"经由销售方式得到收入的产品"。由此推理，任何不能或未曾实现销售的矿产品都不是矿产资源补偿费征收的对象。① 通过对《矿产资源补偿费征收管理规定》文字及逻辑的理解，可以认为，确定矿业（采选冶）生产得到的物品是否为征收矿产资源补偿费的对象，关键在于它能否实现交换，而不在于所谓的矿产品的定义，也不在于该定义经由学术性推导得到的结论：原矿抑或精矿。现实中，未曾销售的矿产品不必缴纳矿产资源补偿费，不能卖的矿产品也无法缴纳矿产资源补偿费，即是有力的证据。因此，有观点认为，把视焦投在矿产品的概念上，偏离了目标。② 而《矿产资源补偿费征收管理规定》第 3 条添列"本规定所称矿产品，是指矿产资源经过开采或者采选后，脱离自然赋存状态的产品"的解释，则又产生了另一种解释：矿产资源补偿费的征收对象，主要是已脱离自然赋存状态的原矿。显然，两种不同的解释让人无所适从。作为行政法规，应当在精神、形式以及前后表述等方面保持一致性和严肃性，绝不能出现矛盾，也不允许存在让执行者望文生义的可能性。③

矿产资源补偿费，要解决的不是一个数学上的难题，而是各种错综复杂的利益关系问题，还涉及相关的财务制度及政策。当今，不少国家在征收权利金的问题上，都力图从政府、公司之间的争斗中摆脱出来，通过立法使该项政务易行、高效、低成本。这种趋势很值得注意。我国征收矿产资源补偿费的制度如果懵懵懂懂地往前走，背离了时代的方向，将与市场经济的通例更加格格不入。因此，在设定矿产资源补偿费征收对象时，应认真地搞清中国的矿业情况，充分咀嚼消化国外的有关制度，以长远、全面的眼光看问题。④

四、符合规定的情形可以申请矿产资源补偿费减免

《矿产资源补偿费征收管理规定》第 12 条规定："采矿权人有下列情形之一的，经省级人民政府地质矿产主管部门会同同级财政部门批准，可以免缴矿产资源补偿费：（一）从废石（矸石）中回收矿产品的；（二）按照国家有关规定经批准开采已关闭矿山的非保安残留矿体的；（三）国务院地质矿产主管部门会同国务院财政部门认定免缴的其他情形。"第 13 条规定："采矿权人有下列情况之一的，经省级人民

---

① 吴鉴：《矿产资源补偿费征收对象判析》，载《矿产保护与利用》1997 年第 1 期。
② 吴鉴：《矿产资源补偿费征收对象判析》，载《矿产保护与利用》1997 年第 1 期。
③ 吴鉴：《矿产资源补偿费征收对象判析》，载《矿产保护与利用》1997 年第 1 期。
④ 吴鉴：《矿产资源补偿费征收对象判析》，载《矿产保护与利用》1997 年第 1 期。

政府地质矿产主管部门会同同级财政部门批准,可以减缴矿产资源补偿费:(一)从尾矿中回收矿产品的;(二)开采未达到工业品位或者未计算储量的低品位矿产资源的;(三)依法开采水体下、建筑物下、交通要道下的矿产资源的;(四)由于执行国家定价而形成政策性亏损的;(五)国务院地质矿产主管部门会同国务院财政部门认定减缴的其他情形。采矿权人减缴的矿产资源补偿费超过应当缴纳的矿产资源补偿费50%的,须经省级人民政府批准。批准减缴矿产资源补偿费的,应当报国务院地质矿产主管部门和国务院财政部门备案。"

国土资源部等六部门于2000年9月28日发布的《关于进一步鼓励外商投资勘查开采非油气矿产资源的若干意见》和国务院西部开发办于2001年8月28日发布的《关于西部大开发若干政策措施的实施意见》规定:外国企业及其在我国设立的办事机构、代表处投资开采回收非油气矿产资源主矿种之外的共、伴生矿的,享受减半缴纳共、伴生矿产品的矿产资源补偿费的政策;利用尾矿的,免缴矿产资源补偿费;采用先进技术使国内现有技术难以开发利用的矿产资源得到开发利用的,享受减半缴纳矿产资源补偿费3年的政策。外国企业及其在我国设立的办事机构、代表处与我国的探矿权人及采矿权人合作进行非油气矿产资源勘查与开采,通过技术投入使开采回采率、选矿回收率和综合利用率高于国内同类企业水平的,享受减半缴纳矿产资源补偿费3年的政策。对高于国内同类企业水平多开采出的矿产品部分,免缴矿产资源补偿费。外国企业及其在我国设立的办事机构、代表处到西部地区投资开采《外商投资产业指导目录》中鼓励类非油气矿产资源的,享受免缴矿产资源补偿费5年的政策。

五、关于本案的处理问题

本案中,尽管原某矿务局尚未领取矿区采矿许可证,但其事实上一直在行使采矿权,且地矿行政主管部门亦认可其采矿权人资格;原某矿务局系企业法人,所属行政矿是其分支机构,煤炭由原某矿务局统一对外销售和结算。由于国家统配煤矿企业有其特殊性,采矿许可证和征收矿产资源补偿费制度的实施较晚,有其历史演变和完善过程。因此,原某矿务局具有采矿权和可以成为矿产资源补偿费的纳费义务主体,应当依法履行缴纳矿产资源补偿费的义务。根据上述关于矿产资源补偿费计征对象的分析,虽然存在不同的规定,但是当时的规定是矿产资源补偿费应以原煤为计征对象。因此,二审法院认定某县矿管局以原某矿务局对外销售的洗精煤计征矿产资源补偿费缺乏法律法规依据是正确的。

(九)未提交年度报告处罚

39. 未提交年度报告是否必然受到吊销采矿许可证的处罚?

——罗某不服某县国土资源局吊销采矿许可证行政处罚案①

【案情介绍】

原告:罗某。

被告:某县国土资源局。

2002年3月20日罗某在某县矿产资源管理委员会(现已与某县国土资源局合并)办理了在某湖库区进行采砂的采证某矿字(2002)第022号采矿许可证。2002年10月至11月罗某在某湖南库区采矿范围内进行采砂。某县国土资源局经人举报后立案查处。

2002年12月10日,某县国土资源局以罗某在某湖采砂,未提供年度报告,拒绝接受监督检查为由,作出了(2002)某字第21号违反矿产资源法规行政处罚决定书,决定对罗某作如下处罚:(1)吊销采矿许可证;(2)对罗某处以罚款人民币3万元。罗某对某县国土资源局的该行政处罚决定不服向人民法院提起行政诉讼,请求撤销该处罚决定。法院经审理后认为:某县国土资源局处罚前未履行告知义务,未告知罗某处罚的事实、理由、依据和依法享有的权利,属程序违法。依据《行政诉讼法》第54条第2项第3目的规定,判决撤销了某县国土资源局作出的(2002)某矿字第21号行政处罚决定。

2003年3月20日,某县国土资源局重新立案,3月22日向罗某送达了责令提供有关采矿登记有关资料的通知,4月2日向罗某送达了处罚告知书,告知了处罚的事实、理由和依法享有的权利;4月11日作出了某字第(030)号违反矿产资源法规行政处罚决定,认为罗某在某湖南库区开采天然石英砂,未提供年度报告,拒绝接受监督检查,决定对罗某处罚如下:处以3万元罚款,吊销其采矿许可证。罗某接到此处罚后不服,又提起行政诉讼,请求撤销某县国土资源局作出的某字第(030)号违反矿产资源法规行政处罚决定。

---

① 罗其林不服汝南县国土资源局吊销采矿证行政处罚案(河南省汝南县人民法院(2003)汝行初字第5号,2003年8月11日)。

【法院审判】

法院认为,原告在某湖开采的天然石英砂已被国务院的《中华人民共和国矿产资源法实施细则》列为矿产资源的一种,被告某县国土资源局作为矿产资源的主管部门,对原告在其行政区域内采砂,有权予以监督检查,原告诉称被告无职权,超越职权,应不予支持。被告作出处罚经过了立案、调查、审批、处罚,并在处罚前履行了告知程序,符合《行政处罚法》第31条的规定,程序合法,被告于2003年4月11日作出的某字第(030)号行政处罚,认定原告进行采砂未提交年度报告的事实。因原、被告的陈述一致,该事实应予以认定,对于原告拒绝接受监督检查的事实,被告未提交有效证据加以证明之,本院不予认定。国务院《矿产资源开采登记管理办法》第18条规定:不按照本办法提交年度报告、拒绝接受监督检查或弄虚作假的,由县级以上人民政府负责地质矿产管理工作的部门按照国务院地质矿产主管部门规定的权限,责令停止违法行为,予以警告,可以并处5万元以下的罚款;情节严重的,由原发证机关吊销采矿许可证。被告依据该条款对原告作出有吊销其采矿许可证的处罚,但无提供任何证据证明原告在违法事实上存有严重情节。故被告认定的事实上存在主要证据不足。根据该条款的规定,罚款属并处情形,只有在责令原告停止违法行为,予以警告的同时,才可对原告并处以3万元罚款,但被告对原告设定的义务仅有罚款一项,显然被告在法律的适用上亦有错误。根据《行政诉讼法》第54条第2项第1目、2目之规定,判决如下:撤销被告某县国土资源局作出的某字第(030)号违反矿产资源法规行政处罚决定。

【律师评析】

本案主要涉及行政机关作出行政处罚时法律适用错误的问题。

一、法律法规适用错误的含义和表现形式

所谓适用法律、法规错误,是指行政机关在实施行政处罚和其他具体行政行为时适用了不应适用的法律、法规,或者错误地适用了法律、法规中的具体条款。根据规定,“适用法律、法规错误”是人民法院对行政诉讼案件适用撤销判决的第二项法定条件。对行政复议机关来说,适用撤销决定还须加上“适用规章和具有普遍约束力的决定、命令错误”的措辞。如果说“主要证据不足”解决的是“事实根据”问题,那么“适用法律、法规错误”则解决的是“法律准绳”的问题。通常情况下,适用法律、法规错误主要有以下两种表现形式:

（一）适用法律法规类别错误

具体表现在：(1)应适用甲法而适用了乙法。(2)适用了无权适用的法律、法规。(3)应同时适用数个法律、法规，但却没有全部适用。(4)适用了与法律或其他上一层级规范性文件相抵触的规范性文件。(5)适用了尚未生效或已经失效的法律、法规。

（二）适用法律、法规条款错误

具体表现在：(1)应适用甲条而适用了乙条。(2)应适用一法数条而只适用了一法一条或部分条款。(3)理解特定法条错误。

二、行政处罚应当遵循处罚法定原则

行政机关实施行政处罚的法律适用原则是指行政机关根据法定职权和法定程序，具体应用法律处理案件过程中应当遵循的准则。行政处罚的法律适用原则是行政机关实施行政处罚必须遵循的规则，对于实现立法目的，维护行政管理秩序，充分发挥法律的功能具有重要的意义。行政处罚应当坚持处罚法定原则。处罚法定原则要求行政处罚的设定合法、行政处罚的依据合法、行政处罚的主体合法和行政处罚的程序合法四个方面。

刑法学中有一个重要原则：法无明文规定不为罪。作为法律责任形式之一的行政处罚同样如此，也应做到法无明文规定不处罚。《行政处罚法》把法定原则确定为基本原则，凡是法律、法规、规章没有明确规定的行为，就不得实施处罚。根据规定，只有法律、法规和规章可以设定行政处罚。也就是说，行政处罚的依据被限定为法律、法规和规章。在我国的法律体系中，不同层级的法律规范，其效力是不一样的。因此，作为行政处罚依据的法律、法规和规章也是不完全一样的。高层级的规范性文件已经作出行政处罚规定的，低层级的规范性文件需要作出具体规定，必须在高层级规范性文件给予行政处罚的行为、种类和幅度的范围内予以规定。这就要求法律、法规和规章必须要遵循其各自的设定权限。一旦超出了行政处罚的设定权限，就不能作为行政处罚的依据。过罚相当原则，是指行政主体对违法行为人适用行政处罚，所科罚种和处罚幅度要与违法行为人的过错程度相适应，即不轻过重罚，也不重过轻罚，尽可能避免畸轻畸重的不合理、不公正情况。行政处罚的最终目的是维护行政管理秩序，不同的违法行为破坏行政管理秩序的程度和后果不尽相同。一般情况下，立法机关在立法过程中，都会根据违法程度、制止其再犯的需要以及维护行政管理秩序的要求相应地制定出对应的惩罚阶梯，以便行政机关在对不同的违法行为作出行政处罚时选择适用。

三、行政处罚适用法律规范应当注意的问题

其一，法律规范必须明确具体。行政处罚所应当适用的行政法律规范，既可以是法律、法规，也可以是规章。根据《行政处罚法》的有关规定，法律、法规、规章以外的其他规范性文件无权设定行政处罚，因此，不能以法律、法规、规章以外的其他规范性文件作为行政处罚的法律依据。行政处罚适用的法律规范，应当是具体、明确的，即适用的是哪一个特定的法律、法规或规章，该法律、法规、规章的哪一条款。法律、法规或规章有条、款、项、目规定的，应当适用到最后的分类规定，不能笼统地只适用某一法律、法规或规章，更不能用"根据有关法律精神"或"根据有关规定"作为行政处罚的法律依据。

其二，行政处罚所适用的行政法律规范，原则上必须是对违法行为人违法行为发生时有效的法律规范。在执法活动中，往往出现行政法律规范发生变化，在对待新法与旧法之间的关系上，原则上只能适用违法行为发生时的法律规范。但也有例外的情况，以"从旧兼从轻"为原则。《行政处罚法》第 29 条第 1 款规定："违法行为在二年内未被发现的，不再给予行政处罚。法律另有规定的除外。"因此，对于违反行政法律规范应受处罚行为，如果行政机关在违法行为发生之日起 2 年内没有发现的，违法行为人即不再承担法律责任，不能再给予行政处罚。

其三，行政处罚适用的行政法律规范，应当是规范、调整行政处罚所制裁行为的法律规范。换言之，行政违法行为违反的是哪一个法律规范，即只能适用哪一个法律规范作出处罚。否则属于适用法律错误。行政处罚所依据的法律规范，必须与违法行为的性质相吻合。

其四，行政处罚适用的行政法律规范必须合法有效。适用的法律规范是否合法有效，主要应注意以下三个方面：一是法律规范的发布机关是否合法。二是发布法律规范的程序是否合法。如果未按法律、法规规定的制定、审批、发布法律规范的程序发布的法律规范，亦属无效的法律规范。三是内容是否合法。低层级的法律规范不得与高层级的法律规范相抵触。

其五，行政处罚适用的行政法律规范必须全面、充分。对同一违法行为实施行政处罚，有时需要适用多项条款，对有的违法行为可能还应当适用其他法律规范的相应条款，既包括同一层级的法律规范和不同层级的法律规范，也包括法律规范的总则规定和分则规定。在作出行政处罚时，应当充分考虑对违法行为实施处罚所涉及的不同法律规范和不同条款的规定，全面、充分地适用法律规范。我国《行政处罚法》第 23 条规定："行政机关实施行政处罚时，应当责令当事人改正或者限期

改正违法行为。”也就是说,凡是依法给予行政处罚的案件,均应当同时责令违法行为人改正或者限期改正违法行为;在适用法律时,如果所适用的法律规范的相应条款中无此类规定,均应当适用《行政处罚法》的该条规定。

其六,行政机关在适用法律规范时,应当防止出现技术性错误。在法律文书制作的起草、抄写、打印和校对等环节,应当认真审查是否有错误和纰漏,尤其是对于适用法律规范的条、款、项等应当仔细核对,确保准确无误,如发现错误应当及时予以纠正。

四、未提交年度报告并不必然受到吊销采矿许可证的处罚

(一)采矿权人有参加年度检查的法定义务

根据《矿产资源开采登记管理办法》第14条的规定,“登记管理机关应当对本行政区域内的采矿权人合理开发利用矿产资源、保护环境及其他应当履行的法定义务等情况依法进行监督检查。采矿权人应当如实报告有关情况,并提交年度报告。”采矿权登记管理机关对采矿许可证实行年检制度。采矿权年检制度的主要内容包括:是否持证开采,是否按报批的开发方案进行开采和生产,“三率”指标是否达到,矿山储量的增减情况,其共、伴生矿产的综合利用情况,矿产资源税、费的缴纳情况等。通常情况下,国土资源主管部门在具体实施法律、法规和政策的过程中,一般要求采矿权人办理采矿许可证年检手续时,应当向登记管理机关申报下列资料:(1)矿山年度报告;(2)年检注册登记表;(3)矿山采掘工程图、井上下工程对照图等有关资料;(4)法律法规规定的其他材料。年检不符合要求或采矿权人不接受年检的,登记管理机关有权要求其限期改正或进行相应的行政处罚。年检是采矿权日常管理的重要手段。在采矿许可证的十几年甚至几十年的有效期内,国土资源行政主管部门通过年检制度依法监督检查采矿权人有无超越行使权利、不履行义务的行为,以随时予以纠正和处理。实践证明,采矿权年检制度是保护采矿权人利益、维护矿业秩序的有效措施和手段。

(二)正确理解和适用法律是实施行政处罚的保障

正确理解和运用法律条款是行政机关准确实施行政处罚的保证。《矿产资源开采登记管理办法》第18条规定:“不按照本办法提交年度报告、拒绝接受监督检查或弄虚作假的,由县级以上人民政府负责地质矿产管理工作的部门按照国务院地质矿产主管部门规定的权限,责令停止违法行为,予以警告,可以并处5万元以下的罚款;情节严重的,由原发证机关吊销采矿许可证。”本条规定区别不同情况作出不同的处罚措施,是属于递增式的相关联的处罚条款。对于违法情节较轻的,应当

责令违法者停止违法行为，予以警告，可以并处5万元以下的罚款；对于违法情节严重的，才由原发证机关作出吊销采矿许可证的行政处罚。

五、关于本案的处理问题

本案中，被告某县国土资源局作为矿产资源行政主管部门，对原告在其行政区域内采砂，有权予以监督检查。原告应当履行参加年度检查提交年度报告的义务而未履行违反了矿产资源法的相关规定，被告对原告作出行政处罚符合《行政处罚法》第31条的规定，程序合法。但被告并无任何证据证明原告在违法事实上存有严重情节的情况下，对原告作出“处以三万元罚款，吊销其采矿许可证”的行政处罚。根据《矿产资源开采登记管理办法》第18条的规定，罚款属于并处情形，只有在责令原告停止违法行为，予以警告的同时，才可对原告并处以3万元罚款，但被告对原告设定的义务仅有罚款一项，显然被告在法律的适用上存在错误。被告主要证据不足、适用法律法规错误，其所作出的行政处罚应当予以撤销。

（十）不服法院罚款决定

40. 法院是否有权要求国土资源部门协助将采矿权直接变更给他人？

——某省国土资源厅不服某市人民法院罚款决定复议案①

【案情介绍】

申请复议人：某省国土资源厅。

申请执行人：陈某。

被执行人：韦某等四人。

申请执行人陈某申请执行被执行人韦某等四人财产权属纠纷一案，某县人民法院于2007年7月3日作出（2006）某民一初字第1103号民事判决书，被执行人韦某不服判决提出上诉，二审法院于2008年7月24日作出（2007）某民二终字1302号民事判决书，驳回上诉，维持原判。由于被执行人没有履行生效判决所确定的法定义务，申请执行人陈某于2008年8月29日向某县人民法院申请执行。在执行过

① 辽宁省国土资源厅不服新密市人民法院罚款决定复议案（郑州市中级人民法院（2009）郑执复字第49号，2009年6月2日）。

程中，某县人民法院于2009年3月10日作出(2008)某执字第581－2号民事裁定书及协助执行通知书，请某省国土资源厅协助将某金矿，采矿权人为韦某，采矿许可证号为210000072××××的采矿许可证中的采矿权变更为陈某。2009年3月16日申请复议人某省国土资源厅受理。由于申请复议人没有履行法定协助义务，某县人民法院于2009年4月10日作出(2009)罚字第124号罚款决定书，对申请复议人罚款人民币30万元。对此罚款决定，申请复议人某省国土资源厅不服向上级法院申请复议。

申请复议人某省国土资源厅认为：某县人民法院罚款决定书认为"某省国土资源厅拒不协助办理有关财产证照转移手续"与事实不符。某县人民法院(2008)执字第581号《协助执行通知书》要求我厅将"某金矿、采矿权为韦某、采矿许可证号为210000072××××的采矿许可证中的采矿权变更为陈某"。我厅认为：(1)在未经原采矿权人韦某同意的情况下，将采矿权人变更为陈某不符合采矿权转让登记的有关法律、法规规定。(2)采矿权不同于其他财产权，授予采矿权属于一种行政许可行为，是行政机关的专有权力。按照《矿产资源法》及其配套法规的规定，采矿权人需要具备法定的资质条件。我厅在没有审查陈某是否具备法定的采矿权人资质条件的情况下，无法将采矿权直接变更为陈某，否则将会与《矿产资源法》及其配套法规相冲突。(3)如将上述采矿许可证撤销将导致该矿采矿权灭失的后果，如该矿采矿权灭失自然谈不上将采矿权人变更为陈某的问题。所以，按照《协助执行通知书》的要求执行是无法将采矿权人韦某变更为陈某的，达不到执行的目的。为此，我厅已向某县人民法院执行人员作了解释。同时我厅为配合某县人民法院的工作，特将如何处理此事向国土资源部请示，但国土资源部至今未回复我厅，而不是我厅拒不协助执行，这与事实不符。如国土资源部回复我厅，我厅将立即协助某县人民法院办理相关执行手续。基于上述理由，特申请某市中级人民法院依法复议，撤销某县人民法院(2009)罚字第124号罚款决定书。

【法院裁决】

复议法院认为：申请复议人某省国土资源厅作为国家行政机关根据人民法院的协助执行通知书实施的行为，是行政机关必须履行的法定协助义务，《民事诉讼法》第227条和《最高人民法院关于适用〈中华人民共和国民事诉讼法〉若干问题的意见(试行)》第292条已明确规定。同时，2004年3月1日实施的《最高人民法院、国土资源部、建设部关于依法规范人民法院执行和国土资源房地产管理部门协助执行若干问题的通知》(法发〔2004〕5号)第1条也作了相应规定，对人民法院生效的法律文书,国土资源部门应予协助执行。对于采矿权的转让,《矿产资源法》及其配套法规调整的是平等民事主体之间本着平等、自愿、有偿的原则自主转让行为,而非人民法院的司法强制行为。申请复议人以此来对抗人民法院的强制执行行为,拒不履行法定协助义务,本院不予支持,其复议理由不能成立,应予驳回。某县人民法院对拒不履行法定协助义务的单位或个人,依法采取强制措施的行为,本院予以支持。依照《民事诉讼法》第105条第3款和《最高人民法院关于适用〈中华人民共和国民事诉讼法〉若干问题的意见》第121条的规定,决定如下:驳回申请人某省国土资源厅复议申请,维持原罚款决定。

【律师评析】

本案主要涉及两个方面的问题:一是行政机关对于人民法院裁定的协助执行义务;二是国土资源行政主管部门是否应当根据人民法院的裁定变更采矿权主体的问题。

一、协助执行制度的定义和性质

(一)协助执行制度的定义

就目前而言,我国的立法界、理论界均对协助执行制度无权威定义。有观点认为,协助执行制度是指人民法院在执行生效法律文书(判决书、裁定书、仲裁裁决书、公证文书、支付令等)的过程中,根据执行案件的需要,向被执行人以外的有关单位和个人发出协助执行通知书,要求其在自己的能力范围内积极配合人民法院执行,从而使法律文书所保护的权利人的利益最大限度地得以实现的法律制度。[①] 该制度包含以下三个方面的内容:(1)生效法律文书是协助执行的前提。因此,协助执行是人民法院执行人员的一种执行公务的司法行为,是协助执行人的义务,要求其在能力所及的范围内必须予以协助。(2)人民法院、被执行人以外的所有单位和个人是协助执行的主体。这里的被执行人以外的所有单位和个人专指与案件有关的单位或个人,如案件的知情人、掌握和控制被执行人财产的单位和个人,办理财产登记、变更、确认的行政机关等。(3)协助执行的范围不能超出协助执行人的能力范围。

(二)协助执行属于人民法院司法权的延伸

协助执行人在执行过程中既非执行机关也非执行当事人,不享有执行权,对于

---

① 杨锦刚:《论协助执行制度的完善》,载成都法院网:http://cdfy.chinacourt.org/public/detail.php? Id=5034,最后访问日期:2012年4月26日。

执行的进行也不起决定性作用,而属于执行的参与者,处于从属和辅助地位。人民法院执行机关的执行行为,对于法律实现配置社会资源的功能起到关键的作用,借助于其他社会力量来实现法律文书所确定的内容成为不可避免的事情,协助执行人的作用在一定条件下成为执行顺利进行的必要条件。帮助执行机关进行执行工作,保障执行的顺利进行,确保债权人债权的实现这三项内容既是协助执行人的功能作用,又是确立协助执行人制度的目的。协助执行人的功能作用,从本质上来看应为执行机关执行手段的拓展、补充和保障。①

《最高人民法院、国土资源部、建设部关于依法规范人民法院执行和国土资源房地产管理部门协助执行若干问题的通知》(2004 年 2 月 10 日,法发〔2004〕5 号)第 1 条规定:“人民法院在办理案件时,需要国土资源、房地产管理部门协助执行的,国土资源、房地产管理部门应当按照人民法院的生效法律文书和协助执行通知书办理协助执行事项。”根据《民事诉讼法》第 227 条关于“在执行中,需要办理有关财产权证照转移手续的,人民法院可以向有关单位发出协助执行通知书,有关单位必须办理”的规定,人民法院因执行需要,向矿产资源管理部门发出协助执行通知书,矿产资源管理部门应当按照协助执行通知书的要求办理有关事项。矿产资源管理部门对于人民法院的协助执行通知不具有审查的权力。协助执行的启动程序在于人民法院,执行事项和内容也在于人民法院。协助执行机关没有独立的意志,认为执行错误的,可以向人民法院提出异议,异议期间不停止办理,所以,协助执行机关无力对抗人民法院的执行要求。因此,矿产资源管理部门协助人民法院的执行行为属于司法权的延伸。② 依照司法统一原则,当事人对矿产资源管理部门协助人民法院执行行为不服,向人民法院提起行政诉讼的,人民法院不予受理。据此,《最高人民法院关于行政机关根据法院的协助执行通知书实施的行政行为是否属于人民法院行政诉讼受案范围的批复》(法释〔2004〕6 号)规定,行政机关根据人民法院的协助执行通知书实施的行为,是行政机关必须履行的法定协助义务,不属于人民法院行政诉讼受案范围。但如果当事人认为行政机关在协助执行时缩小或扩大了范围或违法采取措施造成其损害,提起行政诉讼的,人民法院应当受理。

---

① 盛辉:《浅议协助执行人》,载湖南法院网:http://hunanfy. chinacourt. org/public/detail. php? id = 26807,最后访问日期:2012 年 4 月 26 日。

② 王达:《司法权在协助执行中的限制及其责任承担——房地产登记机关协助人民法院执行中的八个问题探析》,载 http://www. jxjst. gov. cn/html/chengjiandangan/qita/20070814/188. html,最后访问日期:2012 年 4 月 26 日。作者系最高人民法院行政审判庭法官、法学博士。

二、不履行或怠于履行协助执行义务应当承担法律责任

协助执行人的责任是其违反协助执行义务而产生的不利后果,也是其承担这一不利后果的方式和手段。我国法律视协助执行人违反其协助义务的行为为妨害民事诉讼的行为,根据《民事诉讼法》第103条的规定,人民法院除了责令协助执行人履行其义务外,还可予以罚款、拘留、提出纪律处分的司法建议。《最高人民法院关于人民法院执行工作若干问题的规定(试行)》第33条、37条规定,对于协助执行人擅自处分被执行人财产,导致债权人债权无法实现的,还应当承担相应责任。在我国刑法典中规定了被执行人不履行人民法院裁判的,应承担拒不履行判决裁定罪的刑事责任,而对于协助执行人则没有相应的规定。

需要注意的是,如果人民法院根据《民事诉讼法》第103条的规定对有协助执行义务的单位作出罚款决定后,其仍然拒绝协助执行,应如何进行司法救济?《最高人民法院关于行政机关根据法院的协助执行通知书实施的行政行为是否属于人民法院行政诉讼受案范围的批复》(法释〔2004〕6号)规定,行政机关根据人民法院的协助执行通知书实施的行为,是行政机关必须履行的法定协助义务,不属于人民法院行政诉讼受案范围。但如果当事人认为行政机关在协助执行时拒绝协助、缩小或扩大范围或违法采取措施造成其损害,提起行政诉讼的,人民法院应当受理。据此,可以认为属于行政机关不依法履行职责。在执行中,人民法院不能以协助义务机关存有过错为由,直接通过裁定确定其承担赔偿责任。也不能以协助义务机关存有过错为由通过民事判决确定其承担赔偿责任。应当通过行政诉讼判决其履行职责,拒不履行职责造成损失的,承担行政赔偿责任。① 任何权力缺乏有效监督,都可能产生腐败,为了防止法院在执行中滥用职权,法院在处置查封标的物中明显违反法定程序,协助执行义务机关可以暂停办理转移登记,已经办理的可以自行纠正,也可以由复议机关进行纠正。

三、法院是否有权责令国土资源部门协助办理采矿权变更登记

我国《物权法》第123条规定:“依法取得的探矿权、采矿权、取水权和使用水域、滩涂从事养殖、捕捞的权利受法律保护。”该法第4条同时规定:“国家、集体、私

---

① 王达:《司法权在协助执行中的限制及其责任承担——房地产登记机关协助人民法院执行中的八个问题探析》,载 http://www.jxjst.gov.cn/html/chengjiandangan/qita/20070814/188.html,最后访问日期:2012年4月26日。作者系最高人民法院行政审判庭法官、法学博士。

人的物权和其他权利人的物权受法律保护，任何单位和个人不得侵犯。”本案中，如果国土资源部门对陈某受让采矿权进行审查后发现其不符合《矿产资源法》所规定的准入条件，而又不得不依照法院的协助执行裁定将韦某之采矿权强制过户于陈某名下，则国土资源部门不仅违反了《矿产资源法》，也违反了《物权法》的规定。显然，国土资源部门坚持遵循《矿产资源法》和《物权法》的规定，同时势必与《民事诉讼法》第227条和《最高人民法院关于适用〈中华人民共和国民事诉讼法〉若干问题的意见（试行）》第292条规定的协助执行义务相抵触。因此，法院是否有权责令国土资源部门协助办理采矿权变更过户，须根据所涉及的法律法规进一步加以探讨。

一方面，国土资源部门无权按照法院的“责令”办理采矿权变更。采矿权登记制度体现的是国家的行政管理权，行政权力必须依法行使，不具有随意性。根据《探矿权采矿权转让管理办法》的规定，符合该法第5条、7条、8条规定的，予以批准转让，依法办理采矿权变更登记；不符合上述法定条件的，不得批准转让。国土资源部办公厅对辽宁省国土资源厅《关于国土资源部门协助执行人民法院判决或裁定有关问题的复函》（2009年8月3日，国土资厅函〔2009〕694号）明确指出：“对于人民法院就有关债务纠纷处理中的有关查封、扣押等不改变探矿权采矿权权属的判决，国土资源部门应予协助执行，对于人民法院有关将探矿权采矿权直接判给债权人要求国土资源部门协助执行的问题，因涉及探矿权采矿权转让变更中的受让人的资质审查以及原矿业权人的法定义务履行、矿业权价款处置、矿业权抵押以及转让中法定要件的签署等诸多问题，未经国土资源主管部门依法审查，人民法院不能直接拍卖矿业权或者直接将矿业权判决、裁定给他人。”也就是说，办理矿业权变更过户的依据只能是有权机关的审批，国土资源部门无权依据其他法律文书办理矿证的过户登记。我国《行政许可法》第8条规定，公民、法人或者其他组织依法取得的行政许可受法律保护，行政机关不得擅自改变已经生效的行政许可。行政许可所依据的法律、法规、规章修改或者废止，或者准予行政许可所依据的客观情况发生重大变化的，为了公共利益的需要，行政机关可以依法变更或者撤回已经生效的行政许可，由此给公民、法人或者其他组织造成财产损失的，行政机关应当依法给予补偿。此外，矿业权转让还应当履行一定的法定程序。

另一方面，人民法院无权责令国土资源部门办理涉案矿业权的变更过户。根据矿产资源法律法规的规定，国土资源行政部门主管矿产资源勘查、开采的监督管理工作和矿业权的行政管理工作。矿业权的设立、延续、变更、转让、注销和处置依法由法定的国土资源主管部门行使管理权能，其他任何部门包括人民法院在内都没有这些法定职权。人民法院责令国土资源部门办理涉案矿业权变更过户侵犯了国土资源主管部门法定的矿业权专属管理权。我国《宪法》和法律从未授权人民法院可以代替行政机关作出具体行政行为,也未授权人民法院判决行政机关必须作出何种具体行政行为。在处理司法权与国土资源主管部门行政管理权之间的关系上,双方都应当严格遵守法律的明文规定,互相尊重,各行其职,不得越权。

立法、行政、司法三权分立,是近现代法治国家的重要理论基础。在现代社会,国家权力的配置或多或少地体现了权力制衡的思想,民主、法治等理念意味着没有任何一个国家机关的权力是绝对的、不受制约的。任何国家机关的决定,通常都要接受其他国家机关不同程度的监督和审查。行政权虽必须接受制约,但行政的自主性要求在法律规定范围内行政活动拥有自治的空间。行政主体的自主性必然应当得到司法机关的尊重,限制司法介入的程度。"如果说司法审查不力将纵容政府的任意行为,过多的司法干预则将不仅抑制政府效率和及时行动能力,而且违反人民通过选举、立法与执法机构来实行自治的民主原则。"①矿业权专属审批管理是行政主体的专有权力,人民法院的执行程序中如涉及此等专有权力事项的,则执行之司法权不应干预行政权。尽管司法权享有终局性,但这是分权制衡的必然要求。

四、关于本案的处理问题

虽然国土资源部《关于进一步完善采矿权登记管理有关问题的通知》(2011 年 1 月 20 日,国土资发〔2011〕14 号)第 24 条规定:"人民法院将采矿权拍卖或裁定给他人,受让人应依法申请变更登记。申请变更登记的受让人应具备本通知第十三条②规定的资质条件,登记管理机关凭生效的判决文件,依法予以办理采矿权变更登记。"但笔者认为,该规定是基于《物权法》将矿业权归入用益物权范畴的原因,并没有考虑到现行《矿产资源法》还没有作出与《物权法》相衔接的修订,因此,实践中极易出现人民法院"将采矿权拍卖或裁定给他人",但"他人"却并不"具备本通知第十三条规定的资质条件"的情形。在当前法律规定尚不完善、没有具体操作规范的情况下,特别是《矿产资源法》尚未作出与《物权法》相衔接修订的情况下,人民法院

---

① 张千帆:《西方宪政体系》(上册),中国政法大学出版社 2000 年版,第 77 页。

② 国土资源部《关于进一步完善采矿权登记管理有关问题的通知》(国土资发〔2011〕14 号)第 13 条规定:"申请采矿权应具有独立企业法人资格,企业注册资本应不少于经审定的矿产资源开发利用方案测算的矿山建设投资总额的百分之三十,外商投资企业申请限制类矿种采矿权的,应出具有关部门的项目核准文件。"

不宜裁定将矿业权直接过户他人。否则,一方面将出现国土资源部门没有依法行政、恪尽职守;另一方面将出现人民法院的判决或裁定生效后无法得到行政机关认可或执行的尴尬情形,从而既有损人民法院的司法权威,也有损国土资源部门的行政权威。

图书在版编目(CIP)数据

矿业典型案例评析 / 冯军义,申升主编. — 北京:法律出版社, 2016.3
ISBN 978-7-5118-8911-9

Ⅰ. ①矿… Ⅱ. ①冯…②申… Ⅲ. ①矿产资源—案例—中国 Ⅳ. ①D922.625

中国版本图书馆 CIP 数据核字(2015)第 322637 号

矿业典型案例评析
冯军义 申 升 主编

编辑统筹 法商出版分社
策划编辑 薛 晗
责任编辑 薛 晗 牛润青
装帧设计 马 帅

出版 法律出版社
总发行 中国法律图书有限公司
经销 新华书店
印刷 固安华明印业有限公司
责任印制 翟国磊

开本 710 毫米×1000 毫米 1/16
印张 21.25
字数 369 千
版本 2016 年 3 月第 1 版
印次 2016 年 3 月第 1 次印刷

法律出版社/北京市丰台区莲花池西里 7 号(100073)
电子邮件/info@ lawpress. com. cn
网址/www. lawpress. com. cn
销售热线/010-63939792/9779
咨询电话/010-63939796

中国法律图书有限公司/北京市丰台区莲花池西里 7 号(100073)
全国各地中法图分、子公司电话:
第一法律书店/010-63939781/9782
重庆公司/023-65382816/2908
北京分公司/010-62534456
西安分公司/029-85388843
上海公司/021-62071010/1636
深圳公司/0755-83072995

书号:ISBN 978-7-5118-8911-9
定价:58.00 元